Beratungskompetenz von Lehrern

Pädagogische Psychologie und Entwicklungspsychologie

herausgegeben von Detlef H. Rost

Editorial

Pädagogische Psychologie und Entwicklungspsychologie sind seit jeher zwei miteinander eng verzahnte Teildisziplinen der Psychologie. Beide haben einen festen Platz im Rahmen der Psychologenausbildung: Pädagogische Psychologie als wichtiges Anwendungsfach im zweiten Studienabschnitt, Entwicklungspsychologie als bedeutsames Grundlagenfach in der ersten und als Forschungsvertiefung in der zweiten Studienphase. Neue Zielsetzungen, neue thematische Schwerpunkte und Fragestellungen sowie umfassendere Forschungsansätze und ein erweitertes Methodenspektrum haben zu einer weiteren Annäherung beider Fächer geführt und sie nicht nur für Studierende, sondern auch für die wissenschaftliche Forschung zunehmend attraktiver werden lassen. „Pädagogische Psychologie und Entwicklungspsychologie" nimmt dies auf, fördert die Rezeption einschlägiger guter und interessanter Forschungsarbeiten, stimuliert die theoretische, empirische und methodische Entfaltung beider Fächer und gibt fruchtbare Impulse zu ihrer Weiterentwicklung einerseits und zu ihrer gegenseitigen Annäherung andererseits.

Der Beirat der Reihe „Pädagogische Psychologie und Entwicklungspsychologie" repräsentiert ein breites Spektrum entwicklungspsychologischen und pädagogisch-psychologischen Denkens und setzt Akzente, indem er auf Forschungsarbeiten aufmerksam macht, die den wissenschaftlichen Diskussionsprozess beleben können. Es ist selbstverständlich, dass zur Sicherung des Qualitätsstandards dieser Reihe jedes Manuskript – wie bei Begutachtungsverfahren in anerkannten wissenschaftlichen Zeitschriften – einem Auswahlverfahren unterzogen wird („peer review"). Nur qualitätsvolle Arbeiten werden der zunehmenden Bedeutung der Pädagogischen Psychologie und Entwicklungspsychologie für die Sozialisation und Lebensbewältigung von Individuen und Gruppen in einer immer komplexer werdenden Umwelt gerecht.

Silke Hertel

Beratungskompetenz von Lehrern

Kompetenzdiagnostik,
Kompetenzförderung,
Kompetenzmodellierung

Waxmann 2009
Münster / New York / München / Berlin

Bibliografische Informationen der Deutschen Nationalbibliothek
Die Deutsche Nationalbibliothek verzeichnet diese Publikation in
der Deutschen Nationalbibliografie; detaillierte bibliografische
Daten sind im Internet über http://dnb.d-nb.de abrufbar.

Dissertation der Technischen Universität Darmstadt (D 17)

Pädagogische Psychologie und Entwicklungspsychologie; Bd. 74
herausgegeben von Prof. Dr. Detlef H. Rost
Philipps-Universität Marburg
Fon: 0 64 21 / 2 82 17 27
Fax: 0 64 21 / 2 82 39 10
E-Mail: rost@mailer.uni-marburg.de

ISSN 1430-2977
ISBN 978-3-8309-2190-5

© Waxmann Verlag GmbH, 2009
Postfach 8603, D-48046 Münster

www.waxmann.com
info@waxmann.com

Umschlaggestaltung: Pleßmann Kommunikationsdesign, Ascheberg
Druck: Hubert & Co., Göttingen
Gedruckt auf alterungsbeständigem Papier, DIN 6738

Bei einem Fluss ist das Wasser, das man berührt,
das letzte von dem, was vorübergeströmt ist,
und das erste von dem, was kommt.

So ist es auch mit der Gegenwart.

(Leonardo da Vinci)

Meinen Großeltern, Eltern und Geschwistern

Vorwort

An dieser Stelle möchte ich all jenen danken, die zum Entstehen dieser Arbeit beigetragen und mich unterstützt haben.

Zuerst möchte ich Herrn Prof. Schmitz für die umfassende Betreuung, die vielen hilfreichen Anregungen und die Bereitstellung notwendiger Ressourcen danken. Mein Dank gilt auch Herrn Prof. Rüttinger, der die Arbeit als Koreferent betreute.

Meinen Kolleginnen und Kollegen der Arbeitsgruppe Pädagogische Psychologie des Instituts für Psychologie an der Technischen Universität Darmstadt möchte ich für die fachlichen Diskussionen sowie die informellen Motivationstreffen danken. Es ist schön, wenn aus dem Arbeiten ein Arbeiten unter Freunden wird.

Danken möchte ich auch meinen Kolleginnen und Kollegen, die mich bei der Konzeption der Instrumente, der Durchführung der Studien und bei der Aufbereitung der Daten unterstützt haben: Bastian Benz, Simone Bruder, Daniela Flammer, Silvia Heinsch, Alice Ihringer, Kerstin Klauß, Julia Klug, Hubert Köhler, Meike Laux, Nina Neuroth, Molly von Oertzen, Antje Orwat-Fischer, Claudia Pauly, Kristina Schäfer, Michaela Schmidt, Michaela Zimmermann. Insbesondere möchte ich Kerstin Klauß für die grafische Gestaltung der Teilnehmerunterlagen danken.

Dr. Udo Keil danke ich für seine fachliche und freundschaftliche Unterstützung seit meinem ersten Arbeitstag als Wissenschaftliche Hilfskraft an der Technischen Universität Darmstadt.

Mein besonderer Dank gilt allen Lehrerinnen und Lehrern sowie den Studierenden, die an dem Trainingsprogramm teilgenommen und die Fragebögen gewissenhaft bearbeitet haben. Ihre positive, konkrete Rückmeldung hat dazu beigetragen, das Konzept stetig weiter zu optimieren.

Hinweis

Um die Lesbarkeit zu erleichtern, wird in dieser Arbeit das generische Maskulinum verwendet. So steht etwa das Wort Lehrer gleichermaßen für Lehrerinnen und Lehrer. Ist von einer studentischen Stichprobe die Rede, so sind in gleichem Maße weibliche und männliche Studierende in der Stichprobe gemeint. Der Begriff Teilnehmer umfasst sowohl Teilnehmerinnen als auch Teilnehmer usw.

Die Schulungsunterlagen und die eingesetzten Instrumente sind dieser Arbeit nicht als Anlage angefügt, sie können bei der Autorin angefragt werden.

Inhalt

Zusammenfassung

Die Beratung von Eltern und Schülern ist ein wichtiges Handlungsfeld von Lehrern, das zunehmend an Bedeutung gewinnt (Landesinstitut für Schule und Weiterbildung des Landes Nordrhein-Westfalen, 1998); Beratungskompetenz kann zu den professionellen Handlungskompetenzen von Lehrern gezählt werden (Baumert & Kunter, 2006). In der einschlägigen Literatur wird darauf hingewiesen, dass die Aus- und Weiterbildung von Lehrern hinsichtlich des Erwerbs von Beratungskompetenz ergänzt werden sollte (Grewe, 2005a). Dabei sind Gesprächsführungstechniken und Inhalte der Beratungsarbeit zu vermitteln. Neben der Beratung zum Leistungsstand des Schülers oder zu Verhaltensauffälligkeiten nimmt die Beratung zur Lernförderungen und zum „Lernen lernen" einen hohen Stellenwert ein.

Im Rahmen dieser Arbeit wurde ein Aus- und Weiterbildungskonzept für (angehende) Lehrer entwickelt und evaluiert. Ausgangspunkt bildete eine empirisch fundierte Definition von Beratungskompetenz. Die fünf ermittelten Kompetenzfacetten Personale Ressourcen, Soziale Kooperationskompetenz, Berater-Skills und Pädagogisches Wissen, Prozesskompetenz und Bewältigungskompetenz wurden bei der Konzeption eines multimethodalen Messansatzes zur Erfassung der Beratungskompetenz sowie zur Entwicklung von Aus- und Weiterbildungsmaßnahmen herangezogen. Es wurden drei empirische Studien durchgeführt, die jeweils spezifische Fragestellungen verfolgten. In der ersten Studie wurden die Effekte unterschiedlicher Instruktionsbedingungen (Training, Unterstützung der Selbstreflexion, Feedback über die Leistungsentwicklung (vgl. Strasser & Gruber, 2003; Thiel, 2003) untersucht (N=114). In der zweiten Studie wurde die Wirksamkeit der Intervention in einer Stichprobe von Lehramtsstudierenden (N=102) vor dem Hintergrund geprüft, die in Studie 1 für die Lehrerstichprobe gefundenen Effekte zu replizieren. In der dritten Studie wurde wiederum in einer Lehrerstichprobe eine optimierte Intervention realisiert (N=32), die erzielten Effekte wurden mit den in Studie 1 gefundenen Effekten verglichen.

Die Instrumente wiesen zufriedenstellende Testgütekriterien auf, und es wurden Hinweise auf konvergente und kriteriumsbezogene Validität der Kompetenzmessung gefunden. Die Kompetenzfacetten konnten im Rahmen einer konfirmatorischen Faktorenanalyse bestätigt werden. Die Analysen der Prä-Post-Vergleiche zeigten, dass das Training allein bereits sehr effektiv ist, eine zusätzliche Unterstützung der Selbstreflexion führte nur in Kombination mit Feedback zu einer Steigerung der Wirksamkeit. Bei den teilnehmenden Lehrern konnten für alle Kompetenzfacetten sowie das beratungsbezogene Wissen Zuwächse von Prä- zu Posttest verzeichnet werden. Angehende Lehrer profitierten in den Bereichen Personale Ressourcen und beratungsbezogenes Wissen. Die optimierte Intervention (Studie 3) führte nicht zu stärkeren Effekten.

In zukünftigen Studien sollten insbesondere die Beziehungen zwischen den Kompetenzfacetten sowie die Entwicklung der Beratungskompetenz über die Berufslaufbahn von Lehrern hinweg untersucht werden.

Schlüsselwörter: Beratungskompetenz von Lehrern, Lehrerfortbilung, Kompetenzdiagnostik

Abstract

Counselling of parents and students is a substancial part of teachers' daily routine and it is constantly gaining importance (Landesinstitut für Schule und Weiterbildung des Landes Nordrhein-Westfalen, 1998); counselling competence can be counted to teachers' professional competencies (Baumert & Kunter, 2006). Many researchers and experts state that it is necessary to provide teachers' (preservice) education with more in-depth knowledge about counselling and counselling techniques (e.g. Grewe, 2005a). In particular, it should be focused on counselling-skills and knowledge about defined counselling topics. Besides counselling addressing school achievement in general (e.g. grades) or behaviour disorders, counselling that addresses the support of individual learning-skills in particular is gaining importance.

Starting from an empiricaly grounded definition of teachers' counselling competence, a training program for preservice teachers and teachers in service was developend and evaluated. The training contents and the multimethod assessment approach were developed according to the five competence dimensions: personal resources, social cooperation competence, counselling skills and pedagogical knowledge, process competence and coping competence. A set of three studies was conducted to answer specific research questions: The aim of the first study (N=114 teachers) investigate instructional conditions that enhance counselling competence. Namely, the effects of the support of self-reflection and feedback about competence development were analyzed (e.g. Strasser & Gruber, 2003; Thiel, 2003). In the second study, the effects of the intervention were tested in a sample of preservice teachers (N=102) to replicate the effetcs that were found in the first study for the teacher sample. In the third study, an opitmized intervention was implemented and the effects for the participating teachers (N=32) were compared to effects found in the first study.

The psychometric properties of the instruments were satisfying; the analyses indicated objectivity, reliability and convergent validity resp. criterion validity. The five components of competence were confirmed by confirmatory factor analysis.

The pretest-posttest-comparisons led to the conclusion that the training program itself is very effective, additional support of self-reflection led to some increasement but only in combination with feedback. For participating teachers an improvement on all competence dimensions and counselling specific knowledge was observed. Preservice teachers did improve in terms of personal resources and counselling specific knowledge, only. The optimized intervention (third study) did not enhance the effects. Further research should examine the dependencies of the competence dimensions and the development of counselling competence in the teacher's professional career.

Keywords: Teachers' counselling competence, teacher-training, competence assessment

A   Einleitung

Die Beratung von Schülern und Eltern hat sich zu einem zentralen Aspekt der Lehrertätigkeit entwickelt, der weiter an Bedeutung gewinnen wird (Freyaldenhoven, 2005; Landesinstitut für Schule und Weiterbildung des Landes Nordrhein-Westfalen, 1998; Palmowski, 1995). Neben dem allgemeinen gesellschaftlichen Wandel kann auch die nach TIMSS und PISA aufgekommene Bildungsdebatte als Ursache für den zunehmenden Beratungsbedarf angesehen werden. Eltern sind unsicher, wie sie ihr Kind beim Lernen unterstützen können (Wild, 2003), und wünschen sich entsprechende Beratung durch den Lehrer (vgl. Krumm, 1996). Der Beratungsauftrag der Lehrer wird in der Allgemeinen Dienstordnung und der Allgemeinen Schulordnung des Landes Nordrhein-Westfalen eindeutig formuliert (Allgemeine Dienstordnung für Lehrerinnen und Lehrer, §8; Allgemeine Schulordnung des Landes Nordrhein-Westfalen, §39). Dabei wird explizit darauf hingewiesen, dass alle Lehrer Beratungsaufgaben übernehmen sollen und dass sich der Beratungsauftrag nicht nur an speziell ausgebildete Beratungslehrer richtet.

In der Lehreraus- und -weiterbildung werden Schüler- und Elternberatung jedoch kaum thematisiert, sodass Lehrer nicht ausreichend auf Beratungssituationen vorbereitet werden (Freyaldenhoven, 2005). Infolgedessen basieren Schüler- und Elternberatung meist auf den persönlichen Erfahrungen des Lehrers, nicht jedoch auf professioneller, pädagogisch-psychologischer Beratungskompetenz. Ausnahme bilden Lehrer, die eine Ausbildung zum Beratungslehrer absolviert haben. Im Rahmen des Erlasses „Beratungstätigkeit von Lehrerinnen und Lehrern in der Schule" (BASS 12-21, Nr. 4) weist das Ministerium für Schule und Weiterbildung des Landes Nordrhein-Westfalen darauf hin, das die Beratungskompetenz aller Lehrerinnen und Lehrer durch entsprechende Fortbildungsveranstaltungen zu fördern ist. Zwar stellen Strasser und Gruber (2003) fest, dass die wissenschaftliche Fundierung und Professionalisierung im Bereich der pädagogisch-psychologischen Beratung zunehmen, aber in der Hochschulausbildung und Fortbildung von Lehrern sind diese Aspekte noch zu wenig verankert (Grewe, 2005a).

Zielsetzung der vorliegenden Arbeit ist die Entwicklung einer Intervention zur Förderung der Beratungskompetenz von Lehrern, die in der Lehrerausbildung und der Lehrerweiterbildung implementiert werden kann. Ausgangspunkt ist die in eigenen Vorarbeiten entwickelte Definition von Beratungskompetenz (siehe Vorstudie 2, Kapitel B.6.1). Im Rahmen von empirischen Studien mit Lehrern und Studierenden werden Instruktionsbedingungen untersucht, die den Erwerb von Beratungskompetenz fördern (Training, Selbstreflexion, Feedback). Im Hinblick auf die Evaluation der Interventionen wird ein multimethodales Vorgehen zur Diagnostik der Beratungskompetenz entwickelt; die Testgütekriterien (Reliabilität, Objektivität, Validi-

tät) der Instrumente werden im Rahmen der Studien überprüft. Bezugnehmend auf
die Erkenntnisse werden Optimierungen der Instrumente vorgenommen.

Im Theorieteil der Arbeit werden zunächst der Beratungsbedarf und die Beratungspraxis an Schulen dargestellt (Kapitel 1). Dabei wird auf die Umsetzung des Bera-
tungsauftrags, die Beratungsanlässe im Schulalltag sowie auf die Beratungskonstellationen (personelle Zusammensetzung) eingegangen. Weiterhin werden Gründe
für das Scheitern von Beratungsgesprächen im Schulkontext dargestellt. Um die
Relevanz der Beratungsarbeit von Lehrern zu unterstreichen, werden der Beratungsbedarf von Eltern sowie Erkenntnisse zur lernförderlichen Wirkung erfolgrei-
cher Zusammenarbeit von Eltern und Lehrern geschildert. In einem Exkurs werden
Rahmenmodelle aus der Selbstregulationsforschung vorgestellt, aus denen Implikationen für die Lernberatung (Strategien für Schüler, Strategien für Eltern) abgeleitet
werden können.

In Kapitel 2 wird eine Definition des Beratungsbegriffs im pädagogisch-psychologischen Handlungsfeld vorgenommen. Nach einer allgemeinen Einordnung werden Konzepte vorgestellt, die Beratung als Problemlöseprozess ansehen (z.B.
Thiel, 2003). Weiterhin werden zentrale Beratungsansätze und Ziele von pädagogisch-psychologischer Beratung dargestellt. Im Hinblick auf die Entwicklung
und Evaluation einer Fortbildung werden notwendige Kompetenzen eines Beraters,
Ansätze zur Förderung von Beratungskompetenz sowie die Diagnostik von Beratungskompetenz thematisiert.

Daran anschließend vertieft Kapitel 3 den Aspekt der Kompetenzmessung. Der
Begriff Kompetenz wird definiert, eingeordnet und von anderen Konzepten (Eigenschaften) abgegrenzt. Voraussetzungen zur Entwicklung von Kompetenzen werden
vorgestellt und Verfahren und Ansätze der Kompetenzmessung werden skizziert.
Dabei wird insbesondere auf die Messung beruflicher Handlungskompetenz Bezug
genommen.

In Kapitel 4 des Theorieteils werden Vorstudien vorgestellt, aus denen wichtige
Implikationen für die Hauptstudien abgeleitet wurden. Zunächst werden Ergebnisse
der Vorstudie zur Beratungssituation an Schulen beschrieben (Bedarfserhebung).
Danach wird das Vorgehen bei der empirischen Definition des Konstrukts *Beratungskompetenz von Lehrern* vorgestellt. Sowohl die Interventionen als auch die
Messinstrumente basieren auf der in diesem Abschnitt dargestellten Konstruktdefi-
nition. Danach werden Vorstudien zu dem Trainingskonzept und den Instrumenten
beschrieben.

Im Anschluss an den Theorieteil werden die drei durchgeführten empirischen Studien geschildert. Die Abfolge der Darstellung ist für jede der Studien gleich: Zuerst

werden die Fragestellungen und Hypothesen der Studie vorgestellt. Dann werden im Methodenteil der Versuchsplan, die durchgeführten Interventionen sowie die eingesetzten Instrumente beschrieben. Abschließend werden die Ergebnisse dargestellt und diskutiert. Die Reihenfolge bei der Darstellung der Studien richtet sich nach der zeitlichen Folge der Studien. Studie 1 war die erste, mit einer Lehrerstichprobe durchgeführte, Studie, in der die Effekte unterschiedlicher Instruktionsbedingungen für den Erwerb von Beratungskompetenz untersucht wurden. In Studie 2 wurden die Effekte der Intervention bei einer Studierenden-Stichprobe untersucht. Zusätzlich wurden im Rahmen eines Solomon-Vier-Gruppen-Plans Testeffekte untersucht. Aus Studie 1 wurden Implikationen für die Optimierung der Interventionen und der Instrumente abgeleitet. Die Effekte dieser Optimierungen wurden in Studie 3 mit einer Lehrerstichprobe untersucht.

Die Arbeit schließt mit einer Diskussion der Ergebnisse im Hinblick auf theoretische und praktische Relevanz sowie einem Ausblick auf zukünftige Forschungsfragen.

Angesichts des Ungleichgewichts zwischen beruflicher Anforderung (Beratungsauftrag) und Aus- und Weiterbildungssituation der Lehrer im Hinblick auf Beratung sowie dem Forschungsbedarf im Bereich der empirischen Definition von Beratungskompetenz und der Diagnostik von Beratungskompetenz ist sowohl praktische als auch wissenschaftliche Relevanz dieses Beitrags gegeben.

B   Theorie

1   Beratungsbedarf und Beratungspraxis an Schulen

1.1   Beratungsarbeit und Beratungsanlässe

Die Beratung von Schülern und Eltern ist ein wichtiger Tätigkeitsbereich von Lehrern (vgl. Freyaldenhoven, 2005; Gaude, 1989; Landesinstitut für Schule und Weiterbildung des Landes Nordrhein-Westfalen, 1998), der zunehmend an Bedeutung gewinnt (vgl. Palmowski, 1995). Alle Lehrer sind in ihrem Schulalltag beratend tätig, sei es am Elternsprechtag, bei Schülergesprächen in der Pause oder zu gesondert vereinbarten Terminen mit Eltern und Schülern. Sie sind Hauptträger der Beratung im Schulsystem (Landesinstitut für Schule und Weiterbildung des Landes Nordrhein-Westfalen, 1998). Darüber hinaus ist der Beratungsauftrag von Lehrern in der Allgemeinen Dienstordnung für Lehrer (§8, ADO) und in der Allgemeinen Schulordnung des Landes Nordrhein-Westfalen (§39, ASchO) verankert. Die Beratungsarbeit wird an Schulen demnach nicht nur von speziell ausgebildeten Beratungslehrern durchgeführt. Folglich kann Beratungskompetenz als eine Schlüssel-

kompetenz aller Lehrer verstanden werden (vgl. Freyaldenhoven, 2005), welche die
Anwendung pädagogischen Wissens (vgl. Bromme, 1997) in der Beratungssituation erfordert. Laut Landesinstitut für Schule und Weiterbildung des Landes Nordrhein-Westfalen (1998, S. 32) kann für die Beratungsarbeit an Schulen eine Zuteilung von Beratungsträgern und Beratungsangeboten vorgenommen werden (siehe
Abbildung 1). Im Rahmen dieser Arbeit wird insbesondere die alltägliche Beratungsarbeit eines nicht spezifisch ausgebildeten Lehrers thematisiert, Aspekte die in
der Organisation des Schulsystems verankert sind, werden nicht aufgegriffen.

Beratung verknüpft mit schulfachlichen und -aufsichtlichen Aufgaben

Schulaufsicht
Schulleitung

Beratung als integrierter Bestandteil unterrichtlicher u. erzieherischer Aufgaben

Schulleitung
Lehrer/in
Beratungslehrer/in
Schulpsychologe/in an Gesamtschulen

Beratung als spezifisch professionelle Aufgabe

Beratungslehrer/in
Schulpsychologe/in an Gesamtschulen
Schulpsychologe/in (SchpD)
andere Beratungsdienste

Abbildung 1:   Beratungsträger und Beratungsangebote im schulischen Kontext

Die zunehmende Bedeutung von Beratungsgesprächen kann auf die vielschichtigen
und rapiden Wandlungsprozesse in unterschiedlichen Lebensbereichen (im gesellschaftlichen, kulturellen und technologischen Bereich) zurückgeführt werden
(vgl. Palmowski, 1995). Eine Auflistung der Beratungsanlässe im schulischen Kontext (siehe Tabelle 1) findet sich in den Handreichungen zum Beratungserlass
(Landesinstitut für Schule und Weiterbildung des Landes Nordrhein-Westfalen, 2001).

Tabelle 1:   *Beratungsanlässe im schulischen Kontext*

Beratungsanlässe	Beratungsthemen
Lernberatung	Lernstrategien Unterstützung des Kindes beim Lernen Gestaltung der häuslichen Lernumgebung Spezifische Teilleistungsschwächen (z.B. ADHS, LRS)
Verhaltensauffälligkeit und Sucht	Unangepasstes Sozialverhalten Soziale Ängste Schul- und Leistungsängste Suchtproblematiken
Klassische Schulberatung	Leistungsstand Klassenwechsel (Rückstufung, Überspringen) Schulformwechsel
Erziehungsberatung	Beratung zu allgemeinen Erziehungsproblemen

Quelle: Landesinstitut für Schule und Weiterbildung des Landes Nordrhein-Westfalen (2001)

Wie groß der Beratungsbedarf an den Schulen ist, zeigt sich daran, dass Lehrer bereits vielfältige Beratungsaufgaben wahrnehmen (Landesinstitut für Schule und Weiterbildung des Landes Nordrhein-Westfalen, 1998). Im Hinblick auf die zunehmende Bedeutung der Beratungsarbeit an Schulen (s.o.) thematisiert Grewe (2005a) die Notwendigkeit des weiteren Ausbaus des Beratungssystems an Schulen, wobei insbesondere präventive und interventionsbezogene Aspekte berücksichtigt werden sollten (Grewe, 2005a; Nestmann, 2002). Die Entwicklung einer entsprechenden Beratungskultur an Schulen bedarf einer systematischen Vermittlung von Beratungskompetenz in der Lehreraus- und -weiterbildung (Freyaldenhoven, 2005; Huschke-Rhein, 1998; Landesinstitut für Schule und Weiterbildung des Landes Nordrhein-Westfalen, 1998). Als zentrale Gründe für das Durchführen von Beratungsgesprächen führen Hennig und Keller (2000, S. 98) u.a. an, dass (1) durch effektiv geführte Elterngespräche Kontakte und Zusammenarbeit zwischen Elternhaus und Schule verbessert und vorhandene Spannungen abgebaut werden können sowie (2) der Umgang mit Problemschülern und damit der Schulalltag erleichtert werden kann, wenn Eltern als Bündnispartner gewonnen werden. Die positiven Auswirkungen einer guten Zusammenarbeit zwischen Elternhaus und Schule auf die Leistungsentwicklung konnten in vielen empirischen Studien gezeigt werden (z.B. Manz, Fantuzzo & Power, 2004; siehe Kapitel B.1.5).

Nach Honal und Schlegel (2002) können der Beratung im Schulalltag vier Axiome zu Grunde gelegt werden: Freiwilligkeit, Unabhängigkeit, Vertrauensverhältnis und Vertraulichkeit sowie Professionalität. Die Freiwilligkeit der Beratung zeigt sich darin, dass der Ratsuchende seinen Berater wählen und darüber entscheiden kann, ob er die begonnene Beratung abbrechen oder fortführen möchte. Dabei sollte der Berater in Unabhängigkeit von Einflüssen aus dem Umfeld (z.B. Schulleitung) beraten können und nicht bestimmte Entscheidungsrichtungen vorgegeben bekommen. Vertrauensverhältnis und Vertraulichkeit sind Voraussetzungen für den Beratungserfolg und basieren auf der Freiwilligkeit und der Unabhängigkeit der Beratung. Der Aspekt der Professionalität fokussiert auf die notwendigen Kompetenzen auf Seiten des Beraters (siehe dazu auch Kapitel B.2.6).

Studien zur Beratungspraxis im Schulalltag zeigen, dass diese meist unbefriedigend ist. Obwohl Eltern interessiert sind und Beratung durch die Lehrer in Anspruch nehmen, erhalten sie kaum brauchbare Tipps (Krumm, 1996). Nach Melzer (1987) und Oswald, Baker und Stevenson (1988) geht die Elternberatung meist nicht über Gespräche an Elternabenden und Elternsprechtagen hinaus. Krumm (1996) weist darauf hin, dass Lehrer selbst bei gravierenden Lern- oder Verhaltensproblemen von Schülern nur sehr selten eine Zusammenarbeit mit den Eltern anbieten. Wild (2003) vermutet, dass Elternarbeit nach einer rationalen Kosten-Nutzen-Abwägung erfolgt: Nur wenn das Verhältnis von eigenem Aufwand (Kosten) und antizipiertem Ergebnis (Nutzen) günstig ausfällt, wird Elternarbeit praktiziert.

Krumm (1996) und Wild (2003) führen die Zurückhaltung der Lehrer bei der Elternarbeit und -beratung auf Defizite in der Lehrerausbildung zurück. Sie sehen in der Qualität der Aus- und Weiterbildung von Lehrern im Bereich der Elternarbeit und -beratung eine wichtige Bedingung für aktive Elternarbeit. Diese Argumentation wird durch Erkenntnisse aus Lehrerbefragungen gestützt, in denen Lehrer angeben, dass sie sich in Elterngesprächen häufig überfordert fühlen (Hitzinger, 1987), und ausführen, dass Schulungen und Qualifizierungsmaßnahmen ein zentraler Stellenwert für die Verbesserung der Eltern-Lehrer-Kooperation zukommt. Ein Indikator dafür ist auch der statistisch signifikante Zusammenhang des wahrgenommenen Mangels an geeigneten Fortbildungsmöglichkeiten mit der Zurückhaltung in der Kooperation mit Eltern: Lehrer, die die Fortbildungssituation als ungenügend einschätzen, arbeiten seltener mit Eltern zusammen (Wild, 2003). Scheinbar führt die Unsicherheit der Lehrer in Beratungssituationen dazu, dass Beratungsgespräche selten bzw. nur dann, wenn unbedingt notwendig, angeboten werden.

1.2   Beratungskonstellationen

Im schulischen Kontext können nach Wöhler (1990, S. 28) vier Beratungskonstellationen unterschieden werden:

- Beratung von Schülern (einzeln oder in Gruppen),
- Beratung von Eltern,
- Beratung von Familien,
- Beratung von bzw. unter Kollegen.

Eine besondere Herausforderung der Beratungstätigkeit von Lehrern liegt in Rollkonflikten begründet, die sich aus der Rollendiffusion ergeben: sie sind Erzieher, Beurteiler, Berater u.a. (vgl. Grewe, 2005a). Diese Funktionen lassen sich nicht immer problemlos vereinbaren, das Ausbalancieren dieses Rollenwiderspruchs erfordert große Anstrengung und kann mit einer Beeinträchtigung der Beratungseffizienz einhergehen (Landesinstitut für Schule und Weiterbildung des Landes Nordrhein-Westfalen, 1998).

1.3   Gründe für das Scheitern von Beratungsgesprächen

Nicht immer verlaufen Beratungsgespräche erfolgreich und zur Zufriedenheit der beteiligten Personen. Basler (1993) führte eine Befragung von Eltern, Lehrern und Schülern zu Gründen für das Scheitern von Beratungsgesprächen durch. Die Ergebnisse der Studie sind in Tabelle 2 aufgeführt.

Tabelle 2:   Gründe für das Scheitern von Beratungsgesprächen

Gründe für das Scheitern von Beratungsgesprächen	(Anteil in%)
1. Auf der eigenen Meinung beharren	76%
2. Sich nicht in den andern versetzen	57%
3. Vorschnell eingenommen sein	33%
4. Emotional belastet sein	28%
5. Persönliche Antipathien haben	28%
6. Unter Zeitdruck stehen	28%
7. Nicht zuhören	23%
8. Angst vor dem Gespräch haben	18%
9. Unsicherheit empfinden	18%

Quelle: Basler (1993, S. 78)

Es zeigt sich, dass die Gründe für das Scheitern eines Beratungsgesprächs insbesondere im Bereich der Kooperation und des Eingehens auf den Gesprächspartner liegen. Allerdings können auch persönliche Aspekte (Emotionale Belastung, Antipathie) und ungünstige Rahmenbedingungen (Zeitdruck) zu einem unbefriedigenden Gesprächsergebnis führen.

1.4   Ausbildung der Lehrer für Beratungsaufgaben

Qualifizierte Beratung erfordert eine entsprechende Ausbildung (Dusolt, 2001). Friedrich (2002) weist darauf hin, dass es in der Lehrerausbildung an einer Schulung der Gesprächsführung mangelt. Angehende Lehrer erwerben im Rahmen ihrer Ausbildung keine Techniken zur Gesprächsführung und werden nicht auf die Inhalte der Elternberatung vorbereitet – sie stehen Beratungssituationen im Schulalltag unvorbereitet gegenüber. Aber auch Lehrer, die über umfassende Berufserfahrung verfügen, fühlen sich für die Beratungsarbeit nicht ausreichend qualifiziert (z.B. Freyaldenhofen, 2005; Hopf, 1982). Nach Freyaldenhofen (2005) kann dies auch darauf zurückgeführt werden, dass eine Ausbildung in den Bereichen Beratung und Gesprächsführung im Lehramtstudium, im Referendariat und in der Lehrerweiterbildung nicht verpflichtend ist. Folglich sind viele Lehrer nicht zu Beratern ausgebildet. Eine Ausnahme bilden Lehrer, die sich für eine Ausbildung zum Beratungslehrer entscheiden und im Rahmen der Weiterbildung Beratungskompetenzen erwerben.

Huschke-Rhein (1998, S. 26) fordert, dass das Erlernen von Beratungsmethoden und Beratungstechniken in der Ausbildung von Pädagogen so selbstverständlich sein sollte, wie es einmal das Erlernen von Lesen, Schreiben und Rechnen war. Gaude (1989) argumentiert, dass durch entsprechende Qualifizierungsmaßnahmen auch die Selbstwirksamkeit der Lehrer gesteigert werden kann. Eine gesteigerte Selbstwirksamkeit führt laut Landesinstitut für Schule und Weiterbildung des Landes Nordrhein-Westfalen (1998) zu einem Ansteigen der Sicherheit im Umgang mit Beratungssituationen und zu der Erfahrung, dass durch eigenes Handeln Veränderungen herbeigeführt werden können. Weiter folgern die Autoren des Fachgutachtens, dass so auch der Burnout der Lehrer reduziert werden könne. Diese Annahme stimmt mit den Ergebnissen der Studie von Friedman (2003) überein, in der ein negativer Zusammenhang zwischen Selbstwirksamkeit und Burnout gefunden wurde. Lehrer mit höherer Selbstwirksamkeit wiesen geringere Burnout-Werte auf. Im Hinblick auf die Belastung durch sehr schwierige, im klinischen Bereich anzusiedelnde Beratungssituationen sollten auch die Grenzen der Beratertätigkeit von Lehrern thematisiert werden, damit es nicht zu einer Überforderung und zum Burnout kommt (vgl. Hennig & Keller, 2000). Hierbei kann es hilfreich sein, Lehrern die Ressourcen zu verdeutlichen, die sich durch ein Netzwerk von Kooperationspartnern (Schulpsychologen, Beratungsstellen etc.) ergeben (vgl. Landesinstitut für Schule und Weiterbildung des Landes Nordrhein-Westfalen, 1998).

1.5   Zusammenarbeit zwischen Schule und Elternhaus

Die Schule und das Elternhaus sind zentrale Lebensumwelten für die Schülerinnen und Schüler. Helmke (2003) führt in seinem Makromodell der Bedingungsfaktoren schulischer Leistung diese beiden Lebensumwelten als Einflussgrößen auf die schulische Leistung des Kindes an. Die Kooperation von Schule und Elternhaus ist maßgebend für die Erziehung und die schulische Laufbahn des Kindes (vgl. Bernitzke & Schlegel, 2004; Krumm, 1996; Landesinstitut für Schule und Weiterbildung des Landes Nordrhein-Westfalen, 1998; Wild, 2003). Schule und Elternhaus haben einen Erziehungs- und Bildungsauftrag für das Kind, sie tragen gemeinsam die Verantwortung für dessen Entwicklung (Landesinstitut für Schule und Weiterbildung des Landes Nordrhein-Westfalen, 1998; Wild, 2003). Ohne eine intensive

Kooperation können Schule und Elternhaus dieser Verantwortung kaum gerecht werden.

Unterscheiden sich Schule und Elternhaus bezüglich der Einstellungen und Werte sowie hinsichtlich der Erwartungen an das Verhalten der Kinder bzw. Jugendlichen, wird das emotionale Wohlbefinden sowie die Leistungsfähigkeit der Kinder bzw. Jugendlichen beeinträchtigt (Arunkumar, Midgley & Urdan, 1999). Durch eine intensive Kooperation von Schule und Elternhaus können bestehende Unterschiede bei den Einstellungen und Werten reduziert werden. Empirische Studien liefern eindeutige Hinweise darauf, dass die Entwicklung des Kindes durch die Qualität der Lehrer-Eltern-Beziehung positiv vorangetrieben wird (Chrispeels & Coleman, 1996; Cormer, 1988; Epstein, 1991; Kohl, Weissberg, Reynolds & Kasprow, 1994; Lengua & McMahon 2000; Reynolds, 1992; Wild, 2003). Lehrer teilen diese Einschätzung; sie sind der Meinung, dass durch Elternkooperation der Lernerfolg der Kinder gesteigert werden kann (Wild, 2003), und halten es für wünschenswert, dass Eltern ihre Kinder unterstützen und an deren schulischer Entwicklung Anteil nehmen (Krumm, 1996).

Die Zusammenarbeit von Schule und Elternhaus ist jedoch häufig unzureichend. Dies kann auch auf Defizite in der Kommuikation zwischen Elternhaus und Lehrern zurückgeführt werden. Die Kooperationsbereitschaft der Lehrer wird zudem durch ihre Zweifel daran, dass Eltern das Besprochene umsetzen können (Wild, 2003), beeinträchtigt. In den USA und den Niederlanden wurden entsprechende Defizite bereits erkannt. Infolgedessen wurden Programme zur Verbesserung der Lehrer-Eltern-Kooperation entwickelt. In Deutschland gibt es bislang kaum entsprechende Förderprogramme (Wild, 2003).

1.6   Beratung durch den Lehrer: Ein Elternwunsch?

In der einschlägigen Literatur finden sich Hinweise darauf, dass Eltern sich Beratung durch den Lehrer wünschen (Freyaldenhoven, 2005; Krumm, 1996; Landesinstitut für Schule und Weiterbildung des Landes Nordrhein-Westfalen, 1998; Wild, 2003). Insbesondere im Hinblick auf die Unterstützung des Kindes beim Lernen und den Hausaufgaben (vgl. Krumm, 1996; Wild, 2003) äußern Eltern Beratungsbedarf. Der Beratungswunsch von Eltern wurde im Rahmen einer Vorstudie zu der vorliegenden Arbeit ermittelt. Als zentraler Befund konnte festgestellt werden, dass Eltern die Beratung zu dem Thema *Unterstützungsmöglichkeiten beim Lernen* durch den Lehrer für wichtig erachten. Weitere Ergebnisse der Vorstudie werden in Kapitel B.6.1 dargestellt.

1.7   Exkurs: Forschung zum selbstregulierten Lernen von Schülern

Das Abschneiden deutscher Schüler bei internationalen Vergleichsstudien (TIMSS, PISA) entfachte in Deutschland eine Diskussion um das Thema „Lernen lernen". Ein zentraler Inhalt der Debatte ist das selbstregulierte Lernen. Schüler, die über selbstregulative Kompetenzen verfügen, denken mehr über ihr eigenes Lernverhalten nach (metakognitive Ebene), sie sind motivierter (motivationale Ebene) und verfügen über effizientere Lern- und Arbeitsstrategien (verhaltensbezogene Ebene) (Zimmerman, 1989). Zukünftiges Lernen wird durch Wissen über Selbstregulationsstrategien und die daraus resultierenden Fertigkeiten und Einstellungen gefördert und erleichtert. Vor dem Hintergrund lebenslangen Lernens und den rapiden Veränderungen der Wissensanforderungen erscheint das selbstregulierte Lernen außerordentlich bedeutsam (vgl. Baumert et al., 2000).

Nach Schmitz (2001) planen und überwachen selbstregulierte Lerner ihr Lernverhalten. Im Anschluss an das Lernen erfolgt eine Reflexion, die die Bewertung der Leistung sowie eine Ziel- bzw. Strategiemodifikation umfasst. Die Modifikation von Zielen bzw. Strategien wirkt sich auf das folgende Lernen aus. Die Regulation des Lernens erfolgt durch den zirkulären Charakter der aufeinander folgenden Phasen (Planung, Überwachung, Reflexion) des Lernens. Lernen wird dabei als kumulativer Prozess aufgefasst, der sich über mehrere, aufeinander folgende Lerneinheiten (States) erstreckt. Schmitz und Wiese (2006) sowie Schmitz und Schmidt (2007) schlagen eine Unterteilung der Lerneinheit in drei Phasen vor: Sie unterscheiden zwischen der präaktionalen Phase (vor dem Lernen) der aktionalen Phase (während des Lernens) und der postaktionalen Phase (nach dem Lernen). Es wird angenommen, dass die Phasen aufeinander folgen, wobei jeweils die vorherige Phase im Sinne der prozessualen Modellkonzeption die nachfolgende beeinflusst. Für jede der drei Phasen werden spezifische Komponenten beschrieben. Weiterhin werden Filtermechanismen angenommen, die dazu führen, dass komplexere Selbstregulationsmechanismen nicht initiiert werden. Dies kann zum Beispiel bei sehr einfachen Aufgabenstellungen auftreten (vgl. Schmitz & Schmidt, 2007). Schmitz und Schmidt (2007, S. 16) fassen die Komponenten des Modells wie folgt zusammen: Aufgabenstellung, Situation, Motivation, Selbstwirksamkeit, Emotion vor dem Lernen, Planung, Lernstrategien, Lernzeit, Volition, Self-Monitoring, Reflexion und Emotion nach dem Lernen und Self-Feedback (Vorsatzbildung). An diesen Komponenten können Konzepte und Strategien zur Förderung des selbstregulierten Lernens ansetzen. Ausführliche Beschreibungen des Modells finden sich bei Schmitz und Wiese (2006) sowie Schmitz und Schmidt (2007).

Elternhaus und Schule sind in diesem Kontext zentrale Vermittlungsquellen für (lernbezogene) Selbstregulationskompetenzen. Eltern vermitteln ihren Kindern bereits vor dem Schuleintritt wichtige Lerninhalte (Krumm, 1996), zudem sind sie mit ihrem eigenen Verhalten Modell für ihre Kinder (Soziales Lernen) (Bandura, 1986). Während der Schullaufbahn sind sie wichtige Ansprechpartner ihrer Kinder. Betrachtet man das Unterstützungsverhalten der Eltern, so zeigt sich, dass dieses im Bezug auf die Förderung des selbstregulierten Lernens meistens suboptimal ist (Cooper, Lindsay & Nye, 2002; Wild & Remy, 2002). Eltern unterstützen diese Kompetenzen während der Betreuung ihrer Kinder bei den Hausaufgaben kaum. Lernförderliche und lernhinderliche Unterstützungsstrategien existieren nebeneinander (Exeler & Wild, 2003).

Bruder, Perels und Schmitz (2004) leiten aus dem Prozessmodell des Lernens Unterstützungsmöglichkeiten für Eltern ab. Diese fassen sie in einem Elternmodell zusammen. Als leistungs- und motivationsförderliche Elternvariablen führen sie das Modellverhalten der Eltern (präaktionale Phase: *Wie reguliere ich mein eigenes Verhalten?*), Erleichtern (aktionale Phase: *Womit fördere ich die Anwendung von Strategien?*) und Ermuntern (postaktionale Phase: *Wie kann ich mein Kind angemessen belohnen?*) auf. Aus diesem Modell lassen sich Ansatzpunkte und Strategien für Elternberatung und Elterntraining ableiten.

Einschlägige Quellen weisen auch auf die Verantwortung der Schule, insbesondere der Lehrer, bei der Förderung der Selbstregulationskompetenz der Schüler hin (z.B. Fuchs et al., 2003; Hamman et al., 2000; Moely et al., 1992). Aber auch Lehrer nutzen ihre Modell- und Vorbildfunktion nur selten bewusst. Instruktionen und Lernumgebungen, die gezielt die Selbstregulation beim Lernen fördern und unterstützen, finden sich kaum. Ein Lehrertraining zur Förderung der Selbstregulationskompetenz von Schülern im Unterricht wird von Hertel (2007) vorgestellt.

Die Wirksamkeit von Interventionen zur Förderung des selbstregulierten Lernens ist empirisch gut gesichert. Einen Überblick über Trainingsprogramme und Förderansätze zum selbstregulierten Lernen geben Landmann und Schmitz (2007).

1.8   Zusammenfassung

Die Beratung von Eltern und Schülern ist ein wichtiger Aspekt der Lehrertätigkeit. Der Beratungsauftrag von Lehrern ist einerseits in der Allgemeinen Dienstordnung (§8) und der Allgemeinen Schulordnung des Landes Nordrhein-Westfalen (§39) festgehalten, andererseits zeigt sich ein hoher Beratungsbedarf auf Seiten der Eltern (vgl. Krumm, 1996; Wild, 2003; Vorstudie 1, Kapitel B.6.1). Tendenziell wird die Bedeutung der Beratungstätigkeit durch Lehrer weiter ansteigen (vgl. Palmowski, 1995). Inhalte der Beratung sind Lernberatung, Verhaltensauffälligkeit und Sucht, Beratung zu Leistungsstand und Schullaufbahn sowie Erziehungsberatung (Landesinstitut für Schule und Weiterbildung des Landes Nordrhein-Westfalen, 2001). Insbesondere im Hinblick auf die zahlreich dokumentierten, positiven Effekte einer guten Zusammenarbeit von Elternhaus und Schule auf die Leistungsentwicklung des Kindes (z.B. Epstein, 1991; Manz, Fantuzzo & Power, 2004) erlangen (Lern-)Beratungsgespräche eine zentrale Bedeutung. Studien zur Beratungspraxis zeigen, dass Elternberatung meist nur an Elternsprechtagen stattfindet und darüber hinaus kaum Zusammenarbeit erfolgt (z.B. Krumm, 1996; Oswald, Baker & Stevenson, 1988). Als mögliche Ursache führt Wild (2003) die unzureichenden Aus- und Weiterbildungsangebote für Lehrer im Bereich der Beratungsarbeit an. Im Rahmen einer Vorstudie zur vorliegenden Arbeit wurde diesbezüglich eine Lehrerbefragung durchgeführt (siehe Kapitel B.6.1). Es zeigte sich, dass Lehrer durch ihre Ausbildung nicht ausreichend auf die Beratungsaufgaben im Berufsalltag vorbereitet werden. Diese Ergebnisse erlangen vor dem Hintergrund der in einschlägigen Quellen formulierten Forderung, das Erlernen von Beratungstechniken solle selbstverständlicher Bestandteil der Pädagogikausbildung sein, besondere Relevanz (vgl. Huschke-Rhein, 1998).

Die Ausführungen zum Kontext von Lernberatungssituationen werden in Abbildung 2 zusammengefasst. Die gemeinsame Verantwortung von Lehrern und Eltern für die schulische Entwicklung wird hier deutlich (vgl. Keck, 2001).

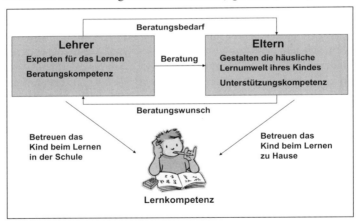

Abbildung 2:   Kontext von Lernberatungssituationen

Förderungsansätze und Strategien zur Steigerung der Lern- und Selbstregulationskompetenzen des Schülers können aus dem Prozessmodell des Lernens (Schmitz & Schmidt, 2007; Schmitz & Wiese, 2006), dem Elternmodell (Bruder, Perels & Schmitz, 2004) und aus dem Lehrertraining von Hertel (2007) abgeleitet werden.

2 Pädagogisch-psychologische Beratung

2.1 Definition des Beratungsbegriffs in pädagogisch-psychologischen Handlungsfeldern

Aus unserem Alltag sind uns Beratungssituationen wohlvertraut, wir beraten Familienmitglieder, Freunde und Bekannte und manchmal auch fremde Personen in Problem- und Entscheidungssituationen. Wenn wir selbst einen Rat brauchen, wenden wir uns mit unseren Fragen und Problemen an andere Personen. Auch Situationen, die eine gemeinsame Lösungsfindung und ein sich Beratschlagen erfordern, kennen wir aus unserem Alltag. Beratung ist demnach alltäglicher Bestandteil unserer zwischenmenschlichen Interaktionen (vgl. Krause, 2003, S. 15). Entsprechend fassen wir in unserem Alltagsverständnis Beratung als Situation auf, in der aufgrund von Erfahrung und größerem Wissen ein Rat erteilt wird bzw. in der gemeinsam überlegt, besprochen und beratschlagt wird (vgl. Duden, 1997). Im Hinblick auf die Professionalität von Beratung können nach Sickendiek, Engel und Nestmann (2002) mindestens drei Abstufungen unterschieden werden: die informelle Beratung (z.B. Beratung zwischen Freunden), die halbformalisierte Beratung (Beratung als Tätigkeitsbereich in sozialpädagogischen und psychosozialen Berufen) und die stark formalisierte Beratung (Beratung durch professionelle, ausgebildete Berater in Beratungsstellen). Die Alltagsdefinition von Beratung ist für die professionelle Ausrichtung der Beratungstätigkeit (halbformalisiert, formalisiert) im pädagogisch-psychologischen Handlungsfeld nicht umfassend genug. Um eine Definition von Beratung zu entwickeln, die über das Alltagsverständnis hinausgeht und der professionellen Beratungstätigkeit gerecht wird, ist es hilfreich, eine Einordnung in die relevanten Wissenschaftsdisziplinen vorzunehmen (vgl. Beck 1991). Beck (1991) ordnen die Beratung in die Wissenschaftsdisziplinen Soziologie, Pädagogik und Psychologie ein. Als relevante Disziplinen der Psychologie führen sie die Pädagogische Psychologie und die Klinische Psychologie an. Die Beziehungen zwischen der Beratung und den genannten Wissenschaftsdisziplinen ist in Abbildung 3 dargestellt.

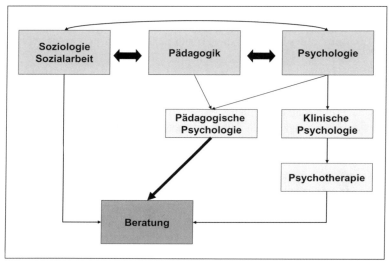

Quelle: Beck (1991, S. 40)

*Abbildung 3:   Beziehung zwischen Beratung und relevanten Wissenschaftsdiszip-
linen*

Es wird deutlich, dass Beratung interdisziplinär verankert ist (vgl. Krause, 2003;
Sander, 1999; Sickendiek et al., 2002), wobei unterschiedliche Theorien und Erklä-
rungsansätze zur Definition von Beratung herangezogen werden können (Schwarzer & Buchwald, 2006; Steinebach, 2006). Folglich findet sich in der einschlägigen
Literatur eine Vielzahl von Beratungsdefinitionen (vgl. Rechtien, 2004; Sander, 1999; Sickendiek, et al., 2002; Steinebach, 2006), die sich auch in ihrer Komplexität unterscheiden. Thiel (2003, S. 73) definiert Beratung prägnant als „*Hilfe
zum Lösen eines subjektiv bedeutsamen Problems*". Hofer (1996) beschreibt Beratung als eine Sonderform der sozialen Interaktion an der mindestens zwei Personen
(oder Institutionen) beteiligt sind und deren Ziel in der Hilfe für eine der beiden
Personen (oder Institutionen) besteht. Schwarzer und Posse (1986) verstehen Beratung als eine freiwillige, kurzfristige, oft nur situative, soziale Interaktion zwischen
Ratsuchenden (Klienten) und Berater mit dem Ziel, im Beratungsprozess eine Ent-
scheidungshilfe zur Problembewältigung eines vom Klienten vorgegeben, aktuellen
Problems durch Vermittlung von Informationen und/oder Einüben von Fertigkeiten
gemeinsam zu erarbeiten. Eine umfassende Definition von Beratung findet sich bei
Sickendiek et al. (2002, S. 13):

*„Beratung ist zunächst eine Interaktion zwischen zumindest zwei Beteiligten, bei
der die beratende(n) Person(en) die Ratsuchende(n) – mit Einsatz von kommunika-*

tiven Mitteln – dabei unterstützen, in Bezug auf eine Frage oder ein Problem mehr Wissen, Orientierung oder Lösungskompetenz zu gewinnen. Die Interaktion richtet sich auf kognitive, emotionale und praktische Problemlösungen und -bewältigungen von Klient/innen oder Klientensystemen (Einzelpersonen, Familien, Gruppen, Organisationen) sowohl in lebenspraktischen Fragen wie auch in psychosozialen Konflikten und Krisen. Beratung kann präventive, kurative und rehabilitative Aufgaben erfüllen, also im Vorfeld der Entstehung manifester Probleme ansetzen, bei aktuell bestehenden Schwierigkeiten in Anspruch genommen oder in Bezug auf den Umgang mit Folgen von Beeinträchtigungen nachgesucht oder angeboten werden."

Die dargestellten Definitionen verdeutlichen, dass Beratung nach dem professionellen Verständnis nicht mit Ratgeben gleichzusetzen ist (vgl. Hornstein, 1966), sondern als Hilfe zur Selbsthilfe verstanden werden kann (vgl. Kolb, 1989; Krause, 2003; Sickendiek et. al, 2002). Entsprechend fokussiert Beratung weniger auf die Defizite des Ratsuchenden bzw. seines Lebenskontextes, vielmehr stellt sie die vorhandenen und entwickelbaren Ressourcen des Ratsuchenden in den Vordergrund (vgl. Nestmann, 1997). Beratung ist nicht in einer spezifischen Disziplin verankert (vgl. Vaac & Loesch, 1994), pädagogisch-psychologische Beratung bezieht sich auf pädagogisch relevante Problemfälle und erfolgt im pädagogischen Handlungsfeld (vgl. Schwarzer & Buchwald, 2006).

Obgleich sich die Definitionen von Beratung unterscheiden, lassen sich Aspekte ableiten, die allen Konzeptionen gemein sind. Schwarzer und Buchwald (2006) führen als zentrale Komponenten der Beratungssituation den *Berater*, den *Ratsuchenden*, das *Problem* und den *Beratungskontext* an. Die Beratungssituation wird in der einschlägigen Literatur als Problemlösesituation dargestellt (vgl. Kolb, 1989; Thiel, 2003; Schwarzer & Buchwald, 2006). Dieser Ansatz wird im folgenden Abschnitt beschrieben.

2.2   Beratung als Problemlöseprozess

Ausgangspunkt von Beratungsgesprächen ist zunächst ein bestehendes Problem. Nach Dörner (1993) können Probleme durch folgende Aspekte beschrieben werden: ein ungewünschter Ausgangszustand (Ist-Situation), eine gewünschte Veränderung im Sinne eines Ziels (Soll-Zustand) sowie ein Weg zwischen der Ist-Situation und dem Soll-Zustand, der überwunden werden muss. Allerdings handelt es sich bei Problemen, die in Beratungssituationen bearbeitet werden, nicht um pathologische Probleme bzw. psychische Störungen (vgl. Elbing, 2000; Schwarzer & Buchwald, 2006) sondern um wahrgenommene Defizite im *„Bereich jener Kompe-*

tenzen, die für die optimale Bewältigung von Lehr- oder Lernaufgaben in Familie,
Schule und Beruf wichtig erscheinen" (Schwarzer & Buchwald, 2006, S. 583).

Konzepte zur Übertragung des Problemlöseansatzes auf die Beratungssituation finden sich u.a. bei Egan (2001), Kolb (1989), Schwarzer und Buchwald (2006) und
Thiel (2003). Egan (2001) beschreibt drei Stufen des Beratungsprozesses: (1) Probleme erkennen, (2) einen Soll-Zustand entwickeln und Ziele setzen sowie Handeln,
(3) den Soll-Zustand in die Realität umsetzen. Kolb (1989) formuliert fünf aufein-
anderfolgende Schritte für das Beratungsgespräch: Problemdefinition, Bedingungs-
analyse, Ziel- und Lösungsanalyse, Lösungsrealisation und Lösungskontrolle. Wird
bei der Lösungskontrolle festgestellt, dass das Problem nicht gelöst wurde, werden
die Schritte wiederholt. Der Prozess kann jederzeit abgebrochen werden, wenn das
Problem nicht mehr besteht. Thiel (2003) unterscheidet sieben Phasen der Beratung
als Problemlöseprozess, die sich um den Kern von Problem bzw. Beratungsaufga-
be, Beziehungsebene und Methodenebene ergeben. Die Beratung beginnt mit der
Erfassung der Ist-Situation (1) und der Definition des Soll-Zustands (2). Es folgt
die Entwicklung von Lösungswegen (3) und die Entscheidung für einen Lösungs-
ansatz (4). Auf die Planung der Lösungsumsetzung (5) folgt die Durchführung (6).
Abschließend wird das Ergebnis kontrolliert (7). Die Erkenntnisse aus der Ergeb-
niskontrolle fließen wieder in die Bestimmung der Ist-Situation (1) ein. Die Konzeption des Modells weist im Hinblick auf die Phaseneinteilung und die zyklische
Anordnung Parallelen zu Modellen der Selbstregulation (z.B. Zimmerman, 2000;
Schmitz & Wiese, 2006) auf.

Schwarzer und Buchwald (2006) unterteilen die Beratung in die sechs Handlungsschritte Allgemeine Orientierung, Problemanalyse, Sammeln und Bewerten von Alternativen, Planung und Entscheidung, Durchführung der Lösungsstrategie und
Evaluation (vgl. Abbildung 4).

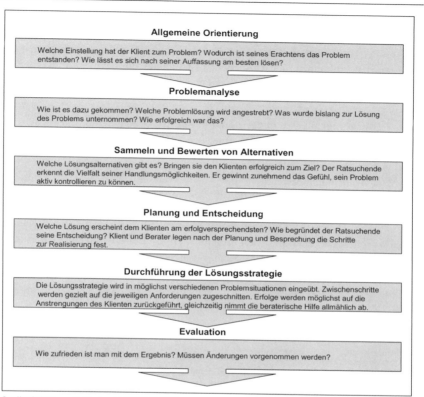

Quelle: Schwarzer & Buchwald (2006, S. 582)

Abbildung 4:   Handlungsschritte der Beratung

Nach Ebling (2000) kann der Handlungsschritt Evaluation um die Aspekte Rückmeldung über den Gesprächsverlauf und Vereinbarungen über weiteres Vorgehen
erweitert werden. Sickinger (1999) stellt unter dem Akronym PELZ-Modell ein
Konzept zur Strukturierung des Beratungsgesprächs vor, welches als Vereinfa-
chung der Handlungsschritte nach Schwarzer und Buchwald verstanden werden
kann und sich in der Elternarbeit bewährt hat. Dabei steht P für Problemdefinition,
E für Erklärungen, L für (bisherige) Lösungsversuche und Z für Ziele.

Die dargestellten Konzeptionen der Beratung als Problemlöseprozess verdeutlichen, dass Beratung aus dieser Perspektive als Beitrag zur Erweiterung, Differen-
zierung oder auch Revision von Handlungsmöglichkeiten verstanden werden kann.
Durch die Beratung soll die Problemlösung optimiert und eine passende Lösung für
den Ratsuchenden gefunden werden. Allerdings bleibt die Entscheidung für einen

Lösungsweg und die Verantwortung für die Umsetzung beim Ratsuchenden. In Beratungssituationen sind demnach sowohl Berater als auch Ratsuchender Experten: Der Berater ist Experte für die Gesprächsführung und den lösungsorientierten Umgang mit den Problemen, der Ratsuchende ist Experte für seine Lösungen und den eigenen, spezifischen Kontext (vgl. Honal & Schlegel, 2002).

2.3   Beratungsansätze in der pädagogisch-psychologischen Beratung

In der Literatur findet sich eine große Anzahl von Beratungsansätzen, wobei diese meist auf Ansätzen aus der Klinischen Psychologie oder der Psychotherapie basieren bzw. von ihnen abgeleitet sind (vgl. Rechtien, 2004). Nach Ertelt und Schulz (2002) gab es 1999 über 250 unterschiedliche Beratungsansätze, die sich in ihren Grundkonzepten jedoch maßgeblich von drei Theorien ableiten: der psychodynamischen Theorie, der kognitiv-behavioristischen Theorie und der existentialhumanistischen Theorie (vgl. Ertelt & Schulz, 2002). Die Kerngedanken dieser drei Theorien werden in Tabelle 3 dargestellt. Zusätzlich werden die Grundkonzepte des systemischen Beratungsansatzes aufgeführt, da sich dieser im pädagogisch-psychologischen Handlungsfeld als bedeutsam erwiesen hat (vgl. Connemann, 2005; Hubrig & Herrmann, 2005; Palmowski, 1995).

Tabelle 3:   Kerngedanken zentraler Beratungsansätze

Beratungsansatz	Kerngedanken
Psychoanalytisch orientierte Beratung	Alle psychodynamisch orientierten Schulen weisen dem Unbewussten eine zentrale Funktion bei der Entwicklung der menschlichen Persönlichkeit und der Steuerung des Verhaltens zu. Das ist ein Bereich, der dem Bewussten vorgelagert ist und zu dem die Betroffenen selbst keinen unmittelbaren Zugang finden. Scheinbar rationale Handlungen lassen sich nach diesen theoretischen Paradigmen oft auf „verborgene" Triebe und unbewusste intrapsychische Zusammenhänge mit rückführen.
Kognitiv-behavioristische Beratung / Verhaltensbezogene Beratung	Die an Lern- und Verhaltenstheorien orientierte Beratung geht von dem Grundsatz aus, dass alles Verhalten, auch das Fehlangepasste, gelernt ist. Dieses Verhalten kann systematisch wieder verlernt werden. Dazu ist eine differenzierte „Verhaltensanalyse" notwendig, in der das Problemverhalten selbst, die vorauslaufenden Bedingungen und die aufrechterhaltenden Konsequenzen genau analysiert werden. Bei der verhaltensbezogenen Beratung kommen alle Techniken zur Anwendung, die sich in „normalen" und verhaltenstherapeutischen Situationen als effektiv erwiesen haben, von der Verstärkung und systematischen Desensibilisierung bis hin zu Selbstkontrolltechniken.

Fortsetzung nächste Seite

Fortsetzung Tabelle 3: Kerngedanken zentraler Beratungsansätze

Existential-humanistische Beratung / Klientenzentrierte Beratung	Die Grundlagen dieses Ansatzes bildet die Theorie von Carl Rogers (1972), er gilt als Begründer der Klientenzentrierten Gesprächstherapie. Sie hat aus zweierlei Gründen besondere Bedeutung für die Beratung gewonnen: Zum einen konzentriert sie sich auf das Gespräch, welches die zentrale Methode der Beratung darstellt; zum anderen thematisiert sie Verhaltensweisen des Beraters (oder Therapeuten) und Bedingungen der Beratungssituation, die sich bei vielen Beratungsgelegenheiten als nützlich erweisen können. Dazu gehören z.B. die grundlegenden Bedingungen für ein wachstumsförderliches Interaktionsklima: Echtheit, Wertschätzung und einfühlsames Verstehen.
**Systemisch orientierte Beratung**	In vielen Fällen hat sich herausgestellt, dass die als individuelles Problem erlebte Symptomatik durch Störungen im sozialen Netzwerk der betreffenden Person hervorgerufen und aufrechterhalten wird. Eine ausschließlich individuumszentrierte Beratung und Intervention greift deshalb zu kurz. Höhere Erfolgschancen hat ein systemorientierter Ansatz, der sich nicht allein mit dem primären Symptomträger (dem Ratsuchenden) befasst, sondern mit dem gesamten „System" der sich gegenseitig beeinflussenden Personen in einem bestimmten Lebensumfeld.

Quelle: Schwarzer & Buchwald (2001, S. 595ff.)

Ein vergleichsweise neuer Ansatz in der Beratungsarbeit ist der auf Berg und De Shazer zurückgehende, lösungs- und ressourcenorientierte Ansatz. Grundannahme dieses Ansatzes ist, dass es für die Lösung eines Problems nicht nötig sei, die Entstehung des Problems zurückzuverfolgen oder gar zu verstehen (vgl. De Shazer, 1990). In der Beratungsarbeit wird die Suche von Lösungen in den Vordergrund gestellt, wodurch die Ressourcen des Klienten wieder aktiviert werden sollen. Dabei werden Ausnahmen des Problemverhaltens gesucht und Lösungsvorschläge diskutiert (vgl. Thiel, 2003). Das lösungsorientierte Vorgehen wird häufig im Rahmen von Kurzzeitberatungen eingesetzt (Thiel, 2003; Wolters, 2004) und gewinnt in der pädagogisch-psychologischen Beratung zunehmend an Bedeutung (vgl. Freyaldenhoven, 2005).

Die aufgeführten Beratungsansätze und die entsprechenden Beratungstechniken stehen in der Praxis jedoch nicht nebeneinander. Vielmehr können Berater und Ratsuchende von einer eklektisch-integrativen Vorgehensweise, die auf Methoden und Strategien unterschiedlicher Beratungsansätze zurückgreift, profitieren (vgl. Sander, 1999; Sickendiek et al., 2002).

2.4 Ziele von pädagogisch-psychologischer Beratung

Hennig (1989, S. 121) führt als Hauptziel der Beratung an, die Bildungs- und Entfaltungsmöglichkeiten des Einzelnen weitgehend zu fördern, ihm die Notwendig-

keiten und Möglichkeiten des Erwerbs von möglichst breiten und allgemein ver-
wertbaren Qualifikationen aufzuzeigen und dementsprechend gemeinsam mit ihm
Informations-, Entscheidungs- und Realisierungshilfen zu erarbeiten. Brem-
Gräser (1993) konkretisiert die Ziele von Beratung für das pädagogisch-
psychologische Handlungsfeld und stellt dabei insbesondere die Behandlung und
Prävention von Fehlentwicklungen sowie generell die Optimierung von Entwick-
lungsprozessen bei Lernenden ins Zentrum des Beratungsanliegens. Bezugnehmend auf die Konzeption von Beratung als Problemlöseprozess (siehe Kapitel B.2.2) beschreiben Sickendiek et al. (2002) das Ziel der Beratung als Hilfe und
Unterstützung des Ratsuchenden bei der Orientierung in Anforderungssituationen
und Problemlagen, der Entscheidung über anzustrebende Ziele und Wege, der Planung von Handlungsschritten zur Erreichung der Ziele, der Umsetzung und Realisierung der Planung und schließlich der Reflexion der Handlungsschritte. Hier wird
deutlich, dass sich die Ziele der Beratung auch auf den Bereich von Prävention und
Intervention beziehen. Nach Hofer, Wild und Pikowsky (1996) sind die Ziel- und
Handlungsformen von Beratung, Intervention und Prävention in der Praxis so eng
miteinander verknüpft, dass die entsprechenden Tätigkeiten nicht strikt zu trennen
sind. Sie schulssfolgern, dass Beratung als Oberbegriff zur Bezeichnung eines pädagogisch-psychologischen Berufsfelds verwendet werden kann, welches Beratung, Intervention und Prävention umfasst.

2.5   Abgrenzung von pädagogisch-psychologischer
         Beratung und Psychotherapie

Eine stringente Abgrenzung von pädagogisch-psychologischer Beratung und Psychotherapie zu treffen, ist allein aufgrund der in Kapitel B.2.3 dargestellten, ge-
meinsamen Theoriebasis kaum möglich. Weiterhin werden in der Beratungsarbeit
auch Techniken eingesetzt, die psychotherapeutischen Konzepten entstammen.
Sander (1999) und Steinebach (2006) betonen, dass es keine klare Abgrenzung
zwischen Beratung und Therapie geben kann; Krause (2003, S. 17) argumentiert,
dass die Übergänge zwischen Beratung und Therapie fließend sind. Allerdings
können Unterschiede zwischen Beratung und Therapie für bestimmte Aspekte auf
einem Kontinuum von *mehr* bzw. *weniger* beschrieben werden (vgl. Sander, 1999;
Strasser & Gruber, 2003). Auch wenn eine Abgrenzung zwischen Beratung und
Therapie hinsichtlich der grundlegenden, theoretischen Konzepte und der eingesetzten Methoden kaum möglich erscheint, gibt es doch ein wesentliches Unter-
scheidungsmerkmal: die Ausrichtung des Beratungsangebots. Pädagogisch-
psychologische Beratungsangebote umfassen in der Regel nicht-pathologische
Problemfälle, hingegen ist das Beratungsangebot der Psychotherapie auf pathologische Problemfälle ausgerichtet (Elbing, 2000). Eine Übersicht möglicher Unter-

scheidungsmerkmale gibt Tabelle 4; die Zusammenstellung der Unterscheidungsmerkmale erfolgte in Anlehnung an Sander (1999), Steinebach (2006) und
Tausch (1997).

*Tabelle 4:   Merkmale zur Unterscheidung von pädagogisch-psychologischer Be-
ratung und Psychotherapie*

Pädagogisch-psychologische Beratung	Psychotherapie
Das Beratungsangebot bezieht sich auf nicht-pathologische Problemstellungen	Das Beratungsangebot bezieht sich auf pathologische Problemstellungen
Der Beratungsprozess erstreckt sich über kurze Zeit	Der Beratungsprozess ist längerfristig angelegt
Verzichtet auf die Thematisierung von unbewussten Elementen	Bezieht Unbewusstes oft mit ein
Wird auch in institutionellem Auftrag durchgeführt, sowohl Klient als auch Berater haben ein Interesse an der Problemlösung	Wird im Rahmen von freiwilliger Übereinkunft von Therapeut und Klient durchgeführt
Im Mittelpunkt der Beratung stehen klar umschriebene Problemstellungen und Zielorientierungen	Im Mittelpunkt der Beratung stehen Wachstumsprozesse beim Klienten
Fokussiert auf das Ziel und die Lösungsfindung	Fokussiert (oft) auf die Beziehungsstruktur des Klienten

In Anlehnung an Sander (1999) sind die dargestellten Aspekte zur Unterscheidung
von pädagogisch-psychologischer Beratung und Psychotherapie jedoch nicht als
stringente Unterscheidungsmerkmale sondern als stärkere Ausprägungen zu verstehen. Eine Ausnahme bildet die Ausrichtung des Beratungsangebots (s.o.).

2.6   Kompetenzen des Beraters

Aus den Definitionen von Beratung wird ersichtlich, dass ein Berater vielfältige
Kompetenzen benötigt, um die formulierten Beratungsaufgaben bewältigen zu
können. Beratungskompetenz kann demnach nicht auf reine Gesprächsführungskompetenz reduziert werden. Die Vielfalt der Definitionen von Beratung schlägt
sich auch in einer Vielzahl von Konzeptionen der Beratungskompetenz nieder
(vgl. Strasser & Gruber, 2003). Nur wenige Ansätze verstehen Beratungskompetenz wie Ebling (2000) ausschließlich unter dem Wissensaspekt: Er definiert Beratungskompetenz als Wissen um spezifische Thematiken (Objektwissen) und Wissen um Prozessmerkmale (operatives Wissen). Als Beispiele für spezifische Thematiken nennt er u.a. Angst, Ärger, Lernen, Motivation, Hochbegabung und Entwicklung. Unter Wissen um Prozessmerkmale werden Beziehungsmerkmale, Auf-

bau von Vertrauen, Eröffnungstaktiken, Präsentationstechniken, Diagnosefertigkeiten, Handlungsvorgaben und spezifische Metatheorien subsumiert.

Meist integrieren Konzepte von Beratungskompetenz inhaltliches Wissen und Handlungskompetenz. Honal und Schlegel (2002, S. 3) führen als Kompetenzbereiche eines pädagogisch-psychologischen Beraters Gesprächsführung (z.B. nondirektiv, informierend, konfliktlösend), Diagnostik (z.B. Schulleistungen, Umwelt), Intervention in Kooperation, für einzelne oder Gruppen (z.B. schulpädagogisch, pädagogisch-psychologisch), Fachwissen (z.B. Schulaufbahn, Pädagogische Psychologie), Erwachsenenarbeit (z.B. Elternarbeit, Beratung von Kollegen), Kooperation (z.B. Absprachen zwischen Beratungslehrern und Schulpsychologen bzw. mit nichtschulischen Beratungs- und Bildungseinrichtungen), Evaluation (systematische Rückmeldung, Eigensupervision) und Rahmenbedingungen guter schulischer Beratung an (z.B. Zeit, Raum, Unterlagen). Schwarzer und Buchwald (2006) argumentieren, dass ein kompetenter Berater neben wissenschaftlich fundierten Fachkenntnissen auch personale Ressourcen benötigt. Dies wird im Definitionsansatz von Hackney und Cormier (1998) aufgegriffen. Sie unterscheiden zwischen vier Kompetenzbereichen: persönliche Eigenschaften des Beraters (z.B. Interesse am Wohlergehen anderer, Fähigkeit, für andere da zu sein, eigene Stärken und Schwächen kennen), zwischenmenschliche Eigenschaften des Beraters (Fähigkeit zum Aufbau einer Beziehung zu anderen), Unterscheidungs- oder konzeptionelle Fähigkeiten des Beraters (Balance zwischen Einfühlen in die Welt des Klienten und Objektivität), sowie Interventionstechniken des Beraters (therapeutischer Plan, Gesprächstechniken).

Strasser und Gruber (2003, S. 388) beschreiben Beratungskompetenz als *„fachliches Wissen um Sachverhalte und um die Wirksamkeit von Maßnahmen* [welches] *… auf der Grundlage personaler Ressourcen reflektierte Erfahrung* [erlaubt]*, die befähigt, Wissen situationsangemessen und effektiv anzuwenden, was zu beraterischem Erfolg, also dem Erreichen der im Beratungsprozess gesetzten Ziele, führt"*. In ihrer Definition erwähnen sie mit der Situationsangemessenheit des Handelns ein zentrales Kriterium für professionelles Handeln (vgl. Bromme, 1997). Schwarzer und Buchwald (2006) greifen die von Strasser und Gruber angeführten Kompetenzaspekte auf und benennen die folgenden Kompetenzen eines Beraters: Fachwissen, Personale Ressourcen, Soziale Kompetenz, Berater-Skills und Pädagogisches Wissen, Bewältigungskompetenz und Prozesskompetenz. Voigt (2003) fügt als weiteren zentralen Kompetenzaspekt die Selbstreflexion an, die in der von Schwarzer und Buchwald vorgestellten Konzeption den Personalen Ressourcen zugeordnet wird. Diese Aspekte der Beratungskompetenz sind in Abbildung 5 dargestellt.

Fachwissen	Personale Ressourcen	Soziale Kompetenz	Berater-Skills	Bewältigungs- kompetenz	Prozess- kompetenz
Theorien Modelle Empirische Erkenntnisse	Persönlichkeit Beratungs- konzept Erfahrung Reflexion	Vertrauen Soziales Fingerspitzen- gefühl Kommunikative Sensibilität	Empathie Herausarbeiten des Problems Zielklärung Gesprächs- techniken Gesprächs- strukturierung	Konstruktiver Umgang mit Spannungen und Konflikten	Gestaltung des Beratungs- vorgangs: Auftauen Ändern Stabilisierung

Quelle: Schwarzer und Buchwald (2006, S. 600ff.)

Abbildung 5:   Aspekte der Beratungskompetenz

Die Entwicklung der Kompetenzkonzeptionen kann jedoch keineswegs als abgeschlossen angesehen werden. Scofield und Yoxtheimer (1983) weisen auf den Bedarf der empirischen Absicherung von Beratungskompetenzkonzeptionen hin. Auch Strasser und Gruber (2003) kommen bei ihrer Analyse des Forschungsstands zum Kompetenzerwerb in der Beratung zu dem Schluss, dass die domänenspezifische Erstellung von Beratungskompetenzkonzeptionen noch zu leisten ist.

2.7   Ansätze zur Förderung von Beratungskompetenz

Bei Recherchen nach Ansätzen zur Förderung der Beratungskompetenz finden sich eine große Anzahl an Ratgeberbüchern und Trainingsprogrammen, die sich an unterschiedliche Zielgruppen (z.B. Lehrer, Ärzte, Sozialpädagogen, Psychotherapeuten) richten. Auf Seiten der Ratgeberbücher können Ratgeber zur Kommunikationsgestaltung (z.B. Birkenbihl, 2004; Boettcher, 2004a; Gührs & Nowak, 2006; Prior, 2004; Weisbach, 2003), Lehrbücher zu therapeutischen Ansätzen (z.B. Sander, 1999; Vogt-Hillmann & Burr, 2006; von Schlippe & Schweitzer, 2003; Wolters, 2004) und Ratgeber zur Elternarbeit (z.B. Bernitzke & Schlegel, 2004; Busch, 2000, Dusolt, 2001; Hennig & Ehinger, 2003; Korte, 2004) unterschieden werden. Weiterhin finden sich zahlreiche Publikationen von Trainingsprogrammen (z.B. Bachmair et al., 1989; Egan, 2001; Pallasch & Kölln, 2002). Pallasch und Kölln (2002) haben eine Bestandsaufnahme durchgeführt und wichtige Trainingskonzepte zu Beratung und Gesprächsführung zusammengestellt.

Bei der Analyse der zusammengetragenen Trainingsprogramme zeigt sich, dass der Schwerpunkt meistens auf der Entwicklung kompetenten Gesprächsverhaltens liegt. Zahlreiche Studien weisen auf die Wirksamkeit von Trainingsprogrammen zur Förderung der Gesprächskompetenz hin, zu instruktionalen Bedingungen, die den Kompetenzerwerb fördern, liegen jedoch keine Erkenntnisse vor (Strasser & Gruber, 2003).

Boettcher (2004b) führt als zentrale Komponenten von Gesprächführungsschulungen das Gesprächswissen, methodische Anweisungen (i.S. von Gesprächstechniken), Training von Teilfertigkeiten, Rollenspiel, Analyse transkribierter Gespräche, Selbsterfahrungsgruppen, praxisbegleitende Supervision und Coaching an. Die Selbstreflexion ist nach Grewe (2005b), Gührs und Nowak (2006) und Thiel (2003) ein weiteres zentrales Element bei der Schulung der Beratungskompetenz und gleichzeitig auch eine wichtige Kompetenz des Beraters (siehe Kapitel B.2.6). Thiel (2003) unterstreicht dabei insbesondere die Förderung der Selbstorganisation und der Ressourcen der Trainingsteilnehmer durch Selbstreflexionsleitfäden. Dieses Vorgehen entspricht der strukturierten Selbstreflexion mittels Tagebüchern, deren Wirksamkeit empirisch gut gesichert ist (vgl. Korotitsch & Nelson-Gray, 1999; Webber, Schermann, McCall & Coleman, 1993). McLeod (2003) sowie Strasser und Gruber (2003) schreiben darüber hinaus dem Feedback über das Beratungshandeln einen hohen Stellenwert bei der Entwicklung der Beratungskompetenz zu.

2.8   Messung von Beratungskompetenz

In der Beratungspraxis existiert eine Vielzahl von Instrumenten zur Bestimmung der Kompetenz eines Beraters. Scofield und Yoxtheimer (1983) führten eine Analyse der zur Erfassung von Beratungskompetenz eingesetzten Instrumente durch. Dabei bezogen sie sich auf Studien, die zwischen 1977 und 1982 publiziert wurden. In den einbezogenen 235 Studien wurden 145 unterschiedliche Instrumente zur Erfassung der Beratungskompetenz eingesetzt.

Siebzig Prozent der eingesetzten Instrumente waren Rating-Skalen, in 11% der Fälle wurden strukturierte Verhaltensbeobachtungen durchgeführt und 8% der Kompetenzmessungen basierten auf schriftlich zu beantwortenden Fallbeispielen, die im Anschluss geratet wurden. Dabei bezogen sich 91% der Messungen auf die Diagnose der interpersonalen Kompetenzen des Beraters, 9% bezogen sich auf Beratungsstrategien und Problemlösekompetenz.

Die Testgütekriterien (Reliabilität, Validität) wurden nur für wenige Instrumente angegeben und ein Bezug zu psychometrischen Messmodellen war kaum vorhanden. Um Beratungskompetenz zu diagnostizieren und die Beziehung zwischen Beratungskompetenz und Beratungserfolg bzw. -leistung untersuchen zu können, sind reliable, valide und auf psychometrischen Modellen basierende Instrumente unerlässlich (vgl. Scofield & Yoxtheimer, 1983). Auch Naugle und Hall (1999) unterstreichen 16 Jahre später den Bedarf an empirisch überprüften Instrumenten zur

Beratungskompetenzdiagnostik. Sie bemängeln, dass in der Beratungspraxis meist
selbst erstellte Klientenfragebögen verwendet werden, die auf die Zufriedenheit
und die Gefühle des Klienten abzielen. Kritisch stehen sie auch dem Ansatz gegenüber, Beratungskompetenz über die Beratungserfahrung und das beratungsbezogene Wissen zu erfassen; sie führen den berechtigten Einwand an, dass von Wissen
nicht direkt auf die Handlungskompetenz geschlossen werden kann und regen die
Entwicklung weiterer Instrumente an. Diese sollten verschiedenen Aspekte der Beratungssituation gerecht werden (multidimensionale Ausrichtung) und nicht nur auf
das Beratungsergebnis fokussieren (Naugle & Hall, 1999, S. 22).

McLeod (1992, 2003) greift diese Gedanken auf und beschreibt Informationsquellen sowie Instrumente bzw. Assessment-Ansätze zur Diagnostik von Beratungskompetenz. Informationsquellen stellen dabei der Trainer oder Tutor, der Vorge-
setzte, der Supervisor, ein externer Beobachter, der Berater selbst, Kollegen bzw.
Peer-Group und der Klient dar. Als Instrumente führt er Fragebögen und Ra-
tingskalen, Video- und Tonbandaufzeichnungen, Rollenspiele, Lerntagebücher
bzw. Aufzeichnungen zum Lernen, Prüfungen und Tests sowie Computersimulati-
onen an. Er spricht sich dafür aus, Diagnostikansätze auf der Basis einer eindeuti-
gen, empirisch abgeleiteten Definition von Beratungskompetenz zu entwickeln und
verschiedene Informationsquellen und Instrumente zu integrieren.

2.9   Zusammenfassung

Beratung lässt sich zwischen den Wissenschaftsdisziplinen Soziologie, Pädagogik
und Psychologie einordnen. Die pädagogisch-psychologische Beratung ist eng an
die Theorien und Erkenntnisse der Pädagogischen Psychologie geknüpft. Im professionellen Verständnis ist Beratung nicht mit Ratgeben gleichzusetzen, sondern
als Hilfe zur Selbsthilfe zu verstehen, wobei die Schwerpunkte auf der Erarbeitung
von Lösungsmöglichkeiten und den Ressourcen des Ratsuchenden liegen.

Die Definitionen von Beratung unterscheiden sich hinsichtlich ihrer theoretischen
Einordnung und ihrer Komplexität: In der Literatur finden sich relativ knapp gehal-
tene und sehr ausführliche Definitionen. Allerdings lassen sich zentrale Komponenten extrahieren, die alle Beratungsdefinitionen aufgreifen: der (die) Berater, der
(die) Ratsuchende(n), eine Problemstellung und der Beratungskontext (vgl. Schwarzer & Buchwald, 2006). Zunehmend finden sich Ansätze, die Beratung in Anlehnung an die Konzepte des Problemlösens (z.B. Dörner, 1993) und der Selbstregulation (z.B. Schmitz & Wiese, 2006; Zimmerman, 2000) als Problemlöseprozess
beschreiben (z.B. Thiel, 2003). Folglich wird das Ziel der Beratung in der Unterstützung des Ratsuchenden bei der Bewältigung von Anforderungs- und Entscheidungssituationen gesehen (z.B. Sickendiek et al., 2002), wobei Beratung, Interven-

tion und Prävention hier nicht getrennt werden können (vgl. Hofer, Wild & Pikowsky, 1996).

Derzeit existieren über 250 verschiedene Beratungsansätze (Ertelt & Schulz, 2002),
die in ihren Kerngedanken auf den psychodynamischen Ansatz, den kognitiv-
behavioristischen Ansatz, den existential-humanistischen Ansatz und den systemischen Ansatz zurückgehen. Für pädagogisch-psychologische Beratungssituationen
gewinnt der lösungs- und ressourcenorientierte Beratungsansatz (De Shazer, 1990)
zunehmend an Bedeutung. Um ihrem Beratungsauftrag gerecht werden zu können,
müssen Berater über vielfältige Kompetenzen verfügen. Zentral sind dabei Fach-
kenntnisse und personale Ressourcen (Schwarzer & Buchwald, 2006).

Ratgeber und Trainingsprogramme zur Schulung von Beratungskompetenz richten
sich an unterschiedliche Zielgruppen und fokussieren meist auf die Entwicklung
von Gesprächsführungskompetenz. Der Aspekt des Objektwissens nach Elbing (2000) sowie Strasser und Gruber (2003) wird kaum berücksichtigt. Als wichtige Elemente der Fortbildung werden Selbstreflexion (z.B. Gührs & Nowak, 2006)
und Feedback (z.B. Strasser & Gruber, 2003) aufgeführt. Zu instruktionalen Bedingungen, die den Erwerb von Beratungskompetenz unterstützen, liegen bislang
kaum Erkenntnisse vor (vgl. Strasser & Gruber, 2003). Im Hinblick auf die Evaluation entsprechender Interventionen besteht allerdings ein Mangel an wissenschaftlich überprüften, auf psychometrischen Kompetenzmodellen basierenden Messinstrumenten für die Diagnostik der Beratungskompetenz (vgl. McLeod, 2003; Scofield & Yoxtheimer, 1983).

3   Kompetenzmessung

3.1   Definition des Kompetenzbegriffs

Der Begriff *Kompetenz* ist in unserem Alltag allgegenwärtig und wird in unterschiedlichsten Kontexten verwendet. Fast täglich werden neue Kompetenzen benannt und in die Öffentlichkeit getragen. Entsprechend können viele unterschiedliche Kompetenzen gefunden werden. Frey und Balzer (2005) führen allein für den
beruflichen Kontext 14 unterschiedliche Kompetenzen auf: personale Kompetenz,
Fachkompetenz, Methodenkompetenz, Analysefähigkeit, Flexibilität, Zielorientier-
tes Handeln, Arbeitstechniken, Reflexivität, Sozialkompetenz, Selbstständigkeit,
Kooperationsfähigkeit, Soziale Verantwortung, Kommunikationsfähigkeit, Füh-
rungsfähigkeit sowie Situationsgerechtes Auftreten. In der deutschsprachigen Literatur zu Aus- und Weiterbildung werden nach Weinert (2001) 654 verschiedene
Schlüsselkompetenzen aufgeführt.

Weinert (2001, S. 45) stellt in Bezug auf unser Alltagsverständnis von Kompetenz fest: *„In general, we know what the terms „competence," „competencies," „competent behaviour," or „competent person" mean, without being able to precisely define or clearly differentiate them."* Kompetenz ist demnach ein häufig gebrauchter Begriff, der uns grundsätzlich vertraut ist und der in unserem Alltagsverständnis auch mit Bedeutung versehen ist, der aber nicht spezifiziert bzw. trennscharf definiert ist (vgl. Wollert, 1997). Wir verwenden den Begriff meist in zwei Kontexten: Erstens, wenn wir ausdrücken möchten, dass eine Person die Befugnis hat, etwas zu tun bzw. für etwas zuständig ist (vgl. Lexikon der Psychologie, 2001). Diese Definition leitet sich von dem lateinischen Substantiv „competentia" ab, welches als Zusammentreffen oder Zuständigkeit verstanden werden kann. Zweitens verwenden wir den Begriff Kompetenz auch, wenn wir einer Person Handlungsfähigkeit zuschreiben. Dies kann von dem Verb lateinischen Verb „competere" abgeleitet werden, welches als „zusammenlangen, zusammentreffen, stimmen, zutreffen, entsprechen, zukommen" (Duden, 1997) aufgefasst werden kann. Chomsky (1962) führte in den Kommunikationswissenschaften die Unterscheidung zwischen Kompetenz und Performanz ein, wobei Kompetenz die universelle, auf den sprachlichen Bereich bezogene Fähigkeit umfasst und die Performanz der tatsächlich ausgebildeten sprachlichen Fähigkeit entspricht.

In der Literatur finden sich unterschiedliche Ansätze zur Gruppierung von Kompetenzen. So unterschieden Erpenbeck und von Rosenstiel (2007) zwischen Kompetenzen als Persönlichkeitseigenschaften, Kompetenzen als Arbeits- und Tätigkeitsdispositionen, Kompetenzen als fachbetonten Qualifikationen und Kompetenzen als sozialen Kommunikationsvoraussetzungen. Kauffeld (2005) schlägt für berufliche Handlungskompetenz eine Unterteilung in Fachkompetenz, Methodenkompetenz, Sozialkompetenz und Selbstkompetenz vor.

Im wissenschaftlichen Gebrauch wird unter *Kompetenz* ein kaum spezifiziertes System von Fähigkeiten oder Fertigkeiten verstanden, welches notwendig bzw. hinreichend ist, um Ziele zu erreichen (Weinert, 2001, S. 45). Auch im wissenschaftlichen Bereich liegt demnach keine explizite Definition von *Kompetenz* vor. Vielmehr finden sich viele Definitionen des Kompetenzbegriffs (vgl. Frey & Balzer, 2005). Erpenbeck und von Rosenstiel (2007) stellen fest, dass es eigentlich verwunderlich sein müsse, „wie wenig klar Kompetenzen gegenwärtig begrifflich gefasst und messend zugänglich gemacht werden kann" (S. XVII). Franke (2005) führt an, dass unter dem Kompetenzbegriff unterschiedliche Eigenschaften miteinander verbunden sind. So stehen Teilprozesse des Handelns neben Güteattributionen einer Handlungsfunktion und Handlungsvoraussetzungen stehen neben Handlungsergebnissen. Eine eindeutige Beschreibung ist jedoch unbedingt notwendig, um den Kompetenzbegriff wissenschaftlichen, empirischen Fragestellungen zugänglich zu machen (vgl. Erpenbeck & von Rosenstiel, 2007; Hartig & Klieme, 2006).

Die weite Spanne des Kompetenzbegriffs erschwert die klare Eingrenzung und Definition. Nach Weinert (2001) reicht der Kompetenzbegriff von angeborenen Persönlichkeitsmerkmalen (Begabung, Intelligenz) bis hin zu erworbenem umfangreichen Wissen und von fächerübergreifenden Schlüsselqualifikationen bis zu fachbezogenen Fertigkeiten.

In Anlehnung an Weinert (2001) lassen sich folgende Konzeptionen des Kompetenzbegriffs unterscheiden:

(1) Kompetenzen als allgemeine intellektuelle Fähigkeiten im Sinne von Dispositionen, die eine Person befähigen, in sehr unterschiedlichen Situationen anspruchsvolle Aufgaben zu meistern.

(2) Kompetenzen als funktional bestimmte, auf bestimmte Klassen von Situationen und Anforderungen bezogene kognitive Leistungsdispositionen, die sich psychologisch als Kenntnisse, Fertigkeiten, Strategien, Routinen oder auch bereichsspezifische Fähigkeiten beschreiben lassen.

(3) Kompetenz als motivationale Orientierung, die für die Bewältigung komplexer Aufgaben notwendig ist.

(4) Handlungskompetenz als Begriff, der die ersten drei genannten Kompetenzkonzepte umschließt und sich jeweils auf die Anforderungen und Aufgaben eines bestimmten Handlungsfeldes, zum Beispiel eines Berufes, bezieht.

(5) Metakompetenz als Wissen, Strategien oder auch Motivationen, die Erweb und Anwendung von Kompetenzen in verschiedenen Inhaltsbereichen erleichtern.

(6) Schlüsselkompetenz als Kompetenzen im unter (2) genannten funktionalen Sinn, die aber für einen relativ breiten Bereich von Situationen und Anforderungen relevant sind (z.B. muttersprachliche Kenntnisse).

In der Literatur wird meist die Kompetenzdefinition nach Weinert (2001, S. 27ff.) zitiert. Er definiert Kompetenzen als *„die bei Individuen verfügbaren oder durch sie erlernbaren kognitiven Fähigkeiten und Fertigkeiten, um bestimmte Probleme zu lösen, sowie die damit verbundenen motivationalen, volitionalen und sozialen Bereitschaften und Fähigkeiten, um Problemlösungen in variablen Situationen erfolgreich und verantwortungsvoll nutzen zu können".* In diesem Sinne kann Kompetenz als Indikator für Performanz in komplexen Situationen verstanden werden (vgl. Erpenbeck & von Rosenstiel, 2007).

In einem Übersichtsartikel zur konzeptuellen Klärung des Kompetenzbegriffs kommt Weinert (2001) bezüglich der Verwendung des Kompetenzbegriffs zu fünf Schlussfolgerungen (S. 63ff.):

(1) Kompetenz bezieht sich auf Voraussetzungen eines Individuums oder einer Gruppe von Individuen die notwendig sind, um komplexe Anforderungen bewältigen zu können. Die (psychologische) Struktur einer Kompetenz ergibt sich aus der logischen und psychologischen Struktur der Anforderungen.

(2) Der Kompetenzbegriff sollte verwendet werden, wenn sich die notwendigen Voraussetzungen zur erfolgreichen Bewältigung der Anforderung aus kognitiven und (in vielen Fällen) motivationalen, ethischen, volitionalen und/oder sozialen Kompetenten zusammensetzen.

(3) Das Konzept der Kompetenz impliziert, dass eine hinreichende Komplexität vorausgesetzt wird, um die Anforderungen und Aufgaben bewältigen zu können.

(4) Lernprozesse sind notwendige Bedingungen für den Erwerb von Voraussetzungen einer erfolgreichen Bewältigung komplexer Anforderungen. Das bedeutet, vieles muss gelernt werden, wobei es nicht direkt gelehrt werden kann.

(5) Kompetenzen und Metakompetenzen sollten begrifflich differenziert werden. Schlüsselkompetenzen sollten nur dann angenommen werden, wenn eine Kompetenz zur Bewältigung vieler verschiedener, gleichwertiger Anforderungen des täglichen Lebens, bezogen auf den Beruf oder das soziale Leben, beiträgt. Metakompetenzen sollten verwendet werden, wenn Bezug auf deklaratives oder prozedurales Wissen über die eigenen Kompetenzen genommen wird. [Übersetzung der Autorin]

Wollert (1997) folgert bei der Betrachtung von Definitionsversuchen unterschiedlicher Wissenschaftsdisziplinen, dass Kompetenz an sich nicht definierbar ist, sondern nur in Bezug zu konkreten Anforderungssituationen definiert werden kann. Folglich ist Kompetenz immer domänenspezifisch, wobei durchaus eine Generalisierbarkeit über vergleichbare Situationen besteht (Hartig & Klieme, 2006).

Im Hinblick auf eine inhaltliche Bestimmung einer domänenspezifischen Kompetenz sollten auch die Strukturen der Kompetenz und die Zusammenhänge zwischen den Komponenten erforscht werden (vgl. Franke, 2005). Frey und Balzer (2005, S. 37) weisen darauf hin, dass entsprechende Kompetenzfacetten nicht unabhängig voneinander, sondern als miteinander verwobene Einheiten zu sehen sind.

Hartig und Klieme (2006) führen den Gedanken der Kompetenzdimensionen in Bezug auf die Kompetenzdiagnostik fort, indem sie feststellen, dass „inhaltlich die

Frage nach Kompetenzdimensionen gleichbedeutend mit der Frage danach [ist],
welche Kompetenzen in einem bestimmten Zusammenhang differenziert erfasst
werden können oder erfasst werden sollen" (S. 132). Kompetenzdiagnostik auf der
Grundlage von Kompetenzfacetten ermöglicht nach Franke (2005) eine validere
Diagnostik und ist die Grundlage für die Entwicklung von Interventionen zur
Kompetenzförderung. Eine entsprechende Diagnostik ermöglicht zusätzlich eine
gezielte, kompetenzprofilabhängige Zuteilung der Teilnehmer zu Interventionen.

3.2 Exkurs: Abgrenzung von Kompetenzen, Eigenschaften, Merkmalen und Fähigkeiten

Häufig wird der Kompetenzbegriff synonym zu Begriffen wie Eigenschaft, Merk-
mal, Fähigkeit etc. verwendet. Erpenbeck und von Rosenstiel (2007, S. XXXIVff.)
führen hier insbesondere folgende Begriffe auf: Variable, Merkmale, Eigenschaften, Fertigkeiten, Eignungen, Qualifikationen und Fähigkeiten. Zur Einordnung und
Abgrenzung dieser Begriffe schlagen sie die Dimensionen Beobachterfokus (sub-
jektzentriert vs. handlungszentriert) und Handlungs- bzw. Tätigkeitssituation (kon-
vergent-anforderungsorientiert vs. divergent-selbstorganisative) vor. Konvergent-
anforderungsorientierte Tätigkeitssituationen sind dabei auf die Erfüllung äußerer
Anforderungen, Vorgaben und Ziele gerichtet. Divergent-selbstorganisative Tätigkeitssituationen hingegen sind kreativ sowie ziel- und ergebnisoffen. Die von Erpenbeck und von Rosenstiel (2007) vorgenommene Einordnung der oben aufgeführten Begriffe ist in Abbildung 6 dargestellt.

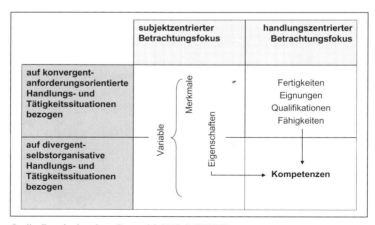

Quelle: Erpenbeck und von Rosenstiel, 2007, S. XXXVII

Abbildung 6:   Abgrenzung von Kompetenzen, Eigenschaften, Merkmalen und Fä-
*   higkeiten*

Es wird deutlich, dass Merkmale (anforderungsorientierte Tätigkeitssituationen) und Eigenschaften (anforderungsorientierte und selbstorganisative Tätigkeitssituationen) einer Person mit einem subjektorientierten Beobachtungsfokus einhergehen. Fertigkeiten, Eignungen, Qualifikationen und Fähigkeiten sind dem handlungszentrierten Beobachtungsfokus zugeordnet und beziehen sich auf anforderungsorientierte Handlungssituationen. Allein die Kompetenzen beziehen sich bei handlungszentriertem Beobachtungsfokus auf selbstorganisative Handlungssituationen. Als weiterer wichtiger Aspekt zur Abgrenzung kann auch die Lernbarkeit von Kompetenzen bzw. die Möglichkeit des Kompetenzerwerbs durch Lernprozesse angeführt werden (vgl. Hartig & Klieme, 2006).

3.3 Entwicklung von Kompetenzen

Aus den bisherigen Ausführungen zum Kompetenzbegriff kann geschlossen werden, dass Kompetenzen nicht biologisch determiniert sind, sondern erlernt werden (vgl. Hartig & Klieme, 2006; Weinert, 2001). Hartig und Klieme (2006) weisen darauf hin, dass Kompetenzen durch Erfahrungen in Anforderungs- und Handlungssituationen erworben werden können; Franke (2005) spezifiziert notwendige Rahmenbedingungen und Prozesse für die Kompetenzentwicklung (siehe Abbildung 7). Dabei nimmt er Bezug auf Forschungsarbeiten zum arbeitsintegrierten Lernen, aus der Lifespan-Psychologie und der Expertiseforschung.

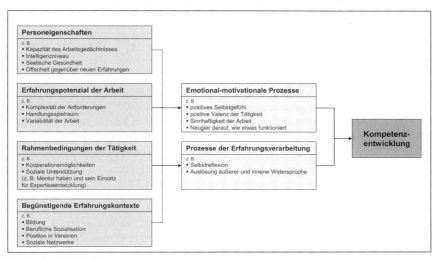

Quelle: Frey (2005, S. 56)

Abbildung 7:   Rahmenbedingungen und Prozesse für die Kompetenzentwicklung

Als Grundvoraussetzungen für die Kompetenzentwicklung werden Personeneigenschaften, Erfahrungspotenzial der Arbeit, Rahmenbedingungen der Tätigkeit und begünstigende Erfahrungskontexte aufgeführt. Diese führen zu emotional-motivationalen Prozessen und Prozessen der Erfahrungsbearbeitung. Aus diesen Prozessen resultiert letztlich die Kompetenzentwicklung. Hinsichtlich der Bedeutung der Persönlichkeitseigenschaften postuliert Franke (2005) eine kompetenzentwicklungsbegünstigende Wirkung von normalen Werten auf der Neurotizismusdimension sowie eine größere Offenheit für Erfahrungen und soziale Kontakte. Im Bereich der Erfahrungsbearbeitung sind Selbstreflexion und Feedback wichtige Komponenten (z.B. Franke, 2003; Strasser & Gruber, 2003; Thiel, 2003).

3.4   Messung von Kompetenzen

Kompetenzmessung erfolgt in unterschiedlichsten Kontexten und mit verschiedenen Zielsetzungen (z.B. Assessment Center, Schulleistungsuntersuchungen, Fragestellungen in der klinischen-psychologischen Praxis etc.). Die Ansätze der Kompetenzmessung können überwiegend qualitativ beziehungsweise quantitativ ausgerichtet sein, oder beide Ansätze verknüpfen (vgl. Cresswell, 2005). Da Kompetenzen nicht direkt prüfbar sind, sondern aus der Performanz bzw. der Realisierung der Disposition (Erpenbeck, 1997) in einer Handlungssituation erschlossen werden (Kauffeld, 2005), ist auch die Kompetenzmessung immer kontextspezifisch. Für die Fragestellungen der vorliegenden Arbeit sind insbesondere Ansätze zur Messung der beruflichen Handlungskompetenz relevant.

3.4.1   Messung beruflicher Handlungskompetenz

Berufliche Handlungskompetenz zeigt sich in der Bewältigung konkreter Arbeitsaufgaben. Frey und Balzer (2005) sowie Kauffeld (2005) weisen darauf hin, dass zur Erfassung der beruflichen Handlungskompetenz überwiegend Selbsteinschätzungsinstrumente eingesetzt werden. Dies liegt insbesondere in der Ökonomie dieser Methode begründet, die es erlaubt, die für wissenschaftliche Fragen notwendige Anzahl von Personen bei vertretbarem Aufwand zu untersuchen (Frey & Balzer, 2005). Kritisch anzumerken ist jedoch, dass die eingesetzten Instrumente meist nicht empirisch fundiert sind (z.B. Fernández-Ballesteros, 2004).

Subjektive Verfahren wie Selbstbeurteilungen sind jedoch als suboptimale Zugänge zur Kompetenzmessung anzusehen, wenn keine weiteren Instrumente zum Einsatz kommen. Als optimale Situation der Kompetenzmessung führt Kauffeld (2005) Verhaltensbeobachtungen in realen Situationen an. Diese sind jedoch sehr aufwändig und werden deshalb nur sehr selten im Rahmen wissenschaftlicher Fragestellungen durchgeführt.

Eine Übersicht der Methoden zur Messung von Verhalten findet sich bei Ollendick, Alvarez und Greene (2004). Sie führen in ihrem Übersichtsartikel folgende Methoden auf:

Verhaltensbezogene Interviews als eine in klinischen Handlungsfeldern häufig verwendete und wichtige Methode der Informationsgewinnung. Durch (strukturierte) Fragen werden Informationen über relevante Verhaltensweisen und auslösende Bedingungen erfasst.

Ratings und Checklisten als ökonomische Methode, um globale Einschätzungen von relevanten Bezugspersonen zu erhalten. Meist werden breite Bereiche allgemeiner Handlungsfähigkeit abgedeckt. Ziel ist es, Dimensionen bzw. Verhaltensmuster zu erfassen, die das Verhalten der Person charakterisieren. Sie bieten eine Ergänzung zu den verhaltensbezogenen Interviews.

Selbst-Beobachtungsinstrumente im Sinne von Ratings und Einschätzungen der persönlichen Einstellungen, emotionalen Stimmungen, genereller Verhaltensweisen usw. Dabei sollte in Erwägung gezogen werden, dass Selbsteinschätzungen nicht immer mit dem tatsächlich beobachtbaren Verhalten übereinstimmen. Dennoch liefern sie wichtige Informationen über die Person und die Fragestellung.

Self-Monitoring als Form der Selbstbeobachtung, die direkt zum Zeitpunkt des Auftretens der Verhaltensweise stattfindet. Das Verhalten wird von der Person selbst beobachtet und dann systematisch protokolliert. Das Protokollieren erfolgt in der Regel direkt nach dem Auftreten der Verhaltensweise bzw. nur sehr wenig später, z.B. durch Einträge in ein Tagebuch.

Verhaltensbeobachtung im natürlichen Kontext als ein zentraler Zugangsweg zur Erfassung von Verhalten. In Beobachtungssystemen werden spezifische Verhaltensweisen operational definiert und somit der systematischen Beobachtung und Erfassung zugänglich gemacht. Auch vorangehendes und folgendes Verhalten kann erfasst werden.

Entsprechende Ansätze finden sich auch in den psychologischen Verfahren zur Diagnostik von Kompetenzen, die auf Leistungs- und Persönlichkeitstests, biographieorientierte Methoden, Assessment-Center-Verfahren, Interview-Verfahren und Arbeitsproben zurückgreifen (Lang-von Wins, 2003).

Die Einordnung der Verfahren auf einem Kontinuum der direkten Verhaltensmessung kann bei der Konzeption eines Messansatzes hilfreich sein. Steel Shernoff und

Kratochwill (2004) nehmen eine entsprechende Einordnung vor, die in Abbildung 8 dargestellt ist.

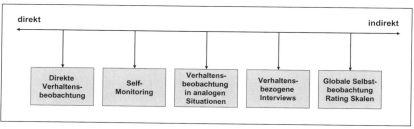

Quelle: In Anlehnung an Steel Shernoff & Kratochwill (2004, S. 365)

Abbildung 8:   Einordnung von Methoden der Verhaltensbeobachtung auf einem Kontinuum der direkten Verhaltenserfassung

Als direktester Zugang zur Verhaltenserfassung wird die Verhaltensbeobachtung in einer konkreten Situation dargestellt. Rating Skalen, Checklisten und globale Selbstbeurteilungen werden den indirekten Erfassungsmethoden zugeordnet. Ergänzend führen Steel Shernoff und Kratochwill (2004) die Erfassung von Verhalten in analogen bzw. nachgestellten Situationen als Ansatz der Verhaltensmessung an. Hier wird das Verhalten in Situationen beobachtet, die dem natürlichen Erscheinungskontext sehr ähnlich sind. Dies bietet sich insbesondere bei Verhaltensweisen an, die im natürlichen Kontext nur selten auftreten, und deshalb schwer zu beobachten sind.

Zunehmend wird davon Abstand genommen, Verhaltensbeobachtung und Kompetenzmessung nur auf der Ebene einer Erhebungsmethode durchzuführen. Die Vorteile, die sich aus dem Bezug auf verschiedene Informationsquellen ergeben, führen dazu, dass vermehrt für die Konzeption multimethodaler Messansätze plädiert wird (z.B. Erpenbeck & von Rosenstiel, 2007; Ollendick, Alvarez & Greene, 2004; Steel Shernoff & Kratochwill, 2004). Diese multimethodalen Messansätze leiten sich aus dem von Campbell und Fiske (1959) vorgestellten Multitrait-Multimethod-Ansatz ab.

3.5   Multimethodale Messansätze

Multimethodale Messansätze gehen zurück auf Brunswicks Arbeiten zum probabilistischen Funktionalismus, Campell und Fiskes Multitrait-Mulitmethod-Matrix, Jöreskogs Ansatz der kovarianzanalytischen Strukturgleichungsmodelle und auf die klassische Testtheorie (vgl. Schmitt, 2006). Multimethodale Messansätze beziehen bei der Erfassung eines Konstrukts Informationen verschiedener Datenquellen mit ein. Dies hat den Vorteil, dass die Messung des Konstrukts verbessert und spezifische Methodeneffekte erfasst werden können. Die Nachteile einzelner Messmethoden können so kompensiert werden (Diener & Eid, 2006). Bei einem monomethodalen Ansatz ist dies nicht möglich.

Eine ausführliche Beschreibung der Vor- und Nachteile einzelner Messmethoden (z.b. Selbstbeurteilung, Fremdbeurteilung, webbasierte Methoden, Leistungstests, Beobachtungsmethoden, Textanalysen) findet sich bei Eid und Diener (2006). Multimethodale Messansätze werden bereits in vielen Forschungsfeldern eingesetzt, u.a. in der Emotionsforschung, bei entwicklungspsychologischen Forschungsfragen, in der Gesundheitspsychologie und in der Arbeits- und Organsiationspsychologie; sie entwickeln sich zunehmend zum State-of-the-Art der Kompetenzmessung.

4   Zusammenfassung

Unser Alltagsverständnis des Kompetenzbegriffs beruht nicht auf einer spezifischen Definition und doch wissen wir meist, was gemeint ist, wenn wir etwa von den Kompetenzen einer Person sprechen. Fast täglich kommen zu der Vielzahl bestehender Kompetenzbegriffe neue Konzeptionen hinzu, die sich in Kompetenzgruppen einteilen lassen. So schlägt Kauffeld (2005) für die Einteilung beruflicher Kompetenzen die Kategorien Fachkompetenz, Methodenkompetenz, Sozialkompetenz und Selbstkompetenz vor. Für wissenschaftliche Fragestellungen und eine empirische Zugänglichkeit von Kompetenzen ist jedoch eine klare Definition des Begriffs notwendig (vgl. Erpenbeck & von Rosenstiel, 2007; Hartig & Klieme, 2006). Die Auseinandersetzung mit dem Konstrukt deutet darauf hin, dass Kompetenz immer nur domänenspezifisch und in Bezug zu konkreten Anforderungs- und Handlungssituationen definiert werden kann (Hartig & Klieme, 2006; Strasser & Gruber, 2003).

Kompetenz kann somit als Performanz in domänenspezifischen, vergleichbaren Handlungssituationen aufgefasst werden. In diesem Rahmen wird auch die Bedeutung einzelner Kompetenzfacetten und ihr Zusammenspiel thematisiert (Frey & Balzer, 2005; Hartig & Klieme, 2006). Die Lernbarkeit, der konkrete Handlungsbezug und der Fokus auf selbstorganisativen Prozessen auf Seiten des Handelnden erlauben die Abgrenzung der Kompetenz von Konzepten wie Intelligenz, Fähigkeit, Fertigkeit oder Persönlichkeitseigenschaften.

Kompetenzen können durch Erfahrungen in Anforderungs- und Handlungssituationen erworben werden (vgl. Hartig & Klieme, 2006) Als notwendige Bedingungen des Kompetenzerwerbs führt Franke (2005) Personeneigenschaften, Erfahrungspotenzial der Arbeit, Rahmenbedingungen der Tätigkeit und begünstigende Erfahrungskontexte an. Hinsichtlich der Erfahrungsbearbeitung werden insbesondere der Selbstreflexion und dem Feedback große Bedeutung beigemessen (vgl. Franke, 2005; Strasser & Gruber, 2003)

Obwohl die psychologische Diagnostik eine große Vielfalt an Messinstrumenten bereitstellt, erfolgt Kompetenzmessung meist auf Basis von Selbstbeurteilungen (vgl. Frey und Blazer, 2005; Kauffeld, 2005). Dies liegt auch in der Ökonomie von Selbstbeurteilungsmethoden begründet. Im Hinblick auf eine differenzierte Kompetenzdiagnostik wird zunehmend die Anwendung multimethodaler Messansätze gefordert (z.b. Erpenbeck & von Rosenstiel, 2007). Diese Ansätze leiten sich maßgeblich von Campbell und Fiskes Multitrait-Multimethod-Ansatz ab (Schmitt, 2006) und beziehen bei der Erfassung eines Konstrukts verschiedene Messinstrumente ein (Eid & Diener, 2006).

5   Implikationen für die Studien

Aus den dargestellten theoretischen Hintergründen und Forschungsergebnissen lassen sich zwei zentrale Zielsetzungen ableiten: die Entwicklung und Evaluation eines Beratungstrainings für (angehende) Lehrer sowie die Entwicklung und Erprobung eines Ansatzes zur Diagnostik von Beratungskompetenz.

5.1   Trainingsprogramm

Bei der Entwicklung des Trainingsprogramms sollten die in Vorstudie 2 (siehe Kapitel B.6.2) ermittelten Kompetenzfacetten berücksichtigt werden. Der Beratungsansatz sollte auf dem lösungs- und ressourcenorientierten Ansatz basieren und dem Gesichtspunkt der Domänenspezifität in Bezug auf Beratung zu Problemen mit dem selbstregulierten Lernen und bei der Unterstützung des Kindes bei den Hausaufgaben sowie beim Lernen zu Hause sein. Dabei sind sowohl Gesprächsführungstechniken (Aktives Zuhören, Paraphrasieren, u.a.) zu üben als auch Inhaltswissen (Kommunikation, Ursachen für Lernprobleme, Selbstreguliertes Lernen) zu vermitteln. Die Beratung ist dabei als Prozess aufzufassen, der sich in Handlungsphasen (präaktional, aktional, postaktional) unterteilen lässt. Gesprächsübungen und Rollenspiele sollten einen hohen Stellenwert einnehmen. Im Rahmen der Lehrerfortbildung sind auch der Umgang mit schwierigen Gesprächssituationen, der Rollenkonflikt des beratenden Lehrers und der Selbstschutz vor Überforderung in Beratungsgesprächen zu thematisieren.

Die Wirkung instruktionaler Bedingungen bei der Vermittlung von Beratungskompetenz ist zu untersuchen, wobei insbesondere der Einfluss von angeleiteter Selbstreflexion und Feedback auf das Beraterverhalten analysiert werden sollte. Eine Einordnung in das von Schwarzer (1997, S. 778) vorgestellte Strukturmodell schulischer Beratung stellt sich wie folgt dar: Im Rahmen des Trainingsprogramms sollten sowohl das professionelle Wissen als auch die Prozessfertigkeiten des Lehrers (Beraters) im Hinblick auf die präventive, interventive und rehabilitative Beratung von Eltern (Einzelpersonen) geschult werden (siehe Abbildung 9).

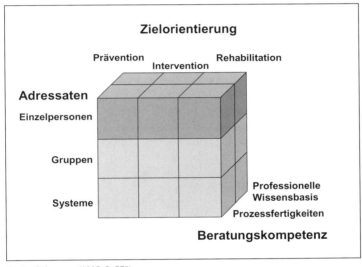

Quelle: Schwarzer (1997, S. 778)

Abbildung 9: Einordnung des Trainingsansatzes in das Strukturmodell schulischer Beratung

Bei der Auswahl der Beratungsinhalte und der vermittelten Strategien sollte auf das Prozessmodell des selbstregulierten Lernens (Schmitz & Wiese, 2006) sowie auf das Elternmodell (Bruder et al., 2004) zurückgegriffen werden.

Grundsätzlich sind bei der Konzeption des Lehrertrainings spezifische Aspekte der Zielgruppe zu beachten. Wichtig sind dabei der berufliche Status (Lehrer, Lehramtsanwärter), Gruppengröße, Alter, Geschlecht, Ausmaß der Berufserfahrung, Bekanntheit der Teilnehmer untereinander, Kompetenz- und Ausbildungsprofil der Teilnehmer, Einstellung gegenüber Trainings (allgemein und auf das spezielle Angebot bezogen; vgl. Hertel, Pickl & Schmitz, 2008).

Für die Förderung des Transfers sind nach dem VIP-Transfermodell (Pickl, 2004) vor der Fortbildung die Wahl des Trainingszeitpunktes, das Treffen von Zielvereinbarungen und eine Klärung der Teilnehmererwartungen zentral. Während des Trainings kann der Transfer durch den Einsatz aktivierender Lehrformen (z.B. Demonstrationen, Fallstudien, Arbeitsgruppen (siehe u.a. Landmann & Schmitz, 2007; Silberman, 1998), die Strategieeinübung in alltagsnahen Situationen, die Vermittlung von Selbstregulationsstrategien und die Antizipation von Transferproblemen gefördert werden. Nach dem Training können Follow-up-Trainings, Memos in den Teilnehmerunterlagen, Unterstützungsgruppen, Planung von Selbstverstärkung und ein transferförderliches Umfeld zur kontinuierlichen Anwendung der Inhalte beitragen. Diese Maßnahmen sind bei der Konzeption der Fortbildung einzubeziehen.

5.2   Kompetenzmessung

In der vorliegenden Arbeit soll die Kompetenz eines beratenden Lehrers erfasst werden. Dabei wird Kompetenz als Handlungsfähigkeit in Beratungssituationen zur Förderung des selbstregulierten Lernens durch Eltern aufgefasst. Da die Messung eine klare Definition des Kompetenzbegriffs erfordert (vgl. Erpenbeck & von Rosenstiel, 2007; Hartig & Klieme, 2006), sollte diese der Entwicklung von Instrumenten voraus gehen. Wichtig ist hierbei die Ermittlung von Kompetenzdimensionen, da diese in den Instrumenten abgebildet werden sollten, um eine validere Diagnostik zu ermöglichen (vgl. Franke, 2005).

In Anlehnung an Eid und Diener (2006), Erpenbeck und von Rosenstiel (2007) sowie Steel Shernoff und Kratochwill (2004) ist ein multimethodaler Messansatz zu bevorzugen, der direkte und indirekte Erfassungsmethoden integriert und Methoden wie Paper-Pencil-Verfahren und Beobachtungsverfahren kombiniert. Bislang sind multimethodale Ansätze selten, doch stoßen sie in der wissenschaftlichen Literatur auf hohes Interesse.

Besondere Beachtung sollte dabei die Kompetenzmessung auf der Ebene genereller Verhaltensdispositionen (Traits) und auf der Ebene spezifischer Verhaltensweisen in aktuellen Situationen (State) erhalten (vgl. Ollendick et al., 2004). Da Beratungsgespräche im Schulalltag aufgrund datenschutzrechtlicher Bestimmungen nicht direkt beobachtet werden können, sollte die Verhaltensbeobachtung in einer analogen Situation erfolgen (vgl. Steel Shernoff & Kratochwill, 2004). Gallagher und Hargie (1989) konnten in einer Studie zeigen, dass Rollenspiele eine valide Technik sind, um Beratungskompetenz zu erfassen, wenn sie der reellen Situation nachempfunden sind.

Aus den beschriebenen Aspekten lässt sich der in Abbildung 10 dargestellte Ansatz zur Messung von Beratungskompetenz ableiten.

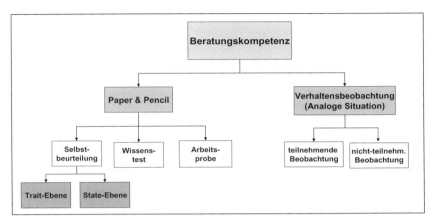

Abbildung 10: Multimethodaler Ansatz zur Diagnostik der Beratungskompetenz

Die nicht-teilnehmende Beobachtung sollte wegen der hohen Reaktivität von Videoaufzeichnungen und Aspekten des Datenschutzes auf der Grundlage von Tonbandaufzeichnungen simulierter Beratungsgespräche erfolgen. Neben dem multimethodalen Vorgehen wurde auch eine Kompetenzmessung auf State-Ebene und Trait-Ebene realisiert. Die Zuordnung der Instrumente zu State-Ebene und Trait-Ebene ist in Tabelle 5 dargestellt.

Tabelle 5:   Zuordnung der Instrumente zu State-Ebene und zu Trait-Ebene

Ebene	Selbstbeurteilung (Fragebogen)	Wissenstest	Arbeitsprobe	Teilnehmende Beobachtung	Nicht-teilnehmende Beobachtung
State	x			x	x
Trait	x	x	x		

Die State-Messung erfolgt über die Selbstbeurteilung (Self-Monitoring) sowie die teilnehmende und die nicht-teilnehmende Beobachtung. Die Messung auf Trait-Ebene wird durch einen Selbstbeurteilungsfragebogen, einen Wissenstest und Arbeitsproben realisiert.

6   Vorstudien

6.1   Vorstudie zur Beratungssituation

Viele empirische Studien zeigen, dass die Zusammenarbeit von Eltern und Lehrern
im Hinblick auf die Leistungsentwicklung des Kindes einen hohen Stellenwert ein-
nimmt (siehe Kapitel B.1.5). Neben Elternstammtischen oder Schulfesten sind auch
Beratungsgespräche eine Möglichkeit, die Zusammenarbeit zwischen Eltern und
Lehrern zu verbessern (Epstein, 1993). In der Literatur finden sich Hinweise darauf, dass Eltern Beratung durch Lehrer wünschen (siehe Kapitel B.1.6), aber Lehrer
diesem Wunsch nicht immer nachkommen (Krumm, 1996). Eine mögliche Ursache
wird auch in der Lehreraus- und -weiterbildung gesehen, in der (Eltern-)Beratung
noch nicht ausreichend enthalten ist (z.B. Wild, 2003). Im Rahmen der Vorstudie
sollten Erkenntnisse über den Beratungswunsch von Eltern, die Beratungspraxis im
Schulalltag und die Ausbildungssituation von Lehrern im Bereich der Beratung
gewonnen werden. Im Rahmen einer Fragebogenuntersuchung wurden 508 Eltern
von Schülern in den Jahrgangsstufen fünf bis sieben an Gymnasien im Großraum
Darmstadt sowie 126 Lehrer an Gymnasien befragt.

Ein Fünftel der befragten Eltern gab an, sich nicht sicher bzw. eher nicht sicher zu
fühlen, wie sie ihr Kind beim Lernen unterstützen können. Dies spiegelt sich im
Beratungswunsch: 97% der Eltern sahen eine Beratung durch den Lehrer zu ihren
Möglichkeiten bei der Unterstützung des Kindes beim Lernen als wichtig bzw. eher
wichtig an.

Für die Beratungspraxis an Schulen zeigte sich in der Lehrerbefragung, dass die
klassische Schulberatung (Beratung zum Leistungsstand, Schulwechsel, $M=2.6$;
$SD=.56$) etwas häufiger stattfindet als Beratung zu anderen Themen. Hingegen findet Erziehungsberatung ($M=1.8$; $SD=.62$) nach Angaben der Lehrer vergleichsweise selten statt. Lernberatung ($M=2.4$; $SD=.54$) wird an Schulen etwa genauso häufig in Anspruch genommen wie Beratung zu Verhaltensauffälligkeiten und Sucht-
problemen ($M=2.4$; $SD=.67$). Bezogen auf die Qualität der Ausbildung für Elterngespräche im Bereich der Elternberatung und Gesprächsführung ergab sich folgendes: 93% der Lehrer gaben an, durch ihre Ausbildung nicht gut bzw. eher nicht gut
auf die Beratung von Eltern vorbereitet worden zu sein. Dies betrifft sowohl den
Erwerb von Gesprächsführungsstrategien (nicht bzw. eher nicht vorbereitet: 92%)
als auch die Vorbereitung auf Inhalte der Elternberatung (nicht bzw. eher nicht
vorbereitet: 94%).

Die befragten Lehrer empfanden es zudem als wichtig, Fortbildungen zu dem
Thema Elternberatung wahrnehmen zu können. 60% der befragten Lehrer wünsch-
ten sich dieses Thema als Inhalt von Fortbildungsveranstaltungen. Die Ergebnisse

zur Ausbildungssituation unterstreichen die Notwendigkeit der Verbesserung der Aus- und Weiterbildungssituation für Lehrer im Bereich von Beratung und Gesprächsführung.

6.2   Vorstudie zum Konstrukt Beratungskompetenz

In Kapitel B.2 wurden theoretische Ansätze zur Beratung dargestellt, aus denen sich die Kompetenzen eines Beraters ableiten lassen. Dabei wurde auf die Vielzahl der notwendigen Kompetenzen, die Heterogenität der Definitionen und die mangelnde empirische Untersuchung der Kompetenzkonzepte (vgl. McLeod, 1992; Scofield & Yoxtheimer, 1983) hingewiesen. Ziel der ersten Vorstudie war es, auf empirischem Weg zentrale Komponenten der Beratungskompetenz von Lehrern zu ermitteln.

Ausgehend von der einschlägigen Literatur (z.b. Boettcher, 2004; Hennig & Ehinger, 2003; Korte, 2004; Pallasch & Kölln, 2004; Sander, 1999) wurden theoriegeleitet Aspekte der Beratungskompetenz von Lehrern zusammengetragen. Grundlage waren dabei der personenzentriert-humanistische Ansatz (Rogers), der systemische Ansatz (Palazzoli) und der verhaltenstherapeutische Ansatz (Beck & Ellis). Weiterhin wurden die Konzepte von Egan (2001), Kolb (1989), Schwarzer und Buchwald (2001) sowie Thiel (2003) berücksichtigt. In Anlehnung an das prozessuale Verständnis von Beratung (siehe Kapitel B.2.2) wurden auch Rahmenkonzepte der Selbstregulation (Schmitz & Wiese, 2006; Zimmerman, 2000) herangezogen. Entsprechend wurden drei Handlungsphasen unterschieden, denen die Kompetenzaspekte zugeordnet werden können: vor der Beratung (präaktional), während der Beratung (aktional) und nach der Beratung (postaktional). Beispiele für die ausgewählten Kompetenzaspekte sind in Tabelle 6 dargestellt.

Tabelle 6:   Ausgewählte Aspekte der Beratungskompetenz von Lehrern

Gesprächsphase	Aspekt
Vor dem Beratungsgespräch (präaktional)	Diagnostische Kompetenz Gesprächsplanung
Während des Beratungsgesprächs (aktional)	Gesprächskompetenz Kooperatives Handeln Umgang mit Kritik Task-Monitoring
Nach dem Beratungsgespräch (postaktional)	Selbstreflexion Strategiemodifikation

Basierend auf den ausgewählten Kompetenzaspekten wurde ein Fragebogen zur Diagnostik der Beratungskompetenz von Lehrern entwickelt, der 36 Skalen umfasste. Zusätzlich wurden auch Variablen berücksichtigt, die eine Beratungstätigkeit des Lehrers unwahrscheinlich machen oder verhindern. Zentral waren hier die

Ausbildungssituation, die Selbstwirksamkeit des Lehrers, die Auffassung der Lehrerrolle, der wahrgenommene Nutzen der Beratung (wahrgenommene Instrumentalität) und das Ausgebrannt-Sein (Burnout). Um die Hauptkomponenten der Beratungskompetenz zu ermitteln, wurde auf der Ebene der Kompetenzaspektskalen eine Hauptkomponentenanalyse[1] mit Varimax-Rotation durchgeführt. Es wurden fünf Faktoren extrahiert. Tabelle 7 zeigt die bedeutsamen Faktoren, die für Folgestudien ausgewählten Subskalen und ihre prozentuale Varianzaufklärung.

Tabelle 7:   Faktorenanalytisch ermittelte Komponenten der Beratungskompetenz von Lehrern

Faktor	Subskalen	Varianzaufklärung
Personale Ressourcen	Selbstreflexion	17%
	Task-Monitoring	
Soziale Kooperationskompetenz	Kooperative Handlungen	16%
Berater-Skills und Pädagogisches Wissen	Verbale Kompetenz	13%
	Diagnostische Kompetenz	
Prozesskompetenz	Strategiekenntnis	11%
	Strategieanpassung	
Bewältigungskompetenz	Umgang mit Kritik	10%
Gesamt		67%

Die Faktoren wurden inhaltlich interpretiert und in Anlehnung an Schwarzer und Buchwald (2006) sowie Bromme (1997) wie folgt benannt: Personale Ressourcen (Faktor I), Soziale Kooperationskompetenz (Faktor II), Berater-Skills und Pädagogisches Wissen (Faktor III), Prozesskompetenz (Faktor IV) und Bewältigungskompetenz (Faktor V). Die von Schwarzer und Buchwald (2006) vorgeschlagenen, theoretisch hergeleiteten Kompetenzaspekte konnten empirisch bestätigt werden, wobei das Fachwissen und die Berater-Skills von einem Faktor repräsentiert wurden. Die gefundenen Faktoren lassen sich auch den von Kauffeld (2005) vorgeschlagenen vier Komponenten der beruflichen Handlungskompetenz Fachkompetenz (Faktor III: Berater-Skills und Pädagogisches Wissen), Methodenkompetenz (Faktor IV: Prozesskompetenz), Selbstkompetenz (Faktor I: Personale Ressourcen, Faktor V: Bewältigungskompetenz) und Soziale Kompetenz (Faktor II: Soziale Kooperationskompetenz) zuordnen. Gemeinsam klären die Faktoren 67% der Varianz der durch den Fragebogen erfassten Beratungskompetenz auf. Diese fünf Faktoren bildeten die Grundlage für die weitere Instrumententwicklung und die Entwicklung der Interventionen.

---

1   Faktorenanalyse 2. Ordnung, n=55.

6.3 Vorstudien zum Beratungskompetenz-Training

Die Elemente des in Kapitel E.5 beschriebenen Beratungskompetenztrainings wurden im Sommersemester 2005 – im Rahmen der universitären Lehre an der Technischen Universität Darmstadt – sowie im Herbst 2005 bei Veranstaltungen mit Referendaren erprobt. Teilnehmer waren 28 Studierende der Studiengänge Lehramt an Berufsschulen und Lehramt an Gymnasien und sechs Referendare aus Studienseminaren für das Lehramt an Gymnasien. Ziel war es, die Vermittlung von Schulungsinhalten mittels alternativer Lehr- und Lernformen zu erproben und Erfahrungen über die Wirkungsweise der Gesprächsführungsübungen zu sammeln. Hinweise der Studierenden und der Referendare sowie weitere Erkenntnisse aus diesen Vorstudien wurden bei der Konzeption des Trainings berücksichtigt.

6.4 Vorstudien zu den Instrumenten

Im Entwicklungsprozess der Instrumente wurden die Items mit Experten (Studierende, Referendare) diskutiert. Die Testgütekriterien der Instrumente wurden in Vorstudien mit Studierenden, Referendaren und Lehrern überprüft. Die Studien wurden im Rahmen der Qualifikationsarbeiten von Bruder (2006: Kategoriensystem für die Gesprächsanalyse), Flammer und Ihringer (2007: Instrument zur teilnehmenden Beobachtung), Pauly (2006: Selbstbeurteilungsfragebogen auf State-Ebene) sowie Zimmermann und Schäfer (2006: Selbstbeurteilungsbogen auf Trait-Ebene) durchgeführt.

C   Zentrale Fragestellungen

Im Rahmen der vorliegenden Arbeit werden vier zentrale Fragestellungen verfolgt:

(1) Ausgangspunkt ist die empirische Entwicklung einer Definition des Konstrukts *Beratungskompetenz von Lehrern*. Dabei ist im Hinblick auf die Entwicklung von Diagnoseinstrumenten und Trainingsprogrammen insbesondere die Dimensionalität des Konstrukts zu untersuchen. Die Definition soll in folgenden Studien mittels faktorenanalytischer Verfahren (explorativ, konfirmatorisch) überprüft bzw. repliziert werden.

(2) Ausgehend von der Kompetenzdefinition soll ein multimethodaler Messansatz entwickelt werden, der sowohl Selbstbeurteilungen als auch Fremdbeurteilungen (Verhaltensbeobachtungen in simulierten Beratungsgesprächen) und die Auswertung von Arbeitsproben umfasst. Die Testgütekriterien (Objektivität, Reliabilität,

Validität) der Kompetenzmessung sollen in Studien überprüft werden. Die Instrumente sollten nach den Ergebnissen der Studien optimiert werden.

(3) Im Rahmen von Interventionsstudien sollen Bedingungsfaktoren für die Steigerung der Beratungskompetenz durch Trainingsprogramme und begleitende Interventionen untersucht werden. Insbesondere sollen die Wirkungen der Unterstützung von Selbstreflexion und des Erhaltens einer Rückmeldung über die Kompetenzentwicklung analysiert werden. In einer ersten Studie sollen die Effekte für eine Stichprobe von Lehrern untersucht werden. Im Hinblick auf die Integration der Beratungskompetenzförderung in die Lehrerausbildung sollen in einer zweiten Studie die Wirkungen der Intervention in einer Stichprobe von Lehramtsstudenten (Erste Ausbildungsphase) betrachtet werden. Abschließend werden in einer dritten Studie die Effekte der Optimierung der Intervention nach den Ergebnissen der Studie 1 untersucht.

(4) Der Zusammenhang von Beratungskompetenz und Personenvariablen (z.B. Berufserfahrung, Persönlichkeitseigenschaften), berufsbezogenen Einstellungen (z.B. Auffassung der Lehrerrolle), motivationalen Variablen (z.B. Beratungsmotivation) sowie leistungsbezogenen Variablen (z.B. wahrgenommene Beratungsleistung) wird im Rahmen von korrelativen Analysen und Strukturgleichungsmodellen untersucht.

Aus den Ergebnissen sollen abschließend Implikationen für die Optimierung der Interventionen und der Instrumente abgeleitet werden.

D   Fragestellungen und Hypothesen der Studie 1

1   Fragestellungen

Die zentralen Fragestellungen der vorliegenden Arbeit betreffen die Entwicklung von Instrumenten zur Diagnostik der Beratungskompetenz von Lehrern sowie die Evaluation von Interventionen zur Steigerung der Beratungskompetenz im Rahmen von Trainingsprogrammen.

Ziel der ersten Studie ist es, zunächst die in Anlehnung an Voruntersuchungen (siehe Kapitel B.6) entwickelten Instrumente zur Kompetenzdiagnostik (multimethodaler Ansatz, vgl. Eid & Diener, 2006) hinsichtlich ihrer Reliabilität, ihrer Validität (konvergent, diskriminant, kriteriumsbezogen) und ihrer Eignung für die längsschnittliche Veränderungsmessung (Evaluation der Interventionseffekte) zu prüfen. Zusätzlich sollen Erkenntnisse über die Wirksamkeit von Instruktionsbedingungen zur Förderung der Beratungskompetenz von Lehrern gewonnen werden.

Dabei werden insbesondere Effekte eines Beratungskompetenztrainings, der Unterstützung der Selbstreflexion über das Gesprächsverhalten durch einen Reflexionsleitfaden sowie der Rückmeldung der Beratungsleistung und -entwicklung (Feedback) betrachtet (vgl. Thiel, 2003). Die Ergebnisse der Studie sollen für die Optimierung der Instrumente und des Trainingsprogramms herangezogen werden.

2 Hypothesen

2.1 Gruppenunterschiede vor der Intervention

Die Aufteilung der Teilnehmer auf die Trainingsgruppen (siehe Kapitel E.1) konnte nicht randomisiert erfolgen. Die Teilnehmer der Schulung in Darmstadt meldeten sich in Abhängigkeit von ihrem Stundenplan und von Konferenzterminen für Fortbildungskurse an. Teilweise wurden die Teilnehmer von schulinternen Organisationsteams eingeteilt, um homogene Gruppen zu formen. Für zwei Kurse wurde eine Parallelisierung der Teilnehmer nach Beratungskompetenzwert (Prätest) sowie nach Dienstjahren vorgenommen. Aufgrund dieser Gegebenheiten können Unterschiede zwischen den Gruppen zum ersten Erhebungszeitpunkt nicht ausgeschlossen werden. In vorbereitenden Analysen wird deshalb wird das Vorliegen entsprechender Unterschiede geprüft. Sollten statistisch signifikante Effekte auftreten, werden die Unterschiede bei folgenden Analysen kovarianzanalytisch kontrolliert (vgl. Bortz & Döring, 2006).

2.2 Multimethodale Zusammenhangsanalysen

Da die Instrumente in Anlehnung an den in einer Vorstudie entwickelten Fragebogen und die ermittelten Kompetenzfacetten (siehe Kapitel B.6.2) konzipiert wurden, wird angenommen, dass sie konvergente Validität aufweisen. Folglich werden auf der Ebene der Monotrait-Heteromethod-Korrelationen positive Zusammenhänge zwischen den mittels der unterschiedlichen Instrumente erfassten Beratungskompetenzwerte (Gesamtmaß, univariat; Kompetenzfacetten) erwartet.

Im Hinblick auf die Kriteriumsvalidität der Messung wird der Zusammenhang der Beratungskompetenzmaße (Gesamtmaß, univariat; Kompetenzfacetten) mit folgenden Kriterien untersucht: wahrgenommene Beratungsleistung, Selbstwirksamkeitsempfinden in Bezug auf Elterngespräche, empfundene Beratungskompetenz und Zufriedenheit mit dem Gespräch. Für die Analysen wird auf Datensätze aller eingesetzten Instrumente zurückgegriffen. Es werden positive Zusammenhänge zwischen den Beratungskompetenzmaßen und den herangezogenen Kriterienvariablen erwartet.

2.3   Veränderungen im Längsschnitt

Es wird erwartet, dass sich Effekte der Intervention sowohl auf der Ebene der aktuellen Handlung (State) als auch auf der Ebene genereller Handlungstendenzen
(Trait) erfassen lassen (siehe Kapitel B.3). Entsprechend werden bei den multivariaten und univariaten Analysen beide Ebenen berücksichtigt. Die State-Ebene wird
mit folgenden Instrumenten erfasst: Fragebogen zur Beurteilung der eigenen Beratungsleistung im simulierten Elterngespräch (State-Selbstbeurteilung), Fragebogen
zur Beurteilung der Beratungsleistung des Lehrers im simulierten Elterngespräch
(teilnehmende Beobachtung), Analysen des Beraterverhaltens in aufgezeichneten,
simulierten Beratungsgesprächen (nicht-teilnehmende Beobachtung). Die Trait-
Ebene wird durch den Fragebogen zur Beratung im Berufsalltag (Trait-Selbstbeurteilung), die Arbeitsprobe sowie den Wissenstest abgebildet.

2.3.1   Hypothesen zu den Veränderungen der Beratungskompetenz

Sowohl für das Gesamtmaß *Beratungskompetenz* (multivariat und univariat) als
auch für die einzelnen *Kompetenzfacetten* wird ein Ansteigen der Kompetenzwerte
von Prä- zu Posttest auf State-Ebene und Trait-Ebene erwartet, wenn an dem Training „Beratungskompetenz" teilgenommen wurde. Zudem wird erwartet, dass die
Trainingswirksamkeit durch eine Unterstützung der Selbstreflexion erhöht werden
kann (siehe Kapitel B.2.7). Durch eine Rückmeldung zur Beratungskompetenz in
simulierten Beratungsgesprächen sollte der Trainingseffekt zudem noch einmal gesteigert werden können (siehe Kapitel B.2.7). Entsprechend sollte für die Teilnehmer, die sowohl das Training als auch eine Unterstützung der Selbstreflexion und
Feedback erhalten, der stärkste Kompetenzzuwachs von Prä- zu Posttest zu verzeichnen sein. In der Kontrollgruppe (Trait-Ebene) sollte sich kein Kompetenzzuwachs zeigen.

Für den Wissenszuwachs werden keine zusätzlichen Effekte durch Unterstützung
der Selbstreflexion oder Feedback angenommen. Ausschlaggebend für den Wissenszuwachs sollte ausschließlich die Teilnahme an dem Training sein. Entsprechend wird erwartet, dass sich die drei Interventionsgruppen nicht in ihrem Wissenszuwachs unterscheiden. Im Vergleich zur Kontrollgruppe sollte jedoch ein
stärkerer Zuwachs an Wissen von Prä- zu Posttest zu verzeichnen sein. Die postulierten Wirkungsfolgen der Intervention sind in Tabelle 8 dargestellt.

*Tabelle 8:   Erwartete Effekte der Interventionen auf der Ebene der Kompetenz-
              maße für den Prä-Post-Vergleich in Studie 1*

Kompetenzmaß	Wirkungsfolge	
	State-Ebene	Trait-Ebene
Gesamtmaß Beratungskompetenz (multivariat)	TSRFB>TSR>T	TSRFB>TSR>T>KG
Gesamtmaß Beratungskompetenz (univariat)	TSRFB>TSR>T	TSRFB>TSR>T>KG
Reflexion	TSRFB>TSR>T	TSRFB>TSR>T>KG
Kooperation	TSRFB>TSR>T	TSRFB>TSR>T>KG
Methoden der Gesprächsführung	TSRFB>TSR>T	TSRFB>TSR>T>KG
Zielorientierung	TSRFB>TSR>T	TSRFB>TSR>T>KG
Emotionsregulation	TSRFB>TSR>T	TSRFB>TSR>T>KG
Wissenstest		TSFRB=TSR=T>KG

Anmerkung: TSRFB=Gruppe mit Training, Unterstützung der Selbstreflexion und Feedback; TSR=Gruppe mit
Training und Unterstützung der Selbstreflexion aber keinem Feedback; T=Gruppe mit Training, aber ohne Unterstützung der Selbstreflexion und ohne Feedback; KG=Kontrollgruppe.

2.3.2   Hypothesen zu wahrgenommenem Kompetenzzuwachs, Beratungsleistung, Selbstwirksamkeit, Zielerreichung und Zufriedenheit mit dem Beratungsgespräch

Bezug nehmend auf die Hypothesen zum Kompetenzzuwachs (siehe Kapitel D.2.3.1) sollten Personen in den Experimentalbedingungen (T, TSR, TSRFB) durch die Interventionen einen Zuwachs an Beratungskompetenz, an Beratungsleistung und an Selbstwirksamkeitsempfinden wahrnehmen. Auf der Ebene der aktuellen Handlung (State) sollte auch die Zufriedenheit mit dem Beratungsgespräch ansteigen. Es wird angenommen, dass der Zuwachs dieser Variablen mit dem Kompetenzzuwachs einhergeht. Folglich wird auf State-Ebene die Effektfolge TSRFB>TSR>T erwartet, für die Trait-Ebene wird die Effektfolge TSRFB>TSR>T>KG postuliert. Zur Überprüfung dieser Hypothesen kann auf die Daten aus der Trait-Selbstbeurteilung und der State-Selbstbeurteilung zurückgegriffen werden. Die erwarteten Effekte in Abhängigkeit von der Interventionsbedingung sind in Tabelle 9 dargestellt.

*Tabelle 9:   Erwartete Effekte für Beratungsleistung, Selbstwirksamkeit und Zu-
              friedenheit für den Prä-Post-Vergleich in Studie 1*

Variable	Wirkungsfolge	
	State-Ebene	Trait-Ebene
Subjektiver Kompetenzzuwachs[2]	TSRFB>TSR>T	TSRFB>TSR>T>KG
Wahrgenommene Beratungsleistung	TSRFB>TSR>T	TSRFB>TSR>T>KG
Selbstwirksamkeitsempfinden in Bezug auf Elterngespräche	TSRFB>TSR>T	TSRFB>TSR>T>KG
Zufriedenheit mit dem Beratungsgespräch	TSRFB>TSR>T	

Anmerkung: TSRFB=Gruppe mit Training, Unterstützung der Selbstreflexion und Feedback; TSR=Gruppe mit
Training und Unterstützung der Selbstreflexion aber keinem Feedback; T=Gruppe mit Training, aber ohne Unterstützung der Selbstreflexion und ohne Feedback; KG=Kontrollgruppe.

---

2   Nur Posttest-Vergleich.

Ergänzend wird die Beurteilung der Effektivität der Interventionselemente (z.B. Selbstreflexionsleitfaden, Rollenspiele, Leitfaden „Lernen lernen") im Hinblick auf den Kompetenzerwerb untersucht. Es wird angenommen, dass die Teilnehmer keine Unterschiede in der Wirksamkeit der Interventionselemente wahrnehmen.

2.3.3   Moderatoranaylsen

Die Teilnehmer unterscheiden sich hinsichtlich vieler Merkmale, wie etwa ihres Geschlechts, ihrer Berufserfahrung, ihrer Motivation zu Beratung etc. Diese Merkmale können Einfluss auf den Effekt der Intervention haben. Es wird erwartet, dass das Alter des Teilnehmers, das Geschlecht des Teilnehmers, die Berufserfahrung, das Unterrichtsfach, die Änderungsmotivation, der wahrgenommene Burnout und die Beratungskompetenzausprägung zum Zeitpunkt des Prätests die Effekte der Intervention moderieren.

Für Teilnehmer mit höherem Alter und hoher Berufserfahrung wird ein geringerer Zuwachs an Beratungskompetenz erwartet, da diese Teilnehmer aufgrund ihrer Erfahrung bereits über eine höhere Kompetenzausprägung verfügen (vgl. Barthelmess, 2003; Franke, 2005). Für die Effekte des Geschlechts bestehen keine Annahmen über die Wirkungsrichtung. Bezüglich des Unterrichtsfachs wird angenommen, dass Lehrer, die Mathematik und Naturwissenschaften unterrichten, stärker von der Teilnahme an der Intervention profitieren. Wild (2003) konnte zeigen, dass Lehrer mit entsprechenden Fachrichtungen seltener Beratungsgespräche anbieten und über eine geringere Erfahrung mit Beratungssituationen verfügen. Für Personen mit hoher Änderungsmotivation und niedrigen Prätest-Beratungskompetenzwerten sollte ein stärkerer Profit aus der Teilnahme beobachtbar sein. Teilnehmer, die hohe Werte im Bereich des wahrgenommenen Burnouts aufweisen, sollten geringer von der Teilnahme an der Intervention profitieren.

2.3.4   Stabilität der Effekte

Aufgrund der hohen praktischen Bedeutsamkeit der Schulungsinhalte sowie der praxisbezogenen Vermittlung und den transferfördernden Maßnahmen wird erwartet, dass die Teilnehmer die Inhalte in ihrem Berufsalltag anwenden. Daher wird angenommen, dass die Effekte nach dem Interventionszeitraum weiter bestehen bleiben. Die Stabilität der Effekte wird zwölf Wochen nach dem Abschluss der Interventionsphase geprüft.

2.4   Zusammenhangsanalysen

Die Beratungskompetenz der Teilnehmer sollte Zusammenhänge mit den berufsbezogenen Einstellungen sowie mit der wahrgenommenen Beratungsleistung aufweisen. Folglich werden positive Korrelationen zwischen der Beratungskompetenz und
der wahrgenommenen Beratungsleistung, der Berufserfahrung, der Auffassung der
Lehrerrolle, der Informiertheit zum Thema Beratung, der Motivation zu guter Beratung, der Kosten-Nutzen-Einschätzung von Beratung, der Selbstwirksamkeit in Bezug auf Elterngespräche sowie der Zielerreichung in einem Beratungsgespräch und
der Zufriedenheit mit einem Beratungsgespräch erwartet. Negative Korrelationen
werden zwischen der Beratungskompetenz und der Änderungsmotivation sowie
dem wahrgenommenen Burnout erwartet.

Zusätzlich ist von Interesse, ob die Veränderungen der Beratungskompetenz über
den Interventionszeitraum mit Veränderungen in den herangezogenen Kriterien
(z.B. wahrgenommene Beratungsleistung, wahrgenommene Selbstwirksamkeit, Zufriedenheit mit dem Gespräch) korrelieren. Positive Zusammenhänge weisen auf
die Eignung der Instrumente für die Veränderungsmessung hin. Es werden positive
Zusammenhänge zwischen der Veränderung der Beratungskompetenz (Gesamtmaß, univariat) und den für die herangezogenen Kriterien beobachtbaren Veränderungen erwartet. Die Analysen können auf der Ebene der State-Selbstbeurteilung
und der Trait-Selbstbeurteilung durchgeführt werden.

E   Methode der Studie 1

1   Untersuchungsdesign

In Studie 1 wurde ein quasiexperimentelles, einfaktorielles Messwiederholungsde-
sign mit einem dreifach gestuften Interventionsfaktor (Teilnahme am Training;
Teilnahme am Training und Unterstützung der Selbstreflexion; Teilnahme am
Training, Unterstützung der Selbstreflexion und Feedback) realisiert. Der Kon-
trollgruppewurde angeboten zu einem späteren Zeitpunkt am Training teilzuneh-
men. Die resultierenden Untersuchungsbedingungen werden in Tabelle 10 dargestellt.

Tabelle 10: Versuchsdesign der Studie 1

| Gruppe | Prätest | Treatment | | | Posttest |
| | | Intervention Beratungskompetenz | | | |
		Fortbildung	Unterstützung der Selbstreflexion	Feedback	
KG	x				x
EG1 (T)	x	x			x
EG2 (TSR)	x	x	x		x
EG3 (TSRFB)	x	x	x	x	x

Anmerkung: In der Kontrollgruppe (KG) wurden im Prä- und Posttest ausschließlich folgende Instrumente eingesetzt: Fragebogen zur Beratung im Berufsalltag (Trait-Selbstbeurteilung), Arbeitsprobe, Wissenstest; in den Experimentalgruppen (EG1, EG2, EG3) kamen zusätzlich der Fragebogen zur Beurteilung der eigenen Beratungsleistung im simulierten Elterngespräch (Lehrerperspektive, State-Selbstbeurteilung), der Fragebogen zur Beurteilung der Beratungsleistung im simulierten Elterngespräch (Elternpespektive, teilnehmende Beobachtung) sowie die Analyse von simulierten, aufgezeichneten Beratungsgesprächen zum Einsatz.

Das Design erlaubt Analysen zur Wirksamkeit der einzelnen Interventionselemente im Vergleich zu einer Kontrollgruppe. Von einer systematischen Variation der Instruktionselemente im Sinne eines 2x2x2-Versuchsplans mit den unabhängigen Faktoren Training (ja/nein), Unterstützung der Selbstreflexion (ja/nein) und Feedback (ja/nein) wurde aus ethischen Gründen und im Hinblick auf die Stichprobe abgesehen. Den Teilnehmern fingierte Rückmeldungen über ihre Kompetenzentwicklung zu geben, erscheint einerseits ethisch nur bedingt vertretbar, andererseits kann ein solches Vorgehen vor dem Hintergrund der Förderung von Beratungskompetenz nicht als sinnvoll erachtet werden. Des Weiteren stellt sich die Akquise von Lehrerstichproben für wissenschaftliche Studien erfahrungsgemäß als schwierig dar. Eine fingierte Rückmeldung hätte hier auch trotz anschließender Aufklärung zu einem erheblichen Ausmaß an Unmut führen können. Lehrer, die sich zur Teilnahme an Studien bereiterklären, erwarten zu Recht einen Profit für ihren Berufsalltag. Demnach wäre auch die alleinige Realisierung der Selbstreflexionsbedingung nicht umsetzbar gewesen. Bei den Analysen ist weiterhin zu beachten, dass die Aufteilung der Teilnehmer auf die Untersuchungsbedingungen nicht randomisiert erfolgen konnte.

2   Ablauf der Untersuchung

Die Datenerhebung für die Prä-Post-Vergleiche erfolgte unmittelbar vor und direkt im Anschluss an die Intervention. Alle Teilnehmer erhielten postalisch den Fragebogen zur Beratung im Berufsalltag (Trait-Selbstbeurteilung), die Arbeitsprobe sowie den Wissenstest. In den Experimentalgruppen erfolgten in der ersten und der vierten Trainingseinheit zusätzlich die Erhebungen auf State-Ebene (Fragebogen zur Beurteilung der eigenen Beratungsleistung im simulierten Elterngespräch, State-Selbstbeurteilung; Fragebogen zur Beurteilung der Beratungsleistung des Lehrers im simulierten Elterngespräch, teilnehmende Beobachtung). In diesem Rahmen fand auch die Aufzeichnung der simulierten Beratungsgespräche statt. Abbildung 11 zeigt den zeitlichen Ablauf der Studie 1.

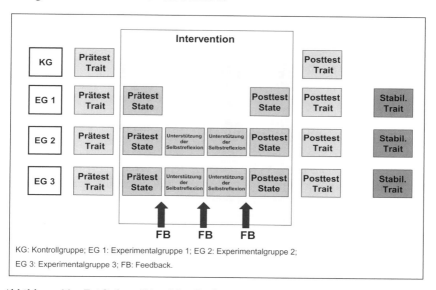

Abbildung 11: Zeitlicher Ablauf der Studie 1

Alle drei Experimentalgruppen nahmen an dem Beratungskompetenz-Training teil. Das Training bestand aus vier Einheiten von je 210 Minuten, die in wöchentlichem Abstand stattfanden. In jeder Trainingseinheit wurde ein Beratungsgespräch mit einem Elternteil simuliert. Insgesamt gab es sechs Schulungsgruppen, die auf drei Trainingsorte verteilt waren. Da es in einer Schulungsgruppe der EG-1-Bedingung zu einem erheblichen, organisatorisch bedingten Ausfall von Teilnehmern kam, wurde diese Versuchsbedingung im Herbst 2006 noch einmal realisiert und ergänzt.

Die Unterstützung der Selbstreflexion erfolgte in Anlehnung an Tiehl (2003) über die Bearbeitung eines Selbstreflexionsleitfadens zur Vor- und Nachbereitung eines simulierten Beratungsgesprächs. Der Selbstreflexionsleitfaden entsprach dem Fragebogen zur Beurteilung der eigenen Beratungsleistung im simulierten Elterngespräch (siehe Kapitel E.4.1.2). Allerdings wurde dieser in der Instruktionsbedingung *Training und Unterstützung der Selbstreflexion* bei jedem Trainingstermin zur Vor- und Nachbereitung der simulierten Beratungsgespräche eingesetzt.

Das Feedback über die Beratungsleistung im simulierten Beratungsgespräch erfolgte standardisiert nach einer von Pauly (2006) entwickelten Vorlage. Es wurde sowohl schriftlich als auch grafisch umgesetzt und enthielt zusätzlich Hinweise zur weiteren Übung bzw. Wiederholung. Als Grundlage wurden die Daten der Selbstbeurteilung auf State-Ebene herangezogen. Das Feedback konnte über eine Website anonym zwei Tage nach dem Fortbildungstermin abgerufen werden; zusätzlich wurde es zu Beginn der folgenden Sitzung in schriftlicher Form ausgegeben.

Die Stabilitätserhebung 12 Wochen nach dem Interventionszeitraum erfolgte postalisch, wobei nur die Teilnehmer in Experimentalbedingungen (EG1, EG2, EG3) befragt wurden. Die Datenerhebung erfolgte mit dem Fragebogen zur Beratung im Berufsalltag (Trait-Selbstbeurteilung), den Arbeitsproben sowie dem Wissenstest.

3   Beschreibung der Stichprobe

Die Stichprobe der Studie 1 bestand aus 114 Lehren von Gymnasien aus Südhessen; Datensätze von 88 Lehrern konnten ausgewertet werden. 59% der Teilnehmer (n=52) waren weiblich, 41% der Teilnehmer (n=36) waren männlichen Geschlechts. Die Altersverteilung war wie folgt: 9% der Teilnehmer (n=8) waren unter 31 Jahre alt, 31% der Teilnehmer (n=27) waren zwischen 31 und 40 Jahre alt; der Alterskategorie 41 bis 50 Jahre gehörten 25% der Teilnehmer (n=22) an und 35% der Teilnehmer (n=31) waren zwischen 51 und 60 Jahre alt. Keiner der Teilnehmer war über 60 Jahre alt. 51% der Teilnehmer (n=44) unterrichteten Sprachen[3], 35% unterrichteten Mathematik bzw. Naturwissenschaften (n=30), 40% der Teilnehmer unterrichteten Gesellschaftslehre bzw. Politik (n=35) und 33% unterrichteten Kunst, Musik oder Sport (n=29). Die durchschnittliche Zeit im Schuldienst betrug 14.0 Jahre (SD=10.43). 20% der Teilnehmer waren an ihrer Schule Beratungs- bzw. Vertrauenslehrer (n=17).

Insgesamt wurden sechs Trainingsgruppen und eine Kontrollgruppe realisiert. Gruppenunterschiede ergaben sich nur für die Tätigkeit als Beratungs- bzw. Vertrauenslehrer ($F(4,81)=2.7$, $p<.05$). In EG1 gaben 35% der Teilnehmer (n=10) an, eine entsprechende Funktion auszuüben. In EG 2 und EG3 waren ein (5%) bzw. zwei (10%) Teilnehmer Beratungs- bzw. Vertrauenslehrer. In der Kontrollgruppe übten vier Teilnehmer (24%) diese Tätigkeit aus. Es gab keine statistisch signifikanten Unterschiede in der Beratungskompetenz oder dem beratungsbezogenen Wissen. Die Unterschiede in der Beratungs- bzw. Vertrauenslehrerposition werden deshalb bei den folgenden Analysen nicht berücksichtigt.

4   Beschreibung der Erhebungsinstrumente

In Studie 1 wurden sechs Erhebungsinstrumente eingesetzt, die sich der Selbstbeurteilung, der Fremdbeurteilung bzw. der Erfassung von Wissen zuordnen lassen. Auf

---

3   Bei der Angabe des Unterrichtsfachs waren Mehrfachnennungen möglich.

der Ebene der Selbstbeurteilung wurden der Fragebogen zur Beratung im Berufsalltag (Trait-Selbstbeurteilung) sowie der Fragebogen zur Beurteilung der eigenen Beratungsleistung in einem Beratungsgespräch (State-Selbstbeurteilung) eingesetzt. Als Instrumente der Fremdbeurteilung wurden die Arbeitsprobe, der Fragebogen zur Beurteilung der Beratungsleistung des Lehrers in einem Beratungsgespräch (teilnehmende Beobachtung) sowie Gesprächsanalysen mittels Kategoriensystem (nicht-teilnehmende Beobachtung) herangezogen. Die Wissensebene wurde mit einem Wissenstest erfasst. Die verwendeten Instrumente erlauben sowohl eine Abbildung der generellen Verhaltensdispositionen (Trait) als auch des Verhaltens in einer aktuellen Gesprächssituation (State; siehe auch Kapitel B.5.2). Um eine anonyme Zuordnung der Daten über die beiden Messzeitpunkte zu ermöglichen, wurde ein Teilnehmercode festgelegt und auf den Instrumenten angebracht.

4.1 Instrumente zur Erfassung der Beratungskompetenz aus der Selbstbeurteilungsperspektive

4.1.1 Fragebogen zur Beratung im Berufsalltag (Trait-Selbstbeurteilung)

Der Fragebogen zur Beratung im Berufsalltag wurde zu drei Messzeitpunkten (Prätest, Posttest, Stabilitätserhebung) verwendet. Die jeweils eingesetzten Versionen des Fragebogens sind weitgehend identisch, sie unterscheiden sich nur in wenigen Items. So wurden z.B. soziodemographische Daten, Änderungsmotivation und Introversion/Extraversion nur zum ersten Messzeitpunkt erhoben. Die untersuchten Skalen lassen sich in Skalen zur Diagnostik der Beratungskompetenz, Skalen zur Vorhersage der Beratungskompetenz zum Zeitpunkt des Prätests (Prädiktoren), Skalen zur Vorhersage durch die Beratungskompetenz (Kriterien) sowie Moderatoren von Beratungskompetenz (Introversion/Extraversion) bzw. des Kompetenzerwerbs (Änderungsmotivation) einteilen.

Weiterhin wurden die Ehrlichkeit des Antwortens, die Beurteilung der Effektivität der Interventionen sowie soziodemographische Variablen erhoben. Die Items konnten in der Regel auf einer sechsstufigen Skala von *(1) trifft überhaupt nicht zu* bis *(6) trifft voll und ganz zu* beantwortet werden. Bei einigen Items wurden dichotome Kategorien *(ja/nein; weiblich/männlich)* bzw. spezifische Antwortkategorien (Altersstufen, Fächerkombinationen) vorgegeben. Die verwendeten Skalen sowie deren Antwortformate und Reliabilitäten[4] werden in Tabelle 11 dargestellt. In die Analysen gingen nur Skalen ein, deren Prätest-Reliabilität das Kriterium von Cronbachs $\alpha \geq .6$ erreichte.

---

4   Die Berechnung der Reliabilitäten erfolgte anhand der Prätest-Daten.

Tabelle 11: Skalen des Fragebogens zur Beratung im Berufsalltag (Version Studie 1)

Fragebogenabschnitt	Skala	Unterskala	Verwendung	Prätest-Reliabilität Unterskalen	Quelle	Itemanzahl	Prätest-Reliabilität Skalen
	Kompetenzfacette: Personale Ressourcen	Task-Monitoring[S]	Prä-/Post-/Stabilitätserhebung	.71	Selbst erstellt	3 von 3	.64
		Selbstreflexion[S]	Prä-/Post/Stabilitätserhebung	.69	Selbst erstellt	3 von 3	
	Kompetenzfacette: Soziale Kooperationskompetenz	Kooperatives Handeln[S]	Prä-/Post/Stabilitätserhebung	.78	Selbst erstellt	3 von 3	.71
		Kooperative Einstellung[S]	Prä-/Post-/Stabilitätserhebung	.78	Selbst erstellt	2 von 3	
Skalen zur Diagnostik der Beratungskompetenz	Kompetenzfacette: Berater-Skills und Pädagogisches Wissen	Diagnostische Kompetenz[S]	Prä-/Post-/Stabilitätserhebung	.76	Selbst erstellt	3 von 3	.62
		Gesprächskompetenz[2]	Prä-/Post-/Stabilitätserhebung	.67	Selbst erstellt	6 von 6	
	Kompetenzfacette: Prozesskompetenz	Strategieanpassung[S]	Prä-/Post-/Stabilitätserhebung	.62	Selbst erstellt	2 von 3	.73
		Ziel- und Ressourcenorientierung[S]	Prä-/Post-/Stabilitätserhebung	.74	Selbst erstellt	3 von 3	
	Kompetenzfacette: Bewältigungskompetenz	Kritikannahme[S]	Prä-/Post-/Stabilitätserhebung	.79	Selbst erstellt	3 von 3	.79
	Gesamtskala Beratungskompetenz	Mittelwert der fünf Kompetenzfacetten	Prä-/Post-/Stabilitätserhebung	n.b.	Selbst erstellt	5 von 5	.86
	Berufliches Rollenverständnis	Auffassung der Lehrerrolle[S]	Prä-/Post-/Stabilitätserhebung	.60	Selbst erstellt	3 von 3	.60[1]
Skalen zur Vorhersage der Beratungskompetenz (Prädiktoren)		Interesse und Engagement[S]	Prätest	.71	Selbst erstellt	3 von 3	
	Informiertheit	Durchführung von Elternberatung[S]	Prä-/Post-/Stabilitätserhebung	.85	Selbst erstellt	3 von 3	.66[2]
		Kenntnis der Bedingungen an der Schule[S]	Prä-/Post-/Stabilitätserhebung	.66	Selbst erstellt	3 von 3	
		Fort- und Weiterbildung[S]	Prätest	.43	Selbst erstellt	0 von 3	

Anmerkung: Reliabilität: Cronbachs α; n.b.: nicht berechenbar; S=sechsstufige Antwortkategorie: (1) trifft überhaupt nicht zu bis (6) trifft voll und ganz zu.

1 Ohne Skala Auffassung der Lehrerrolle.
2 Ohne Skala Fort- und Weiterbildung.

Fortsetzung Tabelle 11: Skalen des Fragebogens zur Beratung im Berufsalltag (Version Studie 1)

Fragebogenabschnitt	Skala	Unterskala	Verwendung	Prätest-Reliabilität Unterskalen	Quelle	Itemanzahl	Prätest-Reliabilität Skalen
Fortsezung: Skalen zur Vorhersage der Beratungskompetenz (Prädiktoren)	Selbstwirksamkeit (auch Kriterium)	Selbstwirksamkeit bezüglich Beratungsgesprächen^S	Prä-/Post-/Stabilitätserhebung	.66	Selbst entwickelt in Anlehnung an Abele, Stief & Andrä (2000), Schwarzer & Jerusalem (2001)	3 von 3	.83
		Emotionale Grundhaltung gegenüber Beratungsgesprächen^S	Prä-/Post-/Stabilitätserhebung	.87	Selbst erstellt	3 von 3	
		Sicherheit im Umgang mit Eltern^S	Prä-/Post-/Stabilitätserhebung	.82	Selbst erstellt	3 von 3	
	Motivation zu Beratung	Bedeutsamkeit guter Beratung^S	Prä-/Post-/Stabilitätserhebung	.75	Selbst erstellt	3 von 3	.66
		Einschätzung des Kosten-Nutzen-Verhältnisses von Elternarbeit^S	Prä-/Post-/Stabilitätserhebung	.66	Selbst entwickelt in Anlehnung an Wild (2003)	3 von 3	
	Wahrgenommene Beratungsleistung^S		Prä-/Post-/Stabilitätserhebung	n.b.	Selbst erstellt	3 von 3	.89
Skalen zur Vorhersage durch die Beratungskompetenz (Kriterien)	Wahrgenommener Kompetenzzuwachs	Allgemeine Beratungskompetenz^S	Posttest	n.b.	Selbst erstellt	1 von 1	n.b.
		Vorbereitung von Beratungsgesprächen^S	Posttest	n.b.	Selbst erstellt	1 von 1	n.b.
		Verhalten in Beratungsgesprächen^S	Posttest	n.b.	Selbst erstellt	1 von 1	n.b.
		Nachbereitung und Reflexion von Beratungsgesprächen^S	Posttest	n.b.	Selbst erstellt	1 von 1	n.b.
		Verhalten in schwierigen Gesprächssituationen^S	Posttest	n.b.	Selbst erstellt	1 von 1	n.b.
Moderatoren	Änderungsmotivation^S		Prätest	n.b.	Selbst erstellt	2 von 3	.82
	Burnout^{S, PT}		Posttest	n.b.	Selbst entwickelt in Anlehnung an Körner (2003)	3 von 3	.68
	Introversion / Extraversion^{S, PT}		Posttest	n.b.	Auswahl aus NEO-FFI; Borkenau & Ostendorf (1993)	0 von 3	.33

Anmerkung: Reliabilität: Cronbachs α; n.b.: nicht berechenbar; S=sechsstufige Antwortkategorie: (1) trifft überhaupt nicht zu bis (6) trifft voll und ganz zu; PT=Posttest-Reliabilität.

Fortsetzung Tabelle 11: Skalen des Fragebogens zur Beratung im Berufsalltag (Version Studie 1)

Fragebogenabschnitt	Skala	Unterskala	Verwendung	Prätest-Reliabilität Unterskalen	Quelle	Itemanzahl	Prätest-Reliabilität Skalen
Ehrliches Antwortverhalten	Soziale Erwünschtheit^S		Prä-/Post-/Stabilitätserhebung	n.b.	Auswahl aus MCSD Marlowe & Crown (1960, 1964)	2 von 3	.61
	Wahrgenommene Effektivität der Interventionselemente	Rollenspiele^S	Posttest	n.b.	Selbst erstellt	1 von 1	n.b.
		Leitfäden „Lernen lernen"^S	Posttest	n.b.	Selbst erstellt	1 von 1	n.b.
Effektivität der Interventionen		Selbstreflexion (Gesprächsleitfaden)^S	Posttest	n.b.	Selbst erstellt	1 von 1	n.b.
		Feedback^S	Posttest	n.b.	Selbst erstellt	1 von 1	n.b.
	Zielerreichung	Erreichung des individuellen Fortbildungsziels^S	Posttest	n.b.	Selbst erstellt	1 von 1	n.b.
	Alter^W		Prätest	n.b.	Selbst erstellt	1 von 1	n.b.
	Geschlecht^D		Prätest	n.b.	Selbst erstellt	1 von 1	n.b.
	Dienstjahre^O		Prätest	n.b.	Selbst erstellt	1 von 1	n.b.
	Unterrichtsfächer^W		Prätest	n.b.	Selbst erstellt	1 von 1	n.b.
	Beratungs- bzw. Vertrauenslehrer^D						
Soziodemographische Angaben	Anzahl der Elterngespräche an einem Elternsprechtag^W		Prätest	n.b.	Selbst erstellt	1 von 1	n.b.
	Anzahl der Elterngespräche zusätzlich zum Elternsprechtag^W		Prätest	n.b.	Selbst erstellt	1 von 1	n.b.
	Eigene Elternschaft^D		Prätest	n.b.	Selbst erstellt	1 von 1	n.b.
	Beschäftigung mit dem Selbstregulierten Lernen aus der Elternperspektive^D		Prätest	n.b.	Selbst erstellt	1 von 1	n.b.

Anmerkung: Reliabilität: Cronbachs α; n.b.: nicht berechenbar; Antwortkategorie: D=dichotome Antwortkategorie; O=offene Antwortkategorie; W=vorgegebene Wahlmöglichkeiten; S=sechsstufige Antwortkategorie: (1) trifft überhaupt nicht zu bis (6) trifft voll und ganz zu.

4.1.2   Fragebogen zur Beurteilung der eigenen Beratungsleistung in einem Beratungsgespräch (State-Selbstbeurteilung)

Der Fragebogen zur Beurteilung der eigenen Beratungsleistung wurde in allen Experimentalgruppen zur Beurteilung der Leistung im ersten und im vierten simulierten Beratungsgespräch eingesetzt. So wurde ein Prä-Post-Vergleich der Beratungsleistung auf State-Ebene ermöglicht. In den Experimentalbedingungen mit Unterstützung der Selbstreflexion (EG2) und (EG3) wurde der Fragebogen zusätzlich beim zweiten und dritten Rollenspiel als Interventionselement eingesetzt. Der Fragebogen wurde von Pauly (2006) im Rahmen ihrer Examensarbeit in Anlehnung an den Fragebogen zur Beratung im Berufsalltag entwickelt. Er enthält Skalen zur Diagnostik der Beratungskompetenz, Skalen zur Vorhersage der Beratungskompetenz in dem Gespräch (Prädiktoren) sowie Skalen zur Vorhersage durch die Beratungskompetenz (Kriterien). Die Items können auf einer Skala von *(1) trifft überhaupt nicht zu* bis *(6) trifft voll und ganz zu* beantwortet werden. Die Items zur Zufriedenheit sind auf einer Skala von *(1) überhaupt nicht zufrieden* bis *(6) voll und ganz zufrieden* beantwortbar. Der Fragebogen enthält zusätzlich offene Fragen zur *Zielsetzung für das bevorstehende Gespräch* sowie zum *Verbesserungspotenzial für das nächste Gespräch*. Spezifische Angaben zur Konstruktion des Fragebogens finden sich bei Pauly (2006). Um den Fragebogen möglichst kurz zu halten, bestehen die Unterskalen meist nur aus einem bzw. zwei Items. Die Auswertung erfolgte auf der Ebene der Kompetenzfacetten, die entsprechenden Skalen wurden auf Item-Ebene gebildet, Subskalen für einzele Aspekte der Facetten wurden nicht berechnet. Die verwendeten Skalen sowie deren Antwortformate und Reliabilitäten[5] sind in Tabelle 12 dargestellt. Alle Skalen erfüllten das Raliabilitätskriterium Cronbachs $\alpha \geq .6$ und konnten bei den Auswertungen berücksichtigt werden.

---

5   Die Berechnung der Reliabilitäten erfolgte anhand der Prätest-Daten.

Tabelle 12: Skalen des Fragebogens zur Beurteilung der eigenen Beratungsleistung in einem Beratungsgespräch (Version Studie 1)

Fragebogenabschnitt	Skala	Aspekte	Verwendung	Quelle	Itemanzahl	Prätest-Reliabilität Skalen
Skalen zur Diagnostik der Beratungskompetenz	Kompetenzfacette: Personale Ressourcen[S]	Task-Monitoring, Selbstreflexion	T1 / T2 / T3 / T4	Pauly (2006)	4 von 5	.80
	Kompetenzfacette: Soziale Kooperationskompetenz[S]	Kooperatives Handeln, Kooperative Einstellung	T1 / T2 / T3 / T4	Pauly (2006)	3 von 5	.63
	Kompetenzfacette: Berater-Skills und Pädagogisches Wissen	Gesprächskompetenz, Inhaltliche Kompetenz, Planung	T1 / T2 / T3 / T4	Pauly (2006)	10 von 10	.72
	Kompetenzfacette: Prozesskompetenz[S]	Strategieanpassung, Ziel- und Ressourcenorientierung	T1 / T2 / T3 / T4	Pauly (2006)	1 von 1	n.b.
	Kompetenzfacette: Bewältigungskompetenz[S]	Kritikannahme	T1 / T2 / T3 / T4	Pauly (2006)	1 von 2	.16
	Gesamtskala Beratungskompetenz	Mittelwert der fünf Kompetenzfacetten	T1 / T2 / T3 / T4		5 von 5	.76
Skalen zur Vorhersage der Beratungskompetenz (Prädiktoren)	Selbstwirksamkeit im Elterngespräch[S]		T1 / T2 / T3 / T4	Pauly (2006)	2 von 3	.85
Skalen zur Vorhersage durch die Beratungskompetenz (Kriterien)	Kompetenzempfinden[S]		T1 / T2 / T3 / T4	Pauly (2006)	2 von 2	.62
	Zielerreichung[S]		T2 / T3 / T4	Pauly (2006)	1 von 1	n.b.
	Zufriedenheit[SZ]		T1 / T2 / T3 / T4	Pauly (2006)	3 von 3	.60
Emotionen	Positive Emotionen[V]		T2 / T3 / T4	Pauly (2006)	6 von 6	.72
	Negative Emotionen[V]		T2 / T3 / T4	Pauly (2006)	6 von 6	.72
Offene Fragen	Zielsetzung für das bevorstehende Gespräch[O]		T1 / T2 / T3 / T4	Pauly (2006)	1 von 1	n.b.
	Verbesserungspotenzial für das nächste Gespräch[O]		T1 / T2 / T3 / T4	Pauly (2006)	1 von 1	n.b.

Anmerkung: Reliabilität: Cronbachs α; n.b.: nicht berechenbar; O=offene Antwortkategorie; S=sechsstufige Antwortkategorie: *(1) trifft überhaupt nicht zu bis (6) trifft und ganz zu*; SZ=sechsstufige Antwortkategorie: *(1) völlig unzufrieden bis (6) völlig zufrieden*; V=vierstufige Antwortkategorie: *(1) trifft überhaupt nicht zu bis (4) trifft voll und ganz zu.*

4.2 Instrumente zur Erfassung der Beratungskompetenz aus der Fremdbeurteilungsperspektive

4.2.1 Arbeitsproben

Die Arbeitsproben wurden zu allen drei Messzeitpunkten (Prätest, Posttest, Stabilitätserhebung) eingesetzt. Um Testeffekte zu reduzieren, wurden jeweils Parallelversionen des Tests verwendet. Die Arbeitsproben bestanden aus kurzen, stichwortartigen Lösungsvorschlägen für vorgegebene Beratungssituationen. Es wurden drei Beratungssituationen geschildert, die von den Lehrern bearbeitet werden sollten. Die erste Situation bezog sich auf die Gesprächsvorbereitung, in der zweiten Situation wurde der Umgang mit aufgebrachten, uneinsichtigen Eltern thematisiert und die dritte Situation beschrieb ein entmutigtes Elternteil, welches mit dem Wunsch zur Beratung kommt, Tipps für die Unterstützung des Kindes beim Lernen zu erhalten.

Die Situationen waren so konzipiert, dass grundsätzlich Aspekte aller Kompetenzfacetten beobachtet werden konnten (polytome Items). Von einer spezifischen Ausrichtung einzelner Fallszenarien auf bestimmte Kompetenzfacetten wurde abgesehen. Die Auswertung der Arbeitsproben erfolgte quantitativ über ein Ratingschema mit zehn Kategorien: *Beziehungsaufbau, Gesprächskompetenz, Kritikfähigkeit, Reflexion, Ressourcenorientierung, Inhaltliche Kompetenz, Diagnostische Kompetenz, Ziele, Unterstützungsquellen, Rest.*

Bei der Auswertung wurden Mehrfachkodierungen zugelassen, da in einer Antwort unterschiedliche Kompetenzaspekte enthalten sein können (polytome Items). Zusätzlich beurteilten die Rater die Antworten qualitativ auf einer Skala von 1 (keine kompetente Lösung) bis 6 (sehr kompetente Lösung). Tabelle 13 zeigt die Zuordnung der Kategorien zur den Facetten der Beratungskompetenz.

Tabelle 13: Kategorien für die Beurteilung der Arbeitsproben (Version Studie 1)

Kompetenzfacette		Kategorie
Personale Ressourcen	(4)	Selbst-Reflexion
	(1)	Beziehungsaufbau
Soziale Kooperationskompetenz	(5)	Ressourcen
	(9)	Unterstützungsquellen
	(2)	Gesprächskompetenz
Berater-Skills und Pädagogisches Wissen	(7)	Diagnostische Kompetenz
	(6)	Inhaltliche Kompetenz
Prozesskompetenz	(8)	Ziele
Bewältigungskompetenz	(3)	Kritikfähigkeit
Nicht-kodierbare Beiträge	(10)	Rest

Abbildung 12 zeigt beispielhaft eine Aufgabe aus den Arbeitsproben.

Stellen Sie sich vor Sie haben in Kürze ein Beratungsgespräch mit Frau Müller, der Mutter Ihres Schülers Fabian. Fabian macht seine Hausaufgaben nur sehr unregelmäßig und auch sehr oberflächlich.

Was würden Sie Frau Müller in dem Gespräch raten, damit sich diese Situation verbessert?

Abbildung 12: Beispielaufgabe einer Arbeitsprobe in Studie 1

Die Auswertung der Arbeitsproben wurde im Handbuch zur Beurteilung der Arbeitsproben ausführlich dargestellt und erläutert; eine gesonderte Schulung der Rater fand nicht statt. Für die Auswertung wurden Informationen zur Versuchsbedingung und zum Messzeitpunkt unkenntlich gemacht, um Versuchsleitereffekte zu verhindern (Blind-Rating). Aufgrund der hohen Rater-Übereinstimmung in der Pilotierung wurden die Arbeitsproben in der Folge nur noch von einem Rater beurteilt.

4.2.2   Fragebogen zur Beurteilung der Beratungsleistung des Lehrers in einem Beratungsgespräch (teilnehmende Beobachtung)

Der Fragebogen zur Beurteilung der Beratungsleistung des Lehrers in einem Beratungsgespräch wurde im Rahmen der Examensarbeit von Flammer und Ihringer (2007) entwickelt und pilotiert. Er wurde in allen Experimentalgruppen zur Beurteilung der Beraterleistung in den vier durchgeführten Rollenspielen eingesetzt.

Die teilnehmende Beobachtung umfasst alle fünf Kompetenzfacetten, wobei nur Aspekte der aktionalen Handlungsphase einbezogen werden (z.B. Gesprächsstrategien, Zielorientierung). Aspekte der präaktionalen oder postaktionalen Phase wurden aus dem Fragebogen ausgeschlossen (z.B. Planung des Beratungsgesprächs, Bewertung des Beratungsverhaltens), da sie nicht direkt beobachtbar sind und einen großen Interpretationsspielraum zulassen. Dies gilt auch für nicht direkt beobachtbare Aspekte der aktionalen Handlungsphase wie das Self-Monitoring. Die Items konnten auf einer Skala von *(1) trifft überhaupt nicht zu* bis *(6) trifft voll und ganz zu* beantwortet werden.

Tabelle 14 zeigt die verwendeten Skalen sowie deren Antwortformate und Reliabilitäten[6]. Alle Skalen erfüllten das Reliabilitätskriterium von Cronbachs $\alpha \geq .6$ und konnten bei den Analysen berücksichtigt werden.

---

6   Die Berechnung der Reliabilitäten erfolgte anhand der Prätest-Daten.

Tabelle 14: Skalen des Fragebogens zur Beurteilung der Beratungsleistung des Lehrers in einem Beratungsgespräch (Version Studie 1)

Fragebogenabschnitt	Skala	Aspekte	Verwendung	Quelle	Itemanzahl	Prätest-Reliabilität Skalen
	Kompetenzfacette: Personale Ressourcen[S]	Task-Monitoring	T1 / T2 / T3 / T4	Flammer & Ihringer (2007)	1 von 1	n.b.
	Kompetenzfacette: Soziale Kooperationskompetenz[S]	Kooperatives Handeln, Kooperative Einstellung	T1 / T2 / T3 / T4	Flammer & Ihringer (2007)	4 von 5	.77
Skalen zur Diagnostik der Beratungskompetenz	Kompetenzfacette: Berater-Skills und Pädagogisches Wissen[S]	Gesprächskompetenz, Inhaltliche Kompetenz, Planung	T1 / T2 / T3 / T4	Flammer & Ihringer (2007)	4 von 4	.72
	Kompetenzfacette: Prozesskompetenz[S]	Ziel- und Ressourcenorientierung	T1 / T2 / T3 / T4	Flammer & Ihringer (2007)	1 von 1	n.b.
	Kompetenzfacette: Bewältigungskompetenz[S]	Kritikannahme	T1 / T2 / T3 / T4	Flammer & Ihringer (2007)	1 von 2	.27
	Gesamtskala Beratungskompetenz	Mittelwert der fünf Kompetenzfacetten	T1 / T2 / T3 / T4	Flammer & Ihringer (2007)	5 von 5	.68

Anmerkung: Reliabilität: Cronbachs α; n.b.: nicht berechenbar; S=sechsstufige Antwortkategorie: *(1) trifft überhaupt nicht zu* bis *(6) trifft voll und ganz zu.*

4.2.3   Gesprächsanalysen mittels Kategoriensystem (nicht-teilnehmende Beobachtung)

Die Analysen der aufgezeichneten, simulierten Beratungsgespräche erfolgten mittels eines Kategoriensystems, das von Bruder (2006) im Rahmen ihrer Examensarbeit entwickelt wurde. Die Aufzeichnung der simulierten Beratungsgespräche fand in der ersten Fortbildungseinheit zu Beginn (Prätest) und in der vierten Fortbildungseinheit am Abschluss (Posttest) statt. Es umfasst 13 inhaltliche Skalen zur Diagnostik der Beratungskompetenz sowie zwei Restkategorien. Kompetenzaspekte, die nicht direkt beobachtet werden können (z.B. Planung, Self-Monitoring) wurden ausgeschlossen. Besondere Aspekte der Situation konnten in einem Feld für Anmerkungen vermerkt werden. Die Beobachtungseinheit wurde auf 20 Sekunden festgesetzt. Pro Beobachtungseinheit konnte nur eine Kategorie gewertet werden. Tabelle 15 zeigt die Zuordnung der Kategorien zu den Facetten der Beratungskompetenz. Eine detaillierte Beschreibung des Instruments findet sich bei Bruder (2006).

Tabelle 15:   Kategorien für die Gesprächsanalyse (Version Studie 1)

Kompetenzfacette		Kategorie
Personale Ressourcen	(5)	Lehrer überlegt, welche Hindernisse bei der Umsetzung der Aufgabe auftreten können
Soziale Kooperationskompetenz	(1)	Lehrer unterstützt durch verbale Äußerungen den Beziehungsaufbau zu den Eltern
	(2)	Lehrer fragt die Eltern nach ihrer Sicht des Problems
	(6)	Lehrer trifft Vereinbarungen für den weiteren Beratungsprozess
Berater-Skills und Pädagogisches Wissen	(13)	Lehrer vermittelt durch verbale Äußerungen, dass zugehört wird
	(7)	Lehrer strukturiert Aussagen der Eltern, fasst diese zusammen und gibt sie mit eigenen Worten wieder
	(8)	Lehrer nimmt emotionale Anteile in den Aussagen der Eltern wahr und spiegelt sie
	(12)	Lehrer spricht über das Verhalten des Kindes in der Schule
	(10)	Lehrer vermittelt eine Lernstrategie und Hilfestellungen bei der Umsetzung
	(11)	Lehrer gibt einen Tipp für die Unterstützung beim häuslichen Lernen
Prozesskompetenz	(3)	Lehrer thematisiert die Ressourcen der Eltern
	(4)	Lehrer erarbeitet und legt gemeinsam mit den Eltern konkrete Ziele fest
Bewältigungskompetenz	(9)	Lehrer bleibt in kritischen Situationen sachlich
Nicht-kodierbare Beiträge	(14)	Lehrer nicht kodierbar (Eltern sprechen, Stille, nicht verständlich gesprochen)
	(15)	Unkodierbarer Rest

Das Vorgehen bei der Gesprächsanalyse wurde im Handbuch zur Beurteilung der Tonbänder (Bruder, 2006) ausführlich beschrieben, eine gesonderte Schulung der Rater wurde nicht vorgenommen. Für die Beurteilung der Tonbänder wurden die Informationen zur Versuchsbedingung sowie zum Messzeitpunkt unkenntlich gemacht, um Versuchsleitereffekte zu vermeiden (Blind-Rating). Die in einer Vorstudie ermittelte Inter-Rater-Übereinstimmung (dichotome Ratings: Cohens Kappa-Maß) lag bei $\kappa < .84$ (vgl. Bruder, 2006), aufgrund der hohen Rater-Übereinstimmung in der Pilotierung wurden die Tonbänder in der Folge nur noch von einem Rater beurteilt.

4.3 Instrument zur Erfassung des beratungsbezogenen Wissens

Der Wissenstest bestand aus vier Multiple-Choice-Fragen zu Inhalten der Fortbildung. Es standen jeweils vier Antwortalternativen zur Auswahl, wobei nur eine Antwort richtig war. Um das Raten zu reduzieren, wurde die Antwortmöglichkeit *„Ich weiß es nicht genau"* aufgenommen. Zwei Antworten waren falsch. Zur Veranschaulichung wird an dieser Stelle ein Item des Wissenstests dargestellt (Abbildung 13).

Nach welchem Modell werden Gespräche in einzelne Gesprächsabschnitte untergliedert?	a)	Nach dem „Kontakt"-Modell.	☐
	b)	Ich weiß nicht genau.	☐
	c)	Nach dem „GEP"-Modell.	☐
	d)	Nach dem „PELZ"-Modell.	☐

Abbildung 13: Beispielaufgabe aus dem Wissenstest in Studie 1

Der Wissenstest wurde zu allen drei Messzeitpunkten in der gleichen Form eingesetzt. Die Fragen wurden jeweils ans Ende des Fragebogens zur Beratung im Berufsalltag (Trait-Selbstbeurteilung) gesetzt. Die Trennschärfe der Items (part-whole-korrigiert) sowie die Itemschwierigkeiten der einzelnen Items zu den Messzeitpunkten (Prätest, Posttest) sind in Tabelle 16 dargestellt. Für die Stabilitätserhebung wurden wegen der geringen Zahl an Datensätzen keine Analysen zu Trennschärfe und Itemschwierigkeit durchgeführt.

Tabelle 16: Trennschärfe ($r_{i(t-i)}$) und Itemschwiergkeiten (P_i) der Items des Wissenstests in Studie 1

	Prätest (N=59)		Posttest (N=52)	
	$r_{i(t-i)}$	P_i	$r_{i(t-i)}$	P_i
Item 1	.22	36	.42	81
Item 2	-.09	03	.24	80
Item 3	.44	81	.24	94
Item 4	.46	80	.33	98

4.4   Validierung der Instrumente

Zur Validierung der Instrumente wurden multimethodale Korrelationsanalysen, Zusammenhangsanalysen im Hinblick auf die Korrelation mit Kriteriumsvariablen
(z.b. wahrgenommener Beratungserfolg) sowie exploratorische und konformatori-
sche Faktorenanalysen durchgeführt. Die Darstellung der Ergebnisse der multimethodalen Korrelationsanalysen und der kriteriumsbezogenen Zusammenhangsanalysen erfolgt in Kapitel F.2. Da die Instrumente in Anlehnung an die in Vorstudie 2 (siehe Kapitel B.6.2) ermittelten fünf Kompetenzfacetten entwickelt wurden,
wird eine fünfdimensionale Struktur erwartet. In diesem Kapitel werden die Ergebnisse der exploratorischen Faktorenanalysen beschrieben. Die Ergebnisse der konfirmatorischen Faktorenanalyse finden sich in Kapitel L.5.1.

4.4.1   Faktorenanalytische Dimensionsprüfung

Die Dimensionsprüfung für die Instrumente erfolgte mittels faktorenanalytischer
Verfahren. Für den Fragebogen zur Beurteilung der Beratungsleistung im Berufsalltag konnten konfirmatorische Faktorenanlysen berechnet werden (siehe Kapitel L.5.1). Die Datengrundlage (Stichprobengröße) des Fragenbogens zur Beurteilung der eigenen Beratungsleistung in einem Beratungsgespräch (State-Selbstbeurteilung), des Fragebogens zur Beurteilung der Beratungsleitung eines Lehrers in
einem Beratungsgespräch (teilnehmende Beobachtung) sowie der Kategorien für
die Auswertungen der Arbeitsproben und der Tonbänder erlaubte lediglich die Anwendung von explorativen Hauptkomponentenanalysen mit Varimax-Rotation. Als
Abbruchkriterium für die Extraktion der Faktoren wurde das Kriterium Eigenwert < 1 gewählt.

Die faktorenanalytische Dimensionsprüfung für den Fragebogen zur Beurteilung
der eigenen Beratungskompetenz in einem Beratungsgespräch (Selbstbeurteilgung-
State) führte zu einer sechsdimensionalen Lösung; die sechs extrahierten Faktoren
erklären 74.2% der beobachteten Varianz. Für das Ratingsystem der Arbeitsproben
wurden drei Faktoren extrahiert, die 60.6% der beobachteten Varianz aufklären.
Auf der Ebene der teilnehmenden Beobachtung ergab sich eine vierfaktorielle Lösung; die vier extrahierten Faktoren klären 74.3% der beobachteten Varianz auf.
Für das Kategoriensystem zur Analyse von Beratungsgesprächen wurden ebenfalls
vier Faktoren gefunden, die Aufklärung der beobachteten Varianz beträgt 86.6%.

Zusammenfassend kann festgehalten werden, dass für keines dieser vier Instrumente die erwartete Fünf-Faktoren-Lösung gefunden werden konnte. Die Anzahl der
extrahierten Faktoren schwankt zwischen drei und sechs Faktoren. Sehr häufig
können jedoch die erwarteten Zusammenhänge zwischen den einzelnen Skalen be-

obachtet werden: Skalen, die auf dem gleichen Faktor laden sollten, tun dies überwiegend. Dies gilt insbesondere für den Fragebogen zur Beurteilung der eigenen Beratungsleistung in einem Beratungsgespräch (State-Selbstbeurteilung) und den Fragebogen zur Beurteilung der Beratungsleistung eines Lehrers in einem Beratungsgespräch (Trait-Selbstbeurteilung).

Dieses Ergebnis stützt zumindest teilweise die theoretischen Hintergründe der Instrumententwicklung: Die postulierten Zusammenhänge zwischen den Items wurden mit einigen Einschränkungen gefunden, die Annahme von fünf Kompetenzdimensionen wurde durch die Ergebnisse nicht gestützt. Kritisch ist anzumerken, dass einige Items auf verschiedenen Faktoren mäßig bis hoch laden und deshalb nicht eindeutig einem Faktor zugeordnet werden können. Im Hinblick auf eine kompetenzfacettenbasierte Diagnostik der Beratungskompetenz ist dies sicherlich suboptimal. Andererseits verdeutlicht dieses Ergebnis, dass Kompetenzfacetten – wie in Kapitel B.3.1 beschrieben – nicht voneinander unabhängig sind, sondern als miteinander verwobene und vernetzte Einheiten aufgefasst werden können (vgl. Frey & Balzer, 2005, S. 37). Einschränkend ist bei der Interpretation dieser Ergebnisse zu beachten, dass die Analysen auf einer kleinen Stichprobe basieren. Um verlässlichere Ergebnisse zu erhalten, ist eine Replikation der Ergebnisse mit einer größeren Stichprobe unbedingt zu empfehlen.

4.5   Evaluationsbögen

Für jede Einheit wurde ein Evaluationsbogen entwickelt, den die Teilnehmer zum Abschluss des Termins bearbeiteten. Der Evaluationsbogen bestand aus zwei offenen und zwei geschlossenen Fragen. Die Fragen *Wie hat Ihnen die Sitzung gefallen?* und *Wie beurteilen Sie das Engagement des Trainers?* konnten auf einer Skala von *(1) sehr gut* bis *(6) ungenügend* beantwortet werden. Um den Anregungen der Teilnehmer Raum zu geben, wurden weiterhin zwei offene Fragen gestellt. Hier konnten die Lehrer Aspekte, die sie besonders gut fanden, nennen bzw. Verbesserungsvorschläge anbringen. In der Experimentalbedingung mit Feedback (EG3) wurde zudem gefragt, ob die Teilnehmer das Feedback zum vorangegangenen Termin angesehen hatten. Die Beantwortung der Evaluationsbögen erfolgte anonym unter Angabe des Teilnehmercodes.

4.6   Diskussion der Instrumente

4.6.1   Diskussion der Instrumente zur Selbstbeurteilung der Beratungskompetenz

Die Skalen des *Fragebogens zur Beratung im Berufsalltag (Trait-Selbstbe-urteilung)* wiesen bis auf zwei Skalen zufriedenstellende bis gute Reliabilitäten ($.60 \leq$ Cronbachs $\alpha \geq .89$) auf. Die durchgeführten konfirmatorischen Faktorenana-lysen indizieren eine bessere Passung des fünfdimensionalen Modells im Vergleich zu einem eindimensionalen Modell (siehe Kapitel L.5.1). Allerdings konnten für die Kompetenzfacetten *Berater-Skills und Pädagogisches Wissen* sowie *Prozess-kompetenz* hohe Korrelationen ($r \geq .92$) mit den anderen Facetten beobachtet wer-den. Eine sparsamere Lösung ist in zukünftigen Studien zu prüfen.

Die Skalen *Fort- und Weiterbildung* sowie *Introversion/Extraversion* erreichten das Reliabilitätskriterium von Cronbachs $\alpha \geq .6$ nicht und wurden deshalb aus den Ana-lysen ausgeschlossen. Diese Skalen sollten im Hinblick auf folgende Studien über-arbeitet werden. Auch die Skala *Soziale Erwünschtheit* sollte ersetzt werden. Dafür sprechen die inhaltliche Nähe der Items zu dem abgefragten Konstrukt sowie die eingeschränkte Gültigkeit der Skala aufgrund zeitbedingter Veränderungen (vgl. Stöber, 1999). Die Kompetenzfacette *Personale Ressourcen* umfasst derzeit die Aspekte des *Self-Monitorings* mit dem Focus auf die Aufmerksamkeit und des *Task-Monitorings* mit dem Focus auf die Bearbeitung das Voranschreiten im Bera-tungsgespräch. Die Reflexion über die eigenen Emotionen, einem weiteren wichti-gen Aspekt (Lischetzke et al., 2001), wird nicht berücksichtigt. Dieser Aspekt sollte in zukünftigen Fragebogenversionen enthalten sein.

Weiterhin zeigte sich, dass der Aspekt der Beachtung der Emotionen des Ge-sprächspartners in dem Fragebogen nicht ausreichend berücksichtigt wird. Er wird lediglich bei der Kompetenzfacette *Berater-Skills und Pädagogisches Wissen* unter den Gesprächstechniken thematisiert. Die Beachtung der Emotionen des Ge-sprächspartners und ihre korrekte Wahrnehmung sind jedoch auch im Hinblick auf eine erfolgreiche Kooperation mit dem Gesprächspartner von Bedeutung (Li-schetzke et al., 2001). Daher sollte die Kompetenzfacette *Soziale Kooperations-kompetenz* um diese Aspekte erweitert werden. Die Kompetenzfacette *Prozesskom-petenz* sollte zusätzlich zu den Aspekten *Strategieanpassung* und *Ziel- und Res-sourcenorientierung* in folgenden Studien auch den Aspekt *Festhalten von Verein-barungen* enthalten (vgl. Schwarzer & Buchwald, 2006).

Die Idee der Untersuchung des Zusammenhangs von Beratungskompetenz und Per-sönlichkeitsmerkmalen (hier: Introversion/Extraversion) sollte in zukünftigen Stu-dien weiterverfolgt und vertieft werden (z.B. Franke, 2005; Hackney & Corminer, 1998). Deshalb sollte der Fragebogen um entsprechende Skalen (z.B. Big Five) ergänzt werden. Im Hinblick auf die Bestimmung der diskriminanten Validität erscheint es wichtig, in folgenden Studien die Abgrenzung des Konstrukts *Beratungskompetenz* von Konstrukten wie *allgemeiner Hilfsbereitschaft* oder *Sozialer Kompetenz* zu untersuchen. Entsprechend sollte der Fragebogen um Skalen zur Hilfsbereitschaft und zur Sozialen Kompetenz erweitert werden. Bei den multimethodalen Zusammenhangsanalysen zeigten sich Hinweise auf die konvergente Validität (Korrelation mit den anderen Kompetenzmaßen) und die Kriteriumsvalidität des Fragebogens (siehe Kapitel F.2). Die Drop-out-Quote war sehr hoch: Zum ersten Messzeitpunkt lagen 114 Datensätze vor. Davon konnten 59 für die Prä-Post-Vergleiche herangezogen werden (Drop-out: 49%). Für die Stabilitätserhebung wurden 47 Teilnehmern Fragebögen zugesendet. Für die Analysen konnten nur 16 Fragebögen herangezogen werden (Drop-out: 76%). Für folgende Studien ist zu überlegen, ob die Drop-out-Quote durch eine Kürzung des Fragebogens und damit einhergehend einer Reduzierung der Bearbeitungszeit erreicht werden kann.

Bezüglich des *Fragebogens zur Beurteilung der eigenen Beratungsleistung in einem Beratungsgespräch* (State-Selbstbeurteilung) ist kritisch anzumerken, dass eine Auswertung auf der Ebene der Unterskalen nicht erfolgen kann. Um der Gefahr der Demotivierung der Befragten beim Beantworten des Fragebogens entgegenzuwirken, wurde der Fragebogen sehr kurz gehalten. Infolgedessen wurden nicht alle Unterskalen durch eine für Analysen ausreichende Anzahl von Items abgebildet. Analysen zur Beratungskompetenz können ausschließlich auf der Ebene der Kompetenzfacetten erfolgen. Die Reliabilitäten der Kompetenzfacetten-Skalen sind jedoch zufriedenstellend bis gut ($.60 \leq$ Cronbachs $\alpha \geq .85$).

Die faktorenanalytische Dimensionsprüfung resultierte in einer sechsdimensionalen Lösung. Die sechs extrahierten Faktoren erklären 74.2% der beobachteten Varianz. Die Diskussion der multimethodalen Analysen und der Zusammenhänge mit Kriteriumsvariablen findet sich in Kapitel F.6.

Die Kompetenzfacette *Personale Ressourcen* sollte um den Aspekt des *Konzeptmonitorings* erweitert werden. Durch entsprechende Items kann überprüft werden, wie stark die Berater während des Gesprächs darauf achten, ob sie ihr Beratungskonzept umsetzen. Die Kompetenzfacette *Soziale Kooperationskompetenz* umfasst derzeit die Aspekte *Kooperative Einstellung* und *Kooperatives Handeln*. Sie sollte um die Aspekte *Perspektivenübernahme* und *Berücksichtigung des Lebenskontexts des Ratsuchenden* erweitert werden (vgl. Hennig & Ehinger, 2003). Im Fragebogen zu Beratung im Berufsalltag wurde die Diagnostische Kompetenz des Lehrers als Aspekt der Kompetenzfacette *Berater-Skills und Pädagogisches Wissen* miterfasst. In dem Fragebogen zur Beurteilung der Beratungskompetenz in einer Gesprächssituation ist diese bislang nicht enthalten. Für zukünftige Studien sollte der Fragebogen um den Aspekt *Diagnostische Kompetenz* erweitert werden.

Weiterhin sollte der Aspekt *Gesprächstechniken* um die in der Fortbildung vermittelten Gesprächsführungstechniken (Fragetechniken, Gesprächsstrukturierung) erweitert werden. Die Facette *Prozesskompetenz* wurde nur durch ein Item abgebildet, in folgenden Studien sollte diese Skala um weitere Items ergänzt werden. Die Kompetenzfacette *Bewältigungskompetenz* konnte in den simulierten Beratungsgesprächen nicht beobachtet werden und sollte in zukünftigen Studien nicht mehr in den Fragebogen aufgenommen werden. Stattdessen sollten weitere Kriterien zur Erfassung der Beratungsleistung, z.B. die Umsetzung des Gesprächskonzepts oder die Sicherheit in der Beratungssituation, aufgenommen werden. Außerdem sollten Skalen zur Überprüfung der Validität der Situation im Hinblick auf eine möglichst realitätsnahe, valide Kompetenzdiagnostik aufgenommen werden. Möglich wären hier Skalen zur *Wahrgenommenen Realität der Situation* und zur *Ausfüllung der Rolle*. Dies würde eine Validierung der Rollenspielsituation im Sinne von Ghalleger und Hargie (1989) erlauben.

Bei den multimethodalen Zusammenhangsanalysen ergaben sich für den *Fragebogen zur Beurteilung der eigenen Beratungsleistung in einem Beratungsgespräch* (State-Selbstbeurteilung) Hinweise auf konvergente Validität (Korrelation mit den anderen Kompetenzmaßen) und Kriteriumsvalidität (Korrelation mit Kriterien) (siehe Kapitel F.2). Eine umfassende Diskussion des Instruments findet sich bei Pauly (2006).

4.6.2   *Diskussion der Instrumente zur Fremdbeurteilung der Beratungskompetenz*

Die *Arbeitsprobe* wies bei den multimethodalen Zusammenhangsanalysen statistisch signifikante Korrelationen zu den durch Selbstbeurteilung auf Trait-Ebene ermittelten Kompetenzwerten auf. Dies gilt insbesondere für das *univariate Gesamtmaß Beratungskompetenz* und die Kompetenzfacetten *Soziale Kooperationskompetenz, Berater-Skills und Pädagogisches Wissen* sowie *Prozesskompetenz*. Weiterhin konnten statistisch signifikante Korrelationen mit den zur Validierung herangezogenen Kriterien (z.B. beratungsbezogene Selbstwirksamkeit, wahrgenommene Beratungsleistung) beobachtet werden. Demnach wurden Hinweise auf die konvergente Validität und Kriteriumsvalidität der Kompetenzdiagnostik mittels der Arbeitsprobe gefunden. Die Hauptkomponentenanalyse ergab eine dreifaktorielle Lösung. Die drei extrahierten Faktoren klären 60.6% der beobachteten Varianz auf.

Für die Weiterentwicklung des Instruments bietet sich die Aufnahme der Kategorie *Bisherige Lösungsversuche* an. Im Rahmen des Trainings werden die Teilnehmer (auch) darauf hingewiesen, im Sinne der Berücksichtigung der Ressourcen des Ratsuchenden, auch die bisherigen Lösungsversuche anzusprechen. Zusätzlich sollte die Anzahl der Szenarien pro Arbeitsprobe von drei auf zwei verringert werden, um die Motivation der Teilnehmer beim Bearbeiten der Szenarien zu erhöhen. Dabei sollte ein Szenario eine kritische Gesprächssituation darstellen, um die Beobachtbarkeit der Kompetenzfacette *Bewältigungskompetenz* zu ermöglichen. Eine Vorstrukturierung des Antwortbereichs durch Leitfragen könnte die Kompetenzdiagnose zusätzlich unterstützen (z.B. *Wie beginnen Sie das Gespräch? Wie führen Sie das Gespräch weiter?*).

Die Skalen des *Fragebogens zur Beurteilung der Beratungsleistung eines Lehrers in einem Beratungsgespräch* (teilnehmende Beobachtung) wiesen gute Reliabilitäten auf (.60 ≤ Cronbachs α ≥ .85). Die Dimensionsprüfung mittels Hauptkomponentenanalysen ergab eine vierfaktorielle Struktur. Die vier extrahierten Faktoren erklären 74.3% der beobachteten Varianz. Die Diskussion der multimethodalen Analysen und der Zusammenhänge mit Kriteriumsvariablen erfolgt in Kapitel F.6.

Kritisch anzumerken ist, dass die Kompetenzfacetten *Personale Ressourcen* und *Prozesskompetenz* jeweils nur von einem Item abgebildet wurden. Für weitere Studien sollte die Facette *Prozesskompetenz* um weitere Aspekte ergänzt werden. Die Kompetenzfacetten *Personale Ressourcen* und *Bewältigungskompetenz* konnten vom Beobachter nicht erfasst werden, da es sich um interne Prozesse handelt, deshalb sollten diese Kompetenzfacetten in zukünftigen Fragebogenversionen nicht mehr enthalten sein. Grundsätzlich sollten bei der Überarbeitung des Fragebogens auch die Veränderungen im *Fragebogen zur Beurteilung der eigenen Beratungsleistung in einem Beratungsgespräch* (State-Selbstbeurteilung) berücksichtigt werden, da beide Fragebögen dieselben Inhalte aus unterschiedlichen Perspektiven erfassen.

Weiterhin sollte bei der Optimierung berücksichtigt werden, dass an der realen Beratungssituation nicht immer ein Beobachter teilnehmen kann. Deshalb sollte der *Fragebogen zur Beurteilung der Beratungsleistung eines Lehrers in einem Beratungsgespräch* so überarbeitet werden, dass er aus der Perspektive des Ratsuchenden bearbeitet werden kann. Dies entspricht auch der gängigen Praxis bei der Evaluation von Beratern in Therapiesituationen (vgl. Corrigan & Schmidt, 1983; Linden, Stone & Shertzer, 1965) Entsprechend sollten dann auch weitere Aspekte wie etwa die *Beurteilung der Gesprächsatmosphäre,* die *Empfundene Wertschätzung durch den Berater* und die *Zufriedenheit mit den Vereinbarungen* aufgenommen werden (vgl. Linden, Stone & Shertzer, 1965).

Bei den multimethodalen Zusammenhangsanalysen zeigten sich statistisch signifikante Zusammenhänge mit den mittels des *Fragebogen zur Beurteilung der eigenen Beratungsleistung in einem Beratungsgespräch* (Selbstbeurteilung State) erhobenen Kompetenzwerten (siehe Kapitel F.2). Dies galt insbesondere für Kompetenzfacetten, die wenige internale Prozesse beinhalten und deshalb gut beobachtbar
sind (z.B. Gesprächsführungestechniken). Weitere Diskussionspunkte finden sich
bei Flammer und Ihringer (2007).

Das *Kategoriensystem zur Analyse aufgezeichneter Beratungsgespräche* wies in
Vorstudien sehr gute Inter-Rater-Übereinstimmungen ($\kappa < .84$) auf. Die Hauptkomponentenanalyse ergab eine vierdimensionale Struktur. Die vier extrahierten
Faktoren erklären 86.6% der beobachteten Varianz. Bei den multimethodalen Zusammenhangsanalysen (siehe Kapitel F.2) zeigte sich, dass sich das Kategoriensystem insbesondere für die Diagnose von Kompetenzfacetten eignet, die wenige internale Prozesse aufweisen und deshalb gut beobachtet werden können (z.B. Gesprächsführungstechniken). Deshalb sollte das Kategoriensystem in diesen Bereichen erweitert werden, um eine differenziertere Diagnostik zu erlauben. Insbesondere sollte eine Kategorie zur Erfassung allgemeiner Tipps des Beraters
(z.B. *„Schauen Sie mit Ihrem Kind Dokumentationen im Fernsehen.“* oder *„Kaufen
Sie Ihrem Kind dieses Sachbuch.“*) aufgenommen werden. So kann eine Konfun-
dierung mit Lernstrategien oder gezielten Unterstützungsstrategien (z.B. *„Erstellen
Sie mit Ihrem Kind einen Lernplan.“*) in zukünftigen Studien vermieden werden.

Weiterhin sollte für die Kategorie *(13) Aktives Zuhören* eine Doppelkodierung erlaubt werden. Das Aktive Zuhören drückt sich oft nur in kurzen Äußerungen aus,
denen im Rahmen des bisherigen Kodierungsschemas zu wenig Raum zugestanden
wurde. Bei der Weiterentwicklung des Instruments sollte zusätzlich zu der Kodierung einer anderen Kategorie immer auch die zusätzliche Kodierung des Aktiven
Zuhörens möglich sein (z.B. Lehrer vermittelt eine Lernstrategie *und* Lehrer vermittelt durch kurze Äußerungen, dass er zuhört). Eine umfassende Diskussion des
Kategoriensystems für die Tonbandaufzeichnung findet sich bei Bruder (2006).

Die Bestimmung der Itemschwierigkeiten und der Trennschärfe der Items des *Wis-
senstests* ergab, dass Item 1 und Item 2 schwierig waren und zum Zeitpunkt des
Prätests von vielen Teilnehmern nicht beantwortet werden konnten. Diese Items
weisen geringe Itemschwierigkeitswerte auf, ihre Trennschärfe liegt unter .25.
Nach Kubinger und Jäger (2003) sind Items mit einer Trennschärfe $< .25$ nicht zur
Weiterverwendung geeignet. Item 3 und Item 4 weisen hingegen hohe Itemschwie-
rigkeitswerte auf, d.h. sie konnten von vielen Personen bereits zum Zeitpunkt des
Prätests beantwortet werden. Ihre Trennschärfekoeffizienten sind zufriedenstellend.
Ein Wissenszuwachs der Teilnehmer durch die Fortbildung wäre demnach insbe-

sondere für Item 1 und Item 2 beobachtbar. Bei den multimethodalen Zusammen-hangsanalysen (siehe Kapitel F.2) zeigten sich keine statistisch signifikanten Korrelationen zum univariaten Gesamtmaß Beratungskompetenz. Insgesamt ist der Wissenstest mit nur vier Items sehr kurz, er sollte im Hinblick auf folgende Studien um weitere Fragen ergänzt werden.

5   Beschreibung der Intervention

5.1   Vorbereitende Maßnahmen

Bevor mit der Akquise der Teilnehmer begonnen wurde, erfolgte die Akkreditierung des Trainings beim Hessischen Institut für Qualitätsentwicklung. Für die Teilnahme an der Schulung wurden nach §8 der IQ- und Akkreditierungsverordnung 20 Fortbildungspunkte vergeben. Um die Stichprobe für die Untersuchung zu rekrutieren, wurde Kontakt mit Gymnasien in Südhessen aufgenommen. Bei Interesse wurden Informationsmaterialien zu der Fortbildung zugeschickt, zusätzlich waren alle Informationen im Internet über eine Website zugänglich. Die Teilnehmer wurden explizit darauf hingewiesen, dass die Fortbildung im Rahmen einer wissenschaftlichen Studie angeboten wird. Eine randomisierte Aufteilung der Teilnehmer auf die Interventionsgruppen konnte nicht erfolgen, da die Stundenpläne der Teilnehmer bei der Aufteilung auf die Trainingsgruppen beachtet werden musste. Die Fortbildungskurse fanden in den Räumen der Technischen Universität Darmstadt oder vor Ort an den Schulen statt.

5.2   Strukturen des Trainings

Die Auswahl der Trainingsinhalte erfolgte in Anlehnung an in der Vorstudie 2 (siehe Kapitel B.6.2) ermittelten Facetten der Beratungskompetenz, den lösungs- und ressourcenorientierten Beratungsansatz (siehe Kapitel B.2.3) sowie das Modell des selbstregulierten Lernens (Schmitz & Wiese, 2006; siehe Kapitel B.1.7). Bei der Darstellung der Inhalte zum selbstregulierten Lernen wurde auf die Erfahrungen und Ergebnisse der Forschung im Rahmen des DFG-Schwerpunktprogramms *Bildungsqualität von Schule* (BIQUA[7], 2000–2006) zurückgegriffen. Tabelle 17 gibt einen Überblick über die Struktur des Trainings.

---

7   BIQUA: Bildungsqualität von Schule, ein von der Deutschen Forschungsgemeinschaft von 2000 bis 2006 gefördertes Schwerpunktprogramm.

Tabelle 17: Struktur des Trainings zur Förderung der Beratungskompetenz in Studie 1

Einheit	Thema	Inhalte	Kompetenzfacette	Handlungs-phase
1	Kommunikation und Gesprächsführung	4-Seiten-Modell der Kommunikation	Personale Ressourcen, Soziale Kooperationskompetenz, Berater-Skills und Pädagogisches Wissen (Gesprächsführung)	aktional
		Aktives Zuhören	Berater-Skills und Pädagogisches Wissen	aktional
		Paraphrasieren	Berater-Skills und Pädagogisches Wissen	aktional
		Beratungsstern	Personale Ressourcen, Soziale Kooperationskompetenz, Berater-Skills und Pädagogisches Wissen, Prozesskompetenz, Bewältigungskompetenz	präaktional, aktional, postaktional
		Rahmenmodell zur Strukturierung von Beratungsgesprächen (PELZ-Modell)	Personale Ressourcen, Soziale Kooperationskompetenz, Berater-Skills und Pädagogisches Wissen, Prozesskompetenz	präaktional, aktional
2	Systemische Aspekte	Bedingungsfaktoren von Schulschwierigkeiten	Soziale Kooperationskompetenz, Prozesskompetenz	präaktional, aktional
		Zusammenarbeit von Elternhaus und Schule	Soziale Kooperationskompetenz, Prozesskompetenz	präaktional, aktional
		Unterstützungsmöglichkeiten der Eltern	Soziale Kooperationskompetenz, Berater-Skills und Pädagogisches Wissen (Diagnostische Kompetenz, Inhaltskompetenz), Prozesskompetenz	aktional
		Wiederholung: Aktives Zuhören, Paraphrasieren	Berater-Skills und Pädagogisches Wissen (Gesprächsführung)	aktional
3	Selbstreguliertes Lernen	Modell des selbstregulierten Lernens	Berater-Skills und Pädagogisches Wissen (Diagnostische Kompetenz, Inhaltskompetenz)	präaktional, aktional
		Übungen für Eltern und Lehrer	Berater-Skills und Pädagogisches Wissen (Inhaltskompetenz), Lösungsorientierung	präaktional, aktional
		Übungen für Schüler	Berater-Skills und Pädagogisches Wissen (Inhaltskompetenz), Lösungsorientierung	präaktional, aktional
4	Schwierige Gesprächssituationen und Gesprächsnachbereitung	Umgang mit Kritik von Eltern	Prozesskompetenz, Bewältigungskompetenz	aktional
		Metakommunikation	Soziale Kooperationskompetenz, Bewältigungskompetenz	aktional
		Blitzvorbereitung auf Beratungsgespräche	Personale Ressourcen, Soziale Kooperationskompetenz,	präaktional
		Reflexion des eigenen Beraterverhaltens	Personale Ressourcen	postaktional

Jede Einheit enthielt kurze Blöcke, in denen theoretische Inhalte vermittelt wurden. Schwerpunkte waren jedoch Übungs- und Reflexionsanteile: Jede Trainingseinheit enthielt zwei Gesprächsübungen sowie ein simuliertes Beratungsgespräch (Rollenspiel). Zentrale Gesprächsstrategien wurden erst in kurzen Übungssequenzen geübt und danach in simulierten Beratungsgesprächen angewendet (vgl. Bachmair et al., 1989). Im Anschluss erfolgte eine Reflexion des Beraterverhaltens.

5.3 Beschreibungen der Trainingseinheiten

5.3.1 Regelmäßige Bestandteile und begleitende Maßnahmen

Jede Trainingseinheit stand unter einem thematischen Motto, das zu Beginn der Einheit zur Einstimmung vorgestellt wurde. Danach hatten die Teilnehmer die Möglichkeit, von Beratungsgesprächen in der vergangenen Woche zu berichten und Erfahrungen auszutauschen. Die Teilnehmer in der Versuchsbedingung mit Feedback erhielten ihre Feedbackbögen in schriftlicher Form. In der ersten Einheit erhielten die Teilnehmer einen Ordner mit Leittexten, in denen die Inhalte der Fortbildung ausführlich beschrieben waren. Die Texte sollten der Nachbereitung der Inhalte und der vertiefenden Bearbeitung dienen. Die Instruktionen zu Übungen und weitere Arbeitsmaterialien wurden in den einzelnen Trainingssitzungen ausgegeben. Ein kleiner Fuchs führte als Identifikationsfigur durch die Unterlagen und die Veranstaltung.

In jeder Einheit wurden Gesprächsübungen (Aktiv Zuhören, Paraphrasieren) durchgeführt. Zusätzlich wurde jeweils ein Beratungsgespräch zwischen Elternteil und Lehrer im Rollenspiel simuliert. In der Instruktion wurde die Situation sowohl aus Lehrer- als auch aus Elternperspektive beschrieben. Die Durchführung der Rollenspiele erfolgte in Gruppen zu drei Personen, wobei drei Rollen zu vergeben waren: ratsuchendes Elternteil, beratender Lehrer und Beobachter. Der Beobachter war während des Gesprächs anwesend, griff aber nicht in den Gesprächsverlauf ein. Seine Aufgabe war es, das Verhalten des beratenden Lehrers zu beobachten und darauf zu achten, dass die Zeitvorgaben eingehalten wurden. Nach dem Gespräch konnte der Beobachter dem beratenden Lehrer Rückmeldung geben. Die Rollen wurden getauscht, sodass alle Teilnehmer in jeder Übungssequenz alle drei Rollen einmal eingenommen hatten. Die Einheiten schlossen mit einer Zusammenfassung der Inhalte und der Bearbeitung der Evaluationsbögen.

5.3.2 Erste Trainingseinheit

Die erste Einheit verfolgte das Ziel, die Teilnehmer untereinander bekannt zu machen, das Beratungsverhalten vor dem Training zu dokumentieren (Prätest: simuliertes Elterngespräch) sowie einen inhaltlichen Einstieg in die Fortbildung zu geben. Das Motto der Einheit lautete in Anlehnung an Watzlawik, Beavin und Jackson (1969) „Man kann nicht nicht kommunizieren".

ːrnen, Erwartungsabfrage, Gesamtüberblick

ːbildung begann mit einer kurzen Begrüßung durch die Trainer. Im An-
sɔ.... wurden die Teilnehmer gebeten, sich Ziele zu setzen, die sie im Rahmen
der Fortbildung erreichen wollten. Es folgte eine kurze Kennenlernrunde, in der
sich die Teilnehmer kurz vorstellten (Name, Unterrichtsfächer, Erwartungen und
Befürchtungen in Bezug auf die Fortbildung). Zum Abschluss der Einführungspha-
se wurde ein Gesamtüberblick über die vier Fortbildungseinheiten gegeben. Die
Teilnehmer wurden nochmals darüber informiert, dass die Fortbildung im Rahmen
einer wissenschaftlichen Studie stattfindet.

Vorwissen zum Thema Beratung
Das Vorwissen der Teilnehmer wurde in Form einer Partnerarbeit zu den Leitfra-
gen: *Welche Aspekte sind für eine gute Beratung wichtig? Wann ist eine Beratung
gut?* und *Welche Schwierigkeiten gibt es in Beratungsgesprächen?* aktiviert. Die
Ergebnisse wurden im Plenum vorgestellt, um ein Bild über das Vorwissen der
Teilnehmer zu erhalten und eine vergleichbare Ausgangsbasis zu erreichen.

Dokumentation des Beraterverhaltens vor dem Training (Prätest)
Um das Beraterverhalten vor dem Training zu dokumentieren, wurde ein Beratungsgespräch mit einem Elternteil simuliert. Als Vorgabe diente ein standardisier-
tes Fallbeispiel aus Lehrer- und Elternperspektive. Im Rollenspiel sollte dann ein
Beratungsgespräch zu diesem Fall simuliert werden. In der Instruktion waren Zeit-
angaben für Vorbereitung (inhaltlich und Reflexion der Vorbereitung), Durchführung und Nachbereitung (Reflexion und Feedback) des Rollenspiels angegeben.
Die simulierten Beratungsgespräche wurden auf Tonband aufgezeichnet. Die erste
Beratungssituation beschreibt eine Schülerin in der siebten Jahrgangsstufe, deren
Leistungen in einigen Fächern im mangelhaften Bereich liegen; ihre Versetzung in
die achte Jahrgangsstufe ist gefährdet. Die Schwierigkeiten scheinen insbesondere
im regelmäßigen Lernen und im Verarbeiten von Frustration zu liegen. Das Ge-
spräch wurde von der Mutter der Schülerin angeregt; sie äußert Bedenken, dass ihre
Tochter durch ihren Leistungsabbau ihre weitere Schullaufbahn riskiert. Sie
wünscht sich von dem Lehrer eine Einschätzung, ob Nachhilfe notwendig ist, und
Tipps, wie sie ihre Tochter selbst beim Lernen unterstützen kann (vgl. Flammer &
Ihringer, 2007).

Grundlagen der Beratungsarbeit
Der Beratungsstern nach Hennig und Ehinger (2003) wurde als Rahmenkonzept für
die Beratungsarbeit vorgestellt. Dabei wurde auf die fünf zentralen Aspekte *Empa-
thie, Kontextberücksichtigung, Eigenverantwortung, Ressourcenorientierung* und
Lösungsfokussierung eingegangen. Als Leitfaden zur Strukturierung von Beratungsgesprächen wurde das PELZ-Modell nach Sickinger (1999; siehe Kapi-

tel B.2.2) vorgestellt. „*P*" steht dabei für *Problemwahrnehmung*, „*E*" für *Erklärungsmodelle*, „*L*" steht für *Lösungsversuche* und „*Z*" für *Zielorientierung*. Der direkte Praxisbezug wurde durch spezifische Fragen zu den einzelnen Abschnitten des Beratungsgesprächs hergestellt.

Grundlagen der Kommunikation
Einführend wurde ein einfaches Sender-Empfänger-Modell der Kommunikation (vgl. Lexikon der Psychologie, 2001) vorgestellt. Dann wurde das Vier-Seiten Modell der Kommunikation nach Schulz von Thun (2002) besprochen. Die vier Seiten wurden aus der Sender- und Empfängerperspektive dargestellt. Ursachen von Kommunikationsschwierigkeiten (einseitige Sende- bzw. Empfangsgewohnheiten) sowie Lösungsmöglichkeiten (Aktives Zuhören, Paraphrasieren, Metakommunikation) wurden dargestellt.

Gesprächsführungstechniken
Das *Aktive Zuhören* und das *Paraphrasieren* wurden als Gesprächstechniken vorgestellt (z.B. Bachmair et al., 1989; Birkenbihl, 2004; Weisbach, 2003). Die Wirkungsweise und das Vorgehen wurden beschrieben und dann im Rahmen von Gesprächsübungen (Partnerübung) vertieft.

5.3.3   Zweite Trainingseinheit

Die zweite Einheit stand unter dem inhaltlichen Motto „*Das Ganze ist mehr als die Summe seiner Teile*". Entsprechend wurden in dieser Einheit die Ursachen von Lernschwierigkeiten vor allem im Blick auf das Zusammenwirken von Schule, Elternhaus und Freundeskreis betrachtet. Im Anschluss erfolgte eine Einführung in den Bereich des selbstregulierten Lernens.

Bedingungsfaktoren für Lernschwierigkeiten
Anhand des bioökologischen Modells (Bronfenbrenner & Morris, 1998) wurde dargestellt, dass sich die Lebensumwelt der Schüler aus unterschiedlichen Bereichen zusammensetzt. Als zentrale Bereiche wurden der Schüler selbst, seine Eltern, sein Freundeskreis (Peer-Group) und die Schule herausgegriffen. Nach einer kurzen theoretischen Einleitung bearbeiteten die Teilnehmer in Kleingruppen (vier bis sechs Personen) die Lebensumwelten *Elternhaus, Freundeskreis* und *Schule* mit dem Auftrag, sowohl mögliche Problemursachen als auch Lösungsressourcen zu sammeln. Die Ergebnisse wurden auf Postern festgehalten und dann im Teilnehmerkreis vorgestellt und diskutiert.

Zusammenarbeit von Elternhaus und Schule
Um die Bedeutsamkeit der Zusammenarbeit von Elternhaus und Schule zu unterstreichen, wurden Forschungsergebnisse aus Studien von Krumm (1996) und Wild (2003) beschrieben.

Zweites simuliertes Elterngespräch
Im zweiten simulierten Elterngespräch konnten die vorgestellten Inhalte umgesetzt und die Gesprächsstrategien eingeübt werden. Das Vorgehen entsprach dem in Kapitel E.5.3 beschriebenen Ablauf der Rollenspiele.

 Die zweite Beratungssituation beschreibt einen Schüler in der fünften Jahrgangsstufe, dessen Leistungen im befriedigenden Bereich liegen. Allerdings fällt dem Lehrer auf, dass dieser Schüler nicht gut in den Klassenverband integriert ist und nur wenige Freunde in der Klasse hat. Weiterhin erscheint dem Lehrer bedenklich, dass der Schüler die Hausaufgaben nur sehr selten vollständig vorzeigen kann. Um weitere Informationen über die Hausaufgabensituation des Schülers sowie sein soziales Umfeld zu erhalten, lädt der Lehrer die Eltern zu einem Gespräch ein. Zu dem Gespräch kann nur die Mutter erscheinen, da der Vater berufstätig ist. Weil auch die Mutter berufstätig ist, geht der Schüler nach dem Unterricht zu seiner Großmutter und macht dort seine Hausaufgaben. Der ältere Bruder des Jungen sowie sein bester Freund besuchen die Realschule (vgl. Flammer & Ihringer, 2007).

Einführung in die Theorie zum selbstregulierten Lernen
Das Modell des selbstregulierten Lernens nach Schmitz und Wiese (2006; siehe Kapitel B.1.7) wurde als Grundlage für den Inhaltsbereich Selbstreguliertes Lernen dargestellt. Beschrieben wurden die drei Phasen des Lernprozesses mit ihren zentralen Aspekten (*präaktional: Zielsetzung, Motivation, Planung; aktional: Ablenker, Dranbleiben, Lernstrategien; postaktional: Ursachenzuschreibung, Umgang mit Fehlern, Bezugsnormorientierung*). Als Arbeitsmodell wurde der Berg des Lernens (siehe Abbildung 14*)* eingeführt.

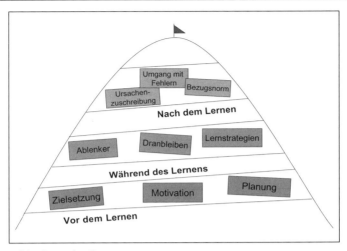

Abbildung 14: Berg des Lernens

Im Rahmen einer Gruppenarbeit wurde das Modell weiterbearbeitet. Zwei Teilnehmergruppen erhielten den Arbeitsauftrag, Lernprobleme der Schüler in den einzelnen Lernphasen zu sammeln. Die beiden anderen Teilnehmergruppen bearbeiteten die Fragestellung, welche Schwierigkeiten Eltern bei der Unterstützung ihres Kindes in den einzelnen Lernphasen haben können. Es folgte eine Präsentation der Ergebnisse im Teilnehmerkreis.

Gesprächsübung Aktives Zuhören und Paraphrasieren
Um die Gesprächstechniken *Aktives Zuhören* und *Paraphrasieren* zu vertiefen, wurde eine Partnerübung durchgeführt. Als Inhalt des Gesprächs wurde eine Zusammenfassung des Modells zum selbstregulierten Lernen nach Schmitz und Wiese (2006) vorgeschlagen.

5.3.4   Dritte Trainingseinheit

Das inhaltliche Motto der dritten Einheit lautete *„Es ist noch kein Meister vom Himmel gefallen"*. Entsprechend lag der Schwerpunkt der Einheit darauf, das Thema *Lernen lernen* zu vertiefen und entsprechende Lern- und Unterstützungsstrategien vorzustellen.

Übungen und Strategien zur Förderung des selbstregulierten Lernens
Bezug nehmend auf die Sammlung der Lernprobleme und der Schwierigkeiten bei der Unterstützung des Kindes wurden Übungen und Strategien zur Förderung des selbstregulierten Lernens vorgestellt. Die Strategien und Übungen waren im Rah-

men des DFG-Schwerpunktprogramms *Bildungsqualität von Schule* entwickelt und
evaluiert worden (z.b. Gürtler, 2003; Hertel, 2007; Miethner, Schmidt &
Schmitz, 2008; Otto, 2008; Perels, 2003). In dieser Studie wurden die Übungen
und Strategien in Form eines Hefts (Leitfaden „Lernen lernen") für die Teilnehmer
aufbereitet.

Leitfaden „Lernen lernen"
Im ersten Kapitel des „Lernen lernen"-Leitfadens erfolgt eine kurze theoretische
Einführung in das Selbstregulierte Lernen. Danach werden für jede Phase des
Lernprozesses (vgl. Schmitz & Wiese, 2006) Kurzfragebögen zur Eingrenzung
bzw. Diagnostik der Lernschwierigkeiten dargestellt. Dabei zielen einzelne Fragen
auf spezifische Problembereiche (z.B. Schwierigkeiten bei der Planung, Ablenk-
barkeit). Die Fragen sind mit direkten Vorschlägen für Strategien und Übungen zu
dem entsprechenden Problembereich verknüpft. Alle Teilnehmer erhielten einen
Leitfaden „Lernen lernen". Nach einer kurzen Einführung bearbeiteten sie in
Kleingruppen die dargestellten Strategien, danach wurden die Ergebnisse im Teilnehmerkreis vorgestellt und diskutiert.

Drittes simuliertes Elterngespräch
Um Möglichkeiten zur Anwendung des „Lernen lernen"-Leitfadens und zum Üben
der Gesprächstechniken zu geben, wurde wiederum ein Elterngespräch simuliert.
Das Vorgehen entsprach dem in Kapitel E.5.3.1 beschriebenen Ablauf der Rollenspiele. Die dritte Beratungssituation beschreibt eine Schülerin der fünften Jahrgangsstufe, deren Leistungen nach dem Wechsel aufs Gymnasium stark abgefallen
sind. Ihre Mutter hat den Lehrer um ein Gespräch gebeten, da sie sich Sorgen
macht. Der Lehrer erlebt die Schülerin als aufgewecktes Mädchen, das gut in die
Klasse integriert ist. In einigen Fächern liegen ihre Leistungen nur im ausreichen-
den Bereich. Dies führt der Lehrer auf die geringe Motivation der Schülerin zurück.
Die Mutter ist verunsichert, da ihre Tochter seit den ersten schlechten Zensuren
kaum noch motiviert ist, ihre Hausaufgaben zu machen. Die Hausaufgabensituation
erleben beide als Kampf. Die Mutter wünscht sich von dem Lehrer eine Einschätzung dazu, ob diese Situation eine „normale" Veränderung aufgrund des Schul-
wechsels sein kann, sowie Tipps, wie sie ihre Tochter zu Hause unterstützen kann
(vgl. Flammer & Ihringer, 2007).

5.3.5 Vierte Trainingseinheit

Das Motto der vierten Trainingseinheit lautete „*Nach dem Gespräch ist vor dem Gespräch*". Inhaltliche Schwerpunkte dieser Einheit waren der Umgang mit schwierigen Gesprächssituationen und die Nachbereitung von Beratungsgesprächen.

Reflexion über schwierige Gesprächssituationen
Der Einstieg erfolgte über eine Reflexionsübung zu schwierigen Situationen im Beratungsgespräch. Jeder Teilnehmer überlegte für sich, was schlimmstenfalls in einem Beratungsgespräch geschehen könnte und welche Reaktionsmöglichkeiten sich ergeben.

Strategien und Handlungsmöglichkeiten für schwierige Gesprächssituationen
In einem kurzen Vortrag wurden Strategien und Handlungsmöglichkeiten für schwierige Gesprächssituationen vorgestellt. Dabei wurde insbesondere auf das Vier-Seiten-Modell der Kommunikation und die Technik der Metakommunikation nach Schulz von Thun (2002) hingewiesen. Außerdem wurde auf die Sammlung der Probleme in Beratungsgesprächen aus Einheit 1 Bezug genommen.

Gesprächsnachbereitung
Letzter inhaltlicher Aspekt der Fortbildung war die Nachbereitung von Beratungsgesprächen. Hier wurde in einem kurzen Theorieblock dargestellt, dass neben der Dokumentation des Gesprächsverlaufs und dem Festhalten der Ergebnisse auch die Reflexion des persönlichen Beraterverhaltens von Bedeutung ist.

Viertes simuliertes Elterngespräch
Um das Beraterverhalten nach der Fortbildung zu dokumentieren, wurde noch einmal ein Beratungsgespräch mit einem Elternteil simuliert. Die Situationsbeschreibung wurde als Parallelversion der Situation von Rollenspiel 1 (Kapitel E.5.3.2) konzipiert (vgl. Flammer & Ihringer, 2007). Das Vorgehen entsprach dem in Kapitel E.5.3.1 beschriebenen Ablauf der Rollenspiele. Die simulierten Beratungsgespräche wurden wieder auf Tonband aufgezeichnet und waren Teil des Posttests.

Abschluss der Fortbildung
Zum Abschluss der Fortbildung wurden eine Blitzlichtrunde und die Evaluation der Veranstaltung für das Hessische Institut für Qualitätssicherung durchgeführt.

5.4   Beschreibung der Selbstreflexionsunterstützung

Um die Selbstreflexion der Teilnehmer zu unterstützen, wurde ein standardisierter Selbstreflexionsleitfaden eingesetzt. Dieser entsprach weitgehend dem Fragebogen zur Beurteilung der eigenen Beratungsleistung im simulierten Elterngespräch und wurde in Rollenspiel 2 und Rollenspiel 3 eingesetzt. In Anlehnung an Lerntagebücher (z.b. Schmitz & Wiese, 2006) umfasste der Leitfaden Aspekte, die vor dem Beratungsgespräch (präaktional) zu beachten sind, sowie Aspekte, die während bzw. nach dem Beratungsgespräch (aktional bzw. postaktional) relevant werden.

Der Fragebogen wurde in die Abschnitte *Persönliche Zielbestimmung, Allgemeine Erwartungen, Planung des bevorstehenden Gesprächs, Strukturierung des Gesprächs, Gesprächshaltung und Gesprächstechnik, Umgang mit schwierigen Situationen, Inhaltliche Kompetenz, Selbstbeobachtung während des Gesprächs, Bewertung der eigenen Beratungsleitung, Persönliche Zielerreichung* und *Verbesserungsmöglichkeiten* unterteilt. Fragen, die sich auf präaktionale Aspekte bezogen, wurden vor dem simulierten Beratungsgespräch bearbeitet; Fragen, die Aspekte der aktionalen bzw. der postaktionalen erfragten, wurden in einer Reflexionsphase nach dem simulierten Beratungsgespräch bearbeitet.

In den Instruktionen zu den Rollenspielen wurde die Zeit für die Selbstreflexion explizit ausgewiesen, die Teilnehmer wurden zudem zu Beginn der Veranstaltung sowie bei jedem Rollenspiel auf die Bedeutung der Selbstreflexion hingewiesen. Um zu gewährleisten, dass der Reflexionsteil zur präaktionalen Phase vor dem simulierten Beratungsgespräch bearbeitet wurde, sammelten die Trainer diesen Teil bereits nach der Vorbereitungsphase im Trainingsraum ein.

5.5   Beschreibung des Feedbacks

Die Rückmeldung der Beratungsleistung im simulierten Elternberatungsgespräch erfolgte standardisiert nach den Vorgaben des von Pauly (2006) im Rahmen ihrer Examensarbeit entwickelten Feedback-Handbuchs. Das Feedback-Handbuch legte sowohl die Aufbereitung der Rückmeldung als auch die zur Rückmeldung vorgesehenen Kompetenzaspekte fest. Es wurden immer diejenigen Kompetenzaspekte in der Rückmeldung berücksichtigt, die in der entsprechenden Trainingseinheit besonders intensiv bearbeitet worden waren. Tabelle 18 zeigt die zur Rückmeldung ausgewählten Kompetenzaspekte für die einzelnen Trainingseinheiten.

Tabelle 18: *Ausgewählte Kompetenzaspekte für die Rückmeldung (Feedbackinter-*
vention) in Studie 1

Einheit	Kompetenzaspekt	
	Rückmeldung zum vorangegangenen simulierten Beratungsgespräch	Rückmeldung zur Entwicklung über die Einheiten
1	Planung, Strukturierung, Gesprächskompetenz, Umgang mit schwierigen Gesprächssituationen, Inhaltskompetenz, Selbstbeobachtung, Bewertung des eigenen Kompetenzempfindens, Persönliche Bewertung der Beratungsleistung	
2	*Differenzierte Rückmeldung:* Gesprächskompetenz (Aktives Zuhören, Paraphrasieren) Selbstbeobachtung (Self-Monitoring, Task-Monitoring)	
3	Inhaltskompetenz (Kenntnis von Lernstrategien für Kinder und Unterstützungsstrategien für Eltern)	Planung, Strukturierung, Gesprächskompetenz, Umgang mit schwierigen Gesprächssituationen, Inhaltskompetenz, Selbstbeobachtung, Bewertung des eigenen Kompetenzempfindens, Persönliche Bewertung der Beratungsleistung
4	Umgang mit schwierigen Gesprächssituationen (Sachliches Vorgehen, Lösungsvorschläge, Umgang mit Kritik)	Planung, Strukturierung, Gesprächskompetenz, Umgang mit schwierigen Gesprächssituationen, Inhaltskompetenz, Selbstbeobachtung, Bewertung des eigenen Kompetenzempfindens, Persönliche Bewertung der Beratungsleistung

Grundlage für das Feedback war die Selbstbeurteilung der Beratungsleistung in den simulierten Elterngesprächen (State-Selbstbeurteilung). Die Rückmeldung erfolgte sowohl grafisch als auch schriftlich. Die grafische Darstellung bestand aus einem Kompetenzbalken, der die Selbstbeurteilung für den entsprechenden Kompetenzaspekt zeigt. Entsprechend der sechsstufigen Antwortskala des Fragebogens zur Beurteilung der eigenen Beratungsleistung im simulierten Elterngespräch bzw. des Selbstreflexionsleitfadens – *(1) trifft überhaupt nicht zu* bis *(6) trifft voll und ganz zu* – konnten sechs Abstufungen des Kompetenzbalkens eingestellt werden. Die Abbildungen 15a und 15b zeigen Ausschnitte aus der grafischen Rückmeldung der Beratungskompetenz in Studie 1.

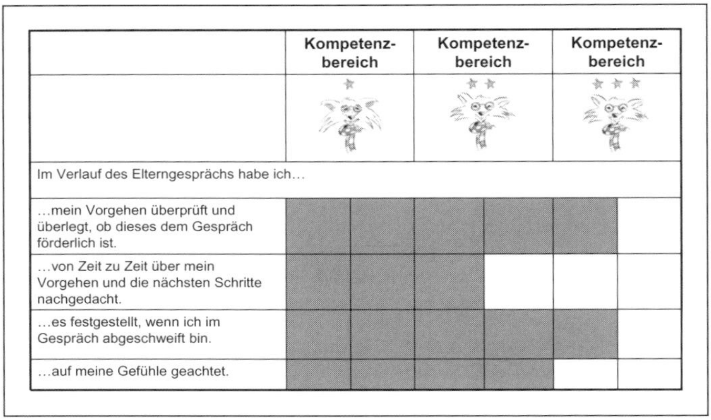

	Kompetenz-bereich ☆	Kompetenz-bereich ☆ ☆	Kompetenz-bereich ☆ ☆ ☆
Im Verlauf des Elterngesprächs habe ich…			
…mein Vorgehen überprüft und überlegt, ob dieses dem Gespräch förderlich ist.			
…von Zeit zu Zeit über mein Vorgehen und die nächsten Schritte nachgedacht.			
…es festgestellt, wenn ich im Gespräch abgeschweift bin.			
…auf meine Gefühle geachtet.			

(a) Rückmeldung zu einer einzelnen Fortbildungseinheit

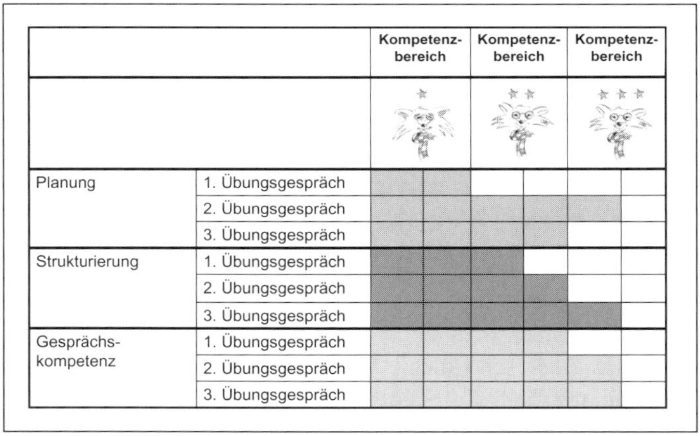

		Kompetenz-bereich ☆	Kompetenz-bereich ☆ ☆	Kompetenz-bereich ☆ ☆ ☆
Planung	1. Übungsgespräch			
	2. Übungsgespräch			
	3. Übungsgespräch			
Strukturierung	1. Übungsgespräch			
	2. Übungsgespräch			
	3. Übungsgespräch			
Gesprächs-kompetenz	1. Übungsgespräch			
	2. Übungsgespräch			
	3. Übungsgespräch			

(b) Rückmeldung zur Kompetenzentwicklung (Prozess)

Abbildung 15: Grafische Rückmeldung der Beratungskompetenz in Studie 1

Im Anschluss an die grafischen Darstellungen für die ausgewählten Kompetenzaspekte wurden die Beurteilungen noch einmal schriftlich zurückgemeldet. Hier wurden standardisierte Formulierungen gewählt. Es folgte ein Abschnitt zur Rückmeldung der Zielerreichung und der Zufriedenheit mit dem Gespräch. Zuerst wurde die Zielsetzung für das simulierte Elterngespräch aufgeführt; danach wurden die Einschätzungen zur Zielerreichung sowie zur Zufriedenheit mit dem Elterngespräch, mit dem zeitlichen Ablauf des Gesprächs und der Zusammenarbeit mit den Eltern schriftlich rückgemeldet. Zudem wurden die Ziele, die sich die Teilnehmer für das Beratungsgespräch in der folgenden Trainingseinheit gesetzt hatten, aufgeführt.

Die Rückmeldung schloss mit individuellen Übungsempfehlungen, die durch das Feedback-Handbuch festgelegt wurden, und einer Checkliste zur Vorbereitung auf die nächste Trainingseinheit, in der die Übungsempfehlungen noch einmal aufgegriffen wurden.

Nach der dritten und der vierten Fortbildungseinheit wurde zusätzlich eine Rückmeldung der Kompetenzentwicklung für ausgewählte Aspekte (siehe Tabelle 18) über die durchgeführten drei bzw. vier simulierten Beratungsgespräche gegeben. Ziel war es, den Teilnehmern ihre Kompetenzentwicklung zu verdeutlichen. Für jeden Aspekt wurden die Selbsteinschätzungen im jeweiligen Rollenspiel untereinander abgetragen, sodass im Idealfall eine Zunahme der Kompetenz über die Trainingstermine direkt abgelesen werden konnte (siehe Abbildung 15b).

F   Ergebnisse der Studie 1

1   Übersicht über die Analysen[8]

Im Ergebnisteil werden die Ergebnisse folgender Analysen wiedergegeben: Analysen der Validität (konvergent, kriteriumsbezogen) der Beratungskompetenzmessung (univariates Gesamtmaß, Kompetenzfacetten) mittels der verschiedenen Instrumente (multimethodale Korrelationsanalysen), Analysen zur Prüfung der Interventionseffekte (Prä-Post-Vergleiche) sowie Analysen der Zusammenhänge von Beratungskompetenz, berufsbezogenen Einstellungen und Leistungsmaßen sowie Analysen der Zusammenhänge von Veränderungen dieser Variablen über den Interventionszeitraum.

Um Hinweise auf die konvergente Validität der Beratungskompetenzmessung zu erhalten, wurden die Monotrait-Heteromethod-Korrelationen für das univariate Gesamtmaß Beratungskompetenz und die einzelnen Kompetenzfacetten berechnet. Für die Überprüfung der Kriteriumsvalidität wurde der Zusammenhang von Beratungskompetenz (univariates Gesamtmaß, Kompetenzfacetten) und leistungsbezogenen Variablen (z.B. wahrgenommene Beratungsleistung, Zufriedenheit mit einem Beratungsgespräch) berechnet.

Die Wirksamkeit der Intervention wurde mittels varianzanalytischer Verfahren untersucht. Dabei wurden die Daten der in Kapitel E.4 beschriebenen Instrumente herangezogen. Es wurden Effekte auf der Ebene eines multivariaten Beratungskompetenz-Maßes (gebildet durch die fünf Kompetenzfacetten), einer univariaten Gesamtskala Beratungskompetenz (Mittelwert der fünf Kompetenzfacetten) sowie der

---

8   Den Analysen ging eine Prüfung der Datensätze im Hinblick auf Eingabefehler voraus. Die Auswertung erfolgte mittels SPSS 12.xx und 15.xx.

fünf Kompetenzfacetten (Personale Ressourcen, Soziale Kooperationskompetenz, Berater-Skills und Pädagogisches Wissen, Prozesskompetenz, Bewältigungskompetenz) betrachtet. Ergänzend wurden Veränderungen im der wahrgenommenen Beratungsleistung (Trait-Ebene, State-Ebene), der Selbstwirksamkeit in Bezug auf Beratungsgespräche (Trait-Ebene, State-Ebene) und der Zufriedenheit mit dem Beratungsgespräch (State-Ebene) untersucht.

Da die Aufteilung der Teilnehmer auf die Versuchsgruppen nicht randomisiert erfolgen konnte, wurde in vorbereitenden Analysen (multivariate und univariate Varianzanalysen) überprüft, ob Unterschiede zwischen den untersuchten Versuchsgruppen zum Zeitpunkt des Prätests bestanden. Statistisch signifikante Prätestunterschiede zwischen den Versuchsgruppen wurden bei den folgenden Analysen kovarianzanalytisch kontrolliert (vgl. Bortz & Döring, 2006). Die Prüfung der Interventionseffekte erfolgte auf Trait-Ebene und auf State-Ebene. Auf Trait-Ebene (Trait-Selbstbeurteilung, Arbeitsproben, Wissenstests) wurden einfaktorielle, multivariate und einfaktorielle, univariate Varianzanalysen mit Messwiederholung und dem vierfach gestuften Faktor Treatment (KG, T, TSR, TSRFB) durchgeführt. Auf der Ebene der State-Erhebung (State-Selbstbeurteilung, teilnehmende Beobachtung, nicht-teilnehmende Beobachtung) wurden einfaktorielle, multivariate und einfaktorielle, univariate Varianzanalysen mit Messwiederholung und dem dreifach gestuften Treatment-Faktor (T, TSR, TSRFB) durchgeführt.

Zusätzlich wurden a priori definierte, hypothesengeleitete Einzelvergleiche der Treatmentbedingungen durchgeführt, um differenzierte Aussagen über die Wirksamkeit der Instruktionsbedingungen (Training, Unterstützung der Selbstreflexion, Feedback) treffen zu können.[9] Dazu wurden auf der Ebene der Differenzen von Prä- und Posttestwerten folgende drei Kontraste im Rahmen von einfaktoriellen, univariaten Varianzanalysen überprüft: KG vs. [T, TSR, TSRFB]; T vs. [TSR, TSRFB]; TSR vs. TSRFB. Das Signifikanzniveau für die einseitige Testung der Einzelvergleiche wurde mit der Bonferroni-Korrektur angepasst. Ergänzend wurde auf der Ebene der Trait-Selbstbeurteilung die Beeinflussung der Interventionseffekte durch Moderatorvariablen (z.B. Berufserfahrung, Unterrichtsfach, Änderungsmotivation) und die Stabilität der Interventionseffekte über einen Zeitraum von zwölf Wochen untersucht.

Unterschiede der Treatmentgruppen hinsichtlich des wahrgenommenen subjektiven Kompetenzgewinns (KG, T, TSR, TSRFB), der Bedeutsamkeit der Instruktionsbedingungen (T, TSR, TSRFB) und der Anwendung der Inhalte im Berufsalltag (T,

---

9 Auf der Ebene der Daten aus der nicht-teilnehmenden Beobachtung wurden wegen der geringen Zellenbesetzung auf Analysen für die Interaktion von Zeit x Treatment und die Berechnung von Einzelvergleichen verzichtet.

TSR, TSRFB) wurden mittels einfaktorieller, univariater Varianzanalysen mit vier-
fach- bzw. dreifachgestuftem Faktor Treatment untersucht.

Im Rahmen korrelativer Analysen wurden die Zusammenhänge von Beratungskompetenz, berufsbezogenen Einstellungen (Auffassung der Lehrerrolle, Informiertheit zum Thema Beratung, Motivation zu guter Beratung) und Leistungsmaßen (wahrgenommene Beratungsleistung, Zufriedenheit mit dem Gespräch) sowie
die Zusammenhänge der Veränderungen dieser Variablen über den Interventionszeitraum untersucht. Abschließend werden die Ergebnisse der Evaluation der Trainingssitzungen dargestellt.

2   Multimethodale Korrelationsanalysen

Die multimethodalen Analysen dienten insbesondere dazu, die Validität der Kompetenzmessung (konvergente Validität, Kriteriumsvalidität) der eingesetzten Instrumente im Sinne des Multitrait-Multimethod-Ansatzes (vgl. Campbell & Fiske, 1959) zu analysieren. Die Analysen erfolgten sowohl für die Gesamtskala Beratungskompetenz als auch für die Kompetenzfacetten. Als Indikatoren für die konvergente Validität wurden die Interkorrelationen der Messwerte der eingesetzten
Instrumente für die entsprechende Kompetenzfacette herangezogen (Monotrait-
Heteromethod-Korrelationen). Da die Instrumente jeweils die einzelnen Facetten
erfassen sollten, wurden hier hohe, positive Korrelationen erwartet. Im Hinblick auf
die Kriteriumsvalidität wurden die Korrelationen zwischen den ermittelten Kompetenzwerten (Gesamtskala; Kompetenzfacetten) und der wahrgenommenen Beratungsleistung (Trait-Ebene, State-Ebene), dem Selbstwirksamkeitsempfinden in
Bezug auf Beratungsgespräche (Trait-Ebene, State-Ebene) sowie der Zufriedenheit
mit dem Beratungsgespräch (State-Ebene) betrachtet. Von einer vollständigen Mul-
titrait-Multimethod-Analyse wurde an dieser Stelle abgesehen.

2.1   Analysen zur Validität der Gesamtskala Beratungskompetenz

2.1.1   Analysen zur konvergenten Validität der
Gesamtskala Beratungskompetenz

Für das univariate Gesamtmaß Beratungskompetenz konnten bei einseitiger Testung statistisch signifikante, positive Korrelationen zwischen den Beratungskompe-
tenz-Werten der Selbstbeurteilung auf Trait-Ebene und der Selbstbeurteilung auf
State-Ebene ($r=.53$, $p<.01$), der Selbstbeurteilung auf Trait-Ebene und der Arbeitsprobe ($r=.26$, $p<.05$), der Selbstbeurteilung auf State-Ebene und der teilnehmenden
Beobachtung ($r=.38$, $p<.05$) sowie der Selbstbeurteilung auf State-Ebene und der
Arbeitsprobe ($r=.33$, $p<.10$) gefunden werden. Entgegen den Erwartungen korrelierte der mittels der nicht-teilnehmenden Beobachtung erhobene Gesamtwert für

die Beratungskompetenz nicht mit den Kompetenzwerten, die durch andere Instrumente ermittelt wurden. Gleiches gilt für den Punkte-Wert aus dem Wissenstest: Hier konnten keine statistisch signifikanten Korrelationen mit den Kompetenzwerten beobachtet werden.

2.1.2 Analysen zur Kriteriumsvalidität der Gesamtskala Beratungskompetenz

Sowohl für die Selbstbeurteilung auf Trait-Ebene als auch für die Selbstbeurteilung auf State-Ebene zeigten sich bei einseitiger Testung statistisch signifikante Korrelationen zwischen den Beratungskompetenzwerten (Gesamtskala) und der subjektiven Leistung in einem Beratungsgespräch (Trait-Ebene: r=.63, p<.001; State-Ebene: r=.32, p<.05), dem Selbstwirksamkeitsempfinden in Bezug auf Beratungsgespräche auf Trait-Ebene (r=.79, p<.001) und State-Ebene (r=.27, p<.10) sowie dem Kompetenzempfinden in einem Beratungsgespräch (Trait-Ebene: r=.52, p<.001; State-Ebene: r=.64, p<.001) und der Zufriedenheit mit einem Beratungsgespräch (Trait-Ebene: r=.27, p<.10; State-Ebene: r=.60, p<.001).

Die mittels der teilnehmenden Beobachtung erhobenen Kompetenzwerte korrelierten entgegen den Erwartungen nicht mit den herangezogenen Kriterien. Für die nicht-teilnehmende Beobachtung konnte eine statistisch signifikante Korrelation zwischen dem univariaten Gesamtmaß Beratungskompetenz (Gesamtskala) und der wahrgenommenen Beratungsleistung gefunden werden (r=.25, p<.10), mit den anderen Kriterien bestanden keine statistisch signifikanten Zusammenhänge. Der mittels der Arbeitsprobe ermittelte Wert für das univariate Gesamtmaß Beratungskompetenz (Gesamtskala) korrelierte bei einseitiger Testung erwartungsgemäß statistisch signifikant positiv mit dem Selbstwirksamkeitsempfinden in Bezug auf Beratungsgespräche (Trait-Ebene: r=.24, p<.05; State-Ebene: r=.46, p<.05) sowie mit dem subjektiven Kompetenzempfinden in einem Beratungsgespräch (r=.39, p<.05).

2.2   Analysen zur Validität der Kompetenzfacetten

2.2.1 Analysen zur konvergenten Validität der Kompetenzfacetten

Im Folgenden werden die Monotrait-Heteromethod-Korrelationen für die einzelnen Kompetenzfacetten beschrieben. Die Analysen für die Kompetenzfacette *Personale Ressourcen* ergaben erwartungsgemäß statistisch signifikante, positive Korrelationen zwischen der Selbstbeurteilung auf Trait-Ebene und der Selbstbeurteilung auf State-Ebene (r=.43, p=<.01). Weiterhin konnte bei einseitiger Testung hypothesenkonform eine statistisch signifikante Korrelation zwischen den ermittelten Kompetenzwerten der teilnehmenden und der nicht-teilnehmenden Beobachtung gefunden werden (r=.32, p<.05). Entgegen den Erwartungen zeigten sich keine weiteren statistisch signifikanten Zusammenhänge.

Für die Kompetenzfacette *Soziale Kooperationskompetenz* ergaben sich bei einseitiger Testung erwartungsgemäß statistisch signifikant positive Korrelationen für die ermittelten Werte der Sozialen Kooperationskompetenz auf der Ebene der Trait-Selbstbeurteilung und der State-Selbstbeurteilung (r=.34, p<.05), der Trait-Selbstbeurteilung und der nicht-teilnehmenden Beobachtung (r=.30, p<.10) sowie der Trait-Selbstbeurteilung und der Arbeitsprobe (r=.27, p<.05). Weiterhin ergab sich erwartungsgemäß ein statistisch signifikanter Zusammenhang zwischen den durch die Selbstbeurteilung auf State-Ebene und die teilnehmende Beobachtung ermittelten Werten der Sozialen Kooperationskompetenz (r=.55, p<.001).

Die Analysen für die Kompetenzfacette *Berater-Skills und Pädagogisches Wissen* ergaben erwartungsgemäß statistisch signifikante Monotrait-Heteromethod-Korrelationen der Kompetenzwerte für die Selbstbeurteilung auf Trait-Ebene und die Selbstbeurteilung auf State-Ebene (r=.40, p<.05), die teilnehmende Beobachtung (r=.26, p<.05), die nicht-teilnehmende Beobachtung (r=.26, p<.10) sowie die Arbeitsprobe (r=.20, p<.10). Weiterhin konnte hypothesenkonform ein statistisch signifikanter Zusammenhang der Kompetenzwerte der Selbstbeurteilung auf State-Ebene und der teilnehmenden Beobachtung (r=.55, p<.001) beobachtet werden.

Auf der Ebene der Kompetenzfacette *Prozesskompetenz* ergaben sich erwartungsgemäß statistisch signifikante Korrelationen zwischen den ermittelten Kompetenzwerten der Selbstbeurteilung auf Trait-Ebene und der Selbstbeurteilung auf State-Ebene (r=.39, p<.05) sowie der Selbstbeurteilung auf Trait-Ebene und der Arbeitsprobe (r=.25, p<.05). Hypothesenkonforme, statistisch signifikante Zusammenhänge konnten auch für die mittels der Selbstbeurteilung auf State-Ebene und der teilnehmenden Beobachtung (r=.29, p<.10) sowie der Arbeitsprobe (r=.33, p<.10) ermittelten Kompetenzwerte beobachtet werden. Erwartungsgemäß wurde ein statistisch signifikanter Zusammenhang zwischen der teilnehmenden und der nicht-teilnehmenden Beobachtung gefunden (r=.33, p<.05). Entgegen der Annahmen zeigte sich ein statistisch signifikanter, negativer Zusammenhang zwischen den Kompetenzwerten der Selbstbeurteilung auf State-Ebene und der nicht-teilnehmenden Beobachtung (r=-.54, p<.05).

Die Analysen für die Kompetenzfacette *Bewältigungskompetenz* ergaben statistisch signifikante Korrelationen für den Zusammenhang der Kompetenzwerte der Selbstbeurteilung auf Trait-Ebene und der Selbstbeurteilung auf State-Ebene (r=.41, p<.05) sowie der teilnehmenden Beobachtung (r=.36, p<.01). Weiterhin konnte bei einseitiger Testung ein statistisch signifikanter Zusammenhang zwischen den Kompetenzwerten der Selbstbeurteilung auf State-Ebene und der Arbeitsprobe (r=.34, p<.10) beobachtet werden.

2.2.2   Analysen zur Kriteriumsvalidität der Kompetenzfacetten

Die Korrelationen der mittels der eingesetzten Instrumente erfassten Kompetenzwerte für die einzelnen Kompetenzfacetten und die im Hinblick auf die Kriteriumsvalidität herangezogenen Variablen sind in Tabelle 19 dargestellt.

Tabelle 19: Korrelationen (r) der Kompetenzwerte für die einzelnen Facetten mit den Kriterienvariablen in Studie 1

Kompetenz-facette	Erhebungsinstrument	Wahrgen. Beratungs-leistung (Trait-Ebene)	Selbst-wirk-samkeit (Trait-Ebene)	Kompe-tenz-empfinden (State-Ebene)	Gesprächs-zufrieden-heit (State-Ebene)	Selbst-wirk-samkeit (State-Ebene)
Personale Ressourcen	Trait-Selbstbeurteilung	.45 ***	.50 **	.54 **	.36 *	.25 #
	State-Selbstbeurteilung	.18	.17	.33 *	.28 *	.03
	Teilnehmende Beobachtung	.07	-.02	.04	.12	-.29
	Nicht-teilnehmende Beobachtung	.09	-.10	-.23	-.22	-.46 *
	Arbeitsprobe	-.18 #	.02	.07	.09	.30
Soziale Kooperati-onskompe-tenz	Trait-Selbstbeurteilung	.59 ***	.66 ***	.36 *	.28 #	.17
	State-Selbstbeurteilung	.26	.22	.60 ***	.54 ***	.12
	Teilnehmende Beobachtung	.19 #	.04	.22	.19	-.13
	Nicht-teilnehmende Beobachtung	.38 *	.45 **	-.12	-.34	-.18
	Arbeitsprobe	.09	.21 #	.29	.12	.05
Berater-Skills und Pädagogi-sches Wissen	Trait-Selbstbeurteilung	.47 ***	.65 ***	.44 **	.21	.09
	State-Selbstbeurteilung	.45 **	.31 *	.55 ***	.55 ***	.36 *
	Teilnehmende Beobachtung	.30 *	.10	.29 #	.31 *	-.11
	Nicht-teilnehmende Beobachtung	.12	.17	-.18	-.23	-.13
	Arbeitsprobe	.10	.15	.18	.15	.26
Prozess-kompetenz	Trait-Selbstbeurteilung	.58 ***	.69 ***	.52 **	.31 *	.22
	State-Selbstbeurteilung	.25 #	.21	.54 ***	.54 ***	.09
	Teilnehmende Beobachtung	.06	-.10	.07	-.06	-.19
	Nicht-teilnehmende Beobachtung	.18	.12	-.38	-.47 *	-.24
	Arbeitsprobe	.26 *	.34 **	.37 #	.21	.35 #
Bewälti-gungs-kompetenz	Trait-Selbstbeurteilung	.37 ***	.58 ***	.24 #	-.06	.31 *
	State-Selbstbeurteilung	.08	.12	.35 *	.31 *	.44 **
	Teilnehmende Beobachtung	.15	.14	.06	-.16	-.16
	Nicht-teilnehmende Beobachtung	.16	.21	-.39	-.36	.06
	Arbeitsprobe	.20 #	-.00	.37 #	.39 *	.36 #

Anmerkung: N(Trait-Selbstbeurteilung)=88; N(State-Selbstbeurteilung)=37; N(teilnehmende Beobachtung)=61; N(nicht-teilnehmende Beobachtung)=35; N(Arbeitsprobe)=62; Messzeitpunkt: Prätest; Testung: einseitig; #p<.10; *p<.05; **p<.01; *** p<.001.

Der Zusammenhang zwischen der Beratungskompetenzeinschätzung und den Kriterienvariablen ist für die Selbstbeurteilung auf Trait-Ebene am stärksten ausge-
prägt. Über alle Kompetenzfacetten hinweg zeigen sich statistisch signifikante, positive Zusammenhänge zwischen der selbstbeurteilten Beratungskompetenz auf
Trait-Ebene und der wahrgenommenen Beratungsleistung, der Selbstwirksamkeit
in einem Beratungsgespräch und dem Kompetenzempfinden in einem Beratungsgespräch. Für die Selbstbeurteilung der Beratungskompetenz in einem Beratungsgespräch (State-Selbstbeurteilung) zeigen sich über die Kompetenzfacetten hinweg
statistisch signifikant positive Zusammenhänge mit dem Kompetenzempfinden und
mit der Zufriedenheit mit einem Beratungsgespräch. Für die Beratungskompetenz-
einschätzungen durch die teilnehmende Beobachtung konnten statistisch signifikant
positive Zusammenhänge insbesondere für die Kompetenzfacette *Berater-Skills
und Pädagogisches Wissen* gefunden werden; hier zeigen sich statistisch signifikante Zusammenhänge mit der wahrgenommenen Beratungsleistung, mit der Ge-
sprächszufriedenheit und mit dem Kompetenzempfinden. Die Kompetenzeinschät-
zungen der nicht-teilnehmenden Beobachter weisen insbesondere für die Kompetenzfacette *Soziale Kooperationskompetenz* statistisch signifikante, positive Zusammenhänge mit der wahrgenommenen Beratungsleistung und mit dem Selbstwirksamkeitsempfinden in Bezug auf Beratungsgespräche auf. Für die Kompetenzeinschätzung mittels der Arbeitsproben wurden insbesondere für die Kompetenzfacette *Prozesskompetenz* statistisch signifikant positive Zusammenhänge mit der
wahrgenommenen Beratungsleistung und zur Selbstwirksamkeit in Bezug auf Beratungsgespräche gefunden.

3 Prä-Post-Vergleiche

Für die Prä-Post-Vergleiche wurden die Daten der Teilnehmer zum Zeitpunkt des
Prätests und des Posttests herangezogen. Die Datenbasis für die Prä-Post-
Vergleiche unterscheidet sich für die eingesetzten Instrumente. Für die Selbstbeurteilung auf Trait-Ebene und den Wissenstest lagen 114 Datensätze vor. Teilnehmer,
von denen keine Messwerte zu beiden Messzeitpunkten vorlagen bzw. deren Datensätze mehr als 15% fehlende Werte aufwiesen, wurden von den weiteren Analysen ausgeschlossen. Für die Prä-Post-Vergleiche auf der Ebene der Trait-
Selbstbeurteilung und des Wissenstests verblieb eine Basis von 59 Datensätzen.
Auf der Ebene der State-Selbstbeurteilung lagen 41 Datensätze vor. Nach Ausschluss der Personen, für die keine Zuordnung von Prä- und Posttest erfolgen konnte bzw. deren Datensätze mehr als 30% fehlende Werte aufwiesen, verblieben 33
Datensätze für die weiteren Analysen. Für die teilnehmende Beobachtung lagen
91 Datensätze vor, von denen nach Ausschluss 42 Datensätze in die Analysen ein-
gehen konnten. Die Analysen der nicht-teilnehmenden Beobachtung erfolgten auf

einer Datenbasis von 19 Datensätzen, für die eine Zuordnung der Prä- und Posttests erfolgen konnte und die das Mindestkriterium für die Gesprächsdauer von 7.5 Minuten erfüllten. Auf der Ebene der Arbeitsproben lagen 99 Datensätze vor, wobei nach Ausschluss der Personen, für die keine Zuordnung von Prä- zu Posttest erfolgen konnte und die nur eines der drei Fallbeispiele bearbeitet hatten, 34 Datensätze bei den Analysen berücksichtigt werden konnten. Für die Stabilitätsanalysen konnte auf 17 Datensätze zurückgegriffen werden.

3.1   Ergebnisse für das Gesamtmaß Beratungskompetenz

3.1.1   Vorbereitende Analysen

Weder für die Kompetenzfacetten noch für das multivariate Gesamtmaß Beratungskompetenz und die Gesamtskala Beratungskompetenz wurden statistisch signifikante Unterschiede zwischen den Treatmentgruppen zum Zeitpunkt des Prätests gefunden.

3.1.2   Varianzanalytische Auswertung (Prä-Post 1)

Die Überprüfung der Interventionseffekte auf der Ebene des Gesamtmaßes Beratungskompetenz erfolgte mittels einfaktorieller, multivariater Varianzanalysen mit Messwiederholung. Zusätzlich wurde eine Gesamtskala Beratungskompetenz gebildet, die sich aus der Mittlung der einzelnen Kompetenzfacetten ergibt. Diese wurde einfaktoriellen, univariaten Varianzanalysen mit Messwiederholung unterzogen, um Interventionseffekte zu überprüfen. Die deskriptiven Kennwerte für die Gesamtskala Beratungskompetenz und die einzelnen Kompetenzfacetten finden sich im Tabellenanhang zu Studie 1. Die Ergebnisse der einfaktoriellen, multivariaten Varianzanalysen mit Messwiederholung sind in Tabelle 20 dargestellt. Die Ergebnisse für die univariaten Analysen auf der Ebene der einzelnen Kompetenzfacetten können Kapitel F.3.2 bis Kapitel F.3.6 entnommen werden.

Tabelle 20:   Ergebnisse der Signifikanzprüfung der Interaktion Zeit x Treatment für das Gesamtmaß Beratungskompetenz (multivariat; Wilks Lambda) in Studie 1

UV	AV	Instrument	N	df	F	p	η^2
Zeit x Treatment[10]	Gesamtmaß Beratungskompetenz (multivariat)	Trait-Selbstbeurteilung	59	15/141	1.4	.16	.12
		State-Selbstbeurteilung	33	10/52	1.7	.11	.25
		Arbeitsprobe	59	15/72	1.8	.06	.25
		Teilnehmende Beobachtung	39	10/64	0.9	.54	.12

10 Treatmentfaktor bei State-Selbstbeurteilung, teilnehmender Beobachtung und nicht-teilnehmender Beobachtung 3-fach gestuft: T, TSR, TSRFB.

Die multivariaten Analysen ergaben eine statistisch signifikante Interaktion von Zeit x Treatment auf der Ebene der Arbeitsprobe (p<.10). Hier lagen statistisch signifikante Unterschiede in der Entwicklung der Beratungskompetenz von Prä- zu Posttest zwischen den untersuchten Treatmentgruppen vor. Entgegen den Erwartungen ergaben sich auf der Ebene der anderen Instrumente keine statistisch signifikanten Effekte für die Interaktion Zeit x Treatment. Auf der Ebene der State-Beobachtung wurde zusätzlich der Haupteffekt für den Faktor Zeit betrachtet ($F(5,26)=8.2$, $p<.001$, $\eta^2=.61$); die Beratungskompetenz der Teilnehmer stieg über den Interventionszeitraum statistisch signifikant an. Dieser Effekt bildet den Zuwachs an Kompetenz ab, ohne jedoch eine Referenzgruppe (Kontrollgruppe) zum Vergleich heranzuziehen.

Die Ergebnisse der Analysen für die univariate Gesamtskala Beratungskompetenz sind in Tabelle 21 dargestellt. Die deskriptiven Kennwerte für die univariate Gesamtskala Beratungskompetenz finden sich im Tabellenanhang zu Studie 1. Für die Interaktion von Zeit x Treatment wurden auf der Ebene der Trait-Selbstbeurteilung und auf der Ebene der State-Selbstbeurteilung statistisch signifikante Effekte gefunden.

Tabelle 21: Ergebnisse der Signifikanzprüfung der Interaktion Zeit x Treatment für die Gesamtskala Beratungskompetenz (univariat) in Studie 1

UV	AV	Instrument	N	df	F	p	η^2
Zeit x Treatment[11]	Gesamtskala Beratungskompetenz (univariat)	Trait-Selbstbeurteilung	59	3/55	4.7	.01	.20
		State-Selbstbeurteilung	36	2/33	3.6	.04	.18
		Arbeitsprobe	34	3/30	0.6	.64	.05
		Teilnehmende Beobachtung	42	2/39	0.1	.93	.00

Auf der Ebene der Trait-Selbstbeurteilung zeigte sich ein Ansteigen der Beratungskompetenz in den drei Trainingsgruppen. Ein statistisch signifikanter Einzelvergleich ergab sich für den Vergleich der Instruktionsbedingungen KG vs. [T, TSR, TSRFB] ($D=1.7$, $SE=.50$, $T=3.5$, $df=58$, $p^{12}<.003$). Bei Lehrern in den Interventionsbedingungen (T, TSR, TSRFB) wurde ein höherer Kompetenzzuwachs beobachtet als bei Lehren in der Kontrollbedingung. Die Instruktionsbedinungen unterschieden sich entgegen den Erwartungen nicht statistisch signifikant in ihrer Effektivität. Abbildung 16 zeigt die Prä-Post-Differenzen der untersuchten Treatmentgruppen

---

11 Treatmentfaktor bei State-Selbstbeurteilung, teilnehmender Beobachtung und nicht-teilnehmender Beobachtung 3-fach gestuft: T, TSR, TSRFB.
12 Bonferroni-Korrektur: #p<.033; *p<.017; **p<.003, Testung einseitig.

für die Gesamtskala Beratungskompetenz (univariat) auf der Ebene der State-Selbstbeurteilung.

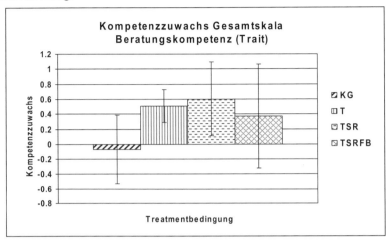

Abbildung 16: Prä-Post-Differenzen für die univariate Gesamtskala
Beratungskompetenz (Trait-Selbstbeurteilung) in Studie 1

Auf der Ebene der Beratungskompetenz in einem aktuellen Beratungsgespräch zeigte sich ein deutlicher Anstieg der Beratungskompetenz in der reinen Trainings-gruppe (T) und der kombinierten Interventionsbedingung (TSRFB). Für die Bedin-gung mit Training und Unterstützung der Selbstreflexion (TSR) konnte nur ein ge-ringer Anstieg verzeichnet werden. Die hypothesengeleitete Prüfung der Einzelver-gleiche ergab keine statistisch signifikanten Unterschiede zwischen den Treat-mentgruppen. Die erwartete Effektfolge (TSRFB>TSR>T) wurde nicht gefunden.

Bei Betrachtung des Haupteffekts Zeit auf der Ebene der State-Beobachtung zeig-ten sich statistisch signifikante Effekte für die State-Selbstbeurteilung ($F(1,33)=19.1$, $p<.001$, $\eta^2=.37$) und die teilnehmende Beobachtung ($F(1,39)=4.9$, $p<.03$, $\eta^2=.11$). Der statistisch signifikante Effekt auf der Ebene der State-Selbstbeurteilung kann überwiegend auf den starken Anstieg der Beratungskompe-tenz in der reinen Trainingsgruppe (T) und der kombinierten Interventionsbedin-gung (TSRFB) zurückgeführt werden. Auf der Ebene der teilnehmenden Beobach-tung zeigte sich ein Ansteigen der Beratungskompetenz in allen drei Experimental-bedingungen. Die durchgeführten hypothesengeleiteten Einzelvergleiche führten weder für die State-Selbstbeurteilung noch für die teilnehmende Beobachtung zu statistisch signifikanten Ergebnissen. Die erwartete Effektfolge der Instruktionsbe-dingungen konnte nicht gefunden werden.

3.1.3   Stabilitätsanalysen (Post 1-Post 2)

Um die Stabilität der Effekte zu überprüfen, wurde zwölf Wochen nach dem Posttest eine weitere Befragung der Teilnehmer durchgeführt. Dabei wurden ausschließlich Personen befragt, die den Experimentalbedingungen angehörten. Die Überprüfung erfolgte mittels einer multivariaten, einfaktoriellen Varianzanalyse mit Messwiederholung sowie einfaktorieller, univariater Varianzanalysen mit Messwiederholung für die einzelnen Kompetenzfacetten und einfaktorieller, univariater Varianzanalysen mit Messwiederholung für die univariate Gesamtskala Beratungskompetenz. Als Hinweis auf Stabilität der Interventionseffekte wurde erwartet, dass sich die Kompetenzwerte für den Zeitpunkt direkt nach der Intervention und die Stabilitätsmessung zwölf Wochen später nicht unterscheiden würden. Folglich wurde bei der Testung die Nullhypothese überprüft; dies erfordert eine Anpassung des Signifikanzniveaus. Nach Bortz (1999) sollte für die Bestätigung einer Nullhypothese mindestens mit der Irrtumswahrscheinlichkeit von $\alpha=.2$ getestet werden, entsprechend wurde für die Stabilitätsanalysen eine Irrtumswahrscheinlichkeit von $\alpha=.2$ zu Grunde gelegt. Es ergaben sich keine statistisch signifikanten Effekte für den Haupteffekt Zeit; entsprechend den Erwartungen blieben die Ergebnisse der Fortbildung auch zwölf Wochen nach dem Ende der Intervention stabil. Von entsprechenden Analysen für die Interaktion von Zeit x Treatment wurde wegen der geringen Personenzahl pro Bedingung abgesehen.

3.1.4   Moderatoranalysen

Zur Analyse der Moderatoreffekte ausgewählter Variabeln wurden einfaktorielle, multivariate und einfaktorielle, univariate Varianzanalyen mit Messwiederholung durchgeführt. Die Moderatorvariable wurde als unabhängige Variable in die Berechnungen einbezogen. Hypothesengeleitet wurden bei einigen Moderatorvariablen (z.B. Änderungsmotivation, Burnout) zuvor mittels Mediansplitt Extremgruppen gebildet, die dann bei den Analysen verglichen wurden. Ziel war es zu analysieren, ob die Variablen die Entwicklung der Beratungskompetenz von Prä- zu Posttest beeinflussen (Interaktion Zeit x Moderator). Da hier die differenzielle Wirksamkeit der Moderatorvariablen auf die Kompetenzentwicklung untersucht werden sollte, wurden in die Analysen nur Datensätze von Personen eingeschlossen, die an der Intervention teilgenommen hatten (T, TSR, TSRFB). Von einer Unterscheidung zwischen den einzelnen Instruktionsbedingungen (T, TSR, TSRFB) wurde aufgrund der kleinen Personenzahlen in den einzelnen Zellen abgesehen.

Einfluss des Alters auf die Kompetenzentwicklung
Die einfaktorielle, multivariate Varianzanalyse für die Variable *Alter* ergab einen statistisch signifikanten Effekt für die Interaktionen von Zeit x Alter ($F(15,109)=2.0$, p<.05, $\eta^2=.20$). Auf der Ebene der Kompetenzfacetten zeigte sich ein statistisch signifikanter Effekt für die Interaktion von Zeit x Alter für die Kompetenzfacette Soziale Kooperationskompetenz ($F(3,43)=2.2$, p<.05, $\eta^2=.20$). Die Variable Alter nahm demnach statistisch signifikant Einfluss auf die Veränderungen des multivariaten Gesamtmaßes *Beratungskompetenz* von Prätest zu Posttest und der Kompetenzfacette *Soziale Kooperationskompetenz*. Die Überprüfung des Trends für die Kompetenzfacette Soziale Kooperationskompetenz führt zu einem statistisch signifikanten Ergebnis für den quadratischen Trend (D=-.4; SE=1.17, T=-2.5, df=46, p<.05). Dieser Effekt wird in Abbildung 17 grafisch verdeutlicht.

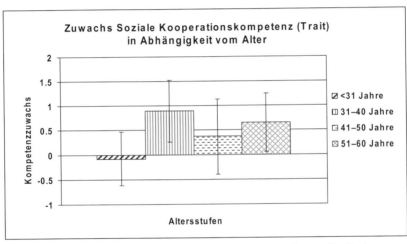

Abbildung 17: Kompetenzzuwachs in Abhängigkeit vom Alter in Studie 1

Einfluss des Geschlechts auf die Kompetenzentwicklung
Die multivariaten Analysen für die Variable Geschlecht ergaben keine statistisch signifikante Interaktionen von Zeit x Geschlecht ($F(5,41)=0.6$, p=.69). Die univariaten Varianzanalysen auf der Ebene der Kompetenzfacetten ergaben ebenfalls keine statistisch signifikanten Effekte. Das Geschlecht beeinflusste die Kompetenzentwicklung im Rahmen der Intervention nicht.

Berufserfahrung
Bei den Analysen zur Moderatorwirkung der Berufserfahrung wurde zwischen drei Stufen der Berufserfahrung unterschieden (0-10 Jahre Berufserfahrung, 11-20 Jahre

Berufserfahrung, mindestens 21 Jahre Berufserfahrung). Für das multivariate Gesamtmaß Beratungskompetenz ergab sich kein statistisch signifikanter Effekt für die Interaktion von Zeit x Berufserfahrung (F(10,78)=1.1, p=.35). Auf der Ebene der Kompetenzfacetten ergaben sich keine statistisch signifikanten Effekte.

Unterrichtsfach
Bei den Analysen zum Einfluss des Unterrichtsfachs auf die Wirksamkeit der Intervention wurde zwischen Lehrern, die Sprachen unterrichten, und Lehrer die Mathematik bzw. Naturwissenschaften unterrichten, unterschieden. Nur ein Teilnehmer unterrichtete beide Fachgruppen, er wurde bei diesen Analysen ausgeschlossen. Auf der Ebene der multivariaten Analysen ergaben sich weder für Das Unterrichten von sprachlichen Fächern (Wilks-Lamda: F(5,38)=1.5, p=.21) noch für das Unterrichten von mathematisch/naturwissenschaftlichen Fächern (Wilks-Lamda: F(5,38)=1.1, p=.20) statistisch signifikante Effekte. Auf der Ebene der Kompetenzfacetten ergab sich eine signifikante Interaktion von Zeit x Unterrichtsfach Sprachen für die Kompetenzfacette *Berater-Skills und Pädagogisches Wissen* (F(1,42)=4.4, p<.05, η²=.10). Teilnehmende Lehrer mit sprachlichen Unterrichtsfächern profitierten weniger stark im Komptenzbereich *Berater-Skills und Pädagogisches Wissen* als Lehrer, die keine Sprachen unterrichten. Abbildung 18 verdeutlicht diesen Effekt grafisch.

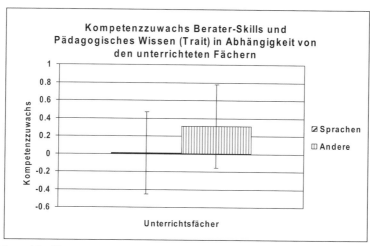

Abbildung 18: Kompetenzzuwachs im Bereich Berater-Skills und
Pädagogisches Wissen in Abhängigkeit von
den unterrichteten Fächern in Studie 1

Für das Unterrichten von mathematisch/naturwissenschaftlichen Fächern wurden keine statistisch signifikanten Effekte auf der Ebene der Kompetenzfacetten gefunden.

Einfluss der Änderungsmotivation auf die Kompetenzentwicklung
Um den Einfluss der Änderungsmotivation auf die Kompetenzentwicklung zu untersuchen, wurden durch einen Median-Split die Studienteilnehmer mit hoher bzw. geringer Änderungsmotivation gruppiert. Personen, deren Änderungsmotivationswerte über dem Median von 5.00 lagen, wurden der Gruppe der hoch änderungsmotivierten Personen zugewiesen. Personen, deren Änderungsmotivationswert auf dem Median bzw. unter dem Median lag, wurden der Gruppe der gering änderungsmotivierten Personen zugeordnet.

Die Analysen ergaben keinen statistisch signifikanten Effekt für die Interaktion von Zeit x Änderungsmotivation ($F(5,41)=0.5$, $p=.79$) auf der Ebene des multivariaten Maßes *Beratungskompetenz*. Auf der Ebene der Kompetenzfacetten zeigten sich ebenfalls keine statistisch signifikanten Effekte. Die Änderungsmotivation nahm demnach entgegen den Hypothesen keinen Einfluss auf die Veränderungen des multivariaten Gesamtmaßes *Beratungskompetenz* bzw. der einzelnen Kompetenzfacetten über die Zeit.

Einfluss des Burnouts auf die Kompetenzentwicklung
Auch für die Analysen zum Einfluss des Burnouts wurden die Studienteilnehmer mittels Median-Split in eine Gruppe mit hohem und eine Gruppe mit geringem Burnoutempfinden aufgeteilt. Der Median lag für die Skala Burnout bei 2.67. Die multivariate Analyse für die Interaktion von Zeit x Burnout ($F(5,41)=1.1$, $p=.40$) für das multivariate Gesamtmaß *Beratungskompetenz* ergab keinen statistisch signifikanten Effekt. Die Analysen für die einzelnen Kompetenzfacetten führten ebenfalls nicht zu statistisch signifikanten Ergebnissen für die Interaktionen von Zeit x Burnout. Entgegen den Erwartungen beeinflusste die Ausprägung des Burnoutempfindens die Veränderungen des multivariaten Gesamtmaßes *Beratungskompetenz* bzw. der einzelnen Kompetenzfacetten über die Zeit nicht.

Einfluss der Ausprägung der Beratungskompetenz vor der Intervention auf die Kompetenzentwicklung
Die Aufteilung der Studienteilnehmer in eine Gruppe mit hoher und eine Gruppe mit geringer Ausprägung der Beratungskompetenz vor der Intervention erfolgte wiederum durch einen Median-Split. Der Median für die Ausprägung der Beratungskompetenz lag zum Zeitpunkt des Interventionsbeginns bei 4.17. Die multivariate Prüfung der Interaktion von Zeit x Beratungskompetenz vor der Intervention ergab einen statistisch signifikanten Effekt (Wilks Lambda: $F(5,41)=4.4$, $p<.01$,

η^2=.35). Die deskriptiven Statistiken für die einzelnen Kompetenzfacetten unter Berücksichtigung der Beratungskompetenz vor der Intervention finden sich im Tabellenanhang zu Studie 1. Tabelle 22 zeigt die Ergebnisse der Moderatoranalysen für den Einfluss der Beratungskompetenz vor der Intervention für die einzelnen Kompetenzfacetten.

Tabelle 22: Ergebnisse der Moderatoranalysen für den Einfluss der Beratungs-
kompetenz vor der Intervention in Studie 1

UV	AV	N	df	F	p	η^2
	Personale Ressourcen	47	1/45	4.9	.03	.10
Zeit x Beratungs-kompetenz vor der Intervention	Soziale Kooperations-kompetenz	47	1/45	12.3	<.01	.22
	Berater-Skills und Pädagogisches Wissen	47	1/45	6.5	.01	.13
	Prozesskompetenz	47	1/45	20.5	<.01	.31
	Bewältigungs-kompetenz	47	1/45	1.5	.23	.03

Die univariaten Varianzanalysen führten zu statistisch signifikanten Effekten für die Interaktion von Zeit x Beratungskompetenz vor der Intervention für die Kompetenzfacetten *Personale Ressourcen, Soziale Kooperationskompetenz, Berater-Skills und Pädagogisches Wissen* und *Prozesskompetenz.* Teilnehmer mit geringen Ausgangswerten der Beratungskompetenz profitieren in diesen vier Kompetenzbereichen stärker von den Interventionen.

3.1.5   Drop-out-Analysen

Da viele Teilnehmer von Prätest zu Posttest aus der Studie ausschieden, wurden Drop-out-Analysen durchgeführt. Der Teilnehmerausfall wurde in Abhängigkeit von der Treatmentbedingung sowie dem Alter, dem Geschlecht, der Berufserfahrung, der Änderungsmotivation (Median-Split) und der Beratungskompetenz zum Zeitpunkt der ersten Erhebung (Median-Split) durchgeführt. Um die Signifikanz der Effekte zu prüfen, wurden zweifaktorielle, univariate Varianzanalysen mit dem Treatmentfaktor und der entsprechenden Variable (s.o.) durchgeführt. Die Analysen ergaben eine statistisch signifikante Interaktion von Treatment x Geschlecht $(F(3,80)=2.8, p<.05, \eta^2=.10)$. Für Teilnehmerinnen wurden höhere Drop-out-Werte in der Kontrollgruppe (KG) und der reinen Trainingsbedingung (T) beobachtet; hingegen schieden Teilnehmer häufiger aus der Studie aus, wenn sie der Interventionsbedingung mit Training und Unterstützung der Selbstreflexion (TSR) bzw. der kombinierten Bedingung (TSRFB) angehörten.

3.2   Ergebnisse für die Kompetenzfacette Personale Ressourcen

3.2.1   Vorbereitende Analysen

Die Überprüfung auf Unterschiede zwischen den Gruppen vor der Intervention ergab keine statistisch signifikanten Effekte. Es kann von einer Vergleichbarkeit der Gruppen ausgegangen werden.

3.2.2   Varianzanalytische Auswertung (Prä-Post 1)

Die Effekte der Intervention für die Kompetenzfacette Personale Ressourcen (KI) wurden mittels einfaktorieller, univariater Varianzanalysen mit Messwiederholung überprüft. Statistisch signifikante Interaktionen von Zeit x Treatment ergaben sich für die Selbstbeurteilung auf Trait-Ebene und die Selbstbeurteilung auf State-Ebene. Tabelle 23 zeigt die Ergebnisse der Signifikanzprüfung für die Interaktion von Zeit x Treatment.

Tabelle 23:   Ergebnisse der Signifikanzprüfung der Interaktion Zeit x Treatment für die Kompetenzfacette Personale Ressourcen (KI) in Studie 1

UV	AV	Instrument	N	df	F	p	η^2
Zeit x Treatment[13]	KI: Personale Ressourcen	Trait-Selbstbeurteilung	59	3/55	3.7	.02	.17
		State-Selbstbeurteilung	33	2/30	3.7	.04	.20
		Arbeitsprobe	59	3/30	1.7	.18	.15
		Teilnehmende Beobachtung	39	2/36	0.0	.98	.00

Die hypothesengeleiteten Einzelvergleiche führten zu statistisch signifikanten Effekten für die Kontraste von KG vs. [T, TSR, TSRFB] (D=2.1, SE=.52, T=4.0, df=58, p[14]<.017). Den Annahmen enstsprechend stiegen die Personalen Ressourcen bei den Teilnehmern der Experimentalbedingungen (T, TSR, TSRFB) stärker über den Interventionszeitraum als bei Personen in der Kontrollgruppe, deren Werte stabil blieben. Entgegen den Hypothesen konnte die erwartete Effektfolge der Instruktionsbedingungen TSRFB>TSR>T nicht gefunden werden, die Trainingsgruppen unterschieden sich nicht statistisch signifikant (siehe Abbildung 19).
Auf der Ebene der State-Selbstbeurteilung zeigte sich hypothesenkonform eine statistisch signifikante Interaktion von Zeit x Treatment. Erwartungsgemäß war der Kompetenzzuwachs bei Personen in der kombinierten Interventionsbedingung

---

13   Treatmentfaktor bei State-Selbstbeurteilung, teilnehmender Beobachtung und nicht-teilnehmender Beobachtung 3-fach gestuft: T, TSR, TSRFB.
14   Bonferroni-Korrektur: #p<.033; *p<.017; **p<.003, Testung einseitig.

(TSRFB) bezüglich der *Personalen Ressourcen* statistisch signifikant stärker als bei Personen in der Bedingung Training und Unterstützung der Selbstreflexion (TSR).

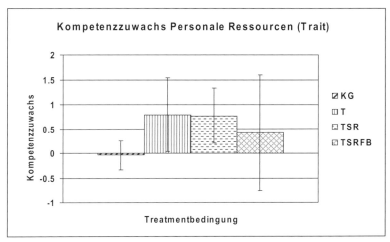

Abbildung 19: Kompetenzzuwachs im Bereich Personale Ressourcen (Trait-Selbstbeurteilung) in Studie 1

Auf der Ebene der Arbeitsprobe, der teilnehmenden Beobachtung und der nicht-teilnehmenden Beobachtung ergaben sich keine statistisch signifikanten Effekte für die Interaktion von Zeit x Treatment und die hypothesengeleiteten Einzelvergleiche. Die erwartete Effektfolge der Instruktionsbedingungen (TSRFB>TSR>T) konnte nicht bestätigt werden.

Bei Betrachtung des Haupteffekts für den Faktor Zeit auf State-Ebene zeigte sich ein statistisch signifikanter Effekt bei der State-Selbstbeurteilung (F(1,30)=11.8, p<.001, η^2=.28). Auf der Ebene der teilnehmenden Beobachtung und der nicht-teilnehmenden Beobachtung konnten keine statistisch signifikanten Ergebnisse gefunden werden.

Der Haupteffekt für den Faktor Zeit auf der Ebene der Selbstbeurteilung State ist auf das Ansteigen der *Personalen Ressourcen* in der reinen Trainingsbedingung (T) und der kombinierten Interventionsbedingung (TSRFB) zurückzuführen. Für Lehrer in der kombinierten Interventionsbedingung (TSRFB) konnte ein statistisch signifikant stärkerer Zuwachs an Kompetenz im Bereich der *Personalen Ressourcen* gefunden werden als für Lehrer in der Bedingung mit Training und Selbstreflexion (Kontrast TSR vs. TSRFB: D=.9, SE=.40, T=2.3, df=32, p[15]<.033).

---

15 Bonferroni-Korrektur: #p<.033; *p<.017; **p<.003, Testung einseitig.

3.3   Ergebnisse für die Kompetenzfacette Soziale Kooperationskompetenz

3.3.1   Vorbereitende Analysen

Die Analysen der Unterschiede zwischen den Gruppen zum ersten Messzeitpunkt ergab einen statistisch signifikanten Effekt auf der Ebene der Tonbanddaten $(F(2,16)=13.9, p<.001)$. Die einzelen Experimentalgruppen (T, TSR, TSRFB) unterschieden sich bereits zum Zeitpunkt des Prätests statistisch signifikant; dieser Effekt wurde bei den weiteren Analysen kovarianzanalytisch kontrolliert (vgl. Bortz & Döring, 2006).

3.3.2   Varianzanalytische Auswertung (Prä-Post 1)

Die Analysen für die Kompetenzfacette *Soziale Kooperationskompetenz* ergaben eine statistisch signifikante Zeit x Treatment Interaktionen für die Selbstbeurteilung auf Trait-Ebene $(p<.10)$. Die Ergebnisse der Analysen sind in Tabelle 24 dargestellt.

Tabelle 24: Ergebnisse der Signifikanzprüfung der Interaktion Zeit x Treatment für die Kompetenzfacette Soziale Kooperationskompetenz (KII) in Studie 1

UV	AV	Instrument	N	df	F	p	η^2
Zeit x Treatment[16]	KII: Soziale Kooperationskompetenz	Trait-Selbstbeurteilung	59	3/55	2.5	.07	.12
		State-Selbstbeurteilung	33	2/30	2.1	.14	.13
		Arbeitsprobe	59	3/30	1.0	.41	.09
		Teilnehmende Beobachtung	39	2/36	0.5	.64	.03

Auf der Ebene der Trait-Selbstbeurteilung zeigte sich ein Zugewinn an *Sozialer-Kooperations-Kompetenz* in den Experimentalgruppen (T, TSR, TSRFB) vom ersten zum zweiten Messzeitpunkt. In der Kontrollgruppe blieben die entsprechenden Werte stabil (siehe Abbildung 20). Die Überprüfung der hypothesengeleiteten Einzelvergleiche ergab einen statistisch signifikanten Kontrast für den Vergleich von KG vs. [T, TSR, TSRFB] (D=1.7, SE=.68, T=2.6, df=58, p[17]<.017). Der Kompetenzzuwachs im Bereich der *Sozialen Kooperationskompetenz* (Trait-Selbstbeurteilung) war in den Experimentalgruppen statistisch signifikant stärker als in der Kontrollgruppe. Entgegen den Erwartungen wurde die Effektreihung (TSRFB>TSR>T) nicht gefunden.

---

16 Treatmentfaktor bei State-Selbstbeurteilung, teilnehmender Beobachtung und nicht-teilnehmender Beobachtung 3-fach gestuft: T, TSR, TSRFB.
17 Bonferroni-Korrektur: #p<.033; *p<.017; **p<.003, Testung einseitig.

Für die Kompetenzmessung auf State-Ebene (State-Selbstbeurteilung, teilnehmende Beobachtung, nicht-teilnehmende Beobachtung) sowie mittels der Arbeitsprobe wurden keine statistisch signifikanten Effekte für die Interaktion von Zeit x Treatment bzw. die Einzelvergleiche gefunden.

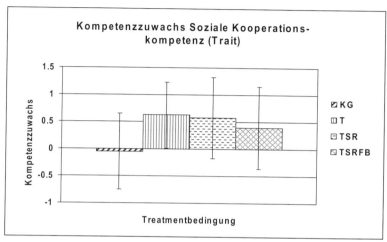

Abbildung 20: Kompetenzzuwachs im Bereich Soziale Kooperationskompetenz (Trait-Selbstbeurteilung) in Studie 1

Die Betrachtung des Haupteffekts für den Faktor Zeit ergab einen statistisch signifikanten Haupteffekt auf der Ebene der State-Selbstbeurteilung ($F(1,30)=7.0$, $p<.01$, $\eta^2=.20$). Auf der Ebene der State-Selbstbeurteilung konnte demnach eine Zunahme der *Sozialen Kooperationskompetenz* von Prätest zu Posttest beobachtet werden, die hypothesengeleiteten Einzelvergleiche der Interventionsbedingungen (T, TSR, TSRFB) führten nicht zu statistisch signifikanten Ergebnissen.

3.4 Ergebnisse für die Kompetenzfacette Berater-Skills und Pädagogisches Wissen

3.4.1 Vorbereitende Analysen

Die Überprüfung der Gruppenunterschiede zum Zeitpunkt des Prätests ergab einen statistisch signifikanten Effekt auf der Ebene der Tonbanddaten ($F(2,16)=25.9$, $p<.001$). Auf der Ebene der anderen Instrumente wurden keine Gruppenunterschiede zum Zeitpunkt des Prätests gefunden.

3.4.2   *Varianzanalytische Auswertung (Prä-Post 1)*

Für die Kompetenzfacette *Berater-Skills und Pädagogisches Wissen* zeigten sich statistisch signifikante Interaktionen von Zeit x Treatment für die State-Selbstbeurteilung und die Arbeitsprobe. Die Ergebnisse der Analysen sind in Tabelle 25 dargestellt.

Tabelle 25: *Ergebnisse der Signifikanzprüfung der Interaktion Zeit x Treatment für die Kompetenzfacette Berater-Skills und Pädagogisches Wissen (KIII) in Studie 1*

UV	AV	Instrument	N	df	F	p	η^2
Zeit x Treatment[18]	KIII: Berater-Skills und Pädagogisches Wissen	Trait-Selbstbeurteilung	59	3/55	1.7	.17	.09
		State-Selbstbeurteilung	33	2/30	2.9	.07	.16
		Arbeitsprobe	59	3/30	3.0	.04	.23
		Teilnehmende Beobachtung	39	2/36	0.5	.62	.03

Auf der Ebene der Trait-Selbstbeurteilung ergaben die Analysen entgegen den Erwartungen keine statistisch signifikante Interaktion von Zeit x Treatment. Die hypothesengeleitete Prüfung der Einzelvergleiche ergab einen statistisch signifikanten Effekt für den Kontrast KG vs. [T, TSR, TSRFB] (D=.9, SE=.46, T=2.0, df=58, p^{19}<.33). Durch die Interventionen wurde in den Experimentalgruppen ein statistisch signifikanter Kompetenzzuwachs im Vergleich zur Kontrollgruppe für die Kompetenzfacette *Berater-Skills und Pädagogisches Wissen* erzielt. Entgegen den Erwartungen unterscheiden sich die Trainingsgruppen (T, TSR, TSRFB) jedoch nicht hinsichtlich ihrer Effekte.

Auf der Ebene der State-Selbstbeurteilung zeigten sich Anstiege für alle drei Experimentalbedingungen (siehe Abbildung 21), wobei der Interaktionseffekt von Zeit x Treatment statistisch signifikant ist. Allerdings stieg die Kompetenz im Bereich *Berater-Skills und Pädagogisches Wissen* in der reinen Trainingsbedingung (T) und der kombinierten Interventionsbedingung (TSRFB) stärker als in der Bedingung mit Training und Unterstützung der Selbstreflexion (TSR). Dies entspricht nicht der erwarteten Effektfolge (TSRFB>TSR>T). Die Analyse der hypothesengeleiteten Einzelvergleiche ergab einen statistisch signifikanten Effekt für den Kontrast von TSR vs. TSRFB (D=.7, SE=.30, T=2.4, df=32, p^{20}<.017). Das Feedback führte zu

---

18 Treatmentfaktor bei State-Selbstbeurteilung, teilnehmender Beobachtung und nicht-teilnehmender Beobachtung 3-fach gestuft: T, TSR, TSRFB.
19 Bonferroni-Korrektur: #p<.033; *p<.017; **p<.003, Testung einseitig.
20 Bonferroni-Korrektur: #p<.033; *p<.017; **p<.003, Testung einseitig.

einem zusätzlichen Kompetenzzuwachs für die Facette *Berater-Skills und Pädagogisches Wissen* im Vergleich zur Unterstützung der Selbstreflexion ohne Feedback.

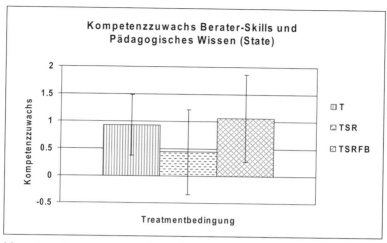

Abbildung 21: Kompetenzzuwachs im Bereich Berater-Skills und Pädagogisches Wissen (State-Selbstbeurteilung) in Studie 1

Die Analysen der Arbeitsproben zeigten hypothesenkonform einen Kompetenzzuwachs im Bereich *Berater-Skills und Pädagogisches Wissen* für die Experimentalgruppen (T, TSR, TSRFB) vom ersten zum zweiten Messzeitpunkt, der Kompetenzwert in der Kontrollgruppe nahm leicht ab. Es konnte ein statistisch signifikanter Effekt für die Interaktion von Zeit x Treatment beobachtet werden; die hypothesengeleitete Prüfung von Einzelvergleichen führte zu einem statistisch signifikanten Ergebniss für die Kontrast von KG vs. [T, TSR, TSRFB] (D=3.4, SE=1.36, T=2.5, df=58, p[21]=<.017). Der Kompetenzzuwachs war in den Interventionsbedingungen (T, TSR, TSRFB) statistisch signifikant stärker als in der Kontrollgruppe, die Interventionsbedingungen unterschieden sich jedoch nicht statistisch signifikant hinsichtlich der Wirksamkeit.

Auf der Ebene der Tonbandanalysen ergaben sich keine statistisch signifikanten Interaktionen von Zeit x Treatment. Entgegen den Hypothesen unterscheiden sich die einzelnen Instruktionsbedingungen (T, TSR, TSRFB) nicht hinsichtlich ihrer Wirksamkeit für den Kompetenzerwerb.

Für die State-Selbstbeurteilung zeigte sich zudem für die Kompetenzfacette *Berater-Skills und Pädagogisches Wissen* ein statistisch signifikanter Haupteffekte des

---

21 Bonferroni-Korrektur: #p<.033; *p<.017; **p<.003, Testung einseitig.

den Faktor Zeit (F(1,30)=40.0, p<.001, η^2=.57). In den drei Experimentalgruppen konnte für diese Kompetenzfacette ein Zuwachs verzeichnet werden, allerdings ist der Anstieg in der reinen Traningsbedingung (T) und der kombinierten Interventionsbedingung (TSRFB) stärker als in der Bedingung mit Training und Unterstützung der Selbstreflexion (TSR). Entgegen den Hypothesen wurde die Effektfolge (TSRFB>TSR>T) durch die Ergebnisse der Einzelvergleiche nicht unterstützt.

3.5 Ergebnisse für die Kompetenzfacette Prozesskompetenz

3.5.1 Vorbereitende Analysen

Die zur Überprüfung von Gruppenunterschieden zum ersten Messzeitpunkt durchgeführten einfaktoriellen, univariaten Varianzanalysen ergaben einen statistisch signifikanten Effekt für das Treatment auf der Ebene der teilnehmenden Beobachtung (F(2,37)=5.2, p<.01) und der Tonbandanalysen (F(2,26)=48.4, p<.001). Diese Gruppenunterschiede wurden bei den folgenden Analysen durch die Anwendung kovarianzanalytischer Verfahren kontrolliert (vgl. Bortz & Döring, 2006).

3.5.2 Varianzanalytische Auswertung (Prä-Post 1)

Die varianzanalytische Auswertung für die Kompetenzfacette *Prozesskompetenz* ergab statistisch signifikante Interaktionen von Zeit x Treatment für die Selbstbeurteilung auf Trait-Ebene und die Selbstbeurteilung auf State-Ebene. Die Ergebnisse sind in Tabelle 26 dargestellt.

Tabelle 26: *Ergebnisse der Signifikanzprüfung der Interaktion Zeit x Treatment für die Kompetenzfacette Prozesskompetenz (KIV) in Studie 1*

UV	AV	Instrument	N	df	F	p	η^2
Zeit x Treatment[22]	KIV: Prozesskompetenz	Trait-Selbstbeurteilung	59	3/55	2.3	.08	.11
		State-Selbstbeurteilung	33	2/30	4.4	.02	.23
		Arbeitsprobe	59	3/30	1.4	.28	.12
		Teilnehmende Beobachtung[23]	39	2/38	0.4	.70	.02

Auf der Ebene der Trait-Selbstbeurteilung zeigte sich, wie erwartet, ein Ansteigen der *Prozesskompetenz* im Prä-Post-Vergleich für die Experimentalgruppen. In der Kontrollgruppe waren vom ersten zum zweiten Messzeitpunkt keine Veränderun-

---

22 Treatmentfaktor bei State-Selbstbeurteilung, teilnehmender Beobachtung und nicht-teilnehmender Beobachtung 3-fach gestuft: T, TSR, TSRFB.
23 ANCOVA mit der Kovariate: Prozesskompetenz (Prätest).

gen zu verzeichnen. Der Effekt für den Vergleich von KG vs. [T, TSR, TSRFB] erreichte knapp das korrigierte Signifikanzniveau (D=1.6, SE=.77, T=2.1, df=58,
p[24]<.033); für die Teilnehmer in den Treatmentbedingungen konnte demnach ein
statistisch signifikant höherer Zuwachs an *Prozesskompetenz* beobachtet werden.
Die einzelnen Trainingsbedingungen unterschieden sich jedoch hinsichtlich ihrer
Wirksamkeit nicht, es konnten keine statistisch signifikanten Effekte für die entsprechenden Einzelvergleiche gefunden werden.

Für die Selbstbeurteilung auf State-Ebene zeigte sich ein Anstieg der *Prozesskompetenz*, wobei der Effekt für die reine Trainingsbedingung (T) am stärksten ist (siehe Abbildung 22). Die angenommene Effektfolge (TSRFB>TSR>T) konnte nicht
gefunden werden. Die Effekte des statistisch signifikanten Einzelvergleichs von
T vs. [TSR, TSRFB] (D=-2.4, SE=.85, T=2.9, df=32, p[25]<.017) entsprachen nicht
der postulierten Wirkrichtung. Diese Einzelvergleiche deuten auf eine stärkere
Wirksamkeit der reinen Trainingsbedingung (T) im Vergleich zu der Bedingung
mit Training und Unterstützung der Selbstreflexion (TSR) sowie der kombinierten
Interventionsbedingung (TSRFB) im Hinblick auf den Kompetenzzuwachs im Bereich der *Prozesskompetenz* hin.

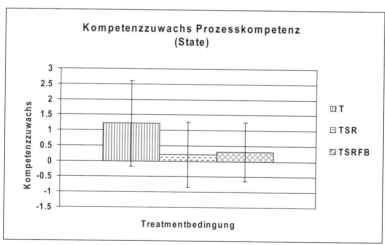

*Abbildung 22: Kompetenzzuwachs im Bereich Prozesskompetenz
(State-Selbstbeurteilung) in Studie 1*

Bei der Analyse der Daten aus den Ratings der Arbeitsproben und der Tonbanddaten zeigten sich für die Kompetenzfacette *Prozesskompetenz* keine statistisch signi-

---

24 Bonferroni-Korrektur: #p<.033; *p<.017; **p<.003, Testung einseitig.
25 Bonferroni-Korrektur: #p<.033; *p<.017; **p<.003.

fikanten Effekte für die Interaktion von Zeit x Treatment bzw. die durchgeführten Einzelvergleiche. Bei Betrachtung des Haupteffekts für den Faktor Zeit zeigten sich statistisch signifikante Effekte für die *Prozesskompetenz* auf der Ebene der State-Selbstbeurteilung ($F(1,30)=13.8$, $p<.001$, $\eta^2=.32$) und der teilnehmenden Beobachtung ($F(1,36)=4.9$, $p<.05$, $\eta^2=.12$).

Auf der Ebene der State-Selbstbeurteilung zeigte sich eine Zunahme an *Prozesskompetenz* für alle drei Experimentalgruppen von Prä- zu Posttest, wobei der Anstieg in der reinen Trainingsbedingung (T) am stärksten ist. Die Instruktionsbedingungen unterschieden sich jedoch nicht statistisch signifikant hinsichtlich ihrer Wirksamkeit.

Für die teilnehmende Beobachtung zeigten sicht weder bei Betrachtung des Haupteffekts für die Zeit noch für die Interaktion von Zeit x Treatment statistisch signifikante Effekte für die *Prozesskompetenz*.

3.6   Ergebnisse für die Kompetenzfacette Bewältigungskompetenz

3.6.1   *Vorbereitende Analysen*

Die Überprüfung auf Gruppenunterschiede vor der Intervention ergab keine statistisch signifikanten Ergebnisse. Demnach kann von einer Vergleichbarkeit der Gruppen ausgegangen werden.

3.6.2   *Varianzanalytische Auswertung (Prä-Post 1)*

Die varianzalalytische Auswertung der Daten für die Kompetenzfacette *Bewältigungskompetenz* ergab eine statistisch signifikante Interaktion von Zeit x Treatment für die Trait-Selbstbeurteilung, die Ergebnisse sind in Tabelle 27 dargestellt.

Tabelle 27: Ergebnisse der Signifikanzprüfung der Interaktion Zeit x Treatment für die Kompetenzfacette Bewältigungskompetenz (KV) in Studie 1

UV	AV	Instrument	N	df	F	p	η^2
Zeit x Treatment	KV: Bewältigungs-kompetenz	Trait-Selbstbeurteilung	59	3/55	3.7	.02	.17
		State-Selbstbeurteilung	33	2/30	2.0	.16	.12
		Arbeitsprobe	59	3/30	1.5	.24	.13
		Teilnehmende Beobachtung	39	2/36	0.6	.55	.03

Auf der Ebene der Trait-Selbstbeurteilung zeigte sich eine Zunahme der Bewältigungskompetenz von Prätest zu Posttest für die Personen, die einer der Interventionsgruppen angehörten (T, TSR, TSRFB). Bei den Personen in der Kontrollbedingung (KG) blieben die Werte weitgehend stabil (siehe Abbildung 23).

Die hypothesengeleiteten Einzelvergleiche führten zu einem statistisch signifikanten Ergebnis für den Kontrast von KG vs. [T, TSR, TSRFB] (D=2.2, SE=.77, T=2.8, df=58, p[26]<.017). Dieses Ergebnis verdeutlicht die Wirksamkeit der Interventionen im Hinblick auf den Kompetenzzuwachs im Bereich der *Bewältigungskompetenz*.

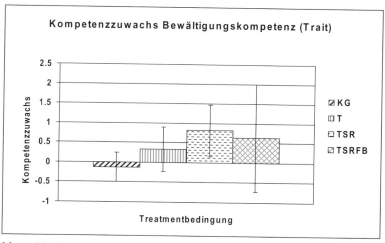

Abbildung 23: Kompetenzzuwachs im Bereich Bewältigungskompetenz (Trait-Selbstbeurteilung) in Studie 1

Für die State-Selbstbeurteilung, die Arbeitsproben, die teilnehmende Beobachtung und die nicht-teilnehmende Beobachtung wurden keine statistisch signifikanten Effekte für die Interaktion von Zeit x Treatment bzw. die Einzelvergleiche gefunden.

Auf der Ebene der State-Messung zeigte sich ein margnialer Haupteffekt für den Faktor Zeit auf der Ebene der State-Selbstbeurteilung (F(1,30)=3.7, p<.10, η^2=.10). Für alle Experimentalgruppen (T, TSR, TSRFB) konnte ein Zuwachs an *Bewältigungskompetenz* beobachtet werden. Für die teilnehmende Beobachung und die nicht-teilnehmende Beobachtung wurden keine statistisch signifikanten Effekte gefunden.

---

26 Bonferroni-Korrektur: #p<.033; *p<.017; **p<.003, Testung einseitig.

3.7   Ergebnisse für das beratungsbezogene Wissen

3.7.1   Vorbereitende Analysen

Zum Zeitpunkt des Prätests bestanden keine statistisch signifikanten Unterschiede zwischen den vier Treatmentgruppen (F(1,57)=0.5, p=.50).

3.7.2   Varianzanalytische Auswertung (Prä-Post 1)

Die einfaktorielle Varianzanalyse mit Messwiederholung für das beratungsbezoge-ne Wissen ergab eine statistisch signifikante Interaktion von Zeit x Treatment[27] (F(1,56)=32.3, p<.001, η^2=.37). Die deskriptiven Kennwerte sind in Tabelle 28 aufgeführt.

Tabelle 28: Deskriptive Kennwerte für das beratungsbezogene Wissen in Studie 1

Skala	Messzeitpunkt	Training	N	M	SD
		KG	12	2.2	.94
	Prätest	EG	46	2.0	.97
Wissenswert		Gesamt	58	2.0	.96
(Richtige Antworten)		KG	12	2.1	1.08
	Posttest	EG	46	3.6	.95
		Gesamt	58	3.3	1.16

Lehrer, die am Training teilgenommen haben, erzielten im Vergleich zur Kontroll-gruppe einen höheren Zuwachs an beratungsbezogenem Wissen. Sie konnten nach dem Training durchschnittlich 1.46 Fragen mehr beantworten als vor dem Training. Hingegen bleibt in der Kontrollgruppe die Anzahl der richtig beantworteten Fragen stabil. Abbildung 24 stellt diesen Effekt grafisch dar.

---

27 Vergleich von KG vs. [T, TSR, TSRFB].

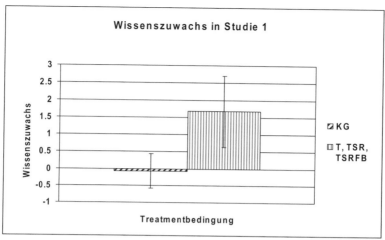

Abbildung 24: Wissenszuwachs in Studie 1

3.8 Ergebnisse für den wahrgenommenen Kompetenzzuwachs

3.8.1 Vorbereitende Analysen

Die Daten wurden nur zum Zeitpunkt des Posttests erhoben, deshalb entfiel die Überprüfung von Gruppenunterschieden zum Zeitpunkt des Prätests.

3.8.2 Varianzanalytische Auswertung (Posttest)

Um Unterschiede im wahrgenommenen Kompetenzzuwachs über den Interventionszeitraum hinweg untersuchen zu können, wurden die Daten der Kontrollgruppen mit den Daten der Experimentalgruppen (T, TSR, TSRFB) verglichen. Bei diesen Analysen wurde nicht zwischen den einzelnen Trainingsbedingungen unterschieden, da keine entsprechenden Hypothesen bestanden. Die deskriptiven Kennwerte sind in Tabelle 29 dargestellt. Tabelle 30 zeigt die Ergebnisse der Analysen. Statistisch signifikante Effekte wurden für die Verbesserung der allgemeinen Beratungskompetenz, die Verbesserung im Bereich der Vorbereitung von Beratungsgesprächen, das Verhalten in Beratungsgesprächen, die Verbesserung im Bereich der Nachbereitung von Beratungsgesprächen sowie für das Verhalten in schwierigen Gesprächssituationen gefunden.

Tabelle 29: Deskriptive Kennwerte für den wahrgenommenen Kompetenzzuwachs und die Zielerreichung in Studie 1

Skala	Treatment	N	M	SD
Allgemeine Beratungskompetenz	KG	12	2.5	1.17
	EG	45	4.8	.95
	Gesamt	57	4.3	1.36
Vorbereitung von Beratungsgesprächen	KG	12	2.8	1.71
	EG	44	4.8	1.01
	Gesamt	56	4.3	1.44
Verhalten in Gesprächssituationen	KG	12	2.8	1.34
	EG	45	4.8	1.05
	Gesamt	57	4.4	1.37
Nachbereitung und Reflexion von Beratungsgesprächen	KG	12	2.7	1.16
	EG	44	4.6	1.16
	Gesamt	56	4.2	1.41
Verhalten in schwierigen Gesprächssituationen	KG	12	2.7	1.16
	EG	43	4.6	.79
	Gesamt	55	4.2	1.18
Persönliches Fortbildungsziel erreicht	T	18	4.7	.91
	TSR	17	4.9	.49
	TSRFB	09	4.7	1.00
	Gesamt	44	4.8	.78[28]

Zu Beginn des Trainings wurden die Teilnehmer gebeten, sich ein persönliches Ziel für die Fortbildung zu setzten. Die Analysen zeigen, dass 95% der Teilnehmer ihr Ziel erreichten, Unterschiede zwischen den Interventionsbedingungen (T, TSR, TSRFB) gab es nicht.

Tabelle 30: Ergebnisse der Signifikanzprüfung der Interaktion von Zeit x Treatment für den wahrgenommenen Kompetenzzuwachs in Studie 1

UV	AV	N	df	F	p	η^2
Treatment	Kompetenzzuwachs: Allgemeine Beratungskompetenz	56	1/55	49.4	<.01	.47
	Kompetenzzuwachs: Vorbereitung von Beratungsgesprächen	55	1/54	27.4	<.01	.34
	Kompetenzzuwachs: Verhalten in Gesprächssituationen	56	1/55	30.2	<.01	.35
	Kompetenzzuwachs: Nachbereitung und Reflexion von Beratungsgesprächen	55	1/54	27.1	<.01	.33
	Kompetenzzuwachs: Verhalten in schwierigen Gesprächssituationen	54	1/53	44.3	<.01	.46
	Persönliches Fortbildungsziel erreicht[29]	43	2/41	0.4	.68	.02

---

28 Nur in den Gruppen T, TSR, TSRFB.
29 Vergleich der Gruppen T, TSR, TSRFB.

Weiterhin zeigte sich, dass die Trainingsteilnehmer die zentralen Interventionselemente auch als wirksam und bedeutsam für den Kompetenzerwerb empfanden (siehe Tabelle 31). Das Feedback wurde von den Teilnehmern im Vergleich zu den anderen Elementen als weniger wirksam beurteilt.

Tabelle 31: Deskriptive Kennwerte der Wirksamkeitsbeurteilung zentraler Interventionselemente in Studie 1

Skala	N	M	SD
Bedeutsamkeit Rollenspiele	24	4.6	1.25
Bedeutsamkeit Leitfaden „Lernen lernen"	24	4.8	.83
Bedeutsamkeit Gesprächsleitfaden (Unterstützung der Selbstreflexion)	24	4.5	1.02
Bedeutsamkeit Feedback[30]	9	3.1	1.45

Die Überprüfung statistisch signifikanter Unterschiede zwischen den Interventionselementen Rollenspiel, Leitfaden „Lernen lernen" und Gesprächsleitfaden ergab keinen statistisch signifikanten Effekt ($F(1,23)=0.9$, $p=.36$); demnach beurteilen die Teilnehmer diese drei Elemente gleichermaßen als wirksam.

Von Interesse war weiterhin, ob ein Transfer der Inhalte in den Berufsalltag der Teilnehmer stattfindet. Entsprechend wurden zum Zeitpunkt der Stabilitätserhebung Fragen zur Umsetzung der Inhalte (Gesprächstechniken, Leitfaden „Lernen lernen", Materialien zur Vor- und Nachbereitung von Elterngesprächen) in den Fragebogen aufgenommen. Die Fragen konnten auf einer Skala von *(1) trifft überhaupt nicht zu* bis *(6) trifft voll und ganz zu* beantwortet werden. Die deskriptiven Kennwerte (Tabelle 32) zeigen, dass die Teilnehmer die Inhalte in ihrem Berufsalltag eingesetzt haben.

Tabelle 32: Deskriptive Kennwerte für die Anwendung der Trainingsinhalte in Studie 1

Skala	N	M	SD
Anwendung: Gesprächstechniken (Aktives Zuhören, Paraphrasieren)	16	4.8	.83
Anwendung: Leitfaden „Lernen lernen"	16	4.5	1.27
Anwendung: Materialien zur Vor- und Nachbereitung von Elterngesprächen	16	4.1	1.41

Unterschiede zwischen den Experimentalgruppen (T, TSR, TSRFB) in der Anwendung der Inhalte im Berufsalltag konnten aufgrund der kleinen Personenzahl, für die Daten zum dritten Messzeitpunkt vorlagen (N=16), nicht untersucht werden.

---

30 Das Feedback wurde beim varianzanalytischen Vergleich der Wirksamkeit der Interventionselemente nicht berücksichtigt.

3.9   Ergebnisse für das subjektive Kompetenzempfinden

3.9.1   Vorbereitende Analysen

Die Analyse der Gruppenunterschiede zum Zeitpunkt des Prätests ergab keinen statistisch signifikanten Effekt ($F(3,55)=1.1$, $p=.38$). Die untersuchten Gruppen unterscheiden sich demnach zum Zeitpunkt des Prätests nicht statistisch signifikant hinsichtlich der wahrgenommenen Beratungsleistung.

3.9.2   Varianzanalytische Auswertung (Prä-Post 1)

Die subjektive Einschätzung der Beratungsleistung wurde sowohl auf der Ebene der Trait-Selbstbeurteilung als auch auf der Ebene der State-Selbstbeurteilung erhoben. Die Mittelwerte und Standardabweichungen sind in Tabelle 33 dargestellt.

Tabelle 33: Deskriptive Kennwerte für die wahrgenommene Beratungsleistung in Studie 1

Skala	Messzeitpunkt	Treatment	N	M	SD
Wahrgenommene Beratungsleistung (Trait)	Prätest	KG	12	4.3	.51
		T	18	4.1	1.04
		TSR	17	3.8	.74
		TSRFB	12	3.9	1.02
		Gesamt	59	4.0	.87
	Posttest	KG	12	4.3	.68
		T	18	4.7	.70
		TSR	17	4.7	.64
		TSRFB	12	4.8	.59
		Gesamt	59	4.7	.67
Wahrgenommene Beratungsleistung (State)	Prätest	T	09	4.1	.78
		TSR	14	4.2	.58
		TSRFB	13	4.2	.75
		Gesamt	36	4.2	.68
	Posttest	T	09	4.9	.46
		TSR	14	4.5	.66
		TSRFB	13	5.0	.99
		Gesamt	36	4.8	.78

Mittels einfaktorieller, univariater Varianzanalysen mit Messwiederholung wurde überprüft, ob sich Unterschiede in der Veränderung der wahrgenommenen Beratungsleistung von Prätest zu Posttest in Abhängigkeit vom Treatment ergeben, auf der Ebene der State-Selbstbeurteilung wurde zusätzlich der Haupteffekt für den Faktor Zeit geprüft. Die Ergebnisse der Analysen sind in Tabelle 34 dargestellt.

Tabelle 34: Ergebnisse der Signifikanzprüfung der Interaktion Zeit x Treatment für die wahrgenommene Beratungsleistung in Studie 1

UV	AV	N	df	F	p	η^2
Zeit x Treatment	Wahrgenommene Beratungsleistung (Trait)	59	3/55	3.4	.02	.16
	Wahrgenommene Beratungsleistung (State)	36	2/33	2.6	.09	.14
Zeit	Wahrgenommene Beratungsleistung (State)	36	1/33	33.3	<.01	.50

Auf der Ebene der Trait-Selbstbeurteilung zeigte sich, dass Lehrer in der Kontrollgruppe (KG) nahezu keine Veränderung ihrer Beratungsleistung empfanden; Lehrer in den Experimentalgruppen (T, TSR, TSRFB) hingegen schätzten ihre Beratungsleistung zum Zeitpunkt des Posttests höher ein als zum Zeitpunkt des Prätests. Sie nahmen einen Zugewinn durch die Teilnahme an dem Training wahr (siehe Abbildung 25).

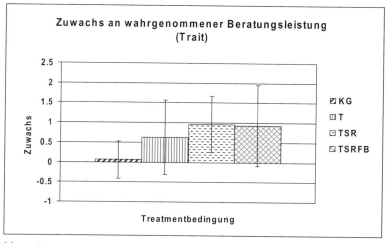

Abbildung 25: Zuwachs an wahrgenommener Beratungsleistung (Trait-Selbstbeurteilung) in Studie 1

Die Analyse hypothesengeleiteter Einzelvergleiche ergab einen statistisch signifikanten Effekt für den Kontrast von KG vs. [T, TSR, TSRFB] (D=2.6, SE=0.87, T=3.0, df=58, p^{31}<.003). Personen, die an den Interventionen teilgenommen hatten, nahmen einen stärkeren Zuwachs an Beratungsleistung wahr als Personen in der

---

31 Bonferroni-Korrektur: #p<.033; *p<.017; **p<.003, Testung einseitig.

Kontrollgruppe. Für Teilnehmer in Bedigungen mit Unterstützung der Selbstreflexion (TSR, TSRFB) konnten im Vergleich zur Basis-Trainingsbedingung tendenziell leicht höhere Zuwächse betrachtet werden, dieser Befund ließ sich jedoch nicht statistisch absichern.

Auf der Ebene der State-Selbstbeurteilung zeigte sich hypothesenkonform ein Zuwachs der wahrgenommenen Beratungsleistung bei den Teilnehmern in den Interventionsgruppen (T, TSR, TSRFB) von Prätest zu Posttest. Für Personen in der reinen Trainingsbedingung (T) und der kombinierten Interventionsbedingung (TSRFB) konnte ein stärkerer Zuwachs an wahrgenommener Beratungsleistung beobachtet werden als für Personen in der Bedingung mit Training und Unterstüzung der Selbstreflexion. Die hypothesengeleiteten Einzelvergleiche ergaben jedoch keine statistisch signifikanten Ergebnisse.

3.10   Ergebnisse für die Selbstwirksamkeit in Bezug auf Elterngespräche

3.10.1   Vorbereitende Analysen

Die Analyse der Gruppenunterschiede vor der Intervention ergab keinen statistisch signifikanten Effekt für die Selbstwirksamkeit in Bezug auf Elterngespräche (F(3,55)=0.6, p=.62). Die untersuchten Gruppen unterschieden sich zum Zeitpunkt des Prätests demnach nicht statistisch signifikant in ihrer Selbstwirksamkeit in Bezug auf Elterngespräche.

3.10.2   Varianzanalytische Auswertung (Prä-Post 1)

Die Selbstwirksamkeit in Bezug auf Elterngespräche wurde sowohl auf der Ebene des Beratungsverhaltens im Berufsalltag (Trait) als auch auf der Ebene des Beratungsverhaltens in einem aktuellen Beratungsgespräche (State) erhoben. Auf Trait-Ebene liegen Daten aus den Experimentalgruppen (T, TSR, TSRFB) und der Kontrollgruppe vor; die Erhebung der State-Daten erfolgte nur in den Experimentalgruppen (T, TSR, TSRFB). Die Mittelwerte und Standardabweichungen der beratungsbezogenen Selbstwirksamkeit sind in Tabelle 35 dargestellt.

Tabelle 35: *Deskriptive Kennwerte für die Selbstwirksamkeit in Bezug auf Eltern-*
gespräche in Studie 1

Skala	Messzeitpunkt	Treatment	N	M	SD
Selbstwirksamkeit in Bezug auf Elternge-spräche (Trait)	Prätest	KG	12	4.5	.63
		T	18	4.3	.64
		TSR	17	4.2	.69
		TSRFB	12	4.4	.47
		Gesamt	59	4.3	.62
	Posttest	KG	12	4.5	.83
		T	18	4.7	.54
		TSR	17	4.8	.43
		TSRFB	12	4.7	.92
		Gesamt	59	4.7	.66
Selbstwirksamkeit in Bezug auf Elternge-spräche (State)	Prätest	EG 1	09	3.8	.94
		EG 2	14	4.3	1.07
		EG 3	13	4.2	.75
		Gesamt	36	4.1	.93
	Posttest	EG 1	09	4.9	.78
		EG 2	14	4.4	1.04
		EG 3	13	5.1	.82
		Gesamt	36	4.8	.93

Die Analysen ergaben eine statistisch signifikante Interaktion von Zeit x Treatment für die Selbstwirksamkeit in Bezug auf Elterngespräche auf der Ebene der Trait-Selbstbeurteilung und der State-Selbstbeurteilung. Auf der Ebene der State-Selbstbeurteilung ergab sich zudem ein statistisch signifikanter Haupteffekt für den Faktor Zeit (siehe Tabelle 36).

Auf der Ebene der Trait-Selbstbeurteilung konnte für die Teilnehmer in den Experimentalgruppen eine Zunahme des beratungsbezogenen Selbstwirksamkeitsempfindens über den Interventionszeitraum beobachtet werden. Die Werte der Personen in der Kontrollbedingung bleiben hingegen stabil. Abbildung 26 veranschaulicht diesen Effekt.

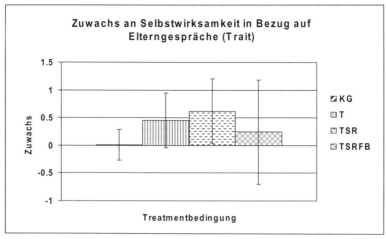

Abbildung 26: Zuwachs an Selbstwirksamkeit in Bezug auf
Elterngespräche (Trait-Selbstbeurteilung) in Studie 1

Dieses erwartungskonforme Ergebnis deutet darauf hin, dass durch die Teilnahme an der Intervention das Selbstwirksamkeitsempfinden der Lehrer in Bezug auf Elterngespräche gesteigert werden kann.

Tabelle 36: Ergebnisse der Signifikanzprüfung der Interaktion Zeit x Treatment
für die Selbstwirksamkeit in Bezug auf Elterngespräche in Studie 1

UV	AV	N	df	F	p	η^2
Zeit x Treatment	Selbstwirksamkeit in Bezug auf Elterngespräche (Trait)	59	3/55	2.7	.05	.13
	Selbstwirksamkeit in Bezug auf Elterngespräche (State)	36	1/33	22.1	<.01	.40
Zeit	Selbstwirksamkeit in Bezug auf Elterngespräche (State)	36	2/33	3.5	.04	.17

Die Analyse der a priori festgelegten Einzelvergleiche unterstützt diese Interpretation: Es wurde ein statistisch signifikanter Effekt für den Kontrast von KG vs. [T, TSR, TSRFB] (D=1.3, SE=.59, T=2.2, df=58, p[32]<.017) gefunden. Eine zusätzliche Unterstützung der Selbstreflexion verstärkt den Effekt des Trainings nicht weiter (Kontrast T vs. [TSR, TSRFB]; D=-0.0, SE=.36, T=-.1, df=58, p=.91).

Auf State-Ebene konnte bei allen Lehrern, die an den Interventionen teilgenommen hatten, eine Zunahme der Selbstwirksamkeit in Bezug auf Elterngespräche beobachtet werden (Haupteffekt: Zeit). Weiterhin zeigte sich, dass die Zunahme an

---

32 Bonferroni-Korrektur: #p<.033; *p<.017; **p<.003, Testung einseitig.

Selbstwirksamkeit über die Teilnehmergruppen variiert (Interaktionseffekt). Teilnehmer in der Bedingung mit Training und Unterstützung der Selbstreflexion (TSR) berichten über einen geringeren Zuwachs an Selbstwirksamkeit als Teilnehmer in der reinen Trainingsbedingung (T) und der kombinierten Interventionsbedingung (TSRFB). Dieses Ergebnis stimmt mit den Ergebnissen auf der Ebene der Trait-Selbstbeurteilung nur teilweise überein. Es deutet darauf hin, dass insbesondere die ausschließliche Teilnahme an dem Training bzw. Teilnahme an dem Training kombiniert mit Unterstützung der Selbstreflexion und Feedback die Entwicklung der Selbstwirksamkeit in Bezug auf Elterngespräche unterstützt. Die erwartete Effektfolge (TSRFB>TSR>T) wurde nicht bestätigt.

3.11 Zufriedenheit mit dem Beratungsgespräch

Die Zufriedenheit mit dem Beratungsgespräch wurde im Anschluss an das simulierte Beratungsgespräch erhoben (State-Ebene), die deskriptiven Kennwerte finden sich in Tabelle 37.

Tabelle 37: Deskriptive Kennwerte der Zufriedenheit mit dem Beratungsgespräch in Studie 1

Skala	Messzeitpunkt	Treatment	N	M	SD
Zufriedenheit mit dem Gespräch	Prätest	EG 1	9	4.4	.75
		EG 2	14	4.5	.58
		EG 3	13	4.5	.73
		Gesamt	36	4.5	.66
	Posttest	EG 1	09	5.2	.58
		EG 2	14	4.6	.65
		EG 3	13	4.9	.92
		Gesamt	36	4.9	.75

Die Analysen zeigten einen statistisch signifikanten Haupteffekt für den Faktor Zeit ($F(1,33)=7.6$, $p<.01$, $\eta^2=.19$). Bei allen Lehrern, die an einer Intervention teilgenommen hatten, konnte eine Zunahme der Zufriedenheit mit dem Gespräch von Prätest zu Posttest beobachtet werden. Dieser Effekt besteht über die verschiedenen Interventionsbedingungen hinweg. Die zusätzliche Unterstützung der Selbstwirksamkeit und das Feedback wirken sich darüber hinaus nicht förderlich aus (Interaktion von Zeit x Treatment, $F(2,33)=1.5$, $p=.25$).

4   Zusammenhangsanalysen

4.1   Zusammenhangsanalysen für die Gesamtskala Beratungskompetenz, Personenvariablen, berufsbezogene Einstellungen und Leistungsmaße auf Trait-Ebene

Auf der Ebene des Fragebogens zur Erfassung der Beratungskompetenz im Berufs-alltag (Trait-Selbstbeurteilung) wurden die Korrelationen zwischen der univariaten Gesamtskala Beratungskompetenz (Gesamtskala) und der Berufserfahrung (Anzahl der Dienstjahre), der wahrgenommenen Beratungsleistung, der Auffassung der Lehrerrolle, der Informiertheit im Themenfeld Beratung, der Motivation zu guter Beratung und der Selbstwirksamkeit in Bezug auf Elterngespräche zum Zeitpunkt des Prätests untersucht. Es wurde angenommen, dass ein positiver Zusammenhang zwischen diesen Variablen und der Gesamtskala Beratungskompetenz besteht. Weiterhin wurden die Zusammenhänge zwischen der Gesamtskala Beratungskom-petenz und Änderungsmotivation bezogen auf das Beratungsverhalten sowie dem Burnoutempfinden untersucht; hier wurden negative Zusammenhänge erwartet. Die Ergebnisse der korrelativen Analysen sind in Tabelle 38 dargestellt. Die einseitige Testung für die Zusammenhänge der Gesamtskala Beratungskompetenz und den o.g. Variablen ergab, dass Lehrer mit höheren Werten auf der Gesamtskala Bera-tungskompetenz auch höhere Werte bei der Einschätzung ihrer Beratungsleistung aufweisen. Für sie zählte die Beratung von Eltern und Schülern in einem höheren Maße ganz selbstverständlich zum Beruf des Lehrers und sie wiesen eine höhere Motivation auf, ein guter Berater zu sein. In Beratungsgesprächen empfanden sie sich als selbstwirksamer, d.h. sie sahen sich stärker dazu in der Lage, durch Eltern-gespräche Veränderungen zu bewirken. Weiterhin empfanden Lehrer, die ihre Be-ratungskompetenz höher einschätzten, weniger berufliche Belastung (Burnout). Entgegen den Erwartungen ging eine höhere Berufserfahrung nicht mit höheren Werten auf der Gesamtskala Beratungskompetenz einher. Der erwartete, negative Zusammenhang zwischen der Gesamtskala Beratungskompetenz und der Motivati-on, das Beratungsverhalten zu ändern (Änderungsmotivation) wurde nicht gefun-den.

Tabelle 38: *Korrelationen (r) der Gesamtskala Beratungskompetenz mit Personenvariablen, berufsbezogenen Einstellungen und Leistungsmaßen auf Trait-Ebene in Studie 1*

	Berufserfahrung	Wahrg. Beratungsleistung	Auffassung der Lehrerrolle	Informiertheit	Beratungsmotivation	Selbstwirksamkeit	Änderungsmotivation	Burnout
Gesamtskala Beratungskompetenz[33]	-.04	.63***	.56***	.48***	.69***	.78***	-.02	-.39***
Berufserfahrung	1.00							
Wahrgenommene Beratungsleistung	-.04	1.00						
Auffassung der Lehrerrolle	.01	.63**	1.00					
Informiertheit	.06	.53**	.54**	1.00				
Beratungsmotivation	-.22*	.42**	.42**	.32**	1.00			
Selbstwirksamkeit	-.06	.70**	.50**	.39**	.63**	1.00		
Änderungsmotivation	-.21	-.23*	-.09	-.12	.32**	-.07	1.00	
Burnout	.37**	-.19	-.06	.06	-.37**	-.51**	-.05	1.00

Anmerkung: $N=89$; Messzeitpunkt: Prätest; Testung: zweiseitig; #p<.10; *p<.05; **p<.01; *** p<.001.

Weitere, zentrale Ergebnisse der korrelativen Analysen werden im Folgenden kurz beschrieben. Da für diese Zusammenhänge a priori keine Hypothesen formuliert wurden, erfolgte die Testung zweiseitig.

Praktisch als auch theoretisch bedeutsam ist die statistisch signifikante negative Korrelation von Berufserfahrung und Burnout. Lehrer, die länger im Schuldienst waren, empfanden eine stärkere Belastung durch ihren Beruf. Weiterhin zeigte sich, dass Lehrer, die Beratung als selbstverständlichen Aspekt ihrer Arbeit sahen (Auffassung der Lehrerrolle), auch besser im Themenbereich Beratung informiert waren, über eine höhere Motivation zu guter Beratung verfügten und sich in Bezug auf Elterngespräche als selbstwirksamer empfanden. Lehrer, die über eine höhere Motivation zu guter Beratung verfügten, waren in diesem Themenbereich informierter, empfanden sich in Beratungsgesprächen als selbstwirksamer, waren motivierter, an ihrem Beratungsverhalten zu arbeiten (Änderungsmotivation) und empfanden weniger Belastung durch ihren Beruf (Burnout). Die wahrgenommene

---

33 Testung: einseitig.

Selbstwirksamkeit in Bezug auf Elterngespräche korrelierte statistisch signifikant negativ mit der wahrgenommenen Belastung durch den Beruf (Burnout).

4.2 Zusammenhangsanalysen für die Gesamtskala Beratungskompetenz, Personenvariablen und Leistungsmaße auf State-Ebene

Auf der Ebene des Fragebogens zur Erfassung der Beratungskompetenz in einer aktuellen Beratungssituation (State-Selbstbeurteilung) wurden die Korrelationen zwischen der univariaten Gesamtskala Beratungskompetenz und dem Selbstwirksamkeitsempfinden in Bezug auf das bevorstehende Gespräch, der wahrgenommenen Beratungsleistung nach dem Gespräch sowie der Zielerreichung und der Zufriedenheit mit dem Gespräch berechnet. Erwartet wurden positive Zusammenhänge zwischen diesen Variablen und der Gesamtskala Beratungskompetenz; folglich erfolgte die Testung dieser Zusammenhänge einseitig. Die Analysen beruhen auf Daten des Posttests, da hier auch die Variablen Zufriedenheit und die Zielerreichung erhoben wurden. Die Ergebnisse der Zusammenhangsanalysen können Tabelle 39 entnommen werden.

Tabelle 39: Korrelationen (r) der Gesamtskala Beratungskompetenz mit Personenvariablen und Leistungsmaßen auf State-Ebene in Studie 1

	Selbstwirk-samkeit	Wahrgenommene Beratungsleistung	Ziel-erreichung	Zufrieden-heit
Gesamtskala Beratungskompetenz[34]	.61 ***	.59 **	.66 ***	.66 ***
Selbstwirksamkeit	1.00			
Wahrgenommene Beratungsleistung	.52 **	1.00		
Zielerreichung	.36	.57 **	1.00	
Zufriedenheit	.39 *	.65 **	.65 **	

<u>Anmerkung:</u> N=36; Messzeitpunkt: Posttest; Testung: zweiseitig; #p<.10; *p<.05; **p<.01; *** p<.001.

Erwartungsgemäß zeigten sich statistisch signifikant positive Zusammenhänge zwischen der Gesamtskala Beratungskompetenz und der Selbstwirksamkeit in Bezug auf das folgende Beratungsgespräch, der wahrgenommenen Beratungsleistung, der Zielerreichung und der Zufriedenheit mit dem aktuellen Gespräch. Lehrer, die ihre Beratungskompetenz höher einschätzten, empfanden mehr beratungbezogene Selbstwirksamkeit und schätzten auch ihre Kompetenz in einer aktuellen Gesprächssituation als höher ein. Sie erreichten das Ziel, welches sie sich für das Gespräch gesetzt hatten, in stärkerem Maße und waren mit dem aktuellen Gespräch zufriedener.

---

34 Testung: einseitig.

Weitere zentrale Ergebnisse der Analysen werden im Folgenden beschrieben. Da keine Hypothesen bezüglich dieser Zusammenhänge formuliert wurden, erfolgte die Testung zweiseitig. Die Analysen ergaben statistisch signifikante, positive Zusammenhänge zwischen der wahrgenommenen Beratungsleistung und der wahrgenommenen Selbstwirksamkeit vor dem Beratungsgespräch, der Zielerreichung und der Zufriedenheit mit dem Gespräch. Lehrer, die ihre Beratungsleistung höher einschätzten, hatten sich bereits vor dem Gespräch als selbstwirksamer wahrgenommen, sie erreichten ihre Ziele bezüglich des Beratungsgesprächs in stärkerem Maße und waren mit dem Gespräch zufriedener. Weiterhin zeigte sich, dass eine höhere Zufriedenheit mit dem Gespräch mit einer höheren Selbstwirksamkeit vor dem Gespräch, einer höheren wahrgenommenen Beratungsleistung sowie einem stärkeren Maß an Zielerreichung einherging.

4.3   Zusammenhangsanalysen für die Veränderungen von Prätest zu Posttest für die Gesamtskala Beratungskompetenz und die Leistungsmaße

Die korrelativen Analysen (siehe Kapitel F.4.2) ergaben statistisch signifikant positive Zusammenhänge zwischen der Gesamtskala Beratungskompetenz und der wahrgenommenen Beratungsleistung (p<.001) sowie der Selbstwirksamkeit in Bezug auf Elterngespräche (p<.001). In weiterführenden Analysen wurde untersucht, ob diese Zusammenhänge auch für die Veränderungen dieser Variablen über die Zeit bestehen.

4.3.1   Zusammenhangsanalysen für die Veränderungen von Prätest zu Posttest für die Gesamtskala Beratungskompetenz und die Leistungsmaße auf Trait-Ebene

Erwartet wurde, dass die Veränderungen auf der Gesamtskala Beratungskompetenz positive Zusammenhänge mit den Veränderungen der wahrgenommenen Beratungsleistung und der Selbstwirksamkeit in Bezug auf Elternsgespräche aufweisen. Weiterhin wurde erwartet, dass die Veränderungen der Gesamtskala Beratungskompetenz positiv mit der Einschätzung des Zugewinns an Beratungskompetenz (Posttest) korrelieren. Die Analysen wurden auf der Basis der Differenzen der Werte (Posttest- Prätest) auf der Ebene der Trait-Selbstbeurteilung durchgeführt. Da vor der Untersuchung Hypothesen bezüglich der Zusammenhänge formuliert worden waren, erfolgte die Testung einseitig. Die Ergebnisse der Zusammenhangsanalysen finden sich in Tabelle 40.

Tabelle 40:   Korrelationen (r) der Prä-Post-Differenzen für die Gesamtskala Bera-
tungskompetenz und die Leistungsmaße auf Trait-Ebene in Studie 1

	Differenz Beratungs- leistung	Differenz Selbstwirk- samkeit	Wahrgen. Kompetenz- zuwachs
Differenz Posttest-Prätest Gesamtskala Beratungskompetenz[35]	.62 ***	.75 ***	.53 ***
Differenz Posttest-Prätest wahrgenommene Beratungsleistung	1.00		
Differenz Posttest-Prätest Selbstwirksamkeit	.56 ***	1.00	
Wahrgenommener Kompetenzzuwachs[36]	.36 **	.51 ***	1.00

Anmerkung: N=59; Testung: zweiseitig; #p<.10; *p<.05; **p<.01; *** p<.001; Differenz (Posttest-Prätest).

Erwartungsgemäß zeigten sich statistisch signifikante, positive Korrelationen zwischen den Veränderungen auf der Gesamtskala Beratungskompetenz und den Veränderungen der wahrgenommenen Beratungsleistung, den Veränderungen der beratungsbezogenen Selbstwirksamkeit sowie der Einschätzung des Kompetenzgewinns durch die Fortbildung.

Zusätzlich wurden die Zusammenhänge zwischen der wahrgenommenen Beratungsleistung, der beratungsbezogenen Selbstwirksamkeit und dem wahrgenommenen Zugewinn an Beratungskompetenz analysiert. Bei zweiseitiger Testung zeigte
sich ein statistisch signifikanter, positiver Zusammenhang zwischen dem Zuwachs
an Selbstwirksamkeit in Bezug auf Beratungsgespräche und dem Zuwachs an
wahrgenommener Beratungsleistung sowie dem wahrgenommenen Kompetenzzuwachs. Weiterhin zeigte sich ein statistisch signifikanter Zusammenhang zwischen
dem wahrgenommenen Kompetenzzuwachs und dem Zuwachs an wahrgenommener Beratungsleistung. Lehrer, die ihren Kompetenzzuwachs durch das Seminar als
höher einschätzten, wiesen im Prä-Post-Vergleich auch höhere Werte beim Zuwachs an wahrgenommener Beratungsleistung und an Selbstwirksamkeit in Bezug
auf Elterngespräche auf.

4.3.2   Zusammenhangsanalysen für die Veränderungen von Prätest zu Posttest für die Gesamtskala Beratungskompetenz und die Leis- tungsmaße auf State-Ebene

Auch für die Selbstbeurteilung auf State-Ebene wurde angenommen, dass die Beratungskompetenz (State-Selbstbeurteilung) mit der wahrgenommenen Beratungsleistung, der Zufriedenheit mit dem Beratungsgespräch und der Selbstwirksamkeit in

---

35 Testung: einseitig.
36 N=57.

Bezug auf das Elterngespräch positiv korreliert. Entsprechend erfolgte die Testung dieser Zusammenhänge auf einseitigem Signifikanzniveau. Tabelle 41 zeigt die Ergebnisse der Zusammenhangsanalysen.

Tabelle 41: Korrelationen (r) der Prä-Post-Differenzen der Gesamtskala Beratungskompetenz und der Leistungsmaße auf State-Ebene in Studie 1

	Differenz Beratungs- leistung	Differenz Zufriedenheit	Differenz Selbstwirk- samkeit
Differenz Posttest-Prätest Gesamtskala Beratungskompetenz [37]	.56 **	.60 ***	.11
Differenz Posttest-Prätest wahrgenommene Beratungsleistung	1.00		
Differenz Posttest-Prätest Zufriedenheit	.69 ***	1.00	
Differenz Posttest-Prätest Selbstwirksamkeit	-.17	.12	1.00

Anmerkung: N=27; Testung: zweiseitig; #p<.10; *p<.05; **p<.01; *** p<.001; Differenz (Posttest-Prätest).

Erwartungsgemäß zeigten sich statistisch signifikante, positive Zusammenhänge zwischen der Veränderung auf der Gesamtskala Beratungskompetenz und der Veränderung des Kompetenzempfindens (wahrgenommene Beratungsleistung) sowie der Veränderung der Zufriedenheit mit dem Beratungsgespräch. Lehrer, die ihren Zuwachs an Beratungskompetenz als höher einschätzten, wiesen auch höhere Zuwächse an wahrgenommener Beratungsleistung und Zufriedenheit mit dem Beratungsgespräch auf. Entgegen den Erwartungen zeigte sich kein Zusammenhang zwischen den Veränderungen der Gesamtskala Beratungskompetenz und den Veränderungen der beratungsbezogenen Selbstwirksamkeit. Ergänzend zeigte sich bei zweiseitiger Testung ein statistisch signifikanter, positiver Zusammenhang zwischen dem Zuwachs an wahrgenommener Beratungsleistung und dem Ansteigen der Zielerreichung; Lehrer, die ihren Zuwachs an wahrgenommener Beratungsleistung als höher einschätzten, wiesen auch einen höheren Zuwachs beim Ausmaß der Zielerreichung auf.

5   Trainingsevaluation

Nach jeder Trainingseinheit erfolgte die Evaluation der Sitzung, hierzu beurteilten die Teilnehmer ihre Zufriedenheit mit der Einheit und das Engagement des Trainerteams jeweils auf einer sechsstufigen Skala von *(1) sehr gut* bis *(6) ungenügend*. Die Teilnehmer in der kombinierten Interventionsbedingung (TSRFB) gaben ab

---

37 Testung: einseitig.

dem zweiten Trainingstermin zusätzlich an, ob sie das Feedback angesehen hatten (*ja/nein*) und ob sie das Feedback als hilfreich empfunden hatten (Skala vierstufig: *(1) trifft voll und ganz zu* bis *(4) trift überhaupt nicht zu*). Tabelle 42 zeigt die Beurteilungen der Trainingseinheiten durch die Teilnehmer.

Tabelle 42: Mittlere Bewertung (SD) des Trainings durch die Lehrer in Studie 1[38]

Skala	Termin	T		TSR		TSRFB		Gesamt	
		M	SD	M	SD	M	SD		
	1	2.9	(1.34)	2.1	(.50)	2.2	(.54)		
	2	2.5	(1.10)	1.7	(.50)	2.7	(.94)		
Sitzungs-zufriedenheit	3	2.3	(1.43)	1.9	(.54)	2.6	(1.02)	2.3	(.81)
	4	2.7	(2.01)	1.7	(.67)	2.9	(1.15)		
	Gesamt	2.8	(1.35)	1.8	(.37)	2.5	(.57)		
	1	1.6	(.61)	1.6	(.51)	1.8	(.44)		
	2	1.6	(.64)	1.6	(.51)	2.1	(.84)		
Engagement des Trainers	3	2.3	(1.36)	1.9	(.57)	2.6	(.62)	1.9	(.64)
	4	2.3	(1.85)	1.7	(.50)	2.9	(.71)		
	Gesamt	2.2	(1.16)	1.5	(.37)	1.9	(.64)		
Ich habe mir das Feedback ange-schaut[39]	2	-		-		1.5	(.51)		
	3	-		-		1.3	(.47)	1.4[a]	(.36)
	4	-		-		1.4	(.51)		
Ich fand das Feedback hilf-reich[40]	2	-		-		1.9	(.80)		
	3	-		-		2.3	(1.01)	2.2[a]	(.86)[a]
	4	-		-		2.2	(.92)		

Anmerkung: [a] Erhoben nur in TSRFB-Bedingung.

Mittels einfaktorieller Varianzanalysen und Post-hoc-Vergleichen (Bonferroni) wurden statistisch signifikante Unterschiede in der Beurteilung des Trainings und des Engagements der Trainer zwischen den Treatmentgruppen untersucht. Die Varianzanalysen ergaben statistisch signifikante Unterschiede in der Beurteilung hinsichtlich der Zufriedenheit mit dem Training ($F(2,29)=5.9$, $p<.01$, $\eta^2=.29$) und dem Engagement des Trainerteams ($F(2,29)=3.4$, $p<.05$, $\eta^2=.19$) zwischen den Treatmentgruppen. Die Ergebnisse der Post-hoc-Vergleiche sind in Tabelle 43 dargestellt.

---

38 T:n=6, TSR:n=13, TSRFB:n=13.
39 Skala dichotom: *(1) ja; (2) nein.*
40 Skala vierstufig: *(1) trifft voll und ganz zu* bis *(4) trift überhaupt nicht zu.*

Tabelle 43: Post-hoc-Vergleiche für die Beurteilung des Trainings in Studie 1

AV	Einzelver-gleich	N	Mittlere Differenz	SE	df	T	p
Zufriedenheit mit dem Training	TSR vs. T	32	-1.04	.35	31	3.0	.02
	TSR vs. TSRFB	32	-.77	.28	31	2.8	.03

Anmerkung: Bonferroni-Korrektur; #p<.10; *p<.05; **p<.01; *** p<.001.

Teilnehmer in der Bedingung mit Training und Unterstützung der Selbstreflexion (TSR) waren mit dem Training insgesamt weniger zufrieden als Teilnehmer in der reinen Trainingsbedingung (T) und der kombinierten Interventionsbedingung (TSRFB).

6 Zusammenfassung der Ergebnisse

6.1 Multimethodale Korrelationsanalysen

Die multimethodalen Korrelationsanalysen wurden durchgeführt, um Hinweise auf die interne Validität (hier: konvergente Validität) und die externe Validität (hier: Kriteriumsvalidität) zu erhalten. Die Analysen zeigten, dass über alle beobachteten Kompetenzmaße (Gesamtskala Beratungskompetenz, Kompetenzfacetten) statistisch signifikante, positive Korrelation zwischen der Selbstbeurteilung auf Trait-Ebene und der Selbstbeurteilung auf State-Ebene bestanden. Für fast alle Kompetenzmaße zeigten sich positive Korrelationen zwischen der Selbstbeurteilung auf Trait-Ebene und der Arbeitsprobe[41] sowie zwischen der Selbstbeurteilung auf State-Ebene und der teilnehmenden Beobachtung[42].

Die nicht-teilnehmende Beobachtung (Tonbandanalyse) wies nur vereinzelte positive Zusammenhänge mit den anderen Diagnostikinstrumenten auf (z.B. Kompetenzfacette *Personale Ressourcen*; teilnehmenden Beobachtung). Bezüglich der Zusammenhänge mit den ausgewählten Kriterienvariablen zeigten sich für alle Kompetenzmaße (Gesamtskala Beratungskompetenz, Kompetenzfacetten) statistisch signifikante Zusammenhänge mit den Selbstbeurteilungen auf Trait-Ebene bzw. auf State-Ebene und den Arbeitsproben. Vereinzelt ergaben sich Korrelationen von Kriterienvariablen und Kompetenzurteilen der teilnehmenden bzw. der nicht-teilnehmenden Beobachtung (Kompetenzfacetten: *Personale Ressourcen, Prozesskompetenz*).

---

41 Ausnahme: Kompetenzfacetten Berater-Skills und Pädagogisches Wissen, Bewältigungskompetenz.

42 Ausnahme: Kompetenzfacetten Personale Ressourcen, Bewältigungskompetenz.

6.2 Längsschnittliche Analysen

Die längsschnittlichen Auswertungen zeigten, dass sich für alle untersuchten Kompetenzmaße (multivariates Gesamtmaß, univariate Gesamtskala, Kompetenzfacetten) statistisch signifikante Unterschiede der Kompetenzzuwächse zwischen den Treatmentgruppen ergaben. Die Effekte lassen sich insbesondere auf der Ebene der Trait-Selbstbeurteilung und der State-Selbstbeurteilung lokalisieren. Für die Gesamtskala Beratungskompetenz sowie die Kompetenzfacetten *Personale Ressourcen, Soziale Kooperationskompetenz, Berater-Skills und Pädagogisches Wissen* sowie *Bewältigungskompetenz* konnten statistisch signifikante Effekte für den Einzelvergleich43 KG vs. (T, TSR, TSRFB) gefunden werden. Bei Lehrern in den Experimentalbedingungen konnte für diese Kompetenzmaße ein stärkerer Zuwachs beobachtet werden als bei Lehrern in der Kontrollgruppe. Die Effekte für das multivariate Gesamtmaß Beratungskompetenz und die univariate Gesamtskala Beratungskompetenz erwiesen sich über den Zeitraum von zwölf Wochen als stabil. Die postulierte Effektfolge der Interventionsbedingungen (TSRFB>TSR>T) konnte in dieser Form für keines der Kompetenzmaße gefunden werden. Allerdings zeigte sich, dass Teilnehmer in der kombinierten Interventionsbedingung (TSRFB: Training, Unterstützung der Selbstreflexion und Feedback) in den Kompetenzbereichen *Personale Ressourcen* sowie *Berater-Skills und Pädagogisches Wissen* stärker von der Fortbildung profitieren als Teilnehmer in der Bedingung mit Training und Unterstützung der Selbstreflexion (TSR-Bedingung). Im Bereich der Prozesskompetenz profitieren entgegen den Erwartungen die Teilnehmer in der reinen Trainingsbedingung (T-Bedingung) stärker von der Fortbildung als die Teilnehmer in den Bedingungen mit Training und Unterstützung des Selbstreflexion TSR sowie der kombinierten Interventionsbedingung (TSRFB).

Auf der Ebene der State-Messungen (State-Selbstbeurteilung, teilnehmende Beobachtung, nicht-teilnehmende Beobachtung) wurde zusätzlich der Haupteffekt für den Faktor Zeit betrachtet. Für alle Kompetenzmaße konnte ein statistisch signifikanter Kompetenzzuwachs in den Experimentalgruppen über den Interventionszeitraum beobachtet werden. Die Effekte zeigten sich insbesondere auf der Ebene der State-Selbstbeurteilung und der teilnehmenden Beobachtung. Für die Kompetenzfacette *Berater-Skills und Pädagogisches Wissen* konnte ein statistisch signifikanter Haupteffekt für die Zeit auf der Ebene der nicht-teilnehmenden Beobachtung lokalisiert werden.

Auf der Ebene der Trait-Selbstbeurteilung wurde untersucht, ob die Kompetenzentwicklung durch Personenvariablen (z.B. Berufserfahrung, Unterrichtsfach)

---

43 Hypothesengeleiteter Einzelvergleich, Signifikanzniveau: Bonferroni-Korrektur.

bzw. Einstellungen des Teilnehmers (z.B. Änderungsmotivation) beeinflusst wird. Für die Variablen Geschlecht, Unterrichten von mathematisch/naturwissenschaftlichen Fächern, Änderungsmotivation und Burnout wurden keine statistisch signifikanten Effekte für die Beeinflussung der Kompetenzentwicklung gefunden. Ein maßgeblichr Einfluss auf die Kompetenzentwicklung ging von der Ausprägung der Beratungskompetenz zum Zeitpunkt des Prätests aus. Für Teilnehmer mit geringer Kompetenzausprägung vor der Intervention konnte ein größerer Kompetenzzuwachs auf der Ebene des *multivariaten Gesamtmaßes Beratungskompetenz* und bei den Kompetenzfacetten *Personale Ressourcen, Soziale Kooperationskompetenz, Berater-Skills und Pädagogisches Wissen* und *Prozesskompetenz* beobachtet werden. Für das Alter wurde bei Post-hoc-Analysen ein quadratischer Trend für den Kompetenzzuwachs im Bereich der *Sozialen Kooperationskompetenz* gefunden. Jüngere und ältere Teilnehmer profitieren in diesem Kompetenzbereich weniger stark von der Intervention. Für Teilnehmer, die Sprachen unterrichten, konnte ein geringerer Kompetenzzuwachs im Bereich *Berater-Skills und Pädagogisches Wissen* festgestellt werden als für ihre Kollegen, die keine Sprachen unterrichteten.

Die Drop-out-Analysen ergaben, dass Teilnehmerinnen insbesondere in der Kontrollbedingung (KG) und der reinen Trainingsbedingung (T) ausscheiden, Teilnehmer hingegen insbesondere in den Treatmentbedingungen mit Unterstützung der Selbstreflexion (TSR, TSRFB) die Studie abbrechen.

Die Ergebnisse des Wissenstests zeigten, dass die Teilnehmer im Rahmen der Fortbildung neben Handlungskompetenzen auch Wissen im Themenbereich Beratung erworben haben. Der Wissenszuwachs bei Personen in den Experimentalbedingungen (T, TSR, TSRFB) war statistisch signifikant höher als bei Personen in der Kontrollbedingung (KG).

Für die subjektive Kompetenzeinschätzung und die Selbstwirksamkeit in Bezug auf Elterngespräche ergaben sich auf der Ebene der Trait-Selbstbeurteilung statistisch signifikante Interaktionen von Zeit x Treatment. Teilnehmer in den Experimentalbedingungen (T, TSR, TSRFB) nahmen über den Interventionszeitraum einen statistisch signifikant stärkeren Zuwachs an Beratungskompetenz und an beratungsbezogener Selbstwirksamkeit wahr als Personen in der Kontrollgruppe (Einzelvergleich: KG vs. T, TSR, TSRFB). Diese Ergebnisse werden durch statistisch signifikante Effekte für den Faktor Zeit auf der Ebene der State-Selbstbeurteilung unterstrichen.

Die Fortbildungselemente (Rollenspiele, Leitfaden „Lernen lernen", Unterstützung der Selbstreflexion) wurden von den Teilnehmern als wirksam beurteilt, Unterschiede in der Wirksamkeitseinschätzung bezüglich der Elemente ergaben sich nicht. Bezüglich der Anwendung im Berufsalltag ergaben sich ebenfalls keine Unterschiede zwischen den Elementen. Die Teilnehmer verwendeten sie in ihrem Berufsalltag in gleichem Maße. Für die Zufriedenheit mit dem Training zeigte sich, dass Teilnehmer in der Bedingung mit Training und Unterstützung der Selbstreflexion (TSR-Bedingung) mit dem Training statistisch signifikant weniger zufrieden waren als Teilnehmer in der reinen Trainingsbedingung (T) bzw. der kombinierten Interventionsbedingung (TSRFB).

6.3   Zusammenhangsanalysen

Für die Gesamtskala Beratungskompetenz (univariat) konnten statistisch signifikant positive Zusammenhänge mit leistungsbezogenen Variablen (wahrgenommene Beratungsleistung, Selbstwirksamkeit in Bezug auf Elterngespräche) und mit Einstellungen (Informiertheit zum Thema, Auffassung der Lehrerrolle, Beratungsmotivation) sowie ein negativer Zusammenhang mit dem Belastungsempfinden (Burnout) gefunden werden. Zudem zeigten sich statistisch signifikante, positive Korrelationen zwischen den leistungsbezogenen Variablen (wahrgenommene Beratungsleistung, Selbstwirksamkeit in Bezug auf Elterngespräche) und den Einstellungen (Informiertheit zum Thema Beratung, Auffassung der Lehrerrolle, Beratungsmotivation). Für die Berufserfahrung zeigte sich ein negativer Zusammenhang mit der Beratungsmotivation. Der wahrgenommene Burnout korrelierte positiv mit der Berufserfahrung sowie negativ mit der Beratungsmotivation und der Selbstwirksamkeit in Bezug auf Elterngespräche.

Weiterhin zeigte sich, dass die Veränderungen auf der Gesamtskala Beratungskompetenz positiv mit Veränderungen der wahrgenommenen Beratungsleistung und der Selbstwirksamkeit in Bezug auf Elterngespräche sowie mit dem wahrgenommenen Zuwachs an Beratungskompetenz einhergehen.

6.4   Evaluation des Trainings

Die Auswertung der Evaluationsbögen zeigte, dass die Teilnehmer die Veranstaltungen als gut bis befriedigend berwerteten ($1.7 < M > 2.9$). Teilnehmer, die zusätzlich zum Training eine Unterstützung der Selbstreflexion bekamen (TSR-Bedingung) beurteilten das Training statistisch signifikant schlechter als Teilnehmer in der reinen Trainingsbedingung (T-Bedingung) bzw. der kombinierten Interventionsbedingung (TSRFB-Bedingung).

G Fragestellungen und Hypothesen der Studie 2

1 Fragestellungen

Zielsetzung der zweiten Studie ist es, die Instrumente zur Diagnostik der Beratungskompetenz und die Effekte der Intervention bei einer Stichprobe von Studierenden zu untersuchen. Grundsätzlich wird erwartet, dass sich die in Studie 1 für die Lehrerstichprobe gefundenen Effekte in der Studierendenstichprobe replizieren lassen. Die eingesetzten Instrumente entsprechen den in Studie 1 eingesetzten Instrumenten, die Intervention entspricht der in Studie 1 realisierten Bedingung mit Training und Unterstützung der Selbstreflexion (TSR-Bedingung). Um Testeffekte zu kontrollieren, soll ein Solomon-Viergruppenplan realisiert werden.

2 Hypothesen

2.1 Gruppenunterschiede vor der Intervention

Da die Untersuchung im Rahmen der universitären Lehre an der Technischen Universität Darmstadt stattfand, konnte die Aufteilung der Teilnehmer auf die Untersuchungbedingungen nicht randomisiert erfolgen. Die Studierenden wählten Seminare nach dem individuellen Stundenplan, durch ihre Wahl teilten sie sich den Untersuchungsgruppen selbst zu. Folglich können Unterschiede zwischen den Interventionsgruppen im Solomon-Viergruppenplan zum Zeitpunkt der ersten Erhebung nicht ausgeschlossen werden. Das Vorliegen entsprechender Unterschiede wird in vorbereitenden Analysen überprüft. Sollten statistisch signifikante Effekte auftreten, werden die Unterschiede bei den folgenden Analysen kovarianzanalytisch kontrolliert (vgl. Bortz & Döring, 2006).

2.2 Multimethodale Zusammenhangsanalysen

Die in Studie 2 eingesetzten Instrumente entsprechen den in Studie 1 zur Kompetenzdiagnostik eingesetzten Instrumenten. Folglich wird erwartet, dass die in Studie 1 gefundenen Korrelationen zwischen den mit unterschiedlichen Instrumenten ermittelten Kompetenzmaßen (Monotrait-Heteromethod-Korrelationen, konvergente Validität) repliziert werden können. Im Hinblick auf die Kriteriumsvalidität wird erwartet, dass eentsprechend den Ergebnisse aus Studie 1 Zusammenhänge zwischen den Beratungskompetenzmaßen (Gesamtskala, univariat; Kompetenzfacetten) und den herangezogenen Kriterienvariablen (wahrgenommene Beratungsleistung, Selbstwirksamkeit in Bezug auf Elterngespräche, u.a.) beobachtet werden können. Für die multimethodalen Zusammenhangsanalysen wird auf Datensätze von Gruppe 1 und Gruppe 3 des Solomon-Viergruppenplans zurückgegriffen. Da die Analysen auf Prätest-Daten beruhen, können Teilnehmer in Gruppe 3 und Gruppe 4 (jeweils nur Posttest) nicht berücksichtigt werden.

2.3   Veränderungen im Längsschnitt

Auch in der Studierendenstichprobe wurde die Kompetenzdiagnostik auf der Ebene genereller Handlungstendenzen (Trait) und auf der Ebene aktueller Handlungen (State) vorgenommen. Analog zu Studie 1 wurden zur Kompetenzdiagnostik fünf Instrumente eingesetzt: Fragebogen zur Beratung im Berufsalltag (Trait-Selbstbeurteilung), Arbeitsprobe (Trait-Ebene), Wissenstest (Trait-Ebene), Fragebogen zur Beurteilung der eigenen Beratungsleistung im simulierten Elterngespräch (State-Selbstbeurteilung), Fragebogen zur Beurteilung der Beratungsleistung des Lehrers im simulierten Elterngespräch (teilnehmende Beobachtung) sowie Analysen des Beraterverhaltens in aufgezeichneten, simulierten Beratungsgesprächen (nicht-teilnehmende Beobachtung).[44]

2.3.1   Hypothesen zu den Veränderungen der Beratungskompetenz

In Studie 1 konnte ein Zuwachs an Beratungskompetenz für Teilnehmer in den Experimentalbedingungen (T, TSR, TSRFB) beobachtet werden. Entsprechend wird angenommen, dass sich bei den Studierenden in den Experimentalbedingungen (Gruppe 1, Gruppe 3) Kompetenzzuwächse für das Gesamtmaß Beratungskompetenz (multivariat, univariat) und die Kompetenzfacetten sowie ein Zuwachs an beratungsbezogenem Wissen über den Interventionszeitraum hinweg beobachten lassen. Für die Teilnehmer in den Kontrollgruppen wird kein Zuwachs an Beratungskompetenz bzw. beratungsbezogenem Wissen erwartet. Grundsätzlich werden in der Studierendenstichprobe schwächere Effekte erwartet als in der Lehrerstichprobe, da kein direkter Transfer in den Berufsalltag stattfinden kann.

Für die Analysen der Prä-Post-Vergleiche wird auf Datensätze der Gruppe 1 (EG) und der Gruppe 2 (KG) zurückgegriffen. Die postulierten Wirkungsfolgen der Intervention sind in Tabelle 44 dargestellt.

---

44 In Gruppe 2 wurden die Instrumente zur State-Selbstbeurteilung und der teilnehmenden Beobachtung nicht eingesetzt. In Gruppe 3 und Gruppe 4 erfolgte die Kompetenzdiagnostik ausschließlich auf Trait-Ebene.

*Tabelle 44:   Erwartete Effekte der Interventionen auf der Ebene der Kompetenz-
maße für den Prä-Post-Vergleich in Studie 2*

Kompetenzmaß	Wirkungsfolge	
	Trait-Ebene	**State-Ebene**
Gesamtmaß Beratungs-kompetenz (multivariat)	Gruppe 1 (EG)>Gruppe 2 KG)	Gruppe 1 (EG)>Gruppe 2 (KG)
Gesamtskala Beratungs-kompetenz (univariat)	Gruppe 1 (EG)>Gruppe 2 KG)	Gruppe 1 (EG)>Gruppe 2 (KG)
Personale Ressourcen	Gruppe 1 (EG)>Gruppe 2 KG)	Gruppe 1 (EG)>Gruppe 2 (KG)
Soziale Kooperationskom-petenz	Gruppe 1 (EG)>Gruppe 2 KG)	Gruppe 1 (EG)>Gruppe 2 (KG)
Berater-Skills und Pädagogisches Wissen	Gruppe 1 (EG)>Gruppe 2 KG)	Gruppe 1 (EG)>Gruppe 2 (KG)
Prozesskompetenz	Gruppe 1 (EG)>Gruppe 2 KG)	Gruppe 1 (EG)>Gruppe 2 (KG)
Bewältigungskompetenz	Gruppe 1 (EG)>Gruppe 2 KG)	Gruppe 1 (EG)>Gruppe 2 (KG)

2.3.2   Hypothesen zu wahrgenommenem Kompetenzzuwachs, Beratungsleistung, Selbstwirksamkeit, Zielerreichung und Zufriedenheit

In Anlehnung an die postulierten Effekte für den Kompetenzzuwachs (siehe Kapitel G.2.3.1) wird erwartet, dass die Studierenden in der Experimentalbedingung (Gruppe 1, Gruppe 3) einen Zuwachs an Beratungskompetenz, an wahrgenommener Beratungsleistung und an Selbstwirksamkeit in Bezug auf Elterngespräche wahrnehmen. Für die Teilnehmer in den Kontrollgruppen (Gruppe 2, Gruppe 4) wird kein Zuwachs für diese Variablen erwartet. Zur Überprüfung dieser Hypothesen kann auf die Daten aus der Trait-Selbstbeurteilung zurückgegriffen werden. Die erwarteten Effekte in Abhängigkeit von der Treatmentbedingung sind in Tabelle 45 dargestellt.

Tabelle 45:   Erwartete Effekte für Beratungsleistung, Selbstwirksamkeit und Zufriedenheit für den Prä-Post-Vergleich in Studie 2

Variable	Wirkungsfolge
	Trait-Ebene
Wahrgenommener Kompetenzzuwachs[45]	EG>KG
Wahrgenommene Beratungsleistung	EG>KG
Selbstwirksamkeit in Bezug auf Elterngespräche	EG>KG

Anmerkung: EG=Gruppe 1, Gruppe 3; KG=Gruppe 2, Gruppe 4.

Hinsichtlich der Wirksamkeit der Instrumente wird erwartet, dass die Studierenden den Rollenspielen mehr Bedeutung für den Kompetenzgewinn beimessen als den

---

45 Nur Posttest-Vergleich.

anderen Interventionselementen, da diese die Möglichkeit bieten, die erlernten Inhalte anzuwenden.

2.3.3   Moderatoranalysen

Von der Replikation der in Studie 1 gefundenen Moderatoreffekte für die Variablen
Alter, Unterrichtsfach Sprachen und der Beratungskompetenz vor der Intervention
wird wegen der geringen, erwarteten Stichprobengröße (n=20) abgesehen.

2.3.4   Testeffekte

Im Rahmen des Solomon-Viergruppenplans kann geprüft werden, ob Testeffekte
vorliegen. In der Studie können entsprechende Effekte auf der Basis der Daten aus
der Trait-Selbstbeurteilung überprüft werden. Da Beratungskompetenz eine sehr
komplexe Kompetenz ist (siehe Kapitel B.2.6 und Kapitel B.6.2), wird erwartet,
dass sich durch das alleinige Bearbeiten des Prätests keine Kompetenzzuwächse
ergeben. Entsprechend werden keine Testeffekte erwartet. Weiterhin wird erwartet,
dass das Bearbeiten des Prätests den Kompetenzzuwachs im Rahmen der Intervention nicht unterstützt.

Durch einen Vergleich der Gruppe 3 (EG, nur Posttest) und der Gruppe 4 (KG, nur
Posttest) ist es möglich, die für den Prä-Post-Vergleich von Gruppe 1 (EG, Prätest-
Posttest) und Gruppe 2 (KG, Prätest-Posttest) gefundenen Ergebnisse zu replizie-
ren. Es wird angenommen, dass die Intervention in den Stichproben der Studieren-
den gleichermaßen wirksam ist; folglich wird erwartet, dass sich die Ergebnisse des
Prä-Post-Vergleichs von Gruppe 1 und Gruppe 2 auch durch den Vergleich von
Gruppe 3 und Gruppe 4 replizieren lassen.

2.4   Zusammenhangsanalysen

Die in Studie 1 gefundenen Zusammenhänge zwischen der Gesamtskala Beratungskompetenz und den berufsbezogenen Einstellungen und Leistungsmaßen sollten sich in Studie 2 replizieren lassen. Die erwarteten Zusammenhänge sind in Tabelle 46 dargestellt.

Tabelle 46: *Erwartete Effekte für die Zusammenhänge zwischen der Beratungs-*
kompetenz, berufsbezogenen Einstellungen und Leistungsmaßen in
Studie 2

Skala		Erwarteter Effekt
Gesamtskala Beratungskompetenz	Wahrgenommene Beratungsleistung	positiv
	Auffassung der Lehrerrolle	positiv
	Informiertheit	positiv
	Motivation zu guter Beratung	positiv
	Selbstwirksamkeit	positiv
	Burnout	negativ
Berufserfahrung	Motivation zu guter Beratung	negativ
	Burnout	negativ
Wahrgenommene Beratungsleistung	Auffassung der Lehrerrolle	positiv
	Informiertheit	positiv
	Motivation zu guter Beratung	positiv
	Selbstwirksamkeit	positiv
	Änderungsmotivation	positiv
Auffassung der Lehrerrolle	Informiertheit	positiv
	Motivation zu guter Beratung	positiv
	Selbstwirksamkeit	positiv
Informiertheit	Motivation zu guter Beratung	positiv
	Selbstwirksamkeit	positiv
Motivation zu guter Beratung	Selbstwirksamkeit	positiv
	Änderungsmotivation	positiv
	Burnout	negativ
Selbstwirksamkeit	Burnout	negativ

In Studie 1 wurden Zusammenhänge der Veränderungen von Prätest zu Posttest für
die Veränderungen der univariaten Gesamtskala Beratungskompetenz, der wahrgenommenen Beratungsleistung und der Selbstwirksamkeit in Bezug auf Elterngespräche gefunden. Es wird erwartet, dass sich diese Zusammenhänge auch in Studie 2 zeigen. Datenbasis für die Analysen sind Datensätze der Trait-Selbstbeurteilung und der State-Selbstbeurteilung.

H   Methode der Studie 2

1   Untersuchungsdesign

In Studie 2 wurden die Effekte von Interventionen zur Förderung der Beratungskompetenz in einer Studierenden-Stichprobe untersucht. Es wurde ein Solomon-
Viergruppenplan realisiert, um zusätzlich zur Analyse der Interventionseffekte auch
Testeffekte zu untersuchen. Die Studie war quasi-experimentell angelegt, die Intervention bestand aus der Fortbildung zur Beratungskompetenz mit Unterstützung
der Selbstreflexion. Die resultierenden Untersuchungsbedingungen werden in Tabelle 47 dargestellt.

Tabelle 47: Versuchsdesign der Studie 2

| Gruppe | Prätest | Treatment | | | Posttest |
		Fortbildung	Intervention Beratungskompetenz Unterstützung der Selbstreflexion	Feedback	
1	x	x	x		x
2	x				x
3		x	x		x
4					x

In den Gruppen 2, 3 und 4 wurden zur Datenerhebung (Prätest, Posttest) folgende Instrumente eingesetzt: der Fragebogen zur Beratung im Berufsalltag (Trait-Selbstbeurteilung), die Arbeitsprobe und der Wissenstest. In Gruppe 1 kamen zusätzlich der Fragebogen zur Beurteilung der eigenen Beratungsleistung im simulierten Elterngespräch (State-Selbstbeurteilung), der Fragebogen zur Beurteilung der Beratungsleistung im simulierten Elterngespräch (teilnehmende Beobachtung) sowie die Analyse von aufgezeichneten Beratungsgesprächen (nicht-teilnehmende Beobachtung) zum Einsatz. Diese Daten wurden in simulierten Elterngesprächen (Rollenspiel) im Rahmen der Intervention erhoben. Da Studierende kaum Erfahrung mit Elterngesprächen aufweisen, wird davon ausgegangen, dass die Selbsterfahrung in simulierten Beratungssituationen einen zentralen Aspekt der Intervention darstellt. Deshalb wurde davon abgesehen, in der Kontrollbedingung (Gruppe 2) eine Datenerhebung in simulierten Beratungsgesprächen durchzuführen. In Gruppe 3 und Gruppe 4 wurde ebenfalls von einer Erhebung der State-Daten abgesehen, da nur ein Messzeitpunkt realisiert wurde.

Der Versuchsplan dieser Studie ermöglicht eine Untersuchung der Interventionseffekte (Gruppe 1 vs. Gruppe 2), das Abschätzen von reinen Prätesteffekten (Gruppe 2 vs. Gruppe 4) sowie von Effekten des Prätests hinsichtlich der Wirksamkeit der Intervention (Gruppe 1 vs. Gruppe 3).

2   Ablauf der Untersuchung

Die Untersuchung wurde im Rahmen der universitären Lehre an der Technischen Universität Darmstadt[46] durchgeführt. Die Datenerhebung erfolgte jeweils zu Beginn bzw. zum Abschluss des Semesters. Teilnehmer in Gruppe 1 und Gruppe 2 bearbeiteten die Fragebögen in der Veranstaltung, in Gruppe 3 und Gruppe 4 wurden die Fragebögen am Ende einer Sitzung ausgeteilt und in der folgenden Sitzung wieder eingesammelt. Um die Teilnehmer zur Bearbeitung des Fragebogens zu motivieren, war die Abgabe Scheinkriterium bzw. wurde mit einem Punktebonus für

---

46 Wintersemester 2005/2006; Wintersemester 2006/2007.

die Abschlussklausur entlohnt. In Gruppe 1 wurden in der ersten und der vierten Trainingseinheit zusätzlich die Erhebungen auf State-Ebene (Selbstbeurteilung, teilnehmende Beobachtung) durchgeführt, in diesem Rahmen fand auch die Aufzeichnung der simulierten Beratungsgespräche statt. Es wurden drei Gruppen ausgelost, deren Gespräche auf Kassette aufgezeichnet wurden. Abbildung 27 zeigt den zeitlichen Ablauf der Studie 2.

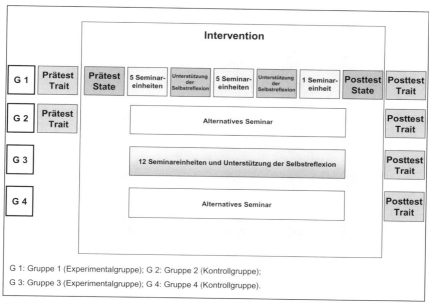

Abbildung 27: Zeitlicher Ablauf der Studie 2

Studierende in Gruppe 1 und Gruppe 3 erhielten das Beratungskompetenztraining mit Unterstützung der Selbstreflexion. Die Trainingsinhalte und deren Abfolge entsprachen den in Kapitel E.5.3 beschriebenen Trainingsinhalten aus Studie 1. Da eine Seminareinheit nur 90 Minuten umfasst, erstreckte sich die Intervention über 13 Termine, teilweise wurden die Inhalte von Studierenden vorgetragen, wobei die Struktur und die Übungen dem Vorgehen aus Studie 1 entsprachen. Bei vier Terminen wurde ein Beratungsgespräch mit einem Elternteil simuliert (Rollenspiel), zur Unterstützung der Selbstreflexion wurde analog zu Studie 1 der Selbstreflexionsleitfaden zur Vor- und Nachbereitung des Gesprächs eingesetzt.

3   Beschreibung der Stichprobe

Die Stichprobe der Studie 2 setzte sich aus 102 Studierenden der Fachrichtungen Lehramt an Gymnasien und Lehramt an Berufsbildenden Schulen sowie Studierenden im Magisterstudiengang mit Haupt- oder Nebenfach Psychologie zusammen. Für 48 Teilnehmer lagen soziodemografische Daten vor. 54% der Teilnehmer (n=26) waren weiblich, 46% der Teilnehmer (n=2) waren männlichen Geschlechts. Die Altersverteilung war wie folgt: 54% der Teilnehmer (n=26) waren unter 31 Jahre alt. 31% der Teilnehmer (n=15) waren zwischen 31 und 40 Jahre alt. Der Alterskategorie 41 bis 50 Jahre gehörten 6% der Teilnehmer (n=3) an. 2% der Teilnehmer (n=1) waren zwischen 51 und 60 Jahre alt. Sechs Teilnehmer (6%) waren über 60 Jahre alt. 15% der Teilnehmer (n=7) studierten Sprachen,[47] 57% studierten Mathematik bzw. Naturwissenschaften (n=26), 51% der Teilnehmer studierten Gesellschaftslehre bzw. Politik (n=35) und 12% studierten Kunst, Musik oder Sport (n=6). Die durchschnittliche Studienzeit betrug 5.9 Semester (SD=3.43). 17% der Teilnehmer (n=12) hatten bereits eigenverantwortlich Elterngespräche geführt. Zehn Teilnehmer (15%) hatten bereits an einer Schulung zur Förderung der Beratungskompetenz teilgenommen.

Zum Zeitpunkt des Prätests ergaben sich statistisch signifikante Unterschiede zwischen Gruppe 1 und Gruppe 2 hinsichtlich des Studienfachs im mathematischen/ naturwissenschaftlichen Bereich (F(2,43)=4.7, p=.01). In Gruppe 2 war die Anzahl an Personen mit mathematischem/naturwissenschaftlichem Studienfach statistisch signifikant höher als in Gruppe 1, die Überprüfung von Unterschieden in der Beratungskompetenz (Gesamtskala, Kompetenzfacetten) gibt Aufschluss darüber, ob die Studienrichtung auch Auswirkungen auf die Beratungskompetenz nimmt. Tabelle 48 zeigt die Verteilung der Teilnehmer auf die Untersuchungsbedingungen.

Tabelle 48: Verteilung der Teilnehmer in Studie 2

Untersuchungsbedingung	Intervention	Gesamt
Gruppe 1	Prätest + Training Beratungskompetenz + Posttest	22
Gruppe 2	Prätest + Posttest	34
Gruppe 3	Training Beratungskompetenz + Posttest	11
Gruppe 4	Posttest	18

---

47 Bei der Angabe des Studienfachs waren Mehrfachnennungen möglich.

4   Beschreibung der Erhebungsinstrumente

Die in Studie 2 eingesetzten Erhebungsinstrumente entsprechen den in Studie 1 eingesetzen Instrumenten. Deshalb werden hier nur Abweichungen von den in Kapitel E.4 beschriebenen Vorgehensweisen beschrieben.

4.1   Instrumente zur Erfassung der Beratungskompetenz aus der Selbstbeurteilungsperspektive

4.1.1   *Fragebogen zur Beratung im Berufsalltag (Trait-Selbstbeurteilung)*

Der Fragebogen zur Beratung im Berufsalltag (Trait-Selbstbeurteilung) wurde zu den beiden realisierten Messzeitpunkten (Prätest, Posttest) eingesetzt, die Unterschiede bei den eingesetzten Versionen für die Messzeitpunkte gleichen den in Kapitel E.4.1.1 beschriebenen Veränderungen. Anpassungen für die studentische Stichprobe gab es bei den soziodemografischen Variablen. In die Analysen gingen nur Skalen ein, deren Prätest-Reliabilität das Kriterium von Cronbachs $\alpha \geq .6$ erreichte, in Tabelle 49 werden die verwendeten Skalen sowie deren Reliabilitäten und Quellen dargestellt. Weitere Ausführungen zur Fragebogengestaltung finden sich in Kapitel E.4.1.1.

Tabelle 49: Skalen des Fragebogens zur Beratung im Berufsalltag (Version Studie 2)

Fragebogenabschnitt	Skala	Unterskala	Verwendung	Prätest-Reliabilität Unterskalen	Quelle	Itemanzahl	Prätest-Reliabilität Skalen
Skalen zur Diagnostik der Beratungskompetenz	Kompetenzfacette: Personale Ressource	Task-Monitoring[S]	Prätest / Posttest	.75	Selbst erstellt	2 von 3	.49[1]
		Selbstreflexion[S]	Prätest / Posttest	.62	Selbst erstellt	3 von 3	
	Kompetenzfacette: Soziale Kooperationskompetenz	Kooperatives Handeln[S]	Prätest / Posttest	.61	Selbst erstellt	2 von 3	.77
		Kooperative Einstellung[S]	Prätest / Posttest	.73	Selbst erstellt	3 von 3	
	Kompetenzfacette: Berater-Skills und Pädagogisches Wissen	Diagnostische Kompetenz[S]	Prätest / Posttest	.67	Selbst erstellt	3 von 3	.73
		Gesprächskompetenz[S]	Prätest / Posttest	.67	Selbst erstellt	3 von 3	
	Kompetenzfacette: Prozesskompetenz	Strategieanpassung[S]	Prätest / Posttest	.61	Selbst erstellt	2 von 3	.77
		Ziel- und Ressourcenorientierung[S]	Prätest / Posttest	.87	Selbst erstellt	2 von 3	
	Kompetenzfacette: Bewältigungskompetenz	Kritikannahme[S]	Prätest / Posttest	.60	Selbst erstellt	3 von 3	.60
	Gesamtskala Beratungskompetenz	Mittelwert der fünf Kompetenzfacetten	Prätest / Posttest	n.b.	Selbst erstellt	5 von 5	.77
Skalen zur Vorhersage der Beratungskompetenz (Prädiktoren)	Berufliches Rollenverständnis	Auffassung der Lehrerrolle[S]	Prätest / Posttest	.00	Selbst erstellt	0 von 3	.55[2]
		Interesse und Engagement[i]	Prätest	.72	Selbst erstellt	2 von 3	
		Durchführung von Elternberatung[S]	Prätest / Posttest	.74	Selbst erstellt	3 von 3	
	Informiertheit	Kenntnis der Bedingungen an der Schule[S]	Prätest / Posttest	.67	Selbst erstellt	3 von 3	.64
		Fort- und Weiterbildung[S]	Prätest	.74	Selbst erstellt	2 von 3	
	Selbstwirksamkeit (auch Kriterium)	Selbstwirksamkeit bezüglich Beratungsgesprächen[S]	Prätest / Posttest	.61	Selbst entwickelt in Anlehnung an Abele et al. (2000), Schwarzer & Jerusalem (2001)	2 von 3	.78
		Emotionale Grundhaltung gegenüber Beratungsgesprächen	Prätest / Posttest	.66	Selbst erstellt	2 von 3	
		Sicherheit im Umgang mit Eltern[S]	Prätest / Posttest	.74	Selbst erstellt	3 von 3	
	Motivation zu Beratung	Bedeutsamkeit guter Beratung	Prätest / Posttest	.72	Selbst erstellt	3 von 3	.72
		Einschätzung des Kosten-Nutzen Verhältnisses von Elternarbeit[S]	Prätest / Posttest	.55	Selbst entwickelt in Anlehnung an Wild (2003)	2 von 3	

Anmerkung: Reliabilität: Cronbachs α; n.b.: nicht berechenbar; S=sechsstufige Antwortkategorie: (1) trifft überhaupt nicht zu bis (6) trifft voll und ganz zu.

1 Ohne Skala Selbstreflexion.
2 Ohne Skala Durchführung von Elternberatung.

Fortsetzung Tabelle 49: Skalen des Fragebogens zur Beratung im Berufsalltag (Version Studie 2)

Fragebogenabschnitt	Skala	Unterskala	Verwendung	Prätest-Reliabilität Unterskalen	Quelle	Itemanzahl	Prätest-Reliabilität Skalen
Skalen zur Vorhersage durch die Beratungskompetenz (Kriterien)	Wahrgenommene Beratungsleistung[S]	Allgemeine Beratungskompetenz	Prätest / Posttest	n.b.	Selbst erstellt	3 von 3	.91
		Vorbereitung von Beratungsgesprächen	Posttest	n.b.	Selbst erstellt	1 von 1	n.b.
		Verhalten in Beratungsgesprächen	Posttest	n.b.	Selbst erstellt	1 von 1	n.b.
	Wahrgenommener Kompetenzzuwachs[S]	Nachbereitung und Reflexion von Beratungsgesprächen	Posttest	n.b.	Selbst erstellt	1 von 1	n.b.
		Verhalten in schwierigen Gesprächssituationen	Posttest	n.b.	Selbst erstellt	1 von 1	n.b.
Moderatoren	Änderungsmotivation[S]		Prätest	n.b.	Selbst erstellt	1 von 3	.45
	Burnout[S, PT]		Posttest	n.b.	Selbst entwickelt in Anlehnung an Körner (2003)	1 von 3	.57
	Introversion/Extraversion[S, PT]		Posttest	n.b.	Auswahl aus NEO-FFI; Borkenau & Ostendorf (1993)	2 von 3	.62
Ehrliches Antwortverhalten	Soziale Erwünschtheit[S]		Prätest / Posttest	n.b.	Auswahl aus MCSD Marlowe & Crown (1960, 1964)	2 von 3	.66
Effektivität der Interventionen	Wahrgenommene Effektivität der Interventionselemente	Rollenspiele[S]	Posttest	n.b.	Selbst erstellt	1 von 1	n.b.
		Leitfaden	Posttest	n.b.	Selbst erstellt	1 von 1	n.b.
		„Lernen lernen"[S]	Posttest	n.b.	Selbst erstellt	1 von 1	n.b.
		Selbstreflexion (Gesprächsleitfäden) Feedback[S]	Posttest	n.b.	Selbst erstellt	1 von 1	n.b.
	Zielerreichung	Erreichung des individuellen Fortbildungsziels[S]	Posttest	n.b.	Selbst erstellt	1 von 1	n.b.
Soziodemographische Angaben	Alter[W]		Prätest	n.b.	Selbst erstellt	1 von 1	n.b.
	Geschlecht[D]		Prätest	n.b.	Selbst erstellt	1 von 1	n.b.
	Studiensemester[O]		Prätest	n.b.	Selbst erstellt	1 von 1	n.b.
	Studienfächer[W]		Prätest	n.b.	Selbst erstellt	1 von 1	n.b.
	Eigene Elternschaft[D]		Prätest	n.b.	Selbst erstellt	1 von 1	n.b.
	Beschäftigung mit dem Thema Selbstreguliertes Lernen aus der Elternperspektive[D]		Prätest	n.b.	Selbst erstellt	1 von 1	n.b.

Anmerkung: Reliabilität: Cronbachs α; n.b.=nicht berechenbar; O=offene Antwortkategorie; W=vorgegebene Wahlmöglichkeiten; S=sechsstufige Antwortkategorie: (1) trifft überhaupt nicht zu bis (6) trifft voll und ganz zu; D=dichotome Antwortkategorie; PT=Posttest-Reliabilität.

4.1.2   Fragebogen zur Beurteilung der eigenen Beratungsleistung in einem
         Beratungsgespräch (State-Selbstbeurteilung)

Der Fragebogen zur Beurteilung der eigenen Beratungsleistung in einem Beratungsgespräch (State-Selbstbeurteilung) wurde in Gruppe 1 bei allen vier Rollenspielen eingesetzt, und entspricht dem in Studie 1 eingesetzten Fragebogen. Bei
Gruppe 3 erfolgte die Reflexion unter Anleitung des Seminarleiters im Teilnehmerkreis. Die verwendeten Skalen sowie deren Reliabilitäten[48] und Quellen werden
in Tabelle 50 dargestellt. Eine ausführliche Beschreibung des Fragebogens erfolgt in Kapitel E.4.1.2. In die Auswertung gingen nur Skalen ein, die das Reliabilitätskriterium von Cronbachs $\alpha \geq .6$ erfüllten, die Skala Bewältigungskompetenz erfüllte dieses Kriterium nicht und wurde auf der Ebene von Einzelitems in die Analysen einbezogen.

---

48 Prätest-Reliabilität: Cronbachs α.

Tabelle 50: Skalen des Fragebogens zur Beurteilung der eigenen Beratungsleistung in einem Beratungsgespräch (Version Studie 2)

Fragebogenabschnitt	Skala	Aspekte	Verwendung	Quelle	Itemanzahl	Prätest-Reliabilität Skalen
Skalen zur Diagnostik der Beratungskompetenz	Kompetenzfacette: Personale Ressourcen[S]	Task-Monitoring, Selbstreflexion	T1 / T2 / T3 / T4	Pauly (2006)	5 von 5	.73
	Kompetenzfacette: Soziale Kooperationskompetenz[S]	Kooperatives Handeln, Kooperative Einstellung	T1 / T2 / T3 / T4	Pauly (2006)	4 von 5	.62
	Kompetenzfacette: Berater-Skills und Pädagogisches Wissen[S]	Gesprächskompetenz, Inhaltliche Kompetenz, Planung	T1 / T2 / T3 / T4	Pauly (2006)	10 von 10	.89
	Kompetenzfacette: Prozesskompetenz[S]	Strategieanpassung, Ziel- und Ressourcenorientierung	T1 / T2 / T3 / T4	Pauly (2006)	1 von 1	n.b.
	Kompetenzfacette: Bewältigungskompetenz[S]	Kritikannahme	T1 / T2 / T3 / T4	Pauly (2006)	1 von 2	.29
	Gesamtskala Beratungskompetenz	Mittelwert der fünf Kompetenzfacetten			5 von 5	.86
Skalen zur Vorhersage der Beratungskompetenz (Prädiktoren)	Selbstwirksamkeit[S]		T1 / T2 / T3 / T4	Pauly (2006)	2 von 3	.75
Skalen zur Vorhersage durch die Beratungskompetenz (Kriterien)	Kompetenzempfinden[S]		T1 / T2 / T3 / T4	Pauly (2006)	2 von 2	.85
	Zielerreichung[S]		T2 / T3 / T4	Pauly (2006)	1 von 1	
	Zufriedenheit[SZ]		T1 / T2 / T3 / T4	Pauly (2006)	3 von 3	.85
Emotionen	Positive Emotionen[V]		T2 / T3 / T4	Pauly (2006)	3 von 6	.60
	Negative Emotionen[V]		T2 / T3 / T4	Pauly (2006)	6 von 6	.80
Offene Fragen	Zielsetzung für das bevorstehende Gespräch[O]		T1 / T2 / T3 / T4	Pauly (2006)	1 von 1	n.b.
	Verbesserungspotenzial für das nächste Gespräch[O]		T1 / T2 / T3 / T4	Pauly (2006)	1 von 1	n.b.

Anmerkung: Reliabilität: Cronbachs α; n.b.: nicht berechenbar; O=offene Antwortkategorie; S=sechsstufige Antwortkategorie: (1) trifft überhaupt nicht zu bis (6) trifft voll und ganz zu; SZ= sechsstufige Antwortkategorie: (1) völlig unzufrieden bis (6) völlig zufrieden; V=vierstufige Antwortkategorie: (1) trifft überhaupt nicht zu bis (4) trifft voll und ganz zu.

4.2   Instrumente zur Erfassung der Beratungskompetenz aus der Fremdbeurteilungsperspektive

4.2.1   Arbeitsproben

Die Arbeitsproben wurden im Prä- und Posttest eingesetzt, sie entsprachen den in Studie 1 eingesetzten Arbeitsproben (siehe Kapitel E.4.2.1), das Vorgehen bei der Auswertung der Arbeitsproben erfolgte analog zu dem in Kapitel E.4.2.1 dargestellten Vorgehen.

4.2.2   Fragebogen zur Beurteilung der Beratungsleistung des Lehrers in einem Beratungsgespräch (teilnehmende Beobachtung)

Die teilnehmende Beobachtung erfolgte anhand des in Studie 1 eingesetzten Fragebogens zur Beruteilung der Beratungsleistung des Lehrers in einem Beratungsgespräch (siehe Kapitel E.4.2.2). In Gruppe 1 wurde der Fragebogen bei allen vier Rollenspielen eingesetzt. In Gruppe 3 wurde er zur Rückmeldung nach entsprechenden Gesprächsübungen herangezogen, jedoch nicht eingesammelt. Tabelle 51 zeigt die verwendeten Skalen sowie deren Reliabilitäten[49] und Quellen. Eine ausführliche Beschreibung der Entwicklung des Instruments findet sich in Kapitel E.4.2.2. Bei der Auswertung wurden nur Skalen berücksichtigt, die das Relibilitätskriterium von Cronbachs $\alpha \geq .6$ erfüllten. Die Skala Bewältigungskompetenz erfüllte dieses Kriterium nicht und wurde auf Item-Ebene in die Analysen einbezogen.

---

49 Prätest-Reliabilität: Cronbachs α.

Tabelle 51: Skalen des Fragebogens zur Beurteilung der Beratungsleistung eines Lehrers in einem Beratungsgespräch (Version Studie 2)

Fragebogenabschnitt	Skala	Aspekte	Verwendung	Quelle	Itemanzahl	Prätest-Reliabilität Skalen
	Kompetenzfacette: Personale Ressourcen[S]	Task-Monitoring	T1 / T2 / T3 / T4	Flammer & Ihringer (2007)	1 von 1	n.b.
	Kompetenzfacette: Soziale Kooperationskompetenz[S]	Kooperatives Handeln, Kooperative Einstellung	T1 / T2 / T3 / T4	Flammer & Ihringer (2007)	4 von 5	.62
Skalen zur Diagnostik der Beratungskompetenz	Kompetenzfacette: Beraterskills und Pädagogisches Wissen[S]	Gesprächskompetenz, Inhaltliche Kompetenz, Planung	T1 / T2 / T3 / T4	Flammer & Ihringer (2007)	4 von 4	.82
	Kompetenzfacette: Prozesskompetenz[S]	Ziel- und Ressourcenorientierung	T1 / T2 / T3 / T4	Flammer & Ihringer (2007)	1 von 1	n.b.
	Kompetenzfacette: Bewältigungskompetenz[S]	Kritikannahme	T1 / T2 / T3 / T4	Flammer & Ihringer (2007)	1 von 2	.52
	Gesamtskala Beratungskompetenz	Mittelwert der fünf Kompetenzfacetten	T1 / T2 / T3 / T4	Flammer & Ihringer (2007)	5 von 5	.75

Anmerkung: Reliabilität: Cronbachs α; n.b.: nicht berechenbar; S=sechsstufige Antwortkategorie: (1) trifft überhaupt nicht zu bis (6) trifft voll und ganz zu.

4.2.3   Gesprächsanalysen mittels Kategoriensystem
         (nicht-teilnehmende Beobachtung)

Die aufgezeichneten, simulierten Beratungsgespräche der Gruppe 1 wurden mittels des von Bruder (2006) entwickelten Kategoriensystems zur Analyse von Beratungsgesprächen ausgewertet. Das Vorgehen glich dem in Kapitel E.4.2.3 beschriebenen Vorgehen. Bei den Auswertungen zeigte sich, dass die Teilnehmer sich nicht in die Situation hineinversetzen konnten (siehe Kapitel H.4.5). Da die Tonbänder keine validen Daten zur Kompetenzdiagnostik liefern konnten, wurde die Analyse der Bänder abgebrochen.

4.3   Instrument zur Erfassung des beratungsbezogenen Wissens

Der eingesetzte Wissenstest entsprach dem in Kapitel E.4.3 beschriebenen Wissenstest. Die Trennschärfe der Items (part-whole-korrigiert) sowie die Schwierigkeiten der einzelnen Items zu den zwei Messzeitpunkten sind in Tabelle 52 dargestellt.

Tabelle 52:   Trennschärfe ($r_{i(t-i)}$) und Itemschwiergkeiten (P_i) der Items des Wissenstests in Studie 2

	Prätest (N=69)		Posttest (N=68)	
	$r_{i(t-i)}$	P_i	$r_{i(t-i)}$	P_i
Item 1	.43	29	.78	43
Item 2	.27	06	.62	33
Item 3	.69	54	.80	55
Item 4	.65	64	.84	60

Die Items wiesen zufriedenstellende bis gute Trennschärfekoeffizienten auf. Der Schwierigkeitsgrad der Items variierte von leicht (Item 4) bis hoch (Item 6).

4.4   Validierung der Instrumente

Zur Validierung der Instrumente konnte aufgrund der Datenlage (siehe Kapitel H.4.5) in der studentischen Stichprobe nur Daten auf der Ebene der Trait-Selbstbeurteilung herangezogen werden. Deshalb entfiel die Analyse der multimethodalen Zusammenhänge (konvergente Validität). Durchgeführt wurden Analysen zum Zusammenhang der Beratungskompetenzmaße (univariate Gesamtskala, Kompetenzfacetten) und Kriteriumsvariablen (z.B. wahrgenommener Beratungserfolg) sowie Faktorenanalysen. Die Darstellung der Ergebnisse der kriteriumsbezogenen Zusammenhangsanalysen erfolgt in Kapitel I.2, die Ergebnisse der faktorenanalytischen Dimensionsprüfung werden in diesem Kapitel beschrieben. In Anlehnung an Vorstudie 2 (siehe Kapitel B.6.2) wurde eine fünfdimensionale Struktur erwartet.

4.4.1   Faktorenanalytische Dimensionsprüfung

Die Dimensionsprüfung erfolgte durch eine übergeordnete Hauptkomponentenanalyse mit Varimaxrotation. Als Abbruchkriterium für die Extraktion der Faktoren wurde das Kriterium Eigenwert < 1 gewählt. Datengrundlage waren die Subskalen des Fragebogens zur Beratungskompetenz im Berufsalltag (Trait-Selbstbeurteilung). Die Faktorenstruktur ist in Tabelle 53 dargestellt. Da nur eine Komponente extrahiert wurde, konnte keine Rotation erfolgen.

Tabelle 53: Faktorenstruktur der übergeordneten Hauptkomponentenanalyse für den Fragebogen zur Beratung im Berufsalltag in Studie 2

Skala	Item	Erwarteter Faktor	Faktorladung Faktor 1
1	Task-Monitoring	KI	.50
2	Selbstreflexion	KI	.75
3	Kooperatives Handeln	KII	.78
4	Kooperative Einstellung	KII	.80
5	Diagnostische Kompetenz	KIII	.81
6	Gesprächskompetenz	KIII	.80
7	Ziel- und Ressourcenorientierung	KIV	.83
8	Kritikannahme	KV	.58

Anmerkung: Hauptkomponentenanalyse; Werte unter .30 unterdrückt; KI: Personale Ressourcen, KII: Soziale Kooperationskompetenz, KIII: Berater-Skills und Pädagogisches Wissen; KIV: Prozesskompetenz, KV: Bewältigungskompetenz.

Die Dimensionsprüfung ergab eine einfaktorielle Lösung. Alle Beratungskompetenzskalen laden auf einem Faktor. Die Varianz der beobachteten Beratungskompetenz wurde zu 100 Prozent aufgeklärt. Entgegen der Annahme konnten die in Vorstudie 2 ermittelten fünf Kompetenzfaktoren nicht repliziert werden.

4.5   Diskussion der Instrumente

Die Diskussion der Instrumente erfolgte bereits ausführlich in Kapitel E.4.6, an dieser Stelle werden deshalb ausschließlich Besonderheiten für die Anwendung und Optimierung der Instrumente für den Einsatz in einer studentischen Stichprobe diskutiert.

Allgemein ist festzuhalten, dass die Rollenspielsituation in der studentischen Stichprobe nicht dazu geeignet war, die Beratungskompetenz der Teilnehmer zu erfassen. Einerseits konnten sich die Teilnehmer nicht in die beschriebenen Rollen hineinversetzen, andererseits schien ihnen die Rollenspielsituation sehr peinlich zu sein. Die Analyse der aufgezeichneten Beratungsgespräche zeigte, dass die Situationen nicht mit der erforderlichen Ernsthaftigkeit gespielt wurden: Oft wurde gelacht, die Situation wurde scherzhaft kommentiert und die Rollenspiele wurden frühzeitig abgebrochen. Infolgedessen konnten die State-Beobachtungen (State-Selbstbeurteilung, teilnehmende Beobachtung, nicht-teilnehmende Beobachtung) nicht in die Analysen einbezogen werden. Gleiches zeigte sich bei den Arbeitsproben: Die Teilnehmer konnten sich nicht in die beschriebenen Szenarien hineindenken und beantworteten die Arbeitsproben nicht mit ausreichender Sorgfalt. Deshalb konnten die Arbeitsproben ebenfalls nicht in die Analysen einbezogen werden.

4.5.1   Diskussion der Instrumente zur Selbstbeurteilung der Beratungskompetenz

Die Skalen des *Fragebogens zur Beratung im Berufsalltag* (Trait-Selbstbeurteilung, Studentenversion) wiesen mit Ausnahme der Kompetenzfacette Personale Ressourcen ($\alpha <. 60$) und der Skala Berufliches Rollenverständnis ($\alpha < .60$) zufriedenstellende bis gute Reliabilitäten ($.60 \leq$ Cronbachs $\alpha \geq .91$) auf.

Die geringen Reliabilitäten für die Kompetenzfacette Personale Ressourcen und das Berufliche Rollenverständnis können darauf zurückgeführt werden, dass Studierende nur wenig Selbsterfahrung in Beratungssituation haben (Kompetenzfacette Personale Ressourcen) und der Berufseinstieg noch bevorsteht (Berufliches Rollenverständnis). Für die Gesamtskala Beratungskompetenz und die Kompetenzfacetten *Soziale Kooperationskompetenz, Berater-Skills und Pädagogisches Wissen, Prozesskompetenz* und *Bewältigungskompetenz* konnten im Rahmen der Untersuchungen Hinweise auf Kriteriumsvalidität gefunden werden.

Die faktorenanalytische Dimensionsprüfung ergab eine eindimensionale Lösung, die die beobachtete Beratungskompetenz zu 100% aufklärte. Im Hinblick auf den Einsatz des Fragebogens in weiteren Studien mit Studierenden sollten insbesondere die Kompetenzfacette Personale Ressourcen und die Skala Berufliches Rollenverständnis überarbeitet werden, zusätzlich sind die in Kapitel E.4.6 beschriebenen Optimierungsvorschläge zu beachten.

Die Reliabilitätsanalysen für den *Fragebogen zur Beurteilung der eigenen Beratungsleistung in einem Beratungsgespräch* (State-Selbstbeurteilung) zeigten, dass die Skalen zufriedenstellende bis gute Reliabilitäten ($.62 \leq$ Cronbachs $\alpha \geq .89$) aufwiesen. Allein die Skala Bewältigungskompetenz erreichte das Reliabilitätskriterium nicht ($\alpha < .60$). Wie bereits in Kapitel E.4.6 beschrieben, sollte diese Skala bei weiteren Fragebogenkonstruktionen nicht mehr für den Einsatz in Rollenspielsituationen berücksichtigt werden. Dies gilt insbesondere, wenn die Szenarien keinen Umgang mit Kritik erfordern. Sollten neue Szenarien entwickelt werden bzw. wird der Fragebogen in realen Beratungssituationen eingesetzt, so sollte die Skala im Fragebogen belassen aber stark überarbeitet werden. So könnte z.b. gezielt nach dem Einsatz von Strategien zum Umgang mit Kritik (Metakommunikation) gefragt werden. Da die mittels des Fragebogens erhobenen Daten nicht in die Auswertung einbezogen werden konnten (s.o.), wurden keine weiteren Analysen durchgeführt.

4.5.2 Diskussion der Instrumente zur Fremdbeurteilung der Beratungskompetenz

Die *Arbeitsprobe* erwies sich für die Kompetenzdiagnostik in einer studentischen Stichprobe als ungeeignet (s.o.) Die Studierenden hatten Schwierigkeiten, sich in die Szenarien hineinzudenken, ihre Antworten wiesen nur selten Bezug zu der beschriebenen Situation auf und waren oft scherzhaft kommentiert. Für weitere Studien in einer Studierenden-Stichprobe sollte dieses Instrument nicht mehr berücksichtigt werden.

Die Skalen des *Fragebogens zur Beurteilung der Beratungsleistung eines Lehrers in einem Beratungsgespräch* (teilnehmende Beobachtung) wiesen gute Reliabilitäten auf ($.62 \leq$ Cronbachs $\alpha \geq .82$). Wiederum zeigte sich, dass die Skala *Bewältigungskompetenz* das Reliabilitätskriterium ($\alpha < .60$) nicht erreichte. Die in Studie 2 gefundenen Reliabilitäten sind vergleichbar mit den in Studie 1 gefundenen Reliabilitäten, sodass der Fragebogen sowohl in einer Lehrerstichprobe als auch in einer studentischen Stichprobe eingesetzt werden kann. Da die mittels des Fragebogens erhobenen Daten nicht in die Auswertung einbezogen werden konnten (s.o.), wurden keine weiteren Analysen durchgeführt. Im Hinblick auf den Einsatz in weiteren Studien sollten die in Kapitel E.4.6 beschriebenen Optimierungsvorschläge beachtet werden.

Das *Kategoriensystem zur Analyse der Tonbandaufzeichnungen* kam in dieser Studie nicht zum Einsatz. Die aufgezeichneten Rollenspiele konnten nicht ausgewertet werden, da sie unvollständig aufgezeichnet und oft nicht ernsthaft nachgestellt waren (s.o.).

Die Items des *Wissenstests* wiesen zufriedenstellende bis gute Trennschärfekoeffizienten ($.27 \leq r_{i(t-i)} \geq .84$) auf. Die Items variierten hinsichtlich des Schwierigkeitsgrades, es waren leichte und schwierige Items enthalten. Der Wissenstest ist für die Anwendung in einer studentischen Stichprobe besser geeignet als für die Anwendung in einer Lehrerstichprobe, denn in Studie 1 waren die Trennschärfekoeffizienten und die Itemschwierigkeiten nur zufriedenstellend. Dennoch ist der Test mit nur vier Items sehr kurz, für den Einsatz in weiteren Studien sollten zusätzliche Items aufgenommen werden.

5 Beschreibung der Intervention

5.1 Vorbereitende Maßnahmen

Im Wintersemester 2005/2006 (Gruppe 1) sowie im Wintersemester 2006/2007 (Gruppe 3) wurden an der Technischen Universität Darmstadt Seminare zu dem Thema Lehrer als Lernberater in das Lehrangebot aufgenommen. Die Seminare richteten sich an Studierende der Fachrichtungen Lehramt an Gymnasien und Lehramt an Berufsbildenden Schulen bzw. Master of Education. Teilnehmen konnten auch Studierende im Magisterstudiengang mit Haupt- oder Nebenfach Psychologie. Die Teilnehmer der Kontrollgruppen (Gruppe 2 und Gruppe 4) wurden in den Wintersemestern 2005/2006 (Gruppe 2) sowie 2006/2007 (Gruppe 4) aus anderen Seminaren rekrutiert. Dabei wurde darauf geachtet, dass die Teilnehmer ebenfalls den oben beschriebenen Fachrichtungen angehörten.

5.2 Organisation

Die Seminare fanden in den Räumen des Instituts für Psychologie der Technischen Universität Darmstadt statt. Da sich die Studierenden für die Seminare nach ihrem persönlichen Stundenplan anmeldeten, konnte die Gruppenzuteilung nicht randomisiert bzw. parallelisiert erfolgen.

5.3 Strukturen des Trainings

Die vermittelten Inhalte entsprachen den in Kapitel E.5.3 beschriebenen Fortbildungsinhalten. Änderungen ergaben sich allerdings hinsichtlich der zeitlichen Struktur. Da die Seminareinheiten nur 90 Minuten betrugen, verteilten sich die Inhalte über 13 Einheiten statt über vier Termine (siehe Tabelle 54). Teilweise wurden die Inhalte unter Anleitung der Seminarleiterin von Studierenden vermittelt. Die detaillierte Beschreibung der Inhalte und Übungen findet sich in Kapitel E.5.3.

Tabelle 54: Seminarplan für das Seminar „Lehrer als Lernberater" im Rahmen der universitären Lehre

Termin	Thema	Gestaltungsform
1	Themenvergabe	Organisation
2	Rollenspiel I	Praxis
3	Grundlagen der Kommunikation	Theorie & Praxis
4	Grundhaltungen in der Beratungsarbeit	Theorie & Praxis
5	Selbstreflexion	Theorie & Praxis
6	Gesprächsstrukturierung	Theorie & Praxis
7	Rollenspiel II	Praxis
8	Selbstreguliertes Lernen	Theorie & Praxis
9	Lernstrategien und Lernförderung	Theorie & Praxis
10	Elterliche Hausaufgabenunterstützung	Theorie & Praxis
11	Umschriebene Lernstörungen	Theorie & Praxis
12	Rollenspiel III	Praxis
13	Schwierige Gesprächssituationen	Theorie & Praxis
14	Rollenspiel IV	Praxis
15	Wiederholung	Theorie
16	Klausurbesprechung und Endevaluation	Abschluss

5.4 Beschreibung der Selbstreflexionsunterstützung

Die Unterstützung der Selbstreflexion erfolgte bei den Studierenden ebenfalls durch das Bearbeiten des Selbstreflexionsleitfadens zur Vor- und Nachbereitung der vier simulierten Elterngespräche. Da das Vorgehen analog zu dem der Studie 1 war, wird es an dieser Stelle nicht ausführlich beschrieben; eine detaillierte Ausführung findet sich in Kapitel E.5.4.

I Ergebnisse der Studie 2

1 Übersicht über die Analysen[50]

Der Ergebnisteil für Studie 2 gliedert sich in Analysen der kriteriumsbezogenen Validität der Kompetenzdiagnostik, Analysen zur Prüfung von Testeffekten, Analysen zur Prüfung von Interventionseffekten (Prä-Post-Vergleiche) sowie Analysen

---

50 Den Analysen ging eine Prüfung der Datensätze im Hinblick auf Eingabefehler voraus. Die Auswertung erfolgte mittels SPSS 12.xx und 15.xx.

bezüglich der Zusammenhänge zwischen Beratungskompetenz, berufsbezogenen Einstellungen und Leistungsmaßen.

Das Vorgehen bei der Auswertung entsprach dem in Kapitel F.1 beschriebenen, zusätzlich wurde die Wirkung von Prätesteffekten und Treatmenteffekten im Rahmen eines Solomon-Viergruppenplans untersucht. Allerdings konnten bei den Analysen ausschließlich Datensätze des Fragebogens zur Erfassung der Beratungskompetenz im Berufsalltag (Trait-Selbstbeurteilung) verwendet werden, die mittels der weiteren Instrumente erhobenen Daten wurden aufgrund unvollständiger Angaben nicht in die Auswertungen einbezogen.

Für die längsschnittliche Analyse der Interventionseffekte wurde auf die Datensätze der Treatmentbedingungen Gruppe 1 (EG) und Gruppe 2 (KG) zurückgegriffen. Auf eine Prüfung der Moderatoreneffekte wurde aufgrund der Stichprobengröße (n=13) verzichtet. Für die Zusammenhangsanalysen wurden Datensätze aus allen vier Treatmentgruppen herangezogen.

2   Analysen zur Kriteriumsvalidität

2.1   Analysen zur Kriteriumsvalidität der Gesamtskala Beratungskompetenz in einer studentischen Stichprobe

Im Hinblick auf die Kriteriumsvalidität der univariaten Gesamtskala Beratungskompetenz wurden die Korrelationen zwischen der Gesamtskala Beratungskompetenz und der wahrgenommenen Beratungsleistung sowie der Selbstwirksamkeit in Bezug auf Elterngespräche analysiert. Als Datenbasis wurden die Prätest-Daten herangezogen. Die Ergebnisse der korrelativen Analysen sind in Tabelle 55 dargestellt.

Tabelle 55: Korrelationen (r) der Gesamtskala Beratungskompetenz mit den Kriterienvariablen in Studie 2

Zusammenhang (r)		Effekt Studie 1	Korrelation (r) Studie 2	Effekt repliziert
Gesamtskala Beratungskompetenz	Wahrgenommene Beratungsleistung	+	.45 **	ja
	Selbstwirksamkeit	+	.70 ***	ja

Anmerkung: N=49; Messzeitpunkt: Prätest; Testung: einseitig; +: signifikant positiver Effekt; **p<.01; ***p<.001.

Es zeigten sich statistisch signifikante, positive Zusammenhänge zwischen der Gesamtskala Beratungskompetenz und der wahrgenommenen Beratungsleistung sowie der Selbstwirksamkeit in Bezug auf Elterngespräche. Die Ergebnisse der vorangehenden Studie mit Lehrern konnten repliziert werden. Diese Ergebnisse können als Hinweise auf die externe Validität der Gesamtskala Beratungskompetenz eingeordnet werden.

2.2 Analysen zur Kriteriumsvalidität der Kompetenzfacetten in einer studentischen Stichprobe

Um die Kriteriumsvalidität der einzelnen Kompetenzfacetten zu untersuchen, wurden die Korrelationen der einzelnen Kompetenzfacetten und der wahrgenommenen Beratungsleistung sowie der empfundenen Selbstwirksamkeit in Bezug auf Elterngespräche berechnet. Der Auswertung liegen die Datensätze des ersten Erhebungszeitpunkts zu Grunde. Die Ergebnisse der Analysen sind in Tabelle 56 dargestellt.

Tabelle 56: *Korrelationen (r) der Kompetenzwerte für die einzelnen Facetten mit den Kriterienvariablen in Studie 2*

Zusammenhang (r)		Effekt Studie 1	Korrelation (r) Studie 2	Effekt repliziert
Kompetenzfacette: Personale Ressourcen	Wahrgenommene Beratungsleistung	+	.10	nein
	Selbstwirksamkeit	+	.16	nein
Kompetenzfacette: Soziale Kooperationskompetenz	Wahrgenommene Beratungsleistung	+	.45 **	ja
	Selbstwirksamkeit	+	.70 ***	ja
Kompetenzfacette: Berater-Skills und Pädagogisches Wissen	Wahrgenommene Beratungsleistung	+	.28 *	ja
	Selbstwirksamkeit	+	.55 ***	ja
Kompetenzfacette: Prozesskompetenz	Wahrgenommene Beratungsleistung	+	.48 ***	ja
	Selbstwirksamkeit	+	.67 ***	ja
Kompetenzfacette: Bewältigungskompetenz	Wahrgenommene Beratungsleistung	+	.37 **	ja
	Selbstwirksamkeit	+	.53 ***	ja

Anmerkung: N=49; Messzeitpunkt: Prätest; Testung: einseitig; += signifikant positiver Effekt; *p<.05; **p<.01; *** p<.001.

Die Kompetenzfacette *Personale Ressourcen* wies keine statistisch signifikanten Korrelationen mit der wahrgenommenen Beratungsleistung und der Selbstwirksamkeit in Bezug auf Elterngespräche auf. Für die Kompetenzfacetten *Soziale Kooperationskompetenz, Berater-Skills und Pädagogisches Wissen, Prozesskompetenz* und *Bewältigungskompetenz* wurden statistisch signifikante Zusammenhänge mit der wahrgenommenen Beratungsleistung und der Selbstwirksamkeit in Bezug auf Elterngespräche gefunden. Die Effekte der vorangegangenen Studie konnten weitgehend repliziert werden, lediglich für die Kompetenzfacette *Personale Ressourcen* wurden die erwarteten Zusammenhänge nicht gefunden.

3   Prä-Post-Vergleiche

Die Prä-Post-Vergleiche wurden auf Basis der Daten der Treatmentbedingungen Gruppe 1 (EG) und Gruppe 2 (KG) durchgeführt. Für den Fragebogen zur Beurteilung der Beratungssituation im Berufsalltag lagen 56 Datensätze vor. Nachdem Teilnehmer mit unvollständigen Datensätzen ausgeschlossen wurden (Daten von nur einem Messzeitpunkt bzw. fehlende Werte in einem Datensatz > 15%) konnten 23 Datensätze für die weiteren Analysen verwendet werden (siehe Tabelle 57).

Tabelle 57: Datenbasis (N) für die Prä-Post-Vergleiche in Studie 2

Diagnoseebene	Treatmentbedingung	Prä-Post-Vergleich (N)
	Gruppe 1 (EG)	13
Trait-Selbstbeurteilung	Gruppe 2 (KG)	10
	Gesamt	23
	Gruppe 1 (EG)	13
Wissenstest	Gruppe 2 (KG)	10
	Gesamt	23

3.1   Ergebnisse für das Gesamtmaß Beratungskompetenz

3.1.1   Vorbereitende Analysen

Zur Überprüfung von Unterschieden zwischen den Treatmentgruppen wurden einfaktorielle, multivariate und einfaktorielle, univariate Varianzanalysen mit dem Faktor Treatment berechnet. Auf der Ebene der multivariaten Analyse wurde kein statistisch signifikanter Unterschied zwischen den Treatmentgruppen gefunden (Wilks Lambda: $F(5,17)=2.8$, $p=.05$). Für die univariate Gesamtskala Beratungskompetenz ergab sich ein statistisch signifikanter Unterschied zwischen den Treatmentgruppen ($F(1,21)=4.7$, $p<.05$). Die Teilnehmer in der Experimentalbedingung (Gruppe 1: $M=4.6$, $SD=.39$) wiesen bereits vor dem Seminar durchschnittlich eine höhere Beratungskompetenz auf als Teilnehmer der Kontrollbedingung (Gruppe 2: $M=4.2$, $SD=.57$). Dieser Unterschied wurde bei den weiteren Analysen durch die Anwendung kovarianzanalytischer Verfahren (vgl. Bortz & Döring, 2006) kontrolliert.

3.1.2   Varianzanalytische Auswertung (Prä-Post)

Die Überprüfung der Effekte der Intervention auf der Ebene des Gesamtmaßes Beratungskompetenz erfolgte wie in den beiden vorangegangen Studien einerseits mittels einfaktorieller, multivariater Varianzanalysen mit Messwiederholung. Andererseits wurde eine Gesamtskala Beratungskompetenz gebildet, die sich aus der Mittelung der einzelnen Kompetenzfacetten ergab. Da bei den vorbereitenden Analysen statistisch signifikante Unterschiede zwischen den Treatmentgruppen bezüglich der Gesamtskala Beratungskompetenz gefunden wurden, erfolgte die weitere Auswertung mittels kovarianzanalytischer Verfahren. Die deskriptiven Kennwerte für die untersuchten Gruppen und die Messzeitpunkte sind in Tabelle 58 dargestellt.

Tabelle 58: *Deskriptive Kennwerte für die Kompetenzfacetten und die Gesamtskala Beratungskompetenz (Trait-Selbstbeurteilung) in Studie 2*

Kompetenzfacette	Messzeitpunkt	Treatment	N	M	SD
Personale Ressourcen	Prätest	Gruppe 2 (KG)	10	4.5	.69
		Gruppe 1 (EG)	13	4.1	1.32
		Gesamt	23	4.2	1.09
	Posttest	Gruppe 2 (KG)	10	3.9	.99
		Gruppe 1 (EG)	13	4.3	1.07
		Gesamt	23	4.1	1.04
Soziale Kooperations-kompetenz	Prätest	Gruppe 2 (KG)	10	1.2	.65
		Gruppe 1 (EG)	13	5.0	.40
		Gesamt	23	4.6	.66
	Posttest	Gruppe 2 (KG)	10	4.4	.59
		Gruppe 1 (EG)	13	5.0	.39
		Gesamt	23	4.7	.58
Berater-Skills und Pädagogisches Wissen	Prätest	Gruppe 2 (KG)	10	4.4	.69
		Gruppe 1 (EG)	13	4.8	.44
		Gesamt	23	4.6	.59
	Posttest	Gruppe 2 (KG)	10	4.4	.38
		Gruppe 1 (EG)	13	4.8	.38
		Gesamt	23	4.6	.41
Prozesskompetenz	Prätest	Gruppe 2 (KG)	10	4.3	.79
		Gruppe 1 (EG)	13	5.1	.46
		Gesamt	23	4.7	.75
	Posttest	Gruppe 2 (KG)	10	4.3	.54
		Gruppe 1 (EG)	13	5.0	.56
		Gesamt	23	4.7	.70

Fortsetzung nächste Seite

Fortsetzung Tabelle 58: Deskriptive Kennwerte für die Kompetenzfacetten und die
Gesamtskala Beratungskompetenz (Trait-Selbstbeurteilung) in Studie 2

Kompetenzfacette	Messzeitpunkt	Treatment	N	M	SD
Bewältigungskompetenz	Prätest	Gruppe 2 (KG)	10	3.8	.79
		Gruppe 1 (EG)	10	4.2	.82
		Gesamt	13	4.0	.82
	Posttest	Gruppe 2 (KG)	23	4.3	.87
		Gruppe 1 (EG)	10	4.8	.69
		Gesamt	13	4.6	.79
Gesamtskala Beratungskompetenz	Prätest	Gruppe 2 (KG)	10	4.2	.56
		Gruppe 1 (EG)	13	4.6	.39
		Gesamt	23	4.5	.51
	Posttest	Gruppe 2 (KG)	10	4.3	.61
		Gruppe 1 (EG)	13	4.8	.39
		Gesamt	23	4.6	.55

Auf der Ebene des multivariaten Maßes Beratungskompetenz ergab sich keine statistisch signifikante Interaktion von Zeit x Treatment (Wilks Lambda: $F(5,17)=1.5$,
$p=.24$). Entgegen den Erwartungen konnte in der Experimentalbedingung (Gruppe 1) im Vergleich zur Kontrollgruppe (Gruppe 2) kein statistisch signifikant stärkerer Zuwachs auf der Ebene des multivariaten Maßes Beratungskompetenz von
Prä- zu Posttest beobachtet werden. Die Ergebnisse der univariaten Analysen für
die einzelnen Kompetenzfacetten für die studentische Stichprobe können Kapitel I.3.2 entnommen werden.

Für die univariate Gesamtskala Beratungskompetenz ergaben sich bei Kontrolle der
Vorherunterschiede keine statistisch signifikanten Effekte für den Faktor Treatment
($F(1,20)=1.6$, $p=.22$). Entgegen den Erwartungen konnte für die Teilnehmer in
Gruppe 1 (EG) im Vergleich zu Gruppe 2 (KG) kein statistisch signifikant stärkerer
Zuwachs an Beratungskompetenz verzeichnet werden.

3.2   Ergebnisse für die Kompetenzfacetten

3.2.1   Vorbereitende Analysen

Die Überprüfung auf Unterschiede zwischen den Gruppen vor der Intervention ergab statistisch signifikante Effekte für die Kompetenzfacetten *Soziale Kooperationskompetenz* ($F(1,21)=14.3$, $p<.01$) und *Prozesskompetenz* ($F(1,21)=10.8$, $p<.01$).
Die Teilnehmer in Gruppe 1 (EG) wiesen auf diesen beiden Kompetenzfacetten be-

reits zum Zeitpunkt der ersten Datenerhebung höhere Werte auf als die Teilnehmer der Kontrollgruppe (Gruppe 2). Die Analyse der Interventionseffekte erfolgte für diese Kompetenzfacetten mittels kovarianzanalytischer Verfahren.

3.2.2   Varianzanalytische Auswertung (Prä-Post)

Die Effekte der Intervention wurden für die Kompetenzfacetten *Personale Ressourcen, Berater-Skills und Pädagogisches Wissen* sowie *Bewältigungskompetenz* mittels univariater, einfaktorieller Varianzanalysen mit Messwiederholung überprüft. Für die Kompetenzfacetten *Soziale Kooperationskompetenz* und *Prozesskompetenz* erfolgte die Prüfung der Interventionseffekte mittels kovarianzanalytischer Verfahren. Die Ergebnisse der Analysen sind in Tabelle 59 dargestellt.

Tabelle 59: Ergebnisse der Signifikanzprüfung der Interaktion Zeit x Treatment für die Kompetenzfacetten in Studie 2

UV	AV	Instrument	N	df	F	p	η^2
	KI: Personale Ressourcen	Trait-Selbstbeurteilung	23	1/21	5.6	.03	.21
	KII: Soziale Kooperationskompetenz	Trait-Selbstbeurteilung[51]	23	1/20	0.5	.49	.02
Zeit x Treatment	KIII: Berater-Skills und Pädagogisches Wissen	Trait-Selbstbeurteilung	23	1/21	0.2	.70	.01
	KIV: Prozesskompetenz	Trait-Selbstbeurteilung[52]	23	1/20	3.6	.07	.15
	KV: Bewältigungskompetenz	Trait-Selbstbeurteilung	23	1/21	0.1	.83	.00

Erwartungsgemäß konnten für die Kompetenzfacette *Personale Ressourcen* im Prä-Post-Vergleich Kompetenzzuwächse bei den Teilnehmern in Gruppe 1 (EG) beobachtet werden, in der Kontrollgruppe (Gruppe 2) sinken die Werte hingegen leicht ab. Entgegen den Erwartungen konnten auf der Ebene der Kompetenzfacetten *Soziale Kooperationskompetenz, Berater-Skills und Pädagogisches Wissen, Prozesskompetenz* und *Bewältigungskompetenz* keine statistisch signifikanten Unterschiede beim Kompetenzgewinn in Abhängigkeit von der Treatmentbedingung (EG vs. KG) beobachtet werden. Die Teilnahme an dem Beratungskompetenz-Seminar führte demnach nur zu einem stärkeren Kompetenzzuwachs im Kompetenzbereich *Personale Ressourcen.*

---

51 ANCOVA mit der Kovariate: Soziale Kooperationskompetenz (Prätest).
52 ANCOVA mit der Kovariate: Prozesskompetenz (Prätest).

3.3   Ergebnisse für das beratungsbezogene Wissen

3.3.1   Vorbereitende Analysen

Die Analysen der Unterschiede zwischen den Treatmentgruppen (Gruppe 1, Gruppe 2) zum Zeitpunkt der ersten Datenerhebung ergab keinen statistisch signifikanten Effekt ($F(1,21)=2.9$, $p=.10$).

3.3.2   Varianzanalytische Auswertung (Prä-Post 1)

Die einfaktorielle Varianzanalyse mit Messwiederholung für das beratungsbezogene Wissen ergab eine statistisch signifikante Interaktion von Zeit x Treatment ($F(1,21)=4.5$, $p<.05$, $\eta^2=.18$). Die deskriptiven Kennwerte sind in Tabelle 60 dargestellt.

Tabelle 60:   Deskriptive Kennwerte für das beratungsbezogene Wissen in Studie 2

Skala	Messzeitpunkt	Training	N	M	SD
		KG (Gruppe 2)	10	1.7	.68
	Prätest	EG (Gruppe 1)	13	2.4	1.12
Wissenswert		Gesamt	23	2.1	1.00
(Richtige Antworten)		KG (Gruppe 2)	10	2.1	.99
	Posttest	EG (Gruppe 1)	13	3.8	.44
		Gesamt	23	3.4	1.12

In beiden Teilnehmergruppen konnte für den Zeitraum von Prä- zu Posttest ein Wissenszuwachs verzeichnet werden. Abbildung 28 stellt diesen Effekt dar.

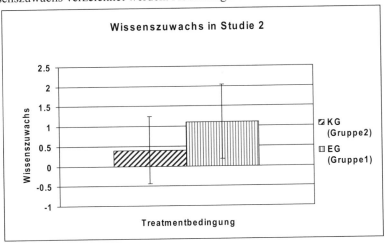

Abbildung 28:   Wissenszuwachs in Studie 2

Erwartungsgemäß war der Wissenszuwachs bei den Teilnehmern, die am Beratungskompetenz-Seminar teilgenommen hatten (Gruppe 1; EG) statistisch signifikant stärker als bei Teilnehmern in der Kontrollbedingung (Gruppe 2; KG).

3.4   Ergebnisse für den wahrgenommenen Kompetenzzuwachs

Die Einschätzungen des wahrgenommenen Kompetenzgewinns und der Bedeutsamkeit einzelner Interventionselemente wurden im Posttest erhoben. In die Analysen konnten Datensätze aus allen vier Treatmentbedingungen[53] einfließen. Für die Analysen wurden die beiden Kontrollgruppen (Gruppe 2 und Gruppe 4) zu einer Gesamtkontrollgruppe KG und die beiden Experimentalgruppen (Gruppe 1 und Gruppe 3) zu einer Gesamtexperimentalgruppe EG zusammengefasst.

3.4.1   *Vorbereitende Analysen*

Die Daten wurden zum Zeitpunkt des Posttest erhoben, deshalb entfiel die Überprüfung von Gruppenunterschieden zum Zeitpunkt des Prätests.

3.4.2   *Varianzanalytische Auswertung (Posttest)*

Es wurde erwartet, dass sich Effekte der Intervention auch auf der Ebene des wahrgenommenen Kompetenzzuwachses abzeichnen. Mittels univariater, einfaktorieller Varianzanalysen wurde überprüft, ob sich Teilnehmer des Beratungskompetenz-Seminars (EG_{gesamt}) hinsichtlich ihres wahrgenommenen Kompetenzzuwachses über den Interventionszeitraum von Teilnehmern anderer Seminare (KG_{gesamt}) unterscheiden. Die deskriptiven Kennwerte sind in Tabelle 61 dargestellt, die Ergebnisse der Varianzanalysen finden sich in Tabelle 62.

---

53 KG1: n=10; KG2: n=6; EG1: n=13, EG2: n=11 .

Tabelle 61: Deskriptive Kennwerte für den wahrgenommenen Kompetenzzuwachs in Studie 2

Skala	Treatment	N	M	SD
Kompetenzzuwachs: Allgemeine Beratungskompetenz	KG_{gesamt}	16	3.6	1.26
	EG_{gesamt}	24	4.9	.68
	Gesamt	40	4.4	1.15
Kompetenzzuwachs: Vorbereitung von Beratungsgesprächen	KG_{gesamt}	16	3.8	1.29
	EG_{gesamt}	24	4.6	.71
	Gesamt	40	4.3	1.06
Kompetenzzuwachs: Verhalten in Gesprächssituationen	KG_{gesamt}	16	3.8	1.44
	EG_{gesamt}	24	5.0	.08
	Gesamt	40	4.5	1.24
Kompetenzzuwachs: Nachbereitung und Reflexion von Beratungsgesprächen	KG_{gesamt}	16	3.9	1.46
	EG_{gesamt}	24	4.1	.74
	Gesamt	40	4.0	1.07
Kompetenzzuwachs: Verhalten in schwierigen Gesprächssituationen	KG_{gesamt}	16	3.6	1.26
	EG_{gesamt}	24	4.3	.08
	Gesamt	40	4.0	1.06

Die Analysen ergaben erwartungsgemäß statistisch signifikante Unterschiede zwischen der Kontrollgruppe und der Experimentalgruppe für den subjektiven Zuwachs an allgemeiner Beratungskompetenz, die Verbesserung der Vorbereitung von Beratungsgesprächen, das Verhalten in Gesprächssituationen sowie für das Verhalten in schwierigen Gesprächssituationen. Die Teilnehmer am Beratungskompetenztraining (EG_{gesamt}) schätzten ihren Kompetenzzuwachs auf allen untersuchten Skalen statistisch signifikant höher ein als die Teilnehmer in den Kontrollgruppen (KG_{gesamt}).

Tabelle 62: Ergebnisse der Signifikanzprüfung für den wahrgenommenen Kompetenzzuwachs in Studie 2

UV	AV	N	df	F	p	η^2
Treatment	Kompetenzzuwachs: Allgemeine Beratungskompetenz	40	1/38	18.2	<.01	.32
	Kompetenzzuwachs: Vorbereitung von Beratungsgesprächen	40	1/38	7.6	.01	.17
	Kompetenzzuwachs: Verhalten in Gesprächssituationen	40	1/38	11.6	<.01	.23
	Kompetenzzuwachs: Nachbereitung und Reflexion von Beratungsgesprächen	40	1/38	0.5	.48	.01
	Kompetenzzuwachs: Verhalten in schwierigen Gesprächssituationen	40	1/38	5.0	.03	.12

Entgegen den Erwartungen wurde kein Unterschied zwischen der Kontrollgruppe und der Experimentalgruppe im Hinblick auf den Kompetenzzuwachs im Bereich der *Nachbereitung und Reflexion von Beratungsgesprächen* gefunden. Exemplarisch wird in Abbildung 29 der Effekt für den Zuwachs an allgemeiner Beratungskompetenz dargestellt.

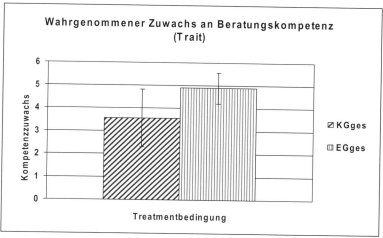

Abbildung 29: Wahrgenommener Zuwachs an Beratungskompetenz in Studie 2

Die deskriptiven Auswertungen zeigten, dass die Teilnehmer des Beratungskompetenz-Seminars (Gruppe 1, Gruppe 3) das Ziel, welches sie sich zu Beginn des Kurses gesetzt hatten, teilweise erreichten (M=4.8, SD=.82). Weiterhin zeigte sich, dass die studentischen Seminarteilnehmer die Interventionselemente als wirksam empfanden (siehe Tabelle 63).

Tabelle 63: Deskriptive Kennwerte der Wirksamkeitsbeurteilung zentraler Interventionselemente in Studie 2

Skala	N	M	SD
Persönliches Fortbildungsziel erreicht	24	4.8	.82
Bedeutsamkeit Rollenspiele	24	4.5	.98
Bedeutsamkeit Leitfaden „Lernen lernen"	24	4.6	.88
Bedeutsamkeit Gesprächsleitfaden	24	4.8	.64

Anmerkung: Skala von (1) *trifft überhaupt nicht zu* bis (6) *trifft voll und ganz zu.*

Die Überprüfung statistisch signifikanter Unterschiede zwischen den Interventionselementen Rollenspiel, Leitfaden „Lernen lernen" und Gesprächsleitfaden ergab keinen statistisch signifikanten Effekt (F(1,23)=3.3, p=.08). Demnach beurteilen die Teilnehmer diese drei Elemente gleichermaßen als wirksam. Entgegen den Erwartungen wurde das Rollenspiel nicht als bedeutsamer für den Kompetenzerwerb wahrgenommen.

3.5 Ergebnisse für das subjektive Kompetenzempfinden

3.5.1 Vorbereitende Analysen

Die Analyse der Unterschiede zwischen Gruppe 1 (EG) und Gruppe 2 (KG) zum Zeitpunkt der ersten Datenerhebung ergab keinen statistisch signifikanten Effekt $(F(1,21)=2.3, p=.14)$. Die untersuchten Gruppen unterschieden sich demnach zum Zeitpunkt des Prätests hinsichtlich der wahrgenommenen Beratungsleistung nicht statistisch signifikant.

3.5.2 Varianzanalytische Auswertung (Prä-Post)

Durch die Teilnahme an dem Beratungskompetenz-Seminar (Gruppe 1: EG) sollte sich auch die wahrgenommene Beratungsleistung der Seminarteilnehmer erhöhen. Für die Teilnehmer anderer Seminare (Gruppe 2: KG) wurden keine Veränderungen der wahrgenommenen Beratungsleistung von Prä- zu Posttest erwartet. Mittels einfaktorieller, univariater Varianzanalysen mit Messwiederholung wurde überprüft, ob sich die erwarteten Unterschiede in der Veränderung der wahrgenommenen Beratungsleistung über den Interventionszeitraum in Abhängigkeit von der Treatmentbedingung ergeben. Für die Analysen konnten die Datensätze von Gruppe 1 (EG) und Gruppe 2 (KG) herangezogen werden. Die deskriptiven Kennwerte zur wahrgenommenen Beratungsleistung sind in Tabelle 64 dargestellt.

Tabelle 64: Deskriptive Kennwerte für die wahrgenommene Beratungsleistung in Studie 2

Skala	Messzeitpunkt	Treatment	N	M	SD
		Gruppe 2 (KG)	10	4.3	.71
	Prätest	Gruppe 1 (EG)	13	4.7	.68
Wahrgenommene		Gesamt	23	4.6	.71
Beratungsleistung		Gruppe 2 (KG)	10	4.1	.98
	Posttest	Gruppe 1 (EG)	13	4.7	.62
		Gesamt	23	4.4	.84

Die Analysen ergaben keinen statistisch signifikanten Effekt für die Interaktion von Zeit x Treatment für die wahrgenommene Beratungsleistung $(F(1,21)=0.4, p=.52)$. Entgegen den Erwartungen kam es bei den Teilnehmern des Beratungskompetenz-Seminars (EG) im Vergleich zu Teilnehmern anderer Seminare (KG) nicht zu einem statistisch signifikant stärkeren Zuwachs an wahrgenommener Beratungskompetenz.

3.6   Ergebnisse für die Selbstwirksamkeit in Bezug auf Elterngespräche

3.6.1   Vorbereitende Analysen

Die Überprüfung der Gruppenunterschiede zum Zeitpunkt der ersten Datenerhebung für die Selbstwirksamkeit in Bezug auf Elterngespräche ergab einen statistisch signifikanten Effekt ($F(1.21)=7.2$, $p<.01$). Die Studenten im Beratungskompetenz-Seminar ($M=5.3$, $SD=.66$) wiesen bereits zum Zeitpunkt des Prätests eine höhere Selbstwirksamkeit in Bezug auf Elterngespräche auf als Studenten in anderen Seminaren ($M=4.6$, $SD=.59$). Diese Unterschiede wurden bei den weiterführenden Analysen durch die Anwendung kovarianzanalytischer Verfahren kontrolliert.

3.6.2   Varianzanalytische Auswertung (Prä-Post)

Die kovarianzanalytische Überprüfung des Haupteffekts für den Faktor Treatment ergab einen statistisch signifikanten Effekt ($F(1,20)=5.5$, $p<.05$, $\eta^2=.22$). Bei Kontrolle der Prätestdifferenz bestanden auch zum Zeitpunkt der zweiten Erhebung statistisch signifikante Unterschiede in den Treatmentgruppen (Gruppe 1 vs. Gruppe 2) hinsichtlich der Selbstwirksamkeit in Bezug auf Elterngespräche. Die deskriptiven Kennwerte sind in Tabelle 69 dargestellt.

Tabelle 65:   Deskriptive Kennwerte für die Selbstwirksamkeit in Bezug auf Elterngespräche in Studie 2

Skala	Messzeitpunkt	Treatment	N	M	SD
		Gruppe 2 (KG)	10	4.6	.59
	Prätest	Gruppe 1 (EG)	13	5.3	.66
Selbstwirksamkeit		Gesamt	23	5.0	.72
		Gruppe 2 (KG)	10	4.4	.73
	Posttest	Gruppe 1 (EG)	13	5.4	.60
		Gesamt	23	4.8	.84

Erwartungsgemäß wiesen die Teilnehmer des Beratungskompetenz-Seminars im Vergleich zu den Teilnehmern anderer Seminare zum Zeitpunkt des Posttests eine höhere Selbstwirksamkeit in Bezug auf Elterngespräche auf. Dieser Effekt wird in Abbildung 30 dargestellt.

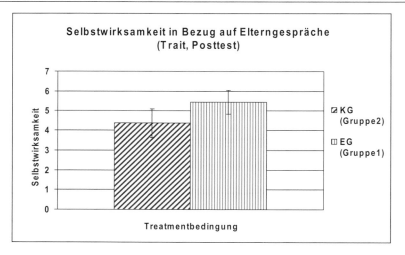

Abbildung 30: Selbstwirksamkeit in Bezug auf Elterngespräche
(Trait-Selbstbeurteilung) in Studie 2

Die Teilnahme an dem Seminar zur Beratungskompetenz führte demnach zu einem statistisch signifikant stärkeren Zuwachs an Selbstwirksamkeit in Bezug auf El-terngespräche als die Teilnahme an anderen Seminaren.

3.7   Analysen der Testeffekte

Das Versuchsdesign der Studie 2 (Solomon-Viergruppenplan) erlaubt die Analyse von (1) reinen Prästeffekten, (2) reinen Treatmenteffekten und (3) des Interakti-onseffekts von Treatment und Testung (vgl. Bortz & Döring, 2006). Diese drei Ef-fekte wurden im Rahmen der Studie 2 überprüft. Um die Wirksamkeit von Prä-testeffekten zu prüfen, wurden die Posttest-Werte von Gruppe 2 (KG, Prätest-Posttest) und Gruppe 4 (KG, nur Posttest) verglichen; die reinen Treatmenteffekte werden durch den Vergleich der Gruppe 1 (EG, Prätest-Posttest) und Gruppe 2 (KG, Prätest-Posttest) abgebildet. Die Ergebnisse dieser Analysen wurden bereits in Kapitel I.3.2 beschrieben.

Eine weitere Möglichkeit zur Erfassung der Treatmenteffekte stellt der Vergleich der Posttestwerte von Gruppe 3 (EG, nur Posttest) und Gruppe 4 (KG, nur Posttest) dar. Die Interaktionseffekte von Treatment x Testung werden durch den Vergleich von Gruppe 1 (EG, Prätest-Posttest) vs. Gruppe 3 (EG, nur Posttest) und Gruppe 2 (KG, Prätest-Posttest) abgebildet. Die Prüfung der Effekte erfolgte mittels einfakto-rieller, multivariater sowie einfaktorieller, univariater Varianzanalysen; die Vergleiche der Gruppen wurden auf der Ebene der Posttest-Daten durchgeführt. Die Ergebnisse der Analysen sind in Tabelle 66 dargestellt.

Tabelle 66: Signifikante Ergebnisse für die Prüfung von Testeffekten in Studie 2

Effekt	Kompetenzfacette	N	df	F	p	η^2
Testeffekt	Prozesskompetenz	19	1/17	8.5	.01	.33
Testeffekt x Treatmenteffekt	Bewältigungskompetenz	34	1/32	5.9	.02	.16

Die Analysen ergaben einen statistisch signifikanten Testeffekt für die Kompetenzfacette *Prozesskompetenz*. Die Teilnehmer in Gruppe 4 (KG, nur Posttest) wiesen höhere Werte in der Prozesskompetenz auf (M=5.1, SD=.74) als die Teilnehmer in Gruppe 2 (KG, Prätest-Posttest: M=4.6, SD=.54). Entgegen den Erwartungen wurden bei dem Vergleich von Gruppe 3 (EG, nur Posttest) und Gruppe 4 (KG, nur Posttest) keine statistisch signifikanten Treatmenteffekte gefunden. Der hypothesenkonforme Effekt für die Kompetenzfacette *Personale Ressourcen* (EG>KG) konnte nicht repliziert werden.

Für die Interaktion von Testeffekt x Treatmenteffekt ergab sich ein statistisch signifikanter Effekt für die Kompetenzfacette *Bewältigungskompetenz*. Die Teilnehmer in Gruppe 1 (EG, Prätest-Posttest) wiesen höhere Werte für die Kompetenzfacette Bewältigungskompetenz (M=4.8, SD=.69) auf als die Teilnehmer in den Vergleichsgruppen (Gruppe 3; Gruppe 4: M=4.1, SD=.76). Das Bearbeiten des Prätests unterstütze den Effekt der Fortbildung für die Kompetenzfacette *Bewältigungskompetenz*.

4   Zusammenhangsanalysen

4.1   Zusammenhangsanalysen für die Gesamtskala Beratungskompetenz, Personenvariablen, berufsbezogene Einstellungen und Leistungsmaße auf Trait-Ebene

Entsprechend den Hypothesen wurden positive Zusammenhänge zwischen der Gesamtskala Beratungskompetenz und dem Alter, der wahrgenommenen Beratungsleistung, der Auffassung der Lehrerrolle, der Informiertheit zum Thema Beratung, der Selbstwirksamkeit in Bezug auf Elterngespräche sowie der Motivation zu guter Beratung angenommen. Weiterhin wurden negative Zusammenhänge zwischen der Gesamtskala Beratungskompetenz und der Änderungsmotivation sowie dem wahrgenommenen Burnout erwartet. Es wurde postuliert, dass sich die in Studie 1 beobachteten Zusammenhänge replizieren lassen. Die Analysen wurden mit Daten des ersten Erhebungszeitpunkts durchgeführt, die Ergebnisse der korrelativen Analysen sind in Tabelle 67 dargestellt.

Tabelle 67:   *Korrelation (r) der Gesamtskala Beratungskompetenz mit Personenvariablen, berufsbezogenen Einstellungen und Leistungsmaßen auf Trait-Ebene in Studie 2*

Zusammenhang (r)		Effekt Studie 1	Korrelation (r) Studie 2	Effekt repliziert
Gesamtskala Beratungskompetenz	Wahrgenommene Beratungsleistung	+	.45 ***	ja
	Auffassung der Lehrerrolle	+	.44 **	ja
	Informiertheit	+	.54 ***	ja
	Motivation zu guter Beratung	+	.65 ***	ja
	Selbstwirksamkeit	+	.70 ***	ja
	Änderungsmotivation	n.s.	.26	ja
	Burnout	-	-.03	nein
Berufserfahrung	Motivation zu guter Beratung	-	.18 #	nein
	Burnout	-	.06	nein
Wahrgenommene Beratungsleistung	Auffassung der Lehrerrolle	+	.09	nein
	Informiertheit	+	.20	nein
	Motivation zu guter Beratung	+	.44 **	ja
	Selbstwirksamkeit	+	.77 ***	ja
	Änderungsmotivation	-	.14	nein
	Burnout	n.s.	-.21	ja
Auffassung der Lehrerrolle	Informiertheit	+	.46 ***	ja
	Motivation zu guter Beratung	+	.40 **	ja
	Selbstwirksamkeit	+	.16	nein
Informiertheit	Motivation zu guter Beratung	+	.43 **	ja
	Selbstwirksamkeit	+	.26 *	ja
Beratungsmotivation	Selbstwirksamkeit	+	.51 ***	ja
	Änderungsmotivation	+	.13	nein
	Burnout	-	-.13	nein
Selbstwirksamkeit	Burnout	-	-.04	nein

Anmerkung: N=49; Messzeitpunkt: Prätest; Testung: einseitig; +: signifikant positiver Effekt, -: signifikant negativer Effekt, n.s.: kein statistisch signifikanter Effekt; #p<.10; *p<.05; **p<.01; *** p<.001.

Die einseitige Testung für die Zusammenhänge der *Gesamtskala Beratungskompetenz* ergaben statistisch signifikante Korrelationen mit der wahrgenommenen Beratungsleistung, der Auffassung der Lehrerrolle, der Informiertheit zum Thema Beratung, der Motivation zu guter Beratung und der Selbstwirksamkeit in Bezug auf Elterngespräche. Es zeigte sich, dass Studierende, die ihre Beratungsleistung höher einschätzen, auch statistisch signifikant höhere Werte bei der Motivation zu guter Beratung und bei der Selbstwirksamkeit in Bezug auf Elterngespräche aufwiesen. Studierende, die Beratung als selbstverständlichen Aspekt des Lehrerberufs ansahen (Auffassung der Lehrerrolle), waren besser im Themenbereich Beratung informiert und verfügten über eine höhere Motivation zu guter Beratung. Weiterhin zeigte sich, dass Studierende, die über eine höhere Motivation zu guter Beratung verfügten, besser im Themenbereich Beratung informiert waren und eine höhere Selbstwirksamkeit in Bezug auf Elterngespräche aufwiesen. Die Selbstwirksamkeit in Bezug auf Elterngespräche wies außerdem einen statistisch signifikant positiven Zusammenhang mit der Informiertheit im Themenbereich Beratung auf. Erwartungsgemäß konnten die Ergebnisse der Lehrerstudie mit einer studentischen Stichprobe weitgehend repliziert werden, lediglich für die Variablen Änderungsmotivation und Burnoutempfinden konnte der postulierte Zusammenhang mit der Beratungskompetenz nicht gefunden werden.

4.2 Zusammenhangsanalysen für die Veränderungen von Prätest zu Posttest für die Gesamtskala Beratungskompetenz und die Leistungsmaße

Die Ergebnisse der Analysen der Zusammenhänge zwischen den Veränderungen von Prä- zu Posttest für die Gesamtskala Beratungskompetenz und die wahrgenommene Beratungsleistung, die Selbstwirksamkeit in Bezug auf Elterngespräche sowie den wahrgenommenen Kompetenzzuwachs (nur Posttest) sind in Tabelle 68 dargestellt.

Tabelle 68: Korrelation (r) der Prä-Post-Differenzen der Gesamtskala Beratungskompetenz und der Leistungsmaße auf Trait-Ebene in Studie 2

Zusammenhang (r)		Effekt Studie 1	Korrelation (r) Studie 2	Effekt repliziert
Differenz Posttest-Prätest Gesamtskala Beratungskompetenz	Differenz Posttest-Prätest wahrg. Beratungsleistung	+	.02	nein
	Differenz Posttest-Prätest Selbstwirksamkeit	+	.60 **	ja
	Wahrgenommener Kompetenzzuwachs	+	.45 *	ja
Differenz Posttest-Prätest wahrgenommene Beratungsleistung	Differenz Posttest-Prätest Selbstwirksamkeit	+	.28	nein
	Wahrgenommener Kompetenzzuwachs	+	.17	nein
Differenz Posttest-Prätest Selbstwirksamkeit	Wahrgenommener Kompetenzzuwachs	+	.55 **	ja

Anmerkung: N=23; Testung: einseitig; +: signifikant positiver Effekt; #p<.10; *p<.05; **p<.01; *** p<.001.

Hypothesenkonform zeigten sich bei einseitiger Testung statistisch signifikante, positive Zusammenhänge zwischen dem Zugewinn an Beratungskompetenz (Gesamtskala Beratungskompetenz, univariat) und dem Zugewinn an Selbstwirksamkeit in Bezug auf Elterngespräche (p<.01) sowie dem wahrgenommenen Kompetenzzuwachs (p<.05). Entgegen den Erwartungen wurde kein statistisch signifikanter Zusammenhang zwischen den Veränderungen der univariaten Gesamtskala Beratungskompetenz und der wahrgenommenen Beratungsleistung gefunden. Zusätzlich ergab sich eine statistisch signifikante Korrelation zwischen dem Zuwachs an Selbstwirksamkeit in Bezug auf Elterngespräche und dem wahrgenommenen Kompetenzzuwachs. Die Ergebnisse aus Studie 1 konnten teilweise repliziert werden.

5   Zusammenfassung der Ergebnisse

Zusammenfassend kann festgehalten werden, dass sich die durchgeführten Rollenspiele im Hinblick auf die Diagnostik von Beratungskompetenz in einer Studierenden-Stichprobe nicht bewährt haben. Folglich konnten die Daten der Kompetenzdiagnostik auf State-Ebene nicht in die Analysen einbezogen werden. Auch die Arbeitsproben konnten auf Grund von unzureichender Sorgfalt und Gewissenhaftigkeit der Studierenden bei der Bearbeitung der Szenarien nicht ausgewertet werden. Die Analysen konnten nur auf der Ebene der Trait-Selbstbeurteilung durchgeführt werden.

5.1.1   *Analysen zur Kriteriumsvalidität*

Für das univariate Gesamtmaß Beratungskompetenz sowie für die Kompetenzfacetten *Soziale Kooperationskompetenz, Berater-Skills und Pädagogisches Wissen, Prozesskompetenz* und *Bewältigungskompetenz* konnten statistisch signifikante Korrelationen mit den herangezogenen Kriterien (wahrgenommene Beratungskompetenz, Selbstwirksamkeit in Bezug auf Elterngespräche) gefunden werden. Die Ergebnisse aus Studie 1 konnten zumindest teilweise repliziert werden. Allein für die Kompetenzfacette *Personale Ressourcen* zeigten sich keine Zusammenhänge mit den herangezogenen Kriterien. Insgesamt weisen die gefundenen Korrelationen auf die Kriteriumsvalidität des Gesamtmaßes und der Kompetenzfacetten hin.

5.1.2   *Längsschnittliche Analysen*

Die längsschnittlichen Auswertungen für das Gesamtmaß Beratungskompetenz (multivariat, univariat) und die einzelnen Kompetenzfacetten ergaben nur für die Kompetenzfacette *Personale Ressourcen* einen statistisch signifikanten Effekt von Zeit x Treatment. Für die Teilnehmer der Experimentalgruppe (Gruppe 1) konnte ein Kompetenzzuwachs im Bereich der Personalen Ressourcen beobachtet werden, in der Kontrollgruppe (Gruppe 2) sank die Kompetenz in diesem Bereich leicht ab. Die Intervention erwies sich in der Studierenden-Stichprobe demnach nur im Hinblick auf die Förderung der Kompetenzfacette *Personale Ressourcen* als wirksam.

Die Auswertung des Wissenstests zeigte, dass Teilnehmer in der Experimentalbedingung über den Interventionszeitraum statistisch signifikant stärker an Wissen gewannen als Personen in der Kontrollgruppe. Für das *Beratungswissen* konnten die Ergebnisse aus Studie 1 repliziert werden.

Die Analysen bezüglich der *subjektiven Kompetenzeinschätzung* und der *Selbstwirksamkeit in Bezug auf Elterngespräche* ergaben folgendes: Es wurden keine Unterschiede zwischen den Treatmentgruppen im Hinblick auf die wahrgenommene Beratungsleistung gefunden. Auf der Ebene des wahrgenommenen Kompetenzzuwachses[54] und der Selbstwirksamkeit in Bezug auf Elterngespräche zeigten sich jedoch statistisch signifikante Unterschiede zwischen der Experimentalgruppe (Gruppe 1) und der Kontrollgruppe (Gruppe 2). Erwartungsgemäß konnten für die Teilnehmer in der Experimentalbedingung höhere Werte auf diesen Skalen beobachtet werden.

5.1.3   Testeffekte

Die Analysen der Testeffekte ergaben einen statistisch signifikanten Effekt für die Kompetenzfacette *Prozesskompetenz*. Entgegen den Erwartungen wiesen Teilnehmer, die nur einen Posttest bearbeiteten, höhere Werte für diesen Kompetenzbereich auf als Teilnehmer, die sowohl Prätest als auch Posttest bearbeiteten. Dieser Effekt entspricht allerdings nicht dem klassischen Testeffekt im Sinne eines Lerngewinns durch das Bearbeiten des Prätests. Der hypothesenkonforme Effekt des Prä-Post-Vergleichs von Gruppe 1 und Gruppe 2 für die Kompetenzfacette *Personale Ressourcen* konnte beim Vergleich von Gruppe 3 und Gruppe 4 nicht gefunden werden. Für die Kompetenzfacette *Bewältigungskompetenz* wurde eine statistisch signifikante Interaktion von Testeffekt und Treatment beobachtet. Das Bearbeiten des Prätests unterstütze die Effekte der Intervention für die Kompetenzfacette *Bewältigungskompetenz*.

5.1.4   Zusammenhangsanalysen

Erwartungsgemäß konnten statistisch signifikante Korrelationen zwischen der Gesamtskala Beratungskompetenz und der wahrgenommenen Beratungsleistung, der

---

54 Ausnahme: Skala *Nachbereitung und Reflexion von Beratungsgesprächen*.

Auffassung der Lehrerrolle, der Informiertheit zum Thema Beratung, der Motivation zu guter Beratung und der Selbstwirksamkeit in Bezug auf Elterngespräche beobachtet werden. Lediglich der in Studie 1 gefundene, negative Zusammenhang zwischen der Gesamtskala Beratungskompetenz und dem Burnout-Empfinden konnte nicht repliziert werden. Die Zusammenhänge zwischen den Personenvariablen, berufsbezogenen Einstellungen und Leistungsmaßen konnten teilweise repliziert werden. Insbesondere die Effekte für die Skalen Berufserfahrung, Informiertheit zum Thema Beratung und Beratungsmotivation konnten nur selten repliziert werden. Auf der Ebene der Zusammenhangsanalysen für die Veränderungen von Prätest zu Posttest zeigten sich statistisch signifikante Zusammenhänge für die Veränderung der Gesamtskala Beratungskompetenz und der Selbstwirksamkeit in Bezug auf Elterngespräche, Personenvariablen, den berufsbezogenen Einstellungen und Leistungsmaßen sowie dem wahrgenommenen Kompetenzzuwachs. Die Effekte für die wahrgenommene Beratungsleistung konnten nicht repliziert werden.

J   Fragestellungen und Hypothesen der Studie 3

1   Fragestellungen

Die dritte Studie verfolgt zwei zentrale Zielsetzungen: Erstens sollen die in Studie 1 gefundenen Effekte für die multimethodalen Zusammenhänge, die Zusammenhänge zwischen dem Gesamtmaß Beratungskompetenz und leistungsbezogenen Variablen (z.B. wahrgenommene Beratungsleistung) bzw. Personenvariablen sowie für die Moderatorvariablen (z.B. Alter, Unterrichten von Sprachen) repliziert werden. Zweitens sollen die Effekte der Optimierung der Instrumente und der Intervention untersucht werden. Folglich werden als Referenzgruppe Teilnehmer der Intervention 2005 herangezogen. Da in Studie 1 keine eindeutige Effektreihenfolge für die realisierten Treatmentbedingungen gefunden wurde, werden alle Teilnehmer der Intervention 2005 in die Analysen einbezogen. Zwischen den Treatmentbedingungen (T, TSR, TSRFB) wird nicht unterschieden.

2   Hypothesen

2.1   Gruppenunterschiede vor der Intervention

Eine randomisierte Aufteilung der Teilnehmer auf die Treatmentgruppen war nicht möglich, da als Referenzgruppe Teilnehmer aus Studie 1 gewählt wurden. Unterschiede zwischen den Gruppen zum ersten Erhebungszeitpunkt können nicht ausgeschlossen werden. Das Vorliegen entsprechender Unterschiede wird in vorbereitenden Analysen überprüft. Sollten statistisch signifikante Effekte auftreten, werden die Unterschiede bei folgenden Analysen kovarianzanalytisch kontrolliert (vgl. Bortz & Döring, 2006).

2.2   Multimethodale Zusammenhangsanalysen

Die Instrumente wurden nach den Erkenntnissen aus Studie 1 optimiert. In Studie 3 werden die optimierten Instrumente eingesetzt. Die Optimierungen betraffen insbesondere die State-Instrumente (Fragebogen zur Beurteilung der eigenen Beratungsleistung im simulierten Elterngespräch, State-Selbstbeurteilung; Fragebogen zur Beurteilung der Beratungsleistung des Lehrers im simulierten Elterngespräch, teilnehmende Beobachtung) sowie auf Trait-Ebene die Arbeitsprobe (siehe Kapitel E.4.6). Die Grundstruktur der Instrumente wurde nicht verändert (Antwortformate, Kompetenzfacetten). Dementsprechend wird erwartet, dass die in Studie 1 gefundenen Monotrait-Heteromethod-Korrelationen und die Korrelationen der Beratungskompetenzmaße (Gesamtmaß, univariat; Kompetenzfacetten) und der Kriterien (wahrgenommene Beratungsleistung, Selbstwirksamkeit in Bezug auf Elterngespräche, u.a.) repliziert werden können.

Als zusätzliche Kriterien werden in Studie 3 der wahrgenommene Beratungserfolg aus Perspektive des Beraters (State-Selbstbeurteilung) und aus Perspektive des Ratsuchenden (teilnehmende Beobachtung) aufgenommen. Für diese Kriterien werden ebenfalls positive Zusammenhänge mit den Beratungskompetenzmaßen (Gesamtmaß, univariat; Kompetenzfacetten) erwartet.

Eine wesentliche Veränderung im Vergleich zu Studie 1 betrifft die teilnehmende Beobachtung: In Studie 1 wurde die teilnehmende Beobachtung von einer an der Gesprächssituation nicht beteiligten Person durchgeführt. In Studie 3 erfolgt die teilnehmende Beobachtung durch den Ratsuchenden.

Es wird erwartet, dass keine Unterschiede in der Beurteilung des Beratungsverhaltens durch einen außenstehenden Beobachter bzw. einen am Gespräch beteiligten Beobachter bestehen. Folglich sollten die multimethodalen und kriteriumsbezogenen Zusammenhänge für die teilnehmende Beobachtung aus Studie 1 repliziert werden können. Bei der deskriptiven Betrachtung der Zusammenhänge werden für Studie 3 aufgrund der Optimierung der Instrumente im Vergleich zu Studie 1 generell höhere Korrelationskoeffizienten erwartet. Für die Analysen wird auf Datensätze aller eingesetzten Instrumente zurückgegriffen.

2.3   Veränderungen im Längsschnitt

Analog zu Studie 1 werden die Veränderungen im Längsschnitt auf der Ebene genereller Handlungstendenzen (Trait) und auf der Ebener aktueller Handlungstendenzen (State) erfasst. Bei den eingesetzten Instrumenten handelt es sich um optimierte Versionen der Instrumente aus Studie 1 (siehe Kapitel E.4.6). Folglich werden zur Kompetenzdiagnostik fünf Instrumente eingesetzt: Fragebogen zur Beratung im Berufsalltag (Trait-Selbstbeurteilung), die Arbeitsprobe (Trait-Ebene), Wissenstest (Trait-Ebene), Fragebogen zur Beurteilung der eigenen Beratungsleistung im simulierten Elterngespräch (State-Selbstbeurteilung), Fragebogen zur Beurteilung der Beratungsleistung des Lehrers im simulierten Elterngespräch (teilnehmende Beobachtung) sowie Analysen des Beraterverhaltens in aufgezeichneten Beratungsgesprächen (Tonbandaufzeichnungen, nicht-teilnehmende Beobachtung).

2.3.1   Hypothesen zu den Veränderungen der Beratungskompetenz

Nach den Erkenntnissen aus Studie 1 wurde die Intervention weiterentwickelt. In Studie 3 wird die optimierte Intervention umgesetzt. Dementsprechend wird erwartet, dass bei den Teilnehmern der Intervention 2006 ein Zuwachs für die Beratungskompetenz (Gesamtmaß, multivariat, univariat; Kompetenzfacetten) und das beratungsbezogene Wissen von Prätest zu Posttest beobachtet werden kann. Weiterhin wird erwartet, dass für die Teilnehmer der optimierten Intervention 2006 ein höherer Kompetenzzuwachs verzeichnet werden kann als für die Teilnehmer der Intervention 2005. Diese Effekte sollen sich sowohl auf State-Ebene als auch auf Trait-Ebene abzeichnen. Für die Analysen wird auf Datensätze aus Studie 1 und Studie 3 zurückgegriffen. Die postulierten Wirkungsfolgen der Intervention sind in Tabelle 69 dargestellt.

Tabelle 69:   Erwartete Effekte der Interventionen auf der Ebene der Kompetenz-
maße für den Prä-Post-Vergleich in Studie 3

Kompetenzmaß	Wirkungsfolge	
	State-Ebene	Trait-Ebene
Gesamtmaß Beratungskompetenz (multivariat)	EG 2006 > EG 2005	EG 2006 > EG 2005
Gesamtskala Beratungskompetenz (univariat)	EG 2006 > EG 2005	EG 2006 > EG 2005
Personale Ressourcen	EG 2006 > EG 2005	EG 2006 > EG 2005
Soziale Kooperationskompetenz	EG 2006 > EG 2005	EG 2006 > EG 2005
Berater-Skills und Pädagogisches Wissen	EG 2006 > EG 2005	EG 2006 > EG 2005
Prozesskompetenz	EG 2006 > EG 2005	EG 2006 > EG 2005
Bewältigungskompetenz	EG 2006 > EG 2005	EG 2006 > EG 2005

Anmerkung: EG 2006=Teilnehmer an der Intervention 2006; EG 2005=Teilnehmer an der Intervention 2005.

2.3.2 Hypothesen zu wahrgenommenem Kompetenzzuwachs, Beratungsleistung, Selbstwirksamkeit, Zielerreichung und Zufriedenheit

In Anlehnung an die postulierten Effekte für den Kompetenzzuwachs (siehe Kapitel J.2.3.1) wird erwartet, dass die Teilnehmer an der Intervention 2006 einen Zuwachs an Beratungskompetenz, an wahrgenommener Beratungsleistung und an beratungsbezogener Selbstwirksamkeit wahrnehmen. Entsprechend der Annahme, dass die Intervention 2006 zu stärkeren Effekten beim Kompetenzzuwachs führt als die Intervention 2005, wird auch für den Zuwachs dieser Variablen die Effektfolge Intervention 2006 > Intervention 2005 postuliert. Zur Überprüfung dieser Hypothesen kann auf die Daten aus den Selbstbeurteilungen auf Trait-Ebene und auf State-Ebene zurückgegriffen werden. Für die Interventionselemente wird erwartet, dass die Teilnehmer der Intervention 2006 im Vergleich zu Teilnehmern der Intervention 2005 die Rollenspiele, die Unterstützung der Selbstreflexion und das Feedback im Hinblick auf die Bedeutsamkeit für den Kompetenzerwerb als wichtiger einschätzen, denn diese Interventionselemente waren nach den Erkenntnissen aus Studie 1 maßgeblich optimiert worden. Die erwarteten Effekte in Abhängigkeit von der Interventionsbedingung sind in Tabelle 70 dargestellt.

Tabelle 70: Erwartete Effekte für Beratungsleistung, Selbstwirksamkeit und Zufriedenheit für den Prä-Post-Vergleich in Studie 3

Variable	Wirkungsfolge	
	State-Ebene	Trait-Ebene
Subjektiver Kompetenzzuwachs[55]	EG 2006 > EG 2005	EG 2006 > EG 2005
Wahrgenommene Beratungsleistung	EG 2006 > EG 2005	EG 2006 > EG 2005
Selbstwirksamkeit in Bezug auf Elterngespräche	EG 2006 > EG 2005	EG 2006 > EG 2005
Zufriedenheit mit dem Beratungsgespräch	EG 2006 > EG 2005	EG 2006 > EG 2005
Interventionselement: Rollenspiel		EG 2006 > EG 2005
Interventionselement: Selbstreflexion		EG 2006 > EG 2005
Interventionselement: Feedback		EG 2006 > EG 2005

Anmerkung: EG 2006=Teilnehmer an der Intervention 2006; EG 2005=Teilnehmer an der Intervention 2005.

Ergänzend wird in Studie 3 als Maß für den Zuwachs an Beratungskompetenz die wahrgenommene Kompetenz des Beraters aus der Perspektive des Ratsuchenden analysiert. Da diese Skala in Studie 1 nicht erhoben wurde, kann lediglich das Ansteigen der Werte für die Kompetenz des Beraters im Prä-Post-Vergleich für Teilnehmer der Studie 3 untersucht werden. Für die Analysen werden Daten aus der teilnehmenden Beobachtung herangezogen.

---

55 Nur Posttest-Vergleich.

2.3.3   Moderatoranaylsen

Es wird erwartet, dass die in Studie 1 gefundenen, den Kompetenzzuwachs mode-rierenden Einflüsse für die Variablen *Alter, Unterrichten von Sprachen* und *Bera-tungskompetenz vor der Intervention* repliziert werden können. Zusätzlich wird in Studie 3 der Effekt für die Ausprägung der Persönlichkeitseigenschaften Extraver-sion, Verträglichkeit, Gewissenhaftigkeit, Neurotizismus, Offenheit, Soziale Kom-petenz und Hilfsbereitschaft untersucht. Für die Persönlichkeitseigenschaften *Hilfsbereitschaft, Soziale Kompetenz, Gewissenhaftigkeit* und *Offenheit* werden po-sitive Effekte beim Kompetenzzuwachs erwartet. Für die Skala *Neurotizismus* wer-den negative Effekte beim Kompetenzzuwachs erwartet (vgl. Franke, 2005). Die Prüfung der Effekte erfolgt mit Daten der Selbstbeurteilung auf Trait-Ebene aus Studie 3.

2.4   Zusammenhangsanalysen

Es wird erwartet, dass sich die in Studie 1 gefundenen Korrelationen zwischen der Beratungskompetenz und den berufsbezogenen Einstellungen und Leistungsmaßen replizieren lassen (siehe Kapitel F.4). Die erwarteten Zusammenhänge sind in Ta-belle 71 dargestellt.

Tabelle 71: Erwartete Effekte für die Zusammenhänge zwischen der Beratungs-kompetenz, berufsbezogenen Einstellungen und Leistungsmaßen in Studie 3

Skala		Erwarteter Effekt
Gesamtskala Beratungskompetenz	Wahrgenommene Beratungsleistung	positiv
	Auffassung der Lehrerrolle	positiv
	Informiertheit	positiv
	Motivation zu guter Beratung	positiv
	Selbstwirksamkeit	positiv
	Burnout	negativ
Berufserfahrung	Motivation zu guter Beratung	negativ
	Burnout	negativ
Wahrgenommene Beratungsleistung	Auffassung der Lehrerrolle	positiv
	Informiertheit	positiv
	Motivation zu guter Beratung	positiv
	Selbstwirksamkeit	positiv
	Änderungsmotivation	positiv
Auffassung der Lehrerrolle	Informiertheit	positiv
	Motivation zu guter Beratung	positiv
	Selbstwirksamkeit	positiv
Informiertheit	Motivation zu guter Beratung	positiv
	Selbstwirksamkeit	positiv
Motivation zu guter Beratung	Selbstwirksamkeit	positiv
	Änderungsmotivation	positiv
	Burnout	negativ
Selbstwirksamkeit	Burnout	negativ

Zusätzlich wird in Studie 3 der Zusammenhang zwischen der Beratungskompetenz (Gesamtmaß, univariat) und Persönlichkeitseigenschaften (Big Five, Hilfsbereitschaft, Soziale Kompetenz) untersucht. Es werden positive Zusammenhänge zwischen Beratungskompetenz, Extraversion, Verträglichkeit, Gewissenhaftigkeit, Offenheit, Hilfsbereitschaft und sozialer Kompetenz erwartet. Für die Skala Neurotizismus wird ein negativer Zusammenhang mit der Beratungskompetenz postuliert (vgl. Franke, 2005).

Für die Zusammenhänge der Veränderungen von Prätest zu Posttest werden bezugnehmend auf die Ergebnisse von Studie 1 statistisch signifikant positive Effekte für die Veränderung der Beratungskompetenz (Gesamtskala, univariat), der wahrgenommenen Beratungsleistung und der Selbstwirksamkeit in Bezug auf Elterngespräche erwartet. Die Analysen basieren auf Daten der Trait-Selbstbeurteilung und der State-Selbstbeurteilung der Studie 3.

K   Methode der Studie 3

1   Untersuchungsdesign

In Studie 3 wurde aufgrund der Ergebnisse von Studie 1 nur die Interventionsbedingung *Training, Unterstützung der Selbstreflexion und Feedback* in einer optimierten Version realisiert. Ziel war es, die Effekte einer optimierten Intervention mit den Effekten der Interventionen von 2005 zu vergleichen. Da sich in Studie 1 keine der realisierten Interventionsbedingung (T, TSR, TSRFB) als überlegen erwiesen hatte, wurden alle Interventionsbedingungen in die Analysen aufgenommen. Die Effekte der optimierten Intervention 2006 wurden dann mit den mittleren Effekten der Intervention 2005[56] verglichen. Die Überprüfung der Effekte erfolgte mittels eines einfaktoriellen Messwiederholungsdesigns, als Kontrollgruppe wurden die Experimentalgruppen 2005 herangezogen. Das Design von Studie 3 ist in Tabelle 72 dargestellt.

Tabelle 72:   Versuchsdesign der Studie 3

Gruppe	Prätest	Treatment			Posttest
		Intervention Beratungskompetenz			
		Fortbildung	Unterstützung der Selbstreflexion	Feedback	
EG 2005	x				x
EG 2006	x	x	x	x	x

Das Design erlaubt Analysen des Effekts der optimierten Intervention 2006 im Vergleich zu dem mittleren Effekt der Intervention 2005.

---

56 Es wurde nicht zwischen den Interventionsbedingungen T, TSR, TSRFB unterschieden.

2   Ablauf der Untersuchung

Die Datenerhebung erfolgte analog zu der Studie 1, die Messungen wurden direkt vor und nach der Intervention durchgeführt. Der Prätest auf Trait-Ebene (Fragebogen zur Beratung im Berufsalltag, Arbeitsprobe, Wissenstest) wurde postalisch an alle Teilnehmer versandt, die Posttestung erfolgte in der letzten Trainingseinheit. Die Messung auf State-Ebene (Fragebogen zur Beurteilung der eigenen Beratungsleistung im simulierten Elterngespräch, State-Selbstbeurteilung; Fragebogen zur Beurteilung der Beratungsleistung des Lehrers im simulierten Elterngespräch, teilnehmende Beobachtung; Analyse aufgezeichneter Elterngespräche, nichtteilnehmende Beobachtung) erfolgte wie in Studie 1 beim ersten und beim vierten Trainingstermin. Abbildung 31 zeigt den zeitlichen Ablauf der Studie 3.

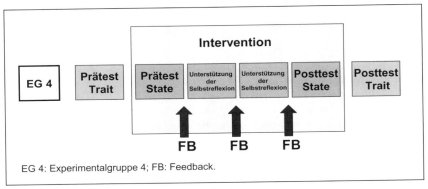

Abbildung 31: Zeitlicher Ablauf der Studie 3

Das Training der Intervention 2006 umfasste vier Einheiten von je 210 Minuten. Die Trainingseinheiten fanden im Abstand von sieben Tagen statt. Wie auch in Studie 1 wurde in jeder Einheit ein Beratungsgespräch mit einem Elternteil simuliert. Allerdings wurde die Übungsform verändert. Individuelle Beratungsgespräche fanden nur in der ersten und der vierten Einheit statt. In der zweiten und dritten Einheit wurden die Beratungsgespräche in Gruppen vorbereitet und durchgeführt (siehe Kapitel K.5.3.3 und Kapitel K.5.3.4). Die Unterstützung der Selbstreflexion erfolgte in allen Fortbildungseinheiten bei der Vor- und Nachbereitung der simulierten Beratungsgespräche mit dem optimierten Selbstreflexionsleitfaden (siehe Kapitel K.5.4).

Das Vorgehen beim Feedback wurde nach den Ergebnissen aus Studie 1 ebenfalls optimiert: Neben der Selbstbeurteilung wurde auch die Beurteilung der Beratungskompetenz durch den teilnehmenden Beobachter in die Rückmeldung aufgenommen. Die Aufbereitung des Feedbacks wurde ebenfalls verändert (siehe Kapitel K.5.5). Nach der ersten und der vierten Einheit erhielten die Teilnehmer eine individuelle Rückmeldung. In der zweiten und dritten Einheit wurden die Beratungsgespräche in Gruppen durchgeführt (siehe Kapitel K.5.3), folglich wurde jeweils die Leistung der Gruppe der beratenden Lehrer beurteilt und zurückgemeldet. Die Feedbackbögen wurden jeweils zu Beginn der folgenden Einheit ausgegeben.

3   Beschreibung der Stichprobe

Die Experimentalgruppe der Studie 3 setzte sich aus 32 Lehrern von zwei Gymnasien zusammen. 75% der Teilnehmer (n=24) waren weiblichen, 25% der Teilnehmer (n=8) männlichen Geschlechts. Die Altersverteilung war wie folgt: 3% der Teilnehmer (n=1) waren unter 31 Jahre alt. 34% der Teilnehmer (n=11) waren zwischen 31 und 40 Jahre alt. Der Alterskategorie 41 bis 50 Jahre gehörten 29% der Teilnehmer (n=9) an. 34% der Teilnehmer (n=11) waren zwischen 51 und 60 Jahre alt. Keiner der Teilnehmer war über 60 Jahre alt. 56% der Teilnehmer (n=18) unterrichteten Sprachen,[57] 40% der Teilnehmer unterrichteten Mathematik bzw. Naturwissenschaften (n=13), 41% der Teilnehmer unterrichteten Gesellschaftslehre bzw. Politik (n=13) und 25% der Teilnehmer unterrichten Kunst, Musik oder Sport (n=8). Die durchschnittliche Zeit im Schuldienst betrug 15.4 Jahre (SD=9.67). 10% der Teilnehmer waren an ihrer Schule Beratungs- bzw. Vertrauenslehrer (n=3). 3% der Teilnehmer (n=1) gaben an, weniger als drei Beragungsgespräche in einem Schulhalbjahr zusätzlich zum Elternsprechtag zu führen. 23% der Teilnehmer (n=7) führten drei bis sechs Elterngespräche zusätzlich. 32% der Teilnehmer (n=10) gaben an, zusätzlich in einem Schulhalbjahr sieben bis zehn Elterngespräche zu führen. Über 10 Elterngespräche pro Schulhalbjahr zusätzlich zum Elternsprechtag führten 42% der Teilnehmer (n=13). Der Mittelwert der bislang in der Berufslaufbahn geführten Elterngespräche lag bei 180 (SD=216). Die Gespräche wurden in gleichem Maße von Eltern (47%) bzw. von Lehrern (48%) angeregt.

4   Beschreibung der Erhebungsinstrumente

In Studie 3 wurden bei der Datenerhebung optimierte Versionen der Erhebungsinstrumente aus Studie 1 verwendet. Es kamen alle sechs Erhebungsinstrumente zum Einsatz: Fragebogen zur Beratung im Berufsalltag (Trait-Selbstbeurteilung), Fragebogen zur Beurteilung der eigenen Beratungsleistung in einem Beratungsgespräch (State-Selbstbeurteilung), Arbeitsprobe (Fremdbeurteilung, Trait-Ebene), Fragebogen zur Beurteilung der Beratungsleistung des Lehrers in einem Beratungsgespräch (teilnehmende Beobachtung, State-Ebene), Gesprächsanalysen mittels Kategoriensystem (nicht-teilnehmende Beobachtung, State-Ebene), Wissenstest (Trait-Ebene).

---

57 Bei der Angabe des Unterrichtsfachs waren Mehrfachnennungen möglich.

Die Instrumente wurden bereits in Kapitel E.4 beschrieben. An dieser Stelle werden nur die bei der Überarbeitung der Instrumente vorgenommenen Veränderungen beschrieben.

4.1   Instrumente zur Erfassung der Beratungskompetenz aus der Selbstbeurteilungsperspektive (optimierte Versionen)

4.1.1   Fragebogen zur Beratung im Berufsalltag (Trait-Selbstbeurteilung, Version Studie 3)

Der *Fragebogen zur Beratung im Berufsalltag* (Trait-Selbstbeurteilung) wurde zu den beiden realisierten Messzeitpunkten (Prätest, Posttest) verwendet. Im Vergleich zur Fragebogenversion der Studie 1 wurden einige Optimierungen vorgenommen, die im Folgenden beschrieben werden.

Die Skala *Personale Ressourcen* wurde um den Aspekt *Beachtung der eigenen Emotionen* ergänzt. Der Skala *Soziale Kooperationskompetenz* wurden die Aspekte *Beachtung der Gefühle des Gesprächspartners* und *Klarheit über die Gefühle des Gesprächspartners* hinzugefügt. Die Unterskala *Diagnostische Kompetenz* wurde untergliedert in einen *motivationalen Aspekt* (vgl. Studie 1) und einen *Wissensaspekt* (neue Skala). Die Kompetenzfacette *Berater-Skills und Pädagogisches Wissen* wurde zudem um den Aspekt der *Strategiekenntnis* erweitert. Der Aspekt *Schriftliches Dokumentieren von Vereinbarungen* wurde ergänzend in die Skala *Prozesskompetenz* aufgenommen.

Die Skala *Soziale Erwünschtheit* wurde durch eine Auswahl von Items aus Stöber (1999) vollständig ersetzt. Leichte Veränderungen (Austausch einzelner Items) wurden bei den Unterskalen *Self-Monitoring, Strategiemodifikation, Auffassung der Lehrerrolle, Fort- und Weiterbildung, Gesprächsangebot* und *Sicherheit im Umgang mit Eltern* vorgenommen.

Um den Zusammenhang von Beratungskompetenz und Persönlichkeitseigenschaften zu untersuchen, wurden folgende Skalen neu aufgenommen: *Hilfsbereitschaft, Soziale Kompetenz, Extraversion, Verträglichkeit, Gewissenhaftigkeit, Neurotizismus* sowie *Offenheit für Erfahrungen* (siehe Kapitel E.4.6*)*. In der Regel wurde für diese Items eine fünfstufige Skala von *(1) trifft überhaupt nicht zu* bis *(5) trifft voll und ganz zu* als Antwortmöglichkeit vorgegeben.

Tabelle 73 gibt eine Übersicht über die verwendeten Skalen, deren Reliabilitäten, die Verwendung in Prä- und Posttest sowie die Quellen. Bei den weiteren Analysen wurden nur Skalen einbezogen, deren Prätest-Reliabilität das Kriterium von Cronbachs $\alpha \geq .6$ erfüllte.

Tabelle 73: Skalen des Fragebogens zur Beratung im Berufsalltag (Version Studie 3)

Fragebogenabschnitt	Skala	Unterskala	Verwendung	Prätest-Reliabilität Unterskalen	Quelle	Itemanzahl	Prätest-Reliabilität Skalen
	Kompetenzfacette: Personale Ressourcen	Task-Monitoring[S]	Prätest / Posttest	.81	Selbst erstellt	3 von 3	.63
		Selbstreflexion[S]	Prätest / Posttest	.64	Selbst erstellt	2 von 2	
		Beachtung der eigenen Emotionen[S]	Prätest / Posttest	.79	Selbst entwickelt in Anlehnung an Lietschke et al. (2001)	3 von 3	
	Kompetenzfacette: Soziale Kooperationskompetenz	Kooperatives Handeln[S]	Prätest / Posttest	.76	Selbst erstellt	3 von 3	.70[1]
		Beachtung der Gefühle des Gesprächspartners[S]	Prätest / Posttest	.84	Selbst entwickelt in Anlehnung an Lietschke et al. (2001)	3 von 3	
Skalen zur Diagnostik der Beratungskompetenz		Klarheit über die Gefühle des Gesprächspartners	Prätest / Posttest	1.00	Selbst entwickelt in Anlehnung an Lietschke et al. (2001)	2 von 3	
	Kompetenzfacette: Berater-Skills und Pädagogisches Wissen	Diagnostische Kompetenz[S]	Prätest / Posttest	.88	Selbst erstellt	9 von 9	.61
		Gesprächskompetenz[2]	Prätest / Posttest	.75	Selbst erstellt	5 von 6	
	Kompetenzfacette: Prozesskompetenz	Strategieanpassung[S]	Prätest / Posttest	.85	Selbst erstellt	3 von 3	.60
		Schriftl. Dokumentieren von Vereinbarungen[S]	Prätest / Posttest	.91	Selbst erstellt	2 von 3	
	Kompetenzfacette: Bewältigungskompetenz	Kritikannahme[S]	Prätest / Posttest	.56[2]	Selbst erstellt	3 von 3	.56
	Gesamtskala Beratungskompetenz	Mittelwert der fünf Kompetenzfacetten[S]	Prätest / Posttest	n.b.	Selbst erstellt	5 von 5	.85
	Berufliches Rollenverständnis	Auffassung der Lehrerrolle[S]	Prätest	.93	Selbst erstellt	2 von 3	.75
		Interesse und Engagement[S]	Prätest	.59	Selbst erstellt	0 von 3	
		Durchführung von Elternberatung	Prätest	.71	Selbst erstellt	3 von 3	
		Zielsetzung bei der Elternberatung (Einstellung)[S]	Prätest / Posttest	.75	Selbst erstellt	2 von 3	
		Lösungsorientierung bei der Elternberatung (Einstellung)	Prätest / Posttest	.81	Selbst erstellt	3 von 3	
Skalen zur Vorhersage der Beratungskompetenz (Prädiktoren)	Informiertheit	Kenntnis der Bedingungen an der Schule	Prätest	.77	Selbst erstellt	2 von 3	.57
		Fort- und Weiterbildung[S]	Prätest	.75	Selbst erstellt	3 von 3	
	Selbstwirksamkeit (auch Kriterium)	Selbstwirksamkeit bezügl. Beratungsgespräch	Prätest / Posttest	.79	Selbst entwickelt in Anlehnung an Abele et al. (2000), Schwarzer & Jerusalem (2001)	2 von 3	.83
		Emotionale Grundhaltung gegenüber Beratungsgesprächen[S]	Prätest / Posttest	.77	Selbst erstellt	3 von 3	
		Sicherheit im Umgang mit Eltern[S]	Prätest / Posttest	.86	Selbst erstellt	3 von 3	

Anmerkung: Reliabilität: Cronbachs α; n.b.: nicht berechenbar; S=sechsstufige Antwortkategorie: *(1) trifft überhaupt nicht zu bis (6) trifft voll und ganz zu.*

1 Ohne Skala *Klarheit über die Gefühle des Gesprächspartners.*
2 Die Skala erfüllte in Studie 1 das Reliabilitätskriterium Cronbachs α > .6 und wird deshalb auch in Studie 3 bei den Analysen berücksichtigt.

Fortsetzung Tabelle 73: Skalen des Fragebogens zur Beratung im Berufsalltag (Version Studie 3)

Fragebogenabschnitt	Skala	Unterskala	Verwendung	Prätest-Reliabilität Unterskalen	Quelle	Itemanzahl	Prätest-Reliabilität Skalen
Fortsetzung: Skalen zur Vorhersage der Beratungskompetenz (Prädiktoren)	Motivation zu Beratung	Bedeutsamkeit guter Beratung[S]	Prätest / Posttest	.83	Selbst erstellt	3 von 3	.67
		Einschätzung des Kosten-Nutzen-Verhältnisses von Elternarbeit[1]	Prätest / Posttest	.73	Selbst entwickelt in Anlehnung an Wild (2005)	3 von 3	
	Wahrgenommene Beratungsleistung[S]		Prätest / Posttest	n.b.	Selbst erstellt	3 von 3	.85
Skalen zur Vorhersage durch die Beratungskompetenz (Kriterien)		Allgemeine Beratungskompetenz	Posttest	n.b.	Selbst erstellt	1 von 1	n.b.
		Vorbereitung von Beratungsgesprächen	Posttest	n.b.	Selbst erstellt	1 von 1	n.b.
		Verhalten in Beratungsgesprächen	Posttest	n.b.	Selbst erstellt	1 von 1	n.b.
	Wahrgenommener Kompetenzzuwachs[S]	Nachbereitung und Reflexion von Beratungsgesprächen	Posttest	n.b.	Selbst erstellt	1 von 1	n.b.
		Verhalten in schwierigen Gesprächssituationen	Posttest	n.b.	Selbst erstellt	1 von 1	n.b.
		Änderungsmotivation[S]	Prätest	n.b.	Selbst erstellt	3 von 3	.82
		Burnout[S]	Prätest	n.b.	Selbst entwickelt in Anlehnung an Körner (2002)	2 von 3	.64
		Hilfsbereitschaft[S, PT]	Posttest	n.b.	Angelehnt an das HPI, Andresen (2002)	3 von 3	.76
		Soziale Kompetenz[S, PT]	Posttest	n.b.	Auswahl aus 16 PF-R, Schneewind & Graf (1998)	2 von 3	.65
Moderatoren		Extraversion[S, PT]	Posttest	n.b.		2 von 4	.80
		Verträglichkeit[S, PT]	Posttest	n.b.		0 von 3	.41
	Persönlichkeitseigenschaften	Gewissenhaftigkeit[S, PT]	Posttest	n.b.	BFI-K, Rammstedt & John (2005)	0 von 3	.44
		Neurotizismus[S, PT]	Posttest	n.b.		3 von 3	.63
		Offenheit für Erfahrungen[S, PT]	Posttest	n.b.		3 von 3	.66

Anmerkung: Reliabilität: Cronbachs α; n.b.: nicht berechenbar; S=sechsstufige Antwortkategorie: *(1) trifft überhaupt nicht zu* bis *(6) trifft voll und ganz zu*; PT= Posttest-Reliabilität.

Fortsetzung Tabelle 73: Skalen des Fragebogens zur Beratung im Berufsalltag (Version Studie 3)

Fragebogenabschnitt	Skala	Unterskala	Verwendung	Prätest-Reliabilität Unterskalen	Quelle	Itemanzahl	Prätest-Reliabilität Skalen
Ehrliches Antwortverhalten	Soziale Erwünschtheit[S]		Prätest / Posttest		Auswahl aus Stöber (1999)	4 von 5	.61
		Rollenspiele[S]	Posttest	n.b.	Selbst erstellt	1 von 1	n.b.
	Wahrgenommene Effektivität der Interventionselemente	Leitfaden „Lernen lernen"[SS]	Posttest	n.b.	Selbst erstellt	1 von 1	n.b.
Effektivität der Intervention		Selbstreflexion (Gesprächsleitfäden)[S]	Posttest	n.b.	Selbst erstellt	1 von 1	n.b.
		Feedback[S]	Posttest	n.b.	Selbst erstellt	1 von 1	n.b.
	Zielerreichung	Erreichung des individuellen Fortbildungsziels[S]	Posttest	n.b.	Selbst erstellt	1 von 1	n.b.
	Alter[W]		Prätest	n.b.	Selbst erstellt	1 von 1	n.b.
	Geschlecht[D]		Prätest	n.b.	Selbst erstellt	1 von 1	n.b.
	Dienstjahre[O]		Prätest	n.b.	Selbst erstellt	1 von 1	n.b.
	Unterrichtsfächer[W]		Prätest	n.b.	Selbst erstellt	1 von 1	n.b.
Soziodemographische Angaben	Beratungs- bzw. Vertrauenslehrer[D]		Prätest	n.b.	Selbst erstellt	1 von 1	n.b.
	Anzahl der Elterngespräche in der Berufslaufbahn[O]		Prätest	n.b.	Selbst erstellt	1 von 1	n.b.
	Anregung der Elterngespräche[O]		Prätest	n.b.	Selbst erstellt	1 von 1	n.b.

Anmerkung: Reliabilität: Cronbachs α; n.b.:nicht berechenbar; O=offene Antwortkategorie; D=dichotome Antwortkategorie; W=vorgegebene Wahlmöglichkeiten; S=sechsstufige Antwortkategorie: (1) trifft überhaupt nicht zu bis (6) trifft voll und ganz zu.

4.1.2   Fragebogen zur Beurteilung der eigenen Beratungsleistung in einem
        Beratungsgespräch (State-Selbstbeurteilung, Version Studie 3)

Die Beurteilung der eigenen Beratungsleistung erfolgte bei allen vier simulierten
Beratungsgesprächen mittels des Fragebogens zur Beurteilung der eigenen Beratungsleistung (State-Selbstbeurteilung). Basierend auf den Ergebnissen aus Studie 1
wurde der Fragebogen für Studie 3 optimiert. Items wurden im Hinblick auf die
Schulungsinhalte konkretisiert, einige neue Skalen wurden aufgenommen.

Leichte Veränderungen (Austausch einzelner Items) wurden bei den Skalen *Selbstwirksamkeit bezüglich des folgenden Beratungsgesprächs, Planung des Gesprächs,
Zielorientierung, Zielerreichung* und *Zufriedenheit mit dem Beratungsgespräch*
vorgenommen.

Eine umfassende Überarbeitung der Skalen erfolgte für die Kompetenzfacetten
*Personale Ressourcen, Soziale Kooperationskompetenz, Berater-Skills und Päda-
gogisches Wissen* und *Prozesskompetenz*. Der Aspekt *Konzept-Monitoring* wurde
in die Kompetenzfacette *Personale Ressourcen* aufgenommen. Die Facette *Soziale
Kooperationskompetenz* wurde um die Aspekte *Perspektivenübernahme* und *Beachtung des Lebenskontexts des Ratsuchenden* ergänzt. Die Kompetenzfacette *Berater-Skills und Pädagogisches Wissen* wurde um die Aspekte *Diagnostische Kompetenz* und *Gesprächsstrukturierung* erweitert. Die Aspekte *Maßnahmenplanung*
und *Zielsetzung* wurden ergänzend in die Kompetenzfacette *Prozesskompetenz* aufgenommen. Als weitere Kriterien für die Beratungsleistung wurden die Aspekte
Flexibilität im Beraterverhalten, Umsetzung der Planung sowie *Sicherheit in der
Beratungssituation* aufgenommen. Die Kompetenzfacette *Bewältigungskompetenz*
wurde nach den Ergebnissen aus Studie 1 nicht mehr in den Fragebogen aufgenommen.

Um die Validität des Rollenspiels im Hinblick auf eine alltagsnahe Kompetenzdiagnostik prüfen zu können, wurden die Skalen *Wahrgenommene Alltagsnähe der Situation, Umsetzung der Rolle* sowie *Einbringen von Berufserfahrung* mit aufgenommen.

Die meisten Fragen konnten auf einer sechsstufigen Skala von *(1) trifft überhaupt
nicht zu* bis *(6) trifft voll und ganz zu* beantwortet werden. Die Items zur Zufriedenheit mit dem Gespräch waren auf einer Skala von *(1) völlig unzufrieden* bis *(6) sehr
zufrieden* zu beantworten. Analog zu Studie 1 enthielt der Fragebogen auch drei offene Fragen zu den Bereichen *Zielsetzung für das bevorstehende Gespräch, Positive Punkte des Gesprächs* sowie *Verbesserungsvorschläge*. Tabelle 74 gibt einen
Überblick über die verwendeten Skalen sowie deren Reliabilitäten[58] und Quellen.

---

58 Die Berechnung der Reliabilitäten erfolgte anhand der Prätest-Daten.

Tabelle 74: Skalen des Fragebogens zur Beurteilung der eigenen Beratungsleistung in einem Beratungsgespräch (Version Studie 3)

Fragebogenabschnitt	Skala	Aspekte	Verwendung	Quelle	Itemanzahl	Prätest-Reliabilität Skalen
Skalen zur Diagnostik der Beratungskompetenz	Personale Ressourcen[S]	Task-Monitoring, Selbstreflexion, Konzeptmonitoring	T1 / T2 / T3 / T4	Pauly (2006), selbst erstellt	5 von 6	.70
	Soziale Kooperationskompetenz[S]	Schriftl. Dokumentieren von Vereinbarungen, Perspektivenübernahme, Beachtung des Lebenskontexts	T1 / T2 / T3 / T4	Selbst erstellt	4 von 4	.66
	Berater-Skills und Pädagogisches Wissen[S]	Diagnostische Kompetenz, Gesprächskompetenz, Inhaltliche Kompetenz, Planung	T1 / T2 / T3 / T4	Pauly (2006), selbst erstellt	18 von 18	.88
	Prozesskompetenz[S]	Lösungs- und Ressourcenorientierung, Maßnahmenplanung	T1 / T2 / T3 / T4	Selbst erstellt	5 von 5	.69
	Gesamtskala Beratungskompetenz	Mittelwert der fünf Kompetenzfacetten	T1 / T2 / T3 / T4		4 von 4	.83
Skalen zur Vorhersage der Beratungskompetenz (Prädiktoren)	Selbstwirksamkeit[S]		T1 / T2 / T3 / T4	Pauly (2006)	3 von 3	.73
Skalen zur Vorhersage durch die Beratungskompetenz (Kriterien)	Kompetenzempfinden[S]	Sicherheit in der Beratungssituation, Kompetenzeinschätzung	T1 / T2 / T3 / T4	Pauly (2006)	3 von 3	.76
	Zufriedenheit[SZ]		T1 / T2 / T3 / T4	Pauly (2006)	5 von 5	.85
	Umsetzung des Gesprächskonzeptes[S]		T1 / T2 / T3 / T4	Selbst erstellt	2 von 2	.82
	Beratungserfolg	Mittelwert von Kompetenzempfinden, Zufriedenheit und Umsetzung des Gesprächskonzepts	T1 / T2 / T3 / T4		7 von 7	.83
Offene Fragen	Zielsetzung für das bevorstehende Gespräch[O]		T1 / T2 / T3 / T4	Pauly (2006)	1 von 1	n.b.
	Positive Aspekte des Gesprächs[O]		T1 / T2 / T3 / T4	Pauly (2006)	1 von 1	n.b.
	Verbesserungspotenzial für das nächste Gespräch[O]		T1 / T2 / T3 / T4	Pauly (2006)	1 von 1	n.b.
Manipulation Check	Situationsbeurteilung[S]		T1 / T2 / T3 / T4	Selbst erstellt	4 von 4	.80
	Ausfüllen der Rolle		T1 / T2 / T3 / T4	Selbst erstellt	2 von 2	.80

Anmerkung: Reliabilität: Cronbachs α; n.b.: nicht berechenbar; O=offene Antwortkategorie; S=sechsstufige Antwortkategorie: (1) trifft überhaupt nicht zu bis (6) trifft voll und ganz zu; SZ = sechsstufige Antwortkategorie: (1) völlig unzufrieden bis (6) völlig zufrieden; V=vierstufige Antwortkategorie: (1) trifft überhaupt nicht zu bis (4) trifft voll und ganz zu.

Da viele Unterskalen nur aus sehr wenigen Items bestehen, wurde von einer Bildung von Unterskalen abgesehen. Die Hauptskalen wurden auf Item-Ebene gebildet. Die Skalen erfüllten das Reliabilitätskriterium von Cronbachs $\alpha \geq .6$ und konnten in die Analysen einbezogen werden.

4.2 Instrumente zur Erfassung der Beratungskompetenz aus der Fremdbeurteilungsperspektive (optimierte Versionen)

4.2.1 Arbeitsproben (Version Studie 3)

Die Arbeitsproben wurden zu den beiden realisierten Messzeitpunkten (Prätest, Posttest) eingesetzt. Nach den Ergebnissen aus Studie 1 wurden die Arbeitsproben überarbeitet: ein Fallbeispiel wurde herausgenommen, die zwei verbleibenden Beispiele (Hausaufgabenunterstützung, Beratung eines aufgebrachten Elternteils) wurden konkretisiert. Die Szenarien waren wiederum so konzipiert, dass grundsätzlich alle Kompetenzfacetten beobachtet werden konnten. Die Situation in Fallbeispiel 2 wurde so geschildert, dass eine Beobachtung der Kompetenzfacette *Bewältigungskompetenz* unterstützt werden sollte.

Um die Antworten der Lehrer zu strukturieren, wurden Leitfragen gestellt: *Wie beginnen sie das Gespräch? Wie bauen Sie das Gespräch nach den ersten Minuten weiter auf? Welche Tipps würden Sie geben?* (Fallbeispiel 1) bzw. *Worauf legen Sie den Schwerpunkt des Gesprächs?* und *Wie reagieren Sie, wenn Ihnen Vorwürfe gemacht werden?* (Fallbeispiel 2). Im Posttest wurden wie in den vorherigen Studien Parallelversionen der Prätest-Arbeitsproben eingesetzt. Der Auswertungsbogen wurde um die Kategorie *Bisherige Lösungsversuche (11)* erweitert. Die Kategorie ist der Kompetenzfacette *Prozesskompetenz* zugeordnet. Diese Änderungen wurden auch in den Rateranweisungen und dem Beurteilungsbogen umgesetzt. Das Vorgehen bei der Auswertung entsprach dem Vorgehen in Studie 1 (siehe Kapitel E.4.2.1).

4.2.2 Fragebogen zur Beurteilung der Beratungsleistung des Lehrers in einem Beratungsgespräch (teilnehmende Beobachtung, Version Studie 3)

In Studie 3 wurde das Vorgehen bei der teilnehmenden Beobachtung der Beratungsleistung des Lehrers in einem Beratungsgespräch geändert. Die Beurteilung wurde nicht mehr von einem neutralen Beobachter sondern von der Person in der Rolle des ratsuchenden Elternteils vorgenommen. Entsprechend wurde der Fragebogen zur Beurteilung der Beratungsleistung des Lehrers in einem Beratungsgespräch angepasst und optimiert. Leichte Änderungen (Austausch einzelner Items) wurden bei der Kompetenzfacette *Prozesskompetenz* vorgenommen.

Neu aufgenommen wurden die Aspekte *Gesprächsstrukturierung, Lösungsorientierung, Beachtung des Lebenskontexts, Inhaltliche Kompetenz, Gesprächsatmosphäre, Empfundene Wertschätzung, Zufriedenheit mit den Vereinbarungen, Kompetenz des Beraters* und *Beurteilung der Situation.*

Die Kompetenzfacetten *Personale Ressourcen* und *Bewältigungskompetenz* wurden nicht mehr in den Fragebogen aufgenommen. In Studie 1 hatte sich gezeigt, dass diese Facetten von einem Beobachter nicht beurteilt werden können.

Die Items konnten auf einer Skala von *(1) trifft überhaupt nicht zu* bis *(6) trifft voll und ganz zu* beantwortet werden. Zusätzlich wurden offene Fragen zu den positiven Aspekten des Gesprächs und zu Verbesserungsvorschlägen aufgenommen. Die Skalen des Fragebogens sowie deren Reliabilitäten und Quellen werden in Tabelle 75 dargestellt. Da die Unterskalen häufig nur aus einem Item bestehen, wurden diese nicht in die Auswertung einbezogen. Die Skalen wurden auf Item-Ebene gebildet. Die Berechnung der Reliabilität erfolgte anhand der Prätest-Daten. Alle Skalen erfüllten das Reliabilitätskriterium von Cronbachs $\alpha \geq .6$ und konnten in die Analysen einbezogen werden.

Tabelle 75:　Skalen des Fragebogens zur Beurteilung der Beratungsleistung eines Lehrers in einem Beratungsgespräch (Version Studie 3)

Fragebogenabschnitt	Skala	Aspekte	Verwendung	Quelle	Itemanzahl	Prätest-Reliabilität Skalen
Skalen zur Diagnostik der Beratungskompetenz	Soziale Kooperationskompetenz[S]	Schriftl. Dokumentieren von Vereinbarungen, Perspektivenübernahme, Beachtung des Lebenskontexts	T1 / T2 / T3 / T4	Selbst erstellt	3 von 4	.73
	Berater-Skills und Pädagogisches Wissen[S]	Diagnostische Kompetenz, Gesprächskompetenz, Inhaltliche Kompetenz, Planung	T1 / T2 / T3 / T4	Pauly (2006), selbst erstellt	9 von 9	.81
	Prozesskompetenz[S]	Lösungs- und Ressourcenorientierung, Maßnahmenplanung	T1 / T2 / T3 / T4	Selbst erstellt	4 von 5	.79
	Gesamtskala Beratungskompetenz	Mittelwert der fünf Kompetenzfacetten	T1 / T2 / T3 / T4	Selbst erstellt in Anlehnung an Linden et al. (1967)	3 von 3	.84
Skalen zur Vorhersage durch die Beratungskompetenz (Kriterien)	Wahrgenommene Gesprächsatmosphäre[S]		T1 / T2 / T3 / T4		5 von 5	.74
	Wahrgenommene Wertschätzung durch den Berater[S]		T1 / T2 / T3 / T4	Selbst erstellt in Anlehnung an Linden et al. (1967)	3 von 3	.90
	Wahrgenommene Kompetenz des Beraters[S]		T1 / T2 / T3 / T4	Pauly (2006)	5 von 5	.66
	Zufriedenheit mit dem Beratungsergebnis[SZ]		T1 / T2 / T3 / T4	Pauly (2006)	1 von 1	n.b.
	Beratungserfolg (Mittelwert)	Wahrgenommene Gesprächsatmosphäre, Wahrgenommene Kompetenz des Beraters, Zufriedenheit mit dem Beratungsergebnis	T1 / T2 / T3 / T4		11 von 11	.83
Offene Fragen	Positive Aspekte des Gesprächs[O]		T1 / T2 / T3 / T4	Pauly (2006)	1 von 1	n.b.
	Verbesserungspotenzial für das nächste Gespräch[O]		T1 / T2 / T3 / T4	Pauly (2006)	1 von 1	n.b.
Manipulation Check	Situationsbeurteilung[S]	Alltagsnähe der Situation	T1 / T2 / T3 / T4	Selbst erstellt	2 von 3	.80
	Ausfüllen der Rolle		T1 / T2 / T3 / T4	Selbst erstellt	2 von 2	.80

Anmerkung: Reliabilität: Cronbachs α; n.b.: nicht berechenbar; O=offene Antwortkategorie; S=sechsstufige Antwortkategorie: *(1) trifft überhaupt nicht zu* bis *(6) trifft voll und ganz zu*; SZ= sechsstufige Antwortkategorie: *(1) völlig unzufrieden* bis *(6) völlig zufrieden;* V=vierstufige Antwortkategorie: *(1) trifft überhaupt nicht zu* bis *(4) trifft voll und ganz zu.*

4.2.3 Gesprächsanalysen mittels Kategoriensystem (nicht-teilnehmende Beobachtung, Version Studie 3)

Das Kategoriensystem zur Gesprächsanalyse wurde nach Studie 1 den Vorschläge von Bruder (2006) entsprechend optimiert. Die Kategorie *(16) Lehrer vermittelt einen allgemeinen Tipp* wurde neu aufgenommen und der Kompetenzfacette *Berater-Skills und Pädagogisches Wissen* zugeordnet. In diese Kategorie fallen Tipps wie: *Mit dem Kind ins Museum gehen, Fernsehsendungen empfehlen* oder der Verweis an Beratungsstellen oder Sportvereine. Weiterhin wurde die Doppelkodierung für die Kategorie *(13) Lehrer vermittelt durch verbale Äußerungen, dass zugehört wird* zugelassen. Diese Kategorie konnte somit einzeln aber auch zusätzlich zu einer anderen inhaltlichen Kategorie kodiert werden. Die entsprechenden Änderungen wurden auch in den Rateranweisungen und im Kategoriensystem umgesetzt. Die Auswertung der Tonbänder erfolgte nach dem in Kapitel E.4.2.3 beschriebenen Vorgehen.

4.3 Instrument zur Erfassung des beratungsbezogenen Wissens (optimierte Version)

Der Wissenstest wurde um acht Fragen auf insgesamt zwölf Fragen erweitert. Bei allen Fragen standen jeweils vier Antwortalternativen zur Auswahl, wobei nur eine Antwort richtig war. Um dem Raten vorzubeugen, wurde, wie in Studie 1, die Antwortmöglichkeit *Ich weiß es nicht* vorgegeben. Der Wissenstest wurde in Studie 3 im Prä- und Posttest eingesetzt. Die Trennschärfe der Items (part-whole-korrigiert) sowie die Schwierigkeiten der einzelnen Items zu den beiden Messzeitpunkten sind in Tabelle 76 dargestellt.

Tabelle 76: Trennschärfe ($r_{i(t-i)}$) und Itemschwierkeiten (P_i) der Items des Wissenstests (Version Studie 3)

	Prätest (N=38)		Posttest (N=35)	
	$r_{i(t-i)}$	P_i	$r_{i(t-i)}$	P_i
Item 1	.00	100	.00	100
Item 2	.12	03	.22	83
Item 3	.09	10	.35	78
Item 4	-.03	88	.01	94
Item 5	.06	81	.36	94
Item 6	.30	24	-.10	56

Fortsetzung nächste Seite

Fortsetzung Tabelle 76: Trennschärfe (r$_{i(t-i)}$) und Itemschwiergkeiten (P$_i$) der Items des Wissenstests (Version Studie 3)

	Prätest (N=38)		Posttest (N=35)	
	r$_{i(t-i)}$	P$_i$	r$_{i(t-i)}$	P$_i$
Item 7	.29	20	.19	43
Item 8	.17	45	.17	63
Item 9	.27	05	.29	20
Item 10	.14	42	.09	67
Item 11	-.11	98	.00	100
Item 12	.38	90	.00	100

4.4 Validierung der Instrumente

Wie in Kapitel E.4.4 beschrieben, wurden zur Validierung der Instrumente multimethodale Korrelationsanalysen, Zusammenhangsanalysen mit Kriterienvariablen sowie faktorenanalytische und varianzanalytische Auswertungen vorgenommen. Die Darstellung der Ergebnisse der multimethodalen Korrelationsanalysen und der kriteriumsbezogenen Zusammenhangsanalysen erfolgt in Kapitel L.2.

Im Folgenden werden die Ergebnisse der exploratorischen Faktorenanalysen beschrieben.

4.4.1 Faktorenanalytische Dimensionsprüfung

Das Vorgehen bei der Dimensionsprüfung der Instrumente in Studie 3 entsprach dem in Kapitel E.4.4 beschriebenen. Die Ergebnisse der konfirmatorischen Faktorenanalysen für den Fragebogen zur Beurteilung der Beratungsleistung im Berufsalltag (Trait-Selbstbeurteilung) finden sich in Kapitel L.5.1.

An dieser Stelle werden die Ergebnisse für die faktorenanalytischen Dimensionsprüfung für den Fragenbogen zur Beurteilung der eigenen Beratungsleistung in einem Beratungsgespräch (State-Selbstbeurteilung), den Fragebogen zur Beurteilung der Beratungsleitung eines Lehrers in einem Beratungsgespräch (teilnehmende Beobachtung) sowie die Kategorien für die Auswertungen der Arbeitsproben und der Tonbänder beschrieben. Die Extraktion der Faktoren erfolgte mittels Hauptkomponentenanalyse mit Varimax-Rotation und dem Abbruchkriterium Eigenwert < 1.

Für den Fragebogen zur Beurteilung der eigenen Beratungskompetenz in einem Beratungsgespräch (State-Selbstbeurteilung) wurden neun Faktoren extrahiert, die

81.3% der beobachteten Varianz aufklären. Für das Ratingsystem der Arbeitsproben ergab sich eine dreidimensionale Lösung. Die drei extrahierten Faktoren klären 64.7% der Varianz auf. Auf der Ebene der teilnehmenden Beobachtung in einem Beratungsgespräch wurde ebenfalls eine dreidimensionale Lösung gefunden, wobei die drei Faktoren zu einer Varianzaufklärung von 100% führen. Für das Kategoriensystem zur Analyse von Beratungsgesprächen wurden fünf Faktoren extrahiert, die Aufklärung der beobachteten Varianz beträgt 64.9%.

Auch in Studie 3 konnte die postulierte Fünf-Faktoren-Lösung nicht bestätigt werden. Allein für das Kategoriensystem zur Auswertung aufgezeichneter Beratungsgespräche ergab sich eine fünffaktorielle Lösung. Ein Vergleich mit den in Studie 1 gefundenen Strukturen zeigt, dass für die Arbeitsprobe in beiden Studien eine dreidimensionale Lösung ermittelt wurde. Allerdings unterscheidet sich die Zusammensetzung der Faktoren auf der Ebene der Subskalen stark. Insgesamt zeigt sich bei der Betrachtung der Faktorladungen für die Items bzw. Subskalen eine sehr heterogene Faktorzusammensetzung im Hinblick auf die postulierte Faktorzugehörigkeit. Die Ergebnisse stützen demnach weder die postulierte Dimensionalität noch die Zusammenhänge zwischen den einzelnen Items bzw. Subskalen, die vorgenommenen Veränderungen der Items und Skalen führen demnach auch zu einer Veränderung der Dimensionalität der Instrumente.

4.5   Evaluationsbögen

Die in Studie 3 verwendeten Evaluationsbögen entsprachen den in Studie 1 eingesetzten Bögen für die kombinierte Interventionsbedingung (TSRFB, siehe Kapitel E.4.5).

4.6   Diskussion der Instrumente

4.6.1   Diskussion der Instrumente zur Selbstbeurteilung der Beratungskompetenz (optimierte Versionen)

Die Skalen des *Fragebogens zur Beratung im Berufsalltag (Version Studie 3)* wiesen gute Reliabilitätskennwerte (.61 ≤ Cronbachs α ≥ 1.00) auf. Bei den zur Kompetenzdiagnostik herangezognen Skalen erreichte lediglich die Skala *Bewältigungskompetenz* das Reliabilitätskriterium von Cronbachs α ≥ .60 nicht. Da die Skala in Studie 1 das Reliabilitätskriterium erreicht hatte, und keine Veränderungen an der Skala vorgenommen worden waren, wurde die Skala *Bewältigungskompetenz* in die weiteren Analysen einbezogen. Für die Konzeption der Kompetenzfacette *Soziale Kooperationskompetenz* zeigte sich, dass die Unterskala *Klarheit über die Gefühle des Gesprächspartners* andere Informationen erfasst als die Unterskalen *Kooperatives Handeln* und *Beachtung der Gefühle des Gesprächspartners*.

Im Hinblick auf die Optimierung des Fragebogens sollte diese Skala ersetzt werden. Außerdem sollte die Kompetenzfacette Bewältigungskompetenz um weitere Skalen erweitert werden. Bei den multimethodalen Zusammenhangsanalysen (siehe Kapitel L.2) konnten die Ergebnisse für den Fragebogen zur Beratung im Berufsalltag aus Studie 1 weitgehend repliziert werden. Diese Erkenntnisse können als Hinweise auf konvergente Validität und Kriteriumsvalidität der Kompetenzmessung mittels des *Fragebogens zur Beratung im Berufsalltag* eingeordnet werden. Auf der Ebene der Skalen zur Vorhersage der Beratungskompetenz erreichte die Skala *Interesse und Engagement* das Reliabilitätskriterium nicht und wurde aus den Analysen ausgeschlossen. Gleiches galt für die Skalen *Verträglichkeit* und *Gewissenhaftigkeit*: Beide Skalen wurden wegen geringer Reliabilität aus den Analysen ausgeschlossen. Bei einer Optimierung des Fragebogens sollten diese Skalen überarbeitet werden.

Bezüglich des *Fragebogens zur Beurteilung der eigenen Beratungsleistung in einem Beratungsgespräch (Version Studie 3)* konnte die Auswertung wiederum nur auf der Ebene der Kompetenzfacetten erfolgen. Wie in Studie 1 wiesen die Facetten und die untersuchten Skalen gute Reliabilitäten auf ($.66 \leq$ Cronbachs $\alpha \geq .88$). Auch die neu aufgenommen Skalen (z.B. Beratungserfolg, Beurteilung der Situation) erwiesen sich als reliabel. Die faktorenanalytische Dimensionsprüfung resultierte in einer neundimensionalen Lösung. Die neun extrahierten Faktoren erklären 81.3% der beobachteten Varianz.

Die Anpassung der Kompetenzdiagnostik (Ausschluss der Facette Bewältigungskompetenz) erwies sich beim Einsatz in den Rollenspielen als sinnvoll, da nur Kompetenzbereiche abgefragt wurden, die in den Situationen auftraten. Für einen Einsatz in der Beratungspraxis sollte diese Kategorie jedoch wieder in den Fragebogen aufgenommen werden.

Die multimethodalen Zusammenhangsanalysen (siehe Kapitel L.2) zeigten, dass die Ergebnisse der Studie 1 für den Fragebogen *zur Beurteilung der eigenen Beratungsleistung in einem Beratungsgespräch* (State-Selbstbeurteilung) repliziert werden konnten. Die neu aufgenommene Skala Beratungserfolg korrelierte statistisch signifikant positiv mit der univariaten Gesamtskala Beratungskompetenz auf der Ebene der Selbstbeurteilungen (Trait-Ebene, State-Ebene) sowie der teilnehmenden Beobachtung. Diese Ergebnisse können als Hinweise auf die konvergente Validität und die Kriteriumsvalidität der Kompetenzdiagnostik mittels des *Fragebogens zur Beurteilung der eigenen Beratungsleistung* (State-Selbstbeurteilung) angesehen werden.

4.6.2   Diskussion der Instrumente zur Fremdbeurteilung der Beratungskompetenz (optimierte Versionen)

Die *Arbeitsproben (Version Studie 3)* waren nach Studie 1 maßgeblich optimiert worden: Die Anzahl der Szenarien wurde von drei auf zwei verringert, es erfolgte eine Konkretisierung der Szenarien, und Leitfragen wurden vorgegeben, um die Antworten der Teilnehmer zu strukturieren. Die Hauptkomponentenanalyse ergab eine dreidimensionale Lösung. Die drei extrahierten Faktoren klären 64.9% der Varianz auf. Die multimethodalen Zusammenhangsanalysen (siehe Kapitel L.2) zeigten, dass der in Studie 1 gefundene, positive Zusammenhang zwischen der Gesamtskala Beratungskompetenz (Arbeitsprobe) und der Gesamtskala Beratungskompetenz (Trait-Selbstbeurteilung) nicht repliziert werden konnte. Auch die positiven Zusammenhänge mit den herangezogenen Kriterien konnten nicht repliziert werden.

Aus diesen Ergebnissen kann gefolgert werden, dass die Optimierung der Arbeitsprobe nicht geglückt ist. Für weitere Studien sollte demnach noch einmal eine Optimierung der Arbeitsprobe in Erwägung gezogen werden. Denkbar wäre, die Szenarien weiter zu konkretisieren und gegebenenfalls auch zu verlängern. Im Gegenzug sollte die Anzahl der Szenarien weiter reduziert werden. Ein längeres, konkreteres Szenario, welches alle Kompetenzfacetten erfordert (polytome Konzeption) erscheint für die Kompetenzdiagnostik besser geeignet. Die Leitfragen führten nicht zu einer maßgeblichen Konkretisierung der Antworten, deshalb sollten sie überarbeitet bzw. nicht mehr aufgenommen werden.

Die Skalen des *Fragebogens zur Beurteilung der Beratungsleistung eines Lehrers in einem Beratungsgespräch (Version Studie 3)* erwiesen sich als reliabel (.66 ≤ Cronbachs α ≥ .90). Auch die neu aufgenommenen Skalen *Wahrgenommene Gesprächsatmosphäre, Wahrgenommene Wertschätzung durch den Berater, Zufriedenheit mit dem Beratungsergebnis* und *Beratungserfolg* wiesen gute Reliabilitäten auf. Die Faktorenanalyse ergab eine dreidimensionale Lösung, wobei die drei Faktoren zu einer Varianzaufklärung von 100% führten.

Auf der Ebene der Gesamtskala Beratungskompetenz konnte ein statistisch signifikanter Zusammenhang zwischen den Werten der teilnehmenden Beobachtung und der Trait-Selbstbeurteilung beobachtet werden (siehe Kapitel L.2). Die in Studie 1 beobachteten Zusammenhänge auf der Ebene der einzelnen Kompetenzfacetten konnten nicht repliziert werden. Insgesamt ließ die Übereinstimmung der Kompetenzerfassung auf der Ebene der State-Selbstbeurteilung und der teilnehmenden Beobachtung nach. Im Hinblick auf die Kriteriumsvalidität konnten statistisch signifikante Zusammenhänge zwischen der *Gesamtskala Beratungskompetenz* (teilnehmende Beobachtung) und den herangezogenen Kriterien gefunden werden. In Studie 1 bestanden keine entsprechenden Zusammenhänge.

Die Optimierung des *Fragebogens zur Beurteilung der Beratungsleistung eines Lehrers in einem Beratungsgespräch* wirkte sich demnach insbesondere auf die Kriteriumsvalidität der Diagnostik positiv aus. Positive Effekte für die Teilnehmer ergaben sich auch durch die Reduzierung des Fragebogens auf die drei gut beobachtbaren Kompetenzfacetten (*Soziale Kooperationskompetenz, Berater-Skills und Pädagogisches Wissen, Prozesskompetenz*). Diese wurden insbesondere durch die kürzere Bearbeitungszeit und den präziseren Beobachtungsauftrag hervorgerufen. Das neu aufgenommene Kriterium *Beurteilung der Beratungserfolgs* korrelierte mit keinem der Kompetenzmaße, diese Skala sollte für folgende Studien überarbeitet werden.

Für das *Kategoriensystem zur Analyse der Tonbandaufzeichnungen (Version Studie 3)* konnten die in Studie 1 gefundenen Zusammenhänge zwischen den ermittelten Kompetenzmaßen und den Kompetenzmaßen anderer Instrumente repliziert werden (siehe Kapitel F.2 und Kapitel L.2). Es zeigte sich, dass Zusammenhänge für das Kategoriensystem zur Analyse der Beratungsgespräche insbesondere bei Kompetenzfacetten zu beobachten sind, die nur wenige internale Prozesse umfassen. So zeigten sich für die Kompetenzfacetten *Soziale Kooperationskompetenz, Berater-Skills und Pädagogisches Wissen, Prozesskompetenz* und *Bewältigungskompetenz* positive Zusammenhänge mit anderen Instrumenten.

Bei der faktorenanalytischen Dimensionsprüfung wurden fünf Faktoren extrahiert, die Aufklärung der beobachteten Varianz beträgt 64.9%. Die Optimierung des Kategoriensystems wirkte sich insbesondere auf den Bereich der Kriteriumsvalidität der Kompetenzdiagnostik aus, ohne dabei die konvergente Validität zu verringern. Im Hinblick auf eine weitere Optimierung des Kategoriensystems sollte die Reduzierung der Gesamtkategorien in Erwägung gezogen werden. Dabei könnte insbesondere auf die Katagorien zur Erfassung der Komeptenzfacette *Personale Ressourcen* verzichtet werden, da diese für Beobachter nur schwer erfassbar ist.

Die Bestimmung der Itemschwierigkeiten und der Trennschärfe der Fragen des *Wissenstests* ergab, dass Item 1, Item 4, Item 5, Item 11 und Item 12 zu leicht waren. Diese Items konnten bereits zum Zeitpunkt des Prätests von vielen Teilnehmern richtig beantwortet werden. Entsprechend wiesen sie hohe Werte für die Itemschwierigkeit P_i auf. Diese Items sollten bei einer Optimierung des Wissenstests ersetzt werden. Die übrigen Items können in Items mit hohem Schwierigkeitsgrad (Item 2, Item 3, Item 9) und Items mit mittlerem Schwierigkeitsgrad (Item 6, Item 7, Item 8, Item 10) unterteilt werden.

Beispiel für ein leichtes Item:

Was ist zu Beginn eines Beratungsgesprächs besonders wichtig?	a)	Eine offene Atmosphäre schaffen.	☐
	b)	Erklärungen für das Verhalten des Kindes finden.	☐
	c)	Argumente beider Seiten überdenken.	☐
	d)	Ich bin mir nicht sicher	☐

Beispiel für ein schweres Item:

Welches Modell gibt Hinweise für eine gute Zielsetzung?	a)	Das „SUPER-ZIEL"-Modell.	☐
	b)	Ich weiß es nicht genau.	☐
	c)	Das „SMART"-Modell.	☐
	d)	Das „CLEVERES-ZIEL"-Modell .	☐

Abbildung 32: Beispielitems aus dem Wissenstest in Studie 3

Die Items mit hohem Schwierigkeitsgrad konnten zum Zeitpunkt des Prätests nur von wenigen Teilnehmern richtig beantwortet werden. Sie weisen geringe Werte für die Itemschwierigkeit P_i auf. Items mit mittlerem Schwierigkeitsgrad konnten zum Zeitpunkt des Prätests von einem Teil der Teilnehmer richtig beantwortet werden. Für diese Items zeigten sich erwünschte, mittlere Itemschwierigkeiten P_i (vgl. Kubinger & Jäger, 2003). Zum Zeitpunkt des Posttest konnten Itemschwierigkeiten zwischen $P_i=20$ und $P_i=100$ beobachtet werden. Auch nach der Intervention konnte zwischen Personen mit unterschiedlichem Wissensstand differenziert werden. Die Überarbeitung des Wissenstests nach Studie 1 führte zu einer Verbesserung des Wissenstests.

5 Beschreibung der Intervention

5.1 Vorbereitende Maßnahmen

Im Vorfeld der Intervention erfolgte die Akkreditierung der Fortbildung beim Hessischen Institut für Qualitätsentwicklung, für die Teilnahme an der Veranstaltung wurden nach §8 der IQ- und Akkreditierungsverordnung 30 Punkte vergeben. Die Akquise der Teilnehmer erfolgte durch die Kontaktierung von Gymnasien im Umkreis sowie durch das Anschreiben der Teilnehmer der Kontrollgruppe von Studie 1. Bei Interesse wurde Informationsmaterial verschickt. Die Fortbildung fand an zwei Schulen statt. Für jede der drei Fortbildungsgruppen standen ein großer Raum sowie mehrere kleine Räume für Gruppenübungen und Rollenspiele zur Verfügung. Die Aufteilung der Teilnehmer auf die Gruppen erfolgte durch das Organisationsteam an der Schule und konnte nicht beeinflusst werden. Eine randomisierte Zuteilung bzw. Parallelisierung konnte nicht erfolgen.

5.2   Strukturen des Trainings

Die Struktur des Trainings (siehe Kapitel E.5) wurde in Studie 3 beibehalten. Es wurden allerdings einige Optimierungen vorgenommen. Insbesondere wurde der Anteil an alternativen Lehr-Lernformen erhöht (Hertel, Pickel & Schmitz, 2007), außerdem wurden die Fortbidungsinhalte um weitere Gesprächsführungstechniken (Prior, 2004) ergänzt. Im Folgenden werden nur die Veränderungen des Trainings im Vergleich zu dem in Studie 1 realisierten Training beschrieben.

5.3   Beschreibungen der Trainingseinheiten

5.3.1   Regelmäßige Bestandteile und begleitende Maßnahmen

Alle Teilnehmer erhielten zu Beginn der ersten Einheit ihren Teilnehmerordner mit Leittexten. Dieser wurde nach der Studie 1 überarbeitet und ergänzt. Außerdem erhielt jeder Teilnehmer seinen persönlichen Portfolio-Ordner, in dem die Fortschritte über den Zeitraum der Fortbildung dokumentiert werden sollten (siehe Kapitel K.5). Zur Vorbereitung der Inhalte der folgenden Sitzung wurden am Ende der ersten drei Fortbildungseinheiten Hausaufgaben verteilt.

Wie auch in Studie 1 wurde in jeder Fortbildungseinheit ein Beratungsgespräch zwischen Elternteil und Lehrer simuliert (Rollenspiel). Die Durchführung der Rollenspiele wurde allerdings in Studie 3 verändert. Rollenspiel 1 und Rollenspiel 4 wurden in Gruppen von zwei Personen durchgeführt. Jede davon war dabei einmal in der Rolle des Elternteils und in der Rolle des beratenden Lehrers. Die Vor- und Nachbereitung des Gesprächs führte jeder Teilnehmer mit Hilfe der Fragebögen zur Beurteilung des Beratungsverhaltens (State-Selbstbeurteilung, teilnehmende Beobachtung) durch. Die Beurteilung durch einen neutralen Beobachter in der Beratungssituation entfiel, stattdessen wurde die Beratungsleistung des Lehrers durch das ratsuchende Elternteil vorgenommen. Rollenspiel 1 und Rollenspiel 4 dienten als Prätest und Posttest.

In Rollenspiel 2 und Rollenspiel 3 wurden die Teilnehmer in zwei Gruppen eingeteilt: eine Gruppe übernahm die Rolle des Lehrers, die andere die des Elternteils. Das Beratungsgespräch wurde dann in der jeweiligen Gruppe vor- und nachbereitet. Beim Gespräch selbst wurde nach jedem Wortwechsel die Berater- bzw. Elternrolle an den nächsten Teilnehmer der Gruppe weitergegeben. So waren alle Teilnehmer involviert. Außerdem wurden zwei Beobachter bestimmt, die mit einer roten Karte das Beratungsgespräch anhalten und direkt Verbesserungsvorschläge einbringen konnten.

5.3.2   Erste Trainingseinheit

Die Veränderungen in der ersten Trainingseinheit betrafen die Abschnitte *Grundlagen der Beratungsarbeit*, *Grundlagen der Kommunikation* sowie *Aktiv Zuhören* und *Paraphrasieren*.

Grundlagen der Beratungsarbeit
Der Beratungsstern nach Hennig und Ehinger (2003) wurde nicht im Vortrag vorgestellt sondern von den Teilnehmern in der Gruppe erarbeitet. Die Teilnehmer erstellen Poster, die dann vorgestellt wurden.

Grundlagen der Kommunikation
Das Sender-Empfänger-Modell und das Vier-Seiten-Modell der Kommunikation nach Schulz von Thun (2002) wurden stark gekürzt vorgestellt, da sie nach den Erfahrungen aus Studie 1 vielen Teilnehmern bereits bekannt waren.

Gesprächsführungstechniken
Das Aktive Zuhören und das Paraphrasieren wurden als Gesprächstechniken vorgestellt, ihre Wirkungsweise wurde beschrieben. Es wurden jedoch noch keine Gesprächsübungen dazu durchgeführt. Statt dessen erfolgte eine Übung zur Gefühlswahrnehmung: Es wurde eine Beratungssituation geschildert, die Teilnehmer erhielten den Auftrag, die wahrgenommenen Emotionen zu notieren. Diese wurden dann im Teilnehmerkreis gesammelt.

Hausaufgabe: Gefühle umschreiben
Zur Vorbereitung auf die Gesprächsübung zum Aktiven Zuhören erhielten die Teilnehmer die Hausaufgabe, vorgegebene Gefühle (z.B. Trauer, Wut) mit anderen Gefühlsbegriffen zu beschreiben und dabei die Intensität der Gefühle zu steigern.

5.3.3   Zweite Trainingseinheit

Die zweite Trainingseinheit wurde in folgenden Bereichen optimiert: *Aktiv Zuhören*, *Bedingungsfaktoren für Lernschwierigkeiten* sowie *Einführung in die Theorie des Selbstregulierten Lernens*. Der Abschnitt *Grundhaltungen des Lehrers in der Beratung* und zusätzliche *Gesprächführungstechniken* wurde neu aufgenommen. Für das Rollenspiel wurde ein neues Szenario entwicklet, zudem wurde die Durchführung des Rollenspiels verändert.

Aktiv Zuhören
Den Teilnehmern wurde vom Trainerteam eine Beratungssituation vorgespielt, in
dem die Technik „*Aktives Zuhören*" vom Berater verwendet wurde. Danach wurde
das Aktive Zuhören in einer Partnerübung geübt.

Bedingungsfaktoren für Lernschwierigkeiten
Die Bedingungsfaktoren für Lernschwierigkeiten wurden in einem Vortrag kurz
vorgestellt.

*Grundhaltungen des Lehrers in der Beratung und zusätzliche Gesprächführungs-
techniken*
In einer Gruppenarbeit wurden anhand von Leittexten aus dem Teilnehmerordner
die Themen *Grundhaltungen des Lehrers nach dem systemischen Beratungsansatz,
Lösungs- und Zielorientierung in der Beratung* und *Ausgewählte Mini-Max Interventionen und Fragetechniken* bearbeitet. Die Leittexte orientieren sich an Hubrig
und Hermann (2005) sowie Prior (2004). Danach wurden die Ergebnisse der Grup-
penarbeitsphase in neu zusammengesetzten Gruppen (Gruppenpuzzle) besprochen.

Zweites simuliertes Elterngespräch
Das zweite simulierte Elterngespräch erfolgte als Gruppenübung: In Kleingruppen
wurde das Konzept für die Lehrerrolle bzw. die Elternrolle erarbeitet. Dazu wurden
die Teilnehmer in zwei Gruppen eingeteilt. Eine Gruppe bearbeitete die Lehrerrolle, die andere Gruppe bearbeitete die Elternrolle. Nach der Vorbereitungsphase erfolgte die Durchführung des Rollenspiels im Plenum, aus jeder Gruppe wurde ein
Teilnehmer als Beobachter für das Rollenspiel gewählt. Die Beobachter erhielten
Kärtchen, mit denen sie den Gesprächsverlauf beeinflussen konnten: grüne Kärtchen (Sehr gut! Weiter so!) und rote Kärtchen (Stopp! Wir sollten die Situation
diskutieren!). Wurde von einem der Beobachter das rote Kärtchen gezeigt, wurde
das Rollenspiel unterbrochen und die Situation wurde diskutiert. Dabei wurden insbesondere alternative Verhaltensweisen besprochen. Beim Rollenspiel wechselten
sich die Rollenspieler der Reihe nach ab, sodass alle Gruppenmitglieder an der Gesprächssituation beteiligt waren.

Einführung in die Theorie des Selbstregulierten Lernens
Zu Beginn dieses Abschnitts sammelten die Teilnehmer in Kleingruppen Probleme,
die ihre Schüler beim Lernen haben. Danach wurde das Modell des selbstregulierten Lernens (Schmitz & Wiese, 2006) vorgestellt. Die Lernprobleme wurden dann
von den Teilnehmern in die drei Lernphasen eingeordnet und in einer schemati-
schen Darstellung des Selbstregulationsmodells gesammelt (Berg des Lernens; siehe Kapitel E.5.3.3).

Hausaufgabe: Ressourcen sammeln
Die Teilnehmer erhielten die Hausaufgabe, ausgehend von der Problemsammlung Ressourcen von Schülern, Eltern und Lehrern zur Lösung der zusammengetragenen Lernprobleme zu sammeln.

5.3.4   Dritte Trainingseinheit

Die dritte Einheit blieb bis auf das simulierte Elterngespräch (Fallszenario und Durchführung) und die Hausaufgabe unverändert.

Drittes simuliertes Elterngespräch
Das Vorgehen bei dem dritten simulierten Elterngespräch entsprach dem des zweiten. Allerdings wurde die Zuordnung der Gruppen zu Lehrer- bzw. Elternrolle getauscht. Teilnehmer, die beim zweiten Rollenspiel die Elternrolle wahrgenommen hatten, befanden sich nun in der Lehrerrolle und umgekehrt.

Hausaufgabe: Schwierige Gesprächssituationen
Die Teilnehmer erhielten die Hausaufgabe, zur Vorbereitung auf den nächsten Fortbildungstermin den Abschnitt *Schwierige Gesprächssituationen* in ihrem Teilnehmerordner zu lesen.

5.3.5   Vierte Trainingseinheit

Die vierte Trainingseinheit blieb bis auf den Abschnitt *Strategien und Handlungsmöglichkeiten für schwierige Gesprächssituationen* unverändert. Zur Zusammenfassung der zentralen Inhalte wurde ein Quiz aufgenommen.

Strategien und Handlungsmöglichkeiten für schwierige Gesprächssituationen
Zum Einstieg in das Thema wurde das Fallbeispiel einer schwierigen Gesprächssituation vorgelesen, danach folgte die Reflexionsübung *Schwierige Gesprächssituationen* (vgl. Studie 1). Der Umgang mit schwierigen Gesprächssituationen wurde dann von den Teilnehmern in Kleingruppenarbeit diskutiert, dabei sollte auch auf die Leittexte zu dem Thema Bezug genommen werden.

Zusammenfassung: Quiz
Die Zusammenfassung der zentralen Inhalte der Fortbildung erfolgte im Quiz. Gespielt wurde in Gruppen von vier bis sechs Teilnehmern, als Preis für den Gewinner wurden Süßigkeiten bereitgestellt.

5.4   Beschreibung der Selbstreflexionsunterstützung

Die Unterstützung der Selbstreflexion erfolgte vor und nach jedem simulierten Elterngespräch mittels des optimierten Fragebogens zur Beurteilung der eigenen Beratungsleistung in einem Elterngespräch. Bei Rollenspiel 1 und Rollenspiel 4 wurde
die Reflexion individuell vorgenommen, bei Rollenspiel 2 und Rollenspiel 3 erfolgte die Reflexion gemeinsam mit den anderen Teilnehmern in der jeweiligen Gruppe
(Lehrerrolle bzw. Elternrolle).

5.5   Beschreibung des Feedbacks

Die Feedbackintervention wurde nach Studie 1 stark verändert. Nach den Anregungen der Teilnehmer wurde zusätzlich zur Selbstbeurteilung auch die Beurteilung
des Gesprächspartners (teilnehmende Beobachtung) in das Feedback aufgenommen. Die Dokumentation der Kompetenzentwicklung erfolgte im Portfolio-Ordner,
den jeder Teilnehmer zu Beginn der Fortbildung erhielt. In dem Portfolio-Ordner
befanden sich die Vorlagen für die Erstellung des Beratungskompetenzprofils. Da-
durch sollten die Identifikation der Teilnehmer mit dem Feedback erhöht, die
Übereinstimmung von Selbst- und Fremdbeurteilung aufgezeigt (vgl. Stangel-
Meseke, Agli & Schnelle, 2005) sowie die Kompetenzentwicklung im Verlauf der
Fortbildung verdeutlicht werden.

In einem Koordinatensystem wurden Kompetenzaspekte, Kompetenzausprägung
und Fortbildungstermine dargestellt. Für jeden Fortbildungstermin wurde die
Selbst- und die Fremdeinschätzung zurückgemeldet. Die Rückmeldung erfolgte für
folgende Kompetenzaspekte: *Planung, Gesprächsstrukturierung, Gesprächshaltung, Inhaltliche Kompetenz, Bewertung der Beratungsleistung* und *Zufriedenheit.*
Abbildung 33 zeigt einen Ausschnitt aus dem Portfolio-Hefter.

		1. Rollenspiel	2. Rollenspiel	3. Rollenspiel	4. Rollenspiel
	6				
	5				
	4				
Planung	3				
	2				
	1				

Abbildung 33: Ausschnitt aus dem Portfolio-Hefter in Studie 3

Zu Beginn der zweiten Fortbildungseinheit bekamen die Teilnehmer einen Rück-
meldebogen, auf dem sie die Mittelwerte der Selbst- und Fremdbeurteilung der einzelnen Kompetenzaspekte in den simulierten Elterngesprächen einkleben konnten.

Zusätzlich erhielten die Teilnehmer jeweils sechs blaue und sechs rote Klebepunkte. Die Klebepunkte dienten dazu, die Beurteilung auf der jeweiligen Skala in das Koordinatensystem zu übertragen, dies wurde von den Teilnehmern selbst durchgeführt. Der blaue Klebepunkt wurde für den Mittelwert der Selbsteinschätzung eingeklebt, der rote für den Mittelwert der Fremdbeurteilung. Außerdem bekam jeder Teilnehmer zwei Aufkleber mit den Anmerkungen des Elternteils zu den offenen Fragen (Positive Punkte des Gesprächs, Verbesserungsvorschläge). Die Zuordnung der Rückmeldebögen erfolgte über den Teilnehmercode. Ein Beispiel für die Rückmeldung der offenen Fragen ist in Abbildung 34 dargestellt.

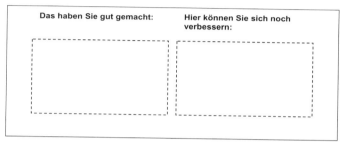

Abbildung 34: Beispiel für die Rückmeldung der offenen Fragen in Studie 3

L   Ergebnisse der Studie 3

1   Übersicht über die Analysen[59]

Ziel der dritten Studie war es, die Ergebnisse aus Studie 1 zu replizieren und die Effekte der Optimierungen des Trainingskonzepts und der Instrumente zu untersuchen. Die Datenanalyse erfolgte analog zu Studie 1 (siehe Kapitel F.1). Zuerst wurden die multimethodalen Korrelationsanalysen durchgeführt, um die konvergente bzw. kriteriumsbezogene Validität der Kompetenzmaße zu untersuchen, im Anschluss daran wurden die Prä-Post-Vergleiche durchgeführt. Dabei wurde zunächst der Kompetenzgewinn der Teilnehmer durch die Intervention 2006 geprüft (Haupteffekt Zeit). Wie in Studie 1 wurden Moderatoranalysen durchgeführt, um Merkmale auf Seiten der Teilnehmer zu identifizieren, die den Kompetenzerwerb beeinflussen. Ergänzend zu den in Studie 1 untersuchten Moderatorvariablen (z.B. Berufserfahrung, Unterrichtsfach, Änderungsmotivation) wurden Persönlichkeitseigenschaften (Big Five, Hilfsbereitschaft, Soziale Kompetenz) in die Moderatorenalysen aufgenommen.

---

59 Den Analysen ging eine Prüfung der Datensätze im Hinblick auf Eingabefehler voraus. Die Auswertung erfolgte mittels SPSS 12.xx, 15.xx sowie M-Plus.

Danach wurden die Effekte der Optimierung der Intervention geprüft. Im Unterschied zu Studie 1 wurden die Effekte des Trainings jedoch nicht im Vergleich mit einer Kontrollgruppe sondern im Vergleich mit den Personen, die an den Interventionen in Studie 1 teilgenommen hatten, untersucht. Da sich in Studie 1 heterogene Effekte für die Wirksamkeit der Instruktionsbedingungen (T, TSR, TSRFB) abgezeichnet hatten, wurden alle Teilnehmer der Experimentalgruppen zusammengefasst. Die Analysen zur Interventionseffektivität basieren demnach auf einem Vergleich der Intervention 2006 und einem mittleren Effekt der Intervention 2005. Entsprechend wurde bei den längsschnittlichen Analysen für den subjektiven Kompetenzgewinn, die wahrgenommene Beratungsleistung, die Selbstwirksamkeit in Bezug auf Elterngespräche sowie die Zufriedenheit mit dem Gespräch verfahren. Zusätzlich wurde in Studie 3 auch die Kompetenz des Beraters aus der Perspektive des Ratsuchenden betrachtet. Für die entsprechenden Skalen (Kompetenz des Beraters, Zufriedenheit mit dem Ergebnis, Beratungserfolg) wurden längsschnittliche Analysen durchgeführt.

Analog zu Studie 1 erfolgte die Analyse der Zusammenhänge zwischen der Gesamtskala Beratungskompetenz, berufsbezogenen Einstellungen und Leistungsmaßen. Ergänzend wurden in Studie 3 auch die Zusammenhänge der Beratungskompetenz und Persönlichkeitseigenschaften (s.o.) untersucht. Die Zusammenhänge zwischen der Veränderung der Gesamtskala Beratungskompetenz und den Veränderungen von Einstellungs- und Leistungsmaßen wurden betrachtet, abschließend erfolgte die Auswertung der Evaluationsdaten für die Trainingseinheiten.

2   Multimethodale Korrelationsanalysen

Die in Studie 3 durchgeführten multimethodalen Analysen dienten dazu, die Ergebnisse der ersten Studie zu replizieren; dementsprechend wurden die gleichen Analysen durchgeführt. Unterschiede ergaben sich für die Zusammensetzung der *Gesamtskala Beratungskompetenz* und die Analysen der Zusammenhänge für die Kompetenzfacetten *Personale Ressourcen* und *Bewältigungskompetenz*. In Studie 3 wurde auf der Ebene der State-Selbstbeurteilung und der teilnehmenden Beobachtung die Kompetenzfacette *Bewältigungskompetenz* nicht erhoben. Auf der Ebene der teilnehmenden Beobachtung wurde außerdem die Kompetenzfacette *Personale Ressourcen* nicht erhoben. Bei der Berechnung der Gesamtskala Beratungskompetenz auf der Ebene der State-Selbstbeurteilung und der teilnehmenden Beobachtung konnten diese Facetten nicht berücksichtigt werden.

Bei den Analysen zur Kriteriumsvalidität wurden der Beratungserfolg (State-Selbstbeurteilung) und die Beurteilung der Beratungskompetenz durch den Ratsuchenden (teilnehmende Beobachtung) als zusätzliche Kriterien mit aufgenommen.

Die Analysen zum Zusammenhang der einzelnen Kompetenzfacetten und der Kriterien wurde ausschließlich auf der Ebene der Trait-Selbstbeurteilung vorgenommen.

2.1   Analysen zur Validität der Gesamtskala Beratungskompetenz

2.1.1   *Analysen zur konvergenten Validität der Gesamtskala Beratungskompetenz*

Die Monotrait-Heteromethod-Korrelationen für die Gesamtskala Beratungskompetenz sowie die in Studie 1 beobachteten Effekte sind in Tabelle 77 dargestellt.

Tabelle 77:   Ausgewählte Monotrait-Heteromethod-Korrelationen (r) für die Gesamtskala Beratungskompetenz in Studie 3

Gesamtskala Beratungskompetenz (univariat) Zusammenhang (r)		Effekt Studie 1	Korrelation (r) Studie 3	Effekt repliziert
Trait-Selbstbeurteilung (OA SBT)	State-Selbstbeurteilung Teilnehmende	+	.57 **	ja
	Beobachtung (OA FBT)	n.s.	.45 *	nein
	Nicht-teilnehmende Beobachtung (OA FBNT)	n.s.	.39	ja
	Arbeitsprobe (OA AP)	+	-.31	nein
State-Selbstbeurteilung (OA SBT)	Teilnehmende Beobachtung	+	.97 ***	ja

Anmerkung: N (OA SBT)=41; N (OA SBS)=25; N (OA FBT)=25; N (OA FBNT)=22; N (OA AP)=19; +: signifikant positiver Effekt; (+) positive Tendenz; -: signifikant negativer Effekt; (-) negative Tendenz; n.s.: kein statistisch signifikanter Effekt; Messzeitpunkt: Prätest; Testung: einseitig; #p<.10; *p<.05; **p<.01; *** p<.001.

Entsprechend den Erwartungen zeigten sich für die Gesamtskala Beratungskompetenz statistisch signifikante, positive Zusammenhänge zwischen den Selbstbeurteilungen auf Trait-Ebene und auf State-Ebene sowie der Selbstbeurteilung auf State-Ebene und der teilnehmenden Beobachtung. Der positive Zusammenhang zwischen der Selbstbeurteilung auf Trait-Ebene und der Arbeitsprobe konnte nicht repliziert werden. Allerdings zeigte sich ein statistisch signifikanter, positiver Zusammenhang zwischen der Selbstbeurteilung auf Trait-Ebene und der teilnehmenden Verhaltensbeobachtung.

2.1.2   *Analysen zur Kriteriumsvalidität der Gesamtskala Beratungskompetenz*

Die Ergebnisse der Analysen der Zusammenhänge zwischen der Gesamtskala Beratungskompetenz (univariat) und den ausgewählten Kriterien sind in Tabelle 78 dargestellt.

Tabelle 78: Korrelationen (r) der Gesamtskala Beratungskompetenz mit den Kriterienvariablen in Studie 3

Gesamtskala Beratungskompetenz Zusammenhang (r)		Effekt Studie 1	Korrelation (r) Studie 3	Effekt repliziert
Trait-Selbstbeurteilung (OA SBT)	Wahrgenommene Beratungsleistung (Trait)	+	.40 **	ja
	Selbstwirksamkeit (Trait)	+	.73 ***	ja
	Wahrgenommene Beratungsleistung (State)	+	.50 **	ja
	Zufriedenheit mit dem Gespräch (State)	(+)	.20	nein
	Selbstwirksamkeit (State)	(+)	.33 #	ja
	Beratungserfolg (State)		.48 **	
	Beurteilung der Beratungskompetenz durch den Ratsuchenden		.09	
State-Selbstbeurteilung (OA SBS)	Wahrgenommene Beratungsleistung (Trait)	+	.47 **	ja
	Selbstwirksamkeit (Trait)	(+)	.56 **	ja
	Wahrgenommene Beratungsleistung (State)	+	.73 ***	ja
	Zufriedenheit mit dem Gespräch (State)	+	.76 ***	ja
	Selbstwirksamkeit (State)	(+)	.44 *	
	Beratungserfolg (State)		.85 ***	
	Beurteilung der Beratungskompetenz durch den Ratsuchenden		.19	
Teilnehmende Beobachtung (OA FBT)	Wahrgenommene Beratungsleistung (Trait)	n.s.	.38 *	nein
	Selbstwirksamkeit (Trait)	n.s.	.44 *	nein
	Wahrgenommene Beratungsleistung (State)	n.s.	.70 ***	nein
	Zufriedenheit mit dem Gespräch (State)	n.s.	.82 ***	nein
	Selbstwirksamkeit (State)	n.s.	.38 *	nein
	Beratungserfolg (State)		.85 ***	
	Beurteilung der Beratungskompetenz durch den Ratsuchenden		.19	
Nicht-teilnehmende Beobachtung (OA FBNT)	Wahrgenommene Beratungsleistung (Trait)	(+)	.41 *	ja
	Selbstwirksamkeit (Trait)	n.s.	.49 *	nein
	Selbstwirksamkeit (State)	n.s.	.50 *	nein
	Beratungserfolg (Statee)		.12	
	Beurteilung der Beratungskompetenz durch den Ratsuchenden		.09	
Arbeitsprobe (OA AP)	Selbstwirksamkeit (Trait)	+	-.15	nein
	Wahrgenommene Beratungsleistung (State)	+	.06	nein
	Selbstwirksamkeit (State)	(+)	-.01	nein
	Beratungserfolg (State)		.02	
	Beurteilung der Beratungskompetenz durch den Ratsuchenden		.37	

Anmerkung: N (OA SBT)=41; N (OA SBS)=25; N (OA FBT)=25; N (OA FBNT)=22; N (OA AP)=19; +: signifikant positiver Effekt; (+) positive Tendenz; -: signifikant negativer Effekt; (-) negative Tendenz; n.s.: kein statistisch signifikanter Effekt; Messzeitpunkt: Prätest; Testung: einseitig; #p<.10; *p<.05; **p<.01; *** p<.001.

Auf der Ebene der Trait-Selbstbeurteilung ließen sich die in Studie 1 gefundenen Zusammenhänge für die Gesamtskala Beratungskompetenz replizieren. Lediglich der Zusammenhang mit der Zufriedenheit mit dem Gespräch wurde in Studie 3 entgegen den Erwartungen nicht statistisch signifikant. Auf der Ebene der State-Selbstbeurteilung konnten die Ergebnisse aus Studie 1 vollständig repliziert werden. Auch in Studie 3 wies die Gesamtskala Beratungskompetenz auf der Ebene der State-Selbstbeurteilung statistisch signifikante Zusammenhänge mit allen herangezogenen Kriterien auf.

Für die teilnehmende Beobachtung wurden statistisch signifikante Zusammenhänge mit der wahrgenommenen Beratungsleistung auf Trait-Ebene und auf State-Ebene, mit der beratungsbezogenen Selbstwirksamkeit sowie mit der Zufriedenheit mit dem Gespräch gefunden, in Studie 1 bestanden diese Zusammenhänge nicht. Auf der Ebene der nicht-teilnehmenden Beobachtung konnte der Zusammenhang zwischen der Gesamtskala Beratungskompetenz und der wahrgenommenen Beratungsleistung (Trait-Ebene) repliziert werden. Zudem zeigten sich auf Trait-Ebene und auf State-Ebene statistisch signifikante, positive Zusammenhänge mit der beratungsbezogenen Selbstwirksamkeit. Die in Studie 1 gefundenen Zusammenhänge zwischen der Gesamtskala Beratungskompetenz auf der Ebene der Arbeitsproben und den Kriterien konnten nicht repliziert werden.

Für die zusätzlich aufgenommenen Kriterien Beratungserfolg (State-Selbstbeurteilung) und die Beurteilung der Beratungsleistung (teilnehmende Beobachtung) zeigten sich die folgenden Zusammenhänge: Der Beratungserfolg korrelierte statistisch signifikant, positiv mit der Gesamtskala Beratungskompetenz auf der Ebene der Trait-Selbstbeurteilung, der State-Selbstbeurteilung sowie der teilnehmenden Beobachtung. Entgegen den Erwartungen wurden keine positiven Zusammenhänge zwischen der Gesamtskala Beratungskompetenz und der Beurteilung der Beratungsleistung durch den Ratsuchenden gefunden.

2.2   Analysen zur Validität der Kompetenzfacetten

2.2.1   Analysen zur konvergenten Validität der Kompetenzfacetten

Im Folgenden werden die Monotrait-Heteromethod-Korrelationen für die einzelnen Kompetenzfacetten wiedergegeben, die Signifikanzprüfung der Zusammenhänge erfolgte einseitig. Für die Kompetenzfacette *Persönliche Ressourcen* konnte der Zusammenhang zwischen den Selbstbeurteilungen auf Trait-Ebene und auf State-Ebene repliziert werden ($r=.35$, $p<.05$). Zudem wurde ein statistisch signifikanter, positiver Effekt für den Zusammenhang zwischen der Trait-Selbstbeurteilung und der nicht-teilnehmenden Beobachtung ($r=.31$, $p<.10$) gefunden. Für die Kompetenzfacette *Soziale Kooperationskompetenz* fanden sich erwartungsgemäß statistisch signifikante Zusammenhänge zwischen der Selbstbeurteilung auf Trait-Ebene und auf State-Ebene (r=.37, p<.05) sowie der teilnehmenden Beobachtung (r=.41, p<.05). Entgegen den Erwartungen konnten die Zusammenhänge zwischen der Selbstbeurteilung auf Trait-Ebene und der Arbeitsprobe bzw. der Selbstbeurteilung auf State-Ebene und der teilnehmenden Beobachtung nicht repliziert werden. Die Analysen für die Kompetenzfacette *Berater-Skills und Pädagogisches Wissen* ergab erwartungsgemäß statistisch signifikante Korrelationen zwischen der Selbstbeurteilung auf Trait-Ebene und auf State-Ebene (r=.56, p<.01) sowie einen statistisch signifikanten Zusammenhang zwischen der Trait-Selbstbeurteilung und der nicht-teilnehmenden Beobachtung (r=.30, p<.10). Entgegen den Erwartungen konnten die Zusammenhänge zwischen der Selbstbeurteilung auf Trait-Ebene und der teilnehmenden Beobachtung bzw. der Arbeitsprobe nicht repliziert werden. Auch der Zusammenhang zwischen der Selbstbeurteilung auf State-Ebene und der teilnehmenden Beobachtung wurden in der Studie 3 entgegen der Annahmen nicht gefunden. Auf der Ebene der Kompetenzfacette *Prozesskompetenz* ergaben sich erwartungsgemäß statistisch signifikante Korrelationen zwischen den Selbstbeurteilungen auf Trait-Ebene und auf State-Ebene (r=.45, p<.05). Entgegen den Erwartungen konnten darüber hinaus keine der in Studie 1 gefundenen Zusammenhänge repliziert werden. Die Analysen für die Kompetenzfacette *Bewältigungskompetenz* ergaben einen statistisch signifikanten, positiven Zusammenhang zwischen der Selbstbeurteilung auf Trait-Ebene und der nicht-teilnehmenden Beobachtung (r=.48, p<.05). Dieser Effekt war in Studie 1 nicht aufgetreten. Die Zusammenhänge der Selbstbeurteilung auf State-Ebene und der teilnehmenden Beobachtung konnten nicht analysiert werden, da die Kompetenzfacette Bewältigungskompetenz auf dieser Ebene nicht erhoben wurde.

2.2.2   *Analysen zur Kriteriumsvalidität der Kompetenzfacetten*

Die Korrelationen der Kompetenzfacetten (Trait-Selbstbeurteilung) und der im Hinblick auf die Prüfung der Kriteriumsvalidität herangezogenen Variablen sind in Tabelle 79 dargestellt.

Tabelle 79: Korrelation (r) der Kompetenzwerte für die einzelnen Facetten mit den Kriterienvariablen in Studie 3

Zusammenhang (r)		Effekt Studie 1	Korrelation (r) Studie 3	Effekt repliziert
Kompetenzfacette: Personale Ressourcen	Wahrgenommene Beratungsleistung (Trait)	+	.25 #	ja
	Selbstwirksamkeit (Trait)	+	.23 *	ja
	Wahrgenommene Beratungsleistung (State)	+	.35 *	ja
	Zufriedenheit mit dem Gespräch (State)	+	.11	nein
	Selbstwirksamkeit (State)	(+)	-.08	nein
	Beratungserfolg (State)		.23	
	Beurteilung der Beratungskompetenz durch den Ratsuchenden		.03	
Kompetenzfacette: Soziale Kooperationskompetenz	Wahrgenommene Beratungsleistung (Trait)	+	.31 *	ja
	Selbstwirksamkeit (Trait)	+	.70 ***	ja
	Wahrgenommene Beratungsleistung (State)	+	.51 **	ja
	Zufriedenheit mit dem Gespräch (State)	(+)	.30 #	ja
	Selbstwirksamkeit (State)	n.s.	.56 **	nein
	Beratungserfolg (State)		.53 **	
	Beurteilung der Beratungskompetenz durch den Ratsuchenden		.12	

Anmerkung: N=41; +: signifikant positiver Effekt; (+) positive Tendenz; -: signifikant negativer Effekt; (-) negative Tendenz; n.s.: kein statistisch signifikanter Effekt; Messzeitpunkt: Prätest; Testung: einseitig; #p<.10; *p<.05; **p<.01; *** p<.001.

Fortsetzung nächste Seite

Fortsetzung Tabelle 79: Korrelation (r) Kompetenzwerte für die einzelnen Facetten mit den Kriterienvariablen in Studie 3

Zusammenhang (r)		Effekt Studie 1	Korrelation (r) Studie 3	Effekt repliziert
Kompetenzfacette: Berater-Skills und Pädagogisches Wissen	Wahrgenommene Beratungsleistung (Trait)	+	.36 *	ja
	Selbstwirksamkeit (Trait)	+	.68 ***	ja
	Wahrgenommene Beratungsleistung (State)	+	.38 #	ja
	Zufriedenheit mit dem Gespräch (State)		.17	
	Beratungserfolg		.37 #	
	Beurteilung der Beratungskompetenz durch den Ratsuchenden		-.05	
Kompetenzfacette: Prozesskompetenz	Wahrgenommene Beratungsleistung (Trait)	+	.35 *	ja
	Selbstwirksamkeit (Trait)	+	.55 ***	ja
	Wahrgenommene Beratungsleistung (State)	+	.28	nein
	Zufriedenheit mit dem Gespräch (State)	+	.19	nein
	Beratungserfolg (State)		.39 *	
	Beurteilung der Beratungskompetenz durch den Ratsuchenden		.23	
Kompetenzfacette: Bewältigungskompetenz	Wahrgenommene Beratungsleistung (Trait)	+	.37 **	ja
	Selbstwirksamkeit (Trait)	+	.72 **	ja
	Wahrgenommene Beratungsleistung (State)	(+)	.47 **	ja
	Selbstwirksamkeit (State)	+	.57 **	ja
	Beratungserfolg (State)		.37 *	
	Beurteilung der Beratungskompetenz durch den Ratsuchenden		-.06	

Anmerkung: N=41; +: signifikant positiver Effekt; (+) positive Tendenz; -: signifikant negativer Effekt; (-) negative Tendenz; n.s.: kein statistisch signifikanter Effekt; Messzeitpunkt: Prätest; Testung: einseitig; #p<.10; *p<.05; **p<.01; *** p<.001.

Zusammenfassend kann festgehalten werden, dass die meisten der in Studie 1 beobachteten Zusammenhänge zwischen den Kompetenzfacetten und den Kriterienvariablen in Studie 3 repliziert werden konnten. Insbesondere gilt dies für die wahrgenommene Beratungsleistung und die Selbstwirksamkeit in Bezug auf Elterngespräche auf Trait-Ebene: Hier konnten alle Effekte repliziert werden.

Für die zusätzlich aufgenommenen Kriterien Beratungserfolg (State-Selbstbeurteilung) und die Beurteilung der Beratungsleistung (teilnehmende Beobachtung) führten die Analysen zu folgenden Ergebnissen: Der *Beratungserfolg* korrelierte statistisch signifikant positiv mit den Kompetenzfacetten *Soziale Kooperati-*

onskompetenz, Berater-Skills und Pädagogisches Wissen, Prozesskompetenz und *Bewältigungskompetenz.* Für die *Beurteilung der Beratungsleistung durch den Ratsuchenden* wurden keine statistisch signifikanten Zusammenhänge mit den Kompetenzfacetten gefunden.

3   Prä-Post-Vergleiche

An dieser Stelle wird ausschließlich die Datengrundlage der Studie 3 beschrieben; die Ausführungen zur Datengrundlage der Studie 1 finden sich in Kapitel F.3. Die Kriterien zur Auswahl der Datensätze für die weiteren Analysen entsprachen den in Studie 1 angelegten Kriterien (siehe Kapitel F.3). Eine Übersicht der vorliegenden und der in die Analysen aufgenommenen Datensätze gibt Tabelle 80.

Tabelle 80: Datenbasis für die Prä-Post-Vergleiche in Studie 3

Diagnoseebene	Treatment-bedingung	Vorliegende Datensätze	Aufgenommene Datensätze
Trait-Selbstbeurteilung	EG 2005	47	47
	EG 2006	50	31
	Gesamt	97	78
State-Selbstbeurteilung	EG 2005	35	35
	EG 2006	35	27
	Gesamt	70	62
Teilnehmende Beobachtung	EG 2005	32	32
	EG 2006	35	27
	Gesamt	67	59
Nicht-teilnehmende Beobachtung	EG 2005	19	19
	EG 2006	35	24
	Gesamt	54	43
Arbeitsprobe	EG 2005	27	27
	EG 2006	50	19
	Gesamt	77	46
Wissenstest	EG 2006	50	31

3.1   Ergebnisse für das Gesamtmaß Beratungskompetenz

3.1.1   Vorbereitende Analysen

Bevor die varianzanalytischen Prä-Post-Vergleiche durchgeführt wurden, erfolgte eine Überprüfung von Unterschieden zwischen den Treatmentgruppen (EG 2005, EG 2006) zum ersten Messzeitpunkt. Es wurden sowohl multivariate als auch univariate Varianzanalysen auf der Ebene der einzelnen Diagnostikinstrumente für das multivariate Gesamtmaß bzw. die univariate Gesamtskala Beratungskompetenz durchgeführt. Auf der Ebene des Fragebogens zur Beratung im Berufsalltag (Trait-Selbstbeurteilung) wurden auch Unterschiede bezüglich der soziodemographischen Variablen (z.B. Dienstjahre, Geschlecht, Unterrichtsfach) sowie der Prädiktorvaria-

beln (z.b. Berufsbezogene Einstellungen, Selbstwirksamkeit in Bezug auf ltern
gespräche), der Kriteriumsvariablen (z.b. wahrgenommene Beratungsleistung
und der Moderatorvariablen (z.b. Änderungsmotivation, Burnout) betrachtet.

Die Analysen ergaben statistisch signifikante Unterschiede zwischen den Treatmentgruppen auf den Skalen *Berufliches Rollenverständnis* (F(1,77)=72.0, p<.001),
Selbstwirksamkeit in Bezug auf Elterngespräche (F(1,77)=6.5, p<.05) sowie W*ahr-
genommener Beratungsleistung* (F(1,77)=7.6, p<.01). Diese Variablen wurden in
den weiterführenden Analysen auf Trait-Ebene als Kovariaten einbezogen. Die Ergebnisse der multivariaten und univariaten Überprüfung der Gruppenunterschiede
zum Zeitpunkt des Prätests ergaben statistisch signifikante Effekte für die univariate Gesamtskala Beratungskompetenz auf der Ebene der State-Selbstbeurteilung
(F(1,61)=12.5, p<.01) und der teilnehmenden Beobachtung (F(1,57)=21.5, p<.001)
sowie für das multivariate Gesamtmaß Beratungskompetenz auf der Ebene der Arbeitsprobe (F(5,40)=6.3), p<.001). Diese statistisch signifikanten Unterschiede zwischen en beiden Treatmentgruppen wurden in den weiteren Analysen durch die
Anwendung kovarianzanalytischer Verfahren kontrolliert.

3.1.2   *Varianzanalytische Auswertung (Prä-Post)*

Die Überprüfung der Unterschiede in der Effektivität von Intervention 2005 und Intervention 2006 erfolgte auf der Ebene des multivariaten Gesamtmaßes Beratungskompetenz, der univariaten Gesamtskala Beratungskompetenz und auf der Ebene
der einzelnen Kompetenzfacetten. Es wurden multivariate und univariate Varianzanalysen mit Messwiederholung durchgeführt, beim Vorliegen von Unterschieden
zwischen den Treatmentgruppen zum Zeitpunkt des Prästests kamen entsprechende
kovarianzanalytische Verfahren zur Anwendung.

Auf der Ebene der *Beurteilung des eigenen Beratungsverhaltens in einer aktuellen
Gesprächssituation* (State-Selbstbeurteilung) wurden in der Instrumentversion der
Studie 3 nur die Kompetenzfacetten Personale Ressourcen, Soziale Kooperationskompetenz, Berater-Skills und Pädagogisches Wissen sowie Prozesskompetenz erfasst. Auf der Ebene des *Fragebogens zur Beurteilung des Beratungsverhaltens des
Beraters* (teilnehmende Beobachtung) wurden in der Instrumentversion der Studie 3 die Kompetenzfacetten Soziale Kooperationskompetenz, Berater-Skills und
Pädagogisches Wissen sowie Prozesskompetenz erhoben. Dementsprechend wurden nur diese Skalen in die Berechnung des multivariaten und univariaten Gesamtmaßes Beratungskompetenz für Teilnehmer der Intervention 2006 einbezogen.
Die deskriptiven Kennwerte für die untersuchten Gruppen und die Messzeitpunkte
finden sich im Tabellenanhang zu Studie 3.

Die Signifikanzprüfung für den Haupteffekt Zeit auf der Ebene des multivariaten Gesamtmaßes Beratungskompetenz ergab statistisch signifikante Effekte für die Trait-Selbstbeurteilung (F(5,26)=8.2, p<.001, η^2=.61), die State-Selbstbeurteilung (F(4,23)=10.5, p<.001, η^2=.99), die Arbeitsprobe (F(5,14)=3.0, p<.05, η^2=.52) und die nicht-teilnehmende Beobachtung (F(5,19)=30.3, p<.001, η^2=.89). Hypothesenkonform zeigten sich auf diesen Skalen statistisch signifikante Zuwächse an Beratungskompetenz über den Interventionszeitraum.

Die multivariaten, einfaktoriellen Varianzanalysen mit Messwiederholung (siehe Tabelle 81) ergaben statistisch signifikante Effekte für die Interaktion von Zeit x Treatment auf der Ebene der Selbstbeobachtung auf State-Ebene, der Arbeitsproben und der nicht-teilnehmenden Beobachtung. Entgegen den Erwartungen konnten für die Teilnehmer der Intervention 2005 im Mittel höhere Zuwächse an Beratungskompetenz beobachtet werden als für die Teilnehmer der Intervention 2006 (siehe Tabellenanhang zu Studie 3).

Tabelle 81: *Ergebnisse der Signifikanzprüfung der Interaktion Zeit x Treatment für das Gesamtmaß Beratungskompetenz (multivariat; Wilks Lambda) in Studie 3*

UV	AV	Instrument	N	df	F	p	η^2
Zeit x Treatment	Gesamtmaß Beratungskompetenz (multivariat)	Trait-Selbstbeurteilung[60]	78	5/69	1.5	.20	.10
		State-Selbstbeurteilung[61]	62	4/57	2.8	.04	.16
		Arbeitsprobe[62]	46	5/35	5.5	<.01	.44
		Teilnehmende Beobachtung[63]	59	3/55	0.7	.58	.04
		Nicht-teilnehmende Beobachtung	43	5/37	5.4	<.01	.42

Die deskriptiven Kennwerte für die Analysen auf der Ebene der univariaten Gesamtskala Beratungskompetenz sind in Tabelle 82 dargestellt.

---

60 MANCOVA mit den Kovariaten: Berufliches Rollenverständnis, Selbstwirksamkeit und Beratungsleistung.

61 Kompetenzfacetten: Personale Ressourcen, Soziale Kooperationskompetenz, Berater-Skills und Pädagogisches Wissen, Prozesskompetenz.

62 MANCOVA mit den Kovariaten: Personale Ressourcen, Soziale Kooperationskompetenz, Berater-Skills und Pädagogisches Wissen, Prozesskompetenz, Bewältigungskompetenz (Prätest).

63 Kompetenzfacetten: Soziale Kooperationskompetenz, Berater-Skills und Pädagogisches Wissen, Prozesskompetenz.

Tabelle 82: Deskriptive Kennwerte für die univariate Gesamtskala Beratungskompetenz in Studie 3

Gesamtskala Beratungskompetenz	Messzeitpunkt	Treatment	N	M	SD
Trait-Selbstbeurteilung	Prätest	EG 2005	47	4.1	.50
		EG 2006	31	4.1	.50
		Gesamt	78	4.1	.50
	Posttest	EG 2005	47	4.6	.56
		EG 2006	31	4.4	.53
		Gesamt	78	4.6	.56
State-Selbstbeurteilung	Prätest	EG 2005	36	4.6	.58
		EG 2006	33	4.1	.54
		Gesamt	69	4.4	.62
	Posttest	EG 2005	36	5.1	.54
		EG 2006	27	4.4	.43
		Gesamt	63	4.8	.59
Teilnehmende Beobachtung	Prätest	EG 2005	32	4.9	.62
		EG 2006	33	4.1	.54
		Gesamt	65	4.5	.69
	Posttest	EG 2005	32	5.1	.54
		EG 2006	27	4.4	.42
		Gesamt	59	4.8	.59
Nicht-teilnehmende Beobachtung	Prätest	EG 2005	19	0.7	.72
		EG 2006	24	0.8	.22
		Gesamt	43	0.8	.50
	Posttest	EG 2005	19	0.9	.59
		EG 2006	24	0.8	.30
		Gesamt	43	0.9	.45
Arbeitsprobe	Prätest	EG 2005	27	1.0	.48
		EG 2006	19	1.0	.54
		Gesamt	46	1.0	.50
	Posttest	EG 2005	27	1.2	.51
		EG 2006	19	1.0	.42
		Gesamt	46	1.1	.48

Für die univariate Gesamtskala Beratungskompetenz ergaben sich statistisch signifikante Haupteffekte auf der Ebene der Trait-Selbstbeurteilung ($F(1,30)=10.1$, $p<.01$, $\eta^2=.25$), der State-Selbstbeurteilung ($F(1,26)=13.2$, $p<.01$, $\eta^2=.34$) und der teilnehmenden Beobachtung ($F(1,26)=9.5$, $p<.01$, $\eta^2=.27$). Entsprechend den Erwatungen wurden mit diesen Instrumenten statistisch signifikante Zuwächse an Beratungskompetenz vom ersten zum zweiten Erhebungszeitraum beobachtet.

Die Signifikanzprüfung der Interaktion von Zeit x Treatment für die Gesamtskala Beratungskompetenz ergab statistisch signifikante Effekte auf der Ebene der State-Selbstbeurteilung und auf der Ebene der teilnehmenden Beobachtung. Die Ergebnisse sind in Tabelle 83 dargestellt.

Tabelle 83: *Ergebnisse der Signifikanzprüfung der Interaktion Zeit x Treatment für die Gesamtskala Beratungskompetenz (univariat) in Studie 3*

UV	AV	Instrument	N	df	F	p	η^2
Zeit x Treatment	Gesamtskala Beratungskompetenz (univariat)	Trait-Selbstbeurteilung[64]	78	1/73	0.0	.10	.00
		State-Selbstbeurteilung[65],[66]	63	1/60	14.7	<.01	.20
		Arbeitsprobe	46	1/44	2.0	.17	.04
		Teilnehmende Beobachtung[67],[68]	59	1/56	10.1	<.01	.15
		Nicht-teilnehmende Beobachtung	43	1/41	0.9	.34	.02

Entgegen den Erwartungen wurden für die Teilnehmer der Intervention 2005 stärkere Kompetenzzuwächse beobachtete als für die Teilnehmer der Intervention 2006.

3.1.3 Moderatoranalysen

Zusätzlich wurde untersucht, ob die Entwicklung der Beratungskompetenz von Prätest zu Posttest von Moderatorvariablen beeinflusst wird. Das Vorgehen entsprach dem in Kapitel F.3.1.4 beschriebenen Verfahren. Die multivariaten und univariaten Analysen dienten einerseits der Replikation der in Studie 1 gefundenen Ergebnisse. Zusätzlich wurden die Effekte für das Ausüben einer Beratungs- bzw. Vertrauenslehrerposition sowie der ergänzend aufgenommenen Persönlichkeitseigenschaften (Hilfsbereitschaft, Extraversion, Soziale Kompetenz, Neurotizismus, Offenheit; jeweils Median-Split) untersucht. Die Ergebnisse der Analysen sind in Tabelle 84 dargestellt.

---

64 ANCOVA mit den Kovariaten: Berufliches Rollenverständnis, Selbstwirksamkeit und Beratungsleistung.
65 Gesamtskala 2006 ohne Kompetenzfacette Bewältigungskompetenz.
66 ANCOVA mit der Kovariate: Gesamtskala Beratungskompetenz (Prätest).
67 Gesamtskala 2006: ohne Kompetenzfacetten Personale Ressourcen und Bewältigungskompetenz.
68 ANCOVA mit der Kovariate: Gesamtskala Beratungskompetenz (Prätest).

Tabelle 84: Moderatoreffekte in Studie 3

Skala	Effekt Studie 1	Effekt Studie 3	Effekt repliziert
Alter	Beratungskompetenz (Gesamtmaß, multivariat) Kompetenzfacette Soziale Kooperationskompetenz	Kompetenzfacetten: Soziale Kooperationskompetenz, Prozesskompetenz	teilweise
Geschlecht	n.s.	n.s.	ja
Berufserfahrung	n.s.	n.s.	ja
Unterrichten von Sprachen	Kompetenzfacette Berater-Skills und Pädagogisches Wissen	n.s.	nein
Unterrichten von Mathematik/Naturwissenschaften	n.s.	n.s.	ja
Änderungsmotivation	n.s.	Kompetenzfacette Berater-Skills und Pädagogisches Wissen	nein
Burnout	n.s.	n.s.	ja
Beratungskompetenz vor der Intervention	Beratungskompetenz (Gesamtmaß, multivariat) und die Kompetenzfacetten: Personale Ressourcen, Soziale Kooperationskompetenz, Berater-Skills und Pädagogisches Wissen, Prozesskompetenz	Kompetenzfacetten: Berater-Skills und Pädagogisches Wissen, Prozesskompetenz	teilweise
Persönlichkeitseigenschaften	Nicht untersucht	n.s.	

Anmerkung: n.s.: kein statistisch signifikanter Effekt.

Wie in Studie 1 wurden keine moderierenden Effekte für das *Geschlecht*, die *Berufserfahrung*, das *Unterrichten von Mathematik/Naturwissenschaften* und dan *Burnout* gefunden; diese Ergebnisse aus Studie 1 wurden demnach repliziert. Teilweise repliziert wurden die Ergebnisse aus Studie 1 für das *Alter* und die *Beratungskompetenz vor der Intervention*.

Die Analysen für den Einfluss des *Alters* ergaben statistisch signifikante Effekte auf der Ebene der Kompetenzfacetten Soziale Kooperationskompetenz $(F(3,27)=3.1, p<.05, \eta^2=.25)$ und Prozesskompetenz $(F(3,27)=6.1, p<.01, \eta^2=.40)$. Für jüngere Trainingsteilnehmer konnten größere Zugewinne bei diesen Kompetenzfacetten beobachtet werden. In Studie 1 waren für das multivariate Gesamtmaß Beratungskompetenz und die Kompetenzfacette Soziale Kooperationskompetenz Effekte für die Interaktion von Zeit x Alter gefunden worden; der Effekt für das multivariate Gesamtmaß Beratungskompetenz konnte in Studie 3 nicht repliziert werden.

Auch die *Effekte der Beratungskompetenz vor der Intervention* konnten teilweise repliziert werden: Erwartungsgemäß wurden in Studie 3 Effekte für die Kompetenzentwicklung im Bereich Berater-Skills und Pädagogisches Wissen (F(1,29)=3.3, p<.05, η^2=.10) und Prozesskompetenz (F(1,29)=5.0, p<.01, η^2=.15) gefunden; Teilnehmer mit einer geringen Beratungskompetenz vor der Intervention profitieren in diesen Bereichen stärker von der Fortbildung. Die in Studie 1 beobachteten Effekte für das multivariate Gesamtmaß Beratungskompetenz sowie die Kompetenzfacetten Personale Ressourcen und Soziale Kooperationskompetenz konnten nicht repliziert werden.

Die moderierenden Effekte für das *Unterrichten von Sprachen* konnten in Studie 3 nicht beobachtet werden. Auch die in Studie 3 zusätzlich erhobenen *Persönlichkeitseigenschaften* wiesen keinen Einfluss auf die Entwicklung der Beratungskompetenz über den Interventionszeitraum hingweg auf.

Entgegen den Erwartungen nach Studie 1 wurden in Studie 3 statistisch signifikante Moderatoreffekte für die Entwicklung der Beratungskompetenz im Bereich Berater-Skills und Pädagogisches Wissen gefunden (F(1,29)=6.2, p<.05, η^2=.18). Für Personen mit höherer Änderungsmotivation (Median-Split) konnte ein stärkerer Zuwachs in diesem Kompetenzbereich beobachtet werden.

3.2 Ergebnisse für die Kompetenzfacette Personale Ressourcen

3.2.1 Vorbereitende Analysen

Die Überprüfung auf Unterschiede zwischen EG 2005 und EG 2006 ergab keine statistisch signifikanten Effekte für die Kompetenzfacette Personale Ressourcen. Es kann von einer Vergleichbarkeit der Gruppen ausgegangen werden.

3.2.2 Varianzanalytische Auswertung (Prä-Post)

Die Überprüfung des Haupteffekts für den Faktor Zeit ergab für die Kompetenzfacette *Personale Ressourcen* hypothesenkonforme, statistisch signifikante Effekte auf der Ebene der Trait-Selbstbeurteilung (F(1,30)=27.4, p<.001, η^2=.48) und der State-Selbstbeurteilung (F(1,26)=11.2, p<.001, η^2=.30); hier zeigten sich erwartungsgemäß Kompetenzzuwächse. Entgegen den Hypothesen wurde auf der Ebene der Arbeitsproben ein statistisch signifikantes Absinken (F(1,18)=4.8, p<.05, η^2=.21) der *Personalen Ressourcen* beobachtet.

Die Überprüfung der Interaktion von Zeit x Treatment für die Kompetenzfacette *Personale Ressourcen* erfolgte mittels univariater, einfaktorieller Varianzanalysen mit Messwiederholung. Auf der Ebene der teilnehmenden Beobachtung konnten keine Analysen durchgeführt werden, da diese Kompetenzfacette in der Instrumentenversion der Studie 3 nicht erfasst wurde. Die Ergebnisse der Analysen sind in Tabelle 85 dargestellt.

Tabelle 85: Ergebnisse der Signifikanzprüfung der Interaktion Zeit x Treatment für die Kompetenzfacette Personale Ressourcen (KI) in Studie 3

UV	AV	Instrument	N	df	F	p	η^2
Zeit x Treatment	KI: Personale Ressourcen	Trait-Selbstbeurteilung[69]	78	1/73	0.7	.42	.01
		State-Selbstbeurteilung	62	1/60	0.2	.68	.00
		Arbeitsprobe	46	1/44	0.0	1.00	.00
		Nicht-teilnehmende Beobachtung	43	1/41	0.2	.65	.01

Entgegen den Erwartungen ergaben sich keine statistisch signifikanten Interaktionen von Zeit x Treatment für die Kompetenzfacette *Personale Ressourcen*. Die Intervention 2006 führte demnach nicht zu einem stärkeren Zuwachs bei der Kompetenzfacette *Personale Ressourcen* als die Intervention 2005.

3.3   Ergebnisse für die Kompetenzfacette Soziale Kooperationskompetenz

3.3.1   Vorbereitende Analysen

Die Analysen der Unterschiede zwischen den Treatmentgruppen zum ersten Messzeitpunkt ergaben einen statistisch signifikanten Effekt auf der Ebene der State-Selbstbeurteilung ($F(1,61)=3.4$, $p<.05$). Die untersuchten Gruppen unterschieden sich bezüglich der Sozialen Kooperationskompetenz bereits zum Zeitpunkt des Prätests statistisch signifikant. Die Analysen der Effekte erfolgten für diesen Datensatz mittels kovarianzanalytischer Verfahren.

3.3.2   Varianzanalytische Auswertung (Prä-Post)

Für die Kompetenzfacette *Soziale Kooperationskompetenz* wurde ein hypothesenkonformer, statistisch signifikanter Haupteffekt für den Faktor Zeit auf der Ebene der State-Selbstbeurteilung ($F(1,26)=6.5$, $p<.05$, $\eta^2=.20$) gefunden; hier konnte erwartungsgemäß ein Kompetenzzuwachs beobachtet werden. Entgegen den Erwartungen zeigten sich für die vier anderen Instrumente keine statistisch signifikanten Haupteffekte für den Faktor Zeit.

---

69 ANCOVA mit den Kovariaten: Berufliches Rollenverständnis, Selbstwirksamkeit und Beratungsleistung.

Die Analysen für die Interaktion Zeit x Treatment ergaben statistisch signifikante Effekte für die nicht-teilnehmende Beobachtung ($F(1,41)=6.6$, $p<.05$, $\eta^2=.14$). Entgegen den Erwartungen konnte nur für die Teilnehmer der Intervention 2005 ein Anstieg der *Sozialen Kooperationskompetenz* von Prätest zu Posttest beobachtet werden; bei den Teilnehmern der Intervention 2006 sank die *Soziale Kooperationskompetenz* leicht ab. Demnach wurden für die Kompetenzfacette *Soziale Kooperationskompetenz* keine hypothesenkonformen Effekte gefunden.

3.4 Ergebnisse für die Kompetenzfacette Berater-Skills und Pädagogisches Wissen

3.4.1 Vorbereitende Analysen

Die Überprüfung der Gruppenunterschiede zum Zeitpunkt des Prätests ergab einen statistisch signifikanten Effekte auf der Ebene der State-Selbstbeurteilung ($F(1,61)=2.7$, $p<.05$) und auf der Ebene der Arbeitsproben ($F(1,44)=11.1$, $p<.01$). Diese Unterschiede wurden bei den weiterführenden Analysen durch die Anwendung kovarianzanalytischer Verfahren kontrolliert.

3.4.2 Varianzanalytische Auswertung (Prä-Post)

Die Signifikanzprüfung des Haupteffekts für den Faktor Zeit ergab für die Kompetenzfacette *Berater-Skills und Pädagogisches Wissen* hypothesenkonforme, statistisch signifikante Effekte auf der Ebene der Trait-Selbstbeurteilung ($F(1,30)=2.8$, $p<.10$; $\eta^2=.10$), der State-Selbstbeurteilung ($F(1,26)=27.1$, $p<.001$, $\eta^2=.51$), der Arbeitsprobe ($F(1,26)=2.5$, $p<.10$, $\eta^2=.14$) und der nicht-teilnehmenden Beobachtung ($F(1,23)=90.7$, $p<.001$, $\eta^2=.80$). Erwartungsgemäß wurde mittels dieser Instrumente ein Zuwachs der Kompetenz im Bereich *Beraters-Skills und Pädagogisches Wissen* von Prätest zu Posttest beobachtet.

Für die Kompetenzfacette *Berater-Skills und Pädagogisches Wissen* ergaben sich statistisch signifikante Interaktionen von Zeit x Treatment für die State-Selbstbeurteilung und die Arbeitsprobe. Die Ergebnisse der Analysen sind in Tabelle 86 dargestellt.

Tabelle 86: *Ergebnisse der Signifikanzprüfung der Interaktion Zeit x Treatment für die Kompetenzfacette Berater-Skills und Pädagogisches Wissen (KIII) in Studie 3*

UV	AV	Instrument	N	df	F	P	η^2
Zeit x Treatment	KIII: Berater-Skills und Pädagogisches Wissen	Trait-Selbstbeurteilung[70]	78	1/73	1.3	.26	.02
		State-Selbstbeurteilung[71]	63	1/60	17.5	<.01	.23
		Arbeitsprobe[72]	46	1/43	8.2	<.01	.16
		Teilnehmende Beobachtung	59	1/57	0.1	.78	.00
		Nicht-teilnehmende Beobachtung	43	1/41	1.5	.23	.04

Die Analysen ergaben keine hypothesenkonformen Effekte. Auf der Ebene der State-Selbstbeurteilung und der Arbeitsproben konnte entgegen den Erwartungen für die Teilnehmer der Intervention 2005 sogar ein höherer Kompetenzzuwachs im Bereich *Berater-Skills und Pädagogisches Wissen* beobachtet werden als bei Teilnehmern der Intervention 2006.

3.5   Ergebnisse für die Kompetenzfacette Prozesskompetenz

3.5.1   Vorbereitende Analysen

Die zur Überprüfung von Gruppenunterschieden zum ersten Messzeitpunkt durchgeführten univariaten, einfaktoriellen Varianzanalysen ergaben statistisch signifikante Effekte auf der Ebene der State-Selbstbeurteilung ($F(1,61)=3.3$, $p<.05$) und der Arbeitsproben ($F1,44)=11.07$, $p<.01$). Diese Gruppenunterschiede wurden bei weiteren Analysen durch die Anwendung kovarianzanalytischer Verfahren kontrolliert.

3.5.2   Varianzanalytische Auswertung (Prä-Post)

Für die Kompetenzfacette *Prozesskompetenz* ergab sich erwartungsgemäß ein statistisch signifikanter Haupteffekt für den Faktor Zeit auf der Ebene der Trait-Selbstbeurteilung ($F(1,30)=16.0$, $p<.001$, $\eta^2=.35$): Hier konnte erwartungsgemäß ein Kompetenzzuwachs beobachtet werden. Entgegen den Hypothesen ergaben die weiteren Analysen keine statistisch signifikanten Effekte.

---

70 ANCOVA mit den Kovariaten: Berufliches Rollenverständnis, Selbstwirksamkeit und Beratungsleistung.
71 ANCOVA mit der Kovariate: Berater-Skills und Pädagogisches Wissen (Prätest).
72 ANCOVA mit der Kovariate: Berater-Skills und Pädagogisches Wissen (Prätest).

Die Signifikanzprüfung der Interaktion von Zeit x Treatment für die Kompetenzfacette *Prozesskompetenz* ergab statistisch signifikante Effekte für die State-Selbstbeurteilung und die nicht-teilnehmende Beobachtung. Die Ergebnisse der Analysen sind in Tabelle 87 dargestellt.

Tabelle 87: Ergebnisse der Signifikanzprüfung der Interaktion Zeit x Treatment für die Kompetenzfacette Prozesskompetenz (KIV) in Studie 3

UV	AV	Instrument	N	df	F	p	η^2
Zeit x Treatment	KIV: Prozesskompetenz	Trait-Selbstbeurteilung[73]	78	1/73	1.0	.33	.33
		State-Selbstbeurteilung	62	1/56	30.0	<.01	.00
		Arbeitsprobe	46	1/44	0.9	.35	.35
		Teilnehmende Beobachtung	59	1/57	1.4	.25	.25
		Nicht-teilnehmende Beobachtung	43	1/41	15.7	<.01	.00

Es zeigte sich, dass die Teilnehmer der Intervention 2005 auf der Ebene der State-Selbstbeurteilung und der Arbeitsprobe entgegen den Erwartungen höhere Zuwächse an Prozesskompetenz aufweisen als die Teilnehmer der Intervention 2006; demnach wurden keine hypothesenkonformen Ergebnisse gefunden.

3.6 Ergebnisse für die Kompetenzfacette Bewältigungskompetenz

3.6.1 Vorbereitende Analysen

Die Überprüfung auf Gruppenunterschiede vor der Intervention ergab keine statistisch signifikanten Ergebnisse. Demnach kann von einer Vergleichbarkeit der Experimentalgruppen aus Studie 1 und Studie 3 ausgegangen werden.

3.6.2 Varianzanalytische Auswertung (Prä-Post)

Die Hypothesen bezüglich des Haupteffekts Zeit für die Kompetenzfacette *Bewältigungskompetenz* konnten nicht bestätigt werden. Ausschließlich auf der Ebene der nicht-teilnehmenden Verhaltensbeobachtung wurde ein statistisch signifikanter Effekt ($F(1,23)= 64.1$, $p<.001$, $\eta^2=.74$) gefunden. Entgegen den Erwartungen zeigte sich jedoch ein Absinken der Kompetenz über den Interventionszeitraum. Die varianzanalytische Auswertung der Daten für die Kompetenzfacette *Bewältigungskompetenz* ergab keine statistisch signifikante Interaktionen von Zeit x Treatment (siehe Tabelle 88*)*.

---

73 ANCOVA mit den Kovariaten: Berufliches Rollenverständnis, Selbstwirksamkeit und Beratungsleistung.

*Tabelle 88: Ergebnisse der Signifikanzprüfung der Interaktion Zeit x Treatment
für die Kompetenzfacette Bewältigungskompetenz (KV) in Studie 3*

UV	AV	Instrument	N	df	F	p	η^2
Zeit x Treatment	KV: Bewältigungs- kompetenz	Trait- Selbstbeurteilung[74]	78	1/73	0.2	.67	.00
		Arbeitsprobe[75]	46	1/43	0.8	.38	.02
		Nicht-teilnehmende Beobachtung	43	1/41	3.0	.09	.07

Entgegen den Hypothesen wurden keine Unterschiede der Wirksamkeit der Intervention 2005 und der Intervention 2006 im Hinblick auf die Zunahme an Kompetenz im Bereich der Bewältigungskompetenz gefunden.

3.7   Ergebnisse für das beratungsbezogene Wissen

3.7.1   Vorbereitende Analysen

Da in Studie 3 eine veränderte Form des Wissenstests eingesetzt wurde, können keine vergleichenden Analysen mit den Teilnehmern der Studie 1 durchgeführt werden. Dementsprechend wurden keine vorbereitenden Analysen zur Untersuchung von Vorherunterschieden durchgeführt.

3.7.2   Varianzanalytische Auswertung (Prä-Post)

Die einfaktorielle Varianzanalyse mit Messwiederholung für das beratungsbezogene Wissen ergab einen statistisch signifikanten Haupteffekt für den Faktor Zeit (F(1,35)=77.9, p<.001, η^2=.69). Die mittlere Anzahl der richtig beantworteten Fragen stieg von 6.0 (SD=1.42) im Prätest auf 8.5 (SD=1.55) im Posttest; insgesamt umfasste der Wissentest zehn Fragen.

3.8   Ergebnisse für den wahrgenommenen Kompetenzzuwachs

3.8.1   Vorbereitende Analysen

Die Daten wurden zum Zeitpunkt des Posttest erhoben, deshalb entfiel die Überprüfung von Gruppenunterschieden zum Zeitpunkt des Prätests.

---

74 ANCOVA mit den Kovariaten: Berufliches Rollenverständnis, Selbstwirksamkeit und Beratungsleistung.
75 ANCOVA mit der Kovariate: Bewältigungskompetenz (Prätest).

3.8.2 Varianzanalytische Auswertung (Posttest)

Da der Kompetenzzuwachs durch die Optimierung der Intervention im Vergleich zur Intervention 2005 steigen sollte, wurden auch für die subjektive Einschätzung des Kompetenzzuwachses statistisch signifikante Unterschiede zwischen den Teilnehmern der Intervention 2005 und der Intervention 2006 erwartet. Die deskriptiven Kennwerte der Analysen finden sich im Tabellenanhang zu Studie 3, die Ergebnisse der Varianzanalysen sind in Tabelle 89 dargestellt.

Tabelle 89: Ergebnisse der Signifikanzprüfung der Treatmenteffekte für den wahrgenommenen Kompetenzzuwachs in Studie 3

UV	AV	N	df	F	p	η^2
Treatment[76]	Kompetenzzuwachs: Allgemeine Beratungskompetenz	69	1/67	0.0	.93	.00
	Kompetenzzuwachs: Vorbereitung von Beratungsgesprächen	68	1/66	0.4	.84	.00
	Kompetenzzuwachs: Verhalten in Gesprächssituationen	68	1/66	0.1	.72	.00
	Kompetenzzuwachs: Nachbereitung und Reflexion von Beratungsgesprächen	68	1/66	0.1	.82	.00
	Kompetenzzuwachs: Verhalten in schwierigen Gesprächssituationen	67	1/65	0.4	.53	.01
	Persönliches Fortbildungsziel erreicht	65	1/63	0.1	.78	.00

Anmerkung: #p<.10; *p<.05; **p<.01; *** p<.001.

Entgegen den Erwartungen zeigten sich keine statistisch signifikanten Unterschiede zwischen den Interventionsgruppen für den subjektiven Kompetenzgewinn. Die Optimierung des Trainings führte nicht zu einem Anstieg des subjektiven Kompetenzgewinns im Vergleich zur Intervention 2005.

Weiterhin wurde untersucht, ob sich Unterschiede bei der Wirksamkeitsbeurteilung der Interventionselemente zwischen den Treatmentgruppen ergaben. Tabelle 90 zeigt die deskriptiven Kennwerte der Analysen.

---

76 ANCOVAs mit den Kovariaten: Berufliches Rollenverständnis, Selbstwirksamkeit und Beratungsleistung.

Tabelle 90: Deskriptive Kennwerte der Wirksamkeitsbeurteilung zentraler Interventionselemente

Skala	Treatment	N	M	SD
	EG 2005	41	4.4	.24
Bedeutsamkeit Rollenspiele	EG 2006	23	4.3	.26
	Gesamt	64	4.3	.18
Bedeutsamkeit Leitfaden	EG 2005	51	5.0	.16
„Lernen lernen"	EG 2006	23	4.8	.29
	Gesamt	64	4.9	.14
	EG 2005	23	4.6	.22
Bedeutsamkeit Gesprächsleitfaden	EG 2006	23	3.9	.26
	Gesamt	46	4.2	.18
	EG 2005	09	3.1	.48
Bedeutsamkeit Feedback	EG 2006	23	3.9	.27
	Gesamt	32	3.7	.24

Die varianzanalytische Untersuchung der Unterschiede in der Bedeutsamkeit der Interventionselemente zwischen der Interventionsgruppe 2005 und der Interventionsgruppe 2006 ergab einen statistisch signifikanten Effekt für die Bedeutsamkeit der angeleiteten Selbstreflexion ($F(1,44)=4.2$, $p<.05$, $\eta^2=.09$). Teilnehmer an der optimierten Intervention beurteilen die angeleitete Selbstreflexion im Hinblick auf den Kompetenzerwerb als weniger bedeutsam. Die deskriptive Darstellung zeigt weiterhin, dass die Teilnehmer der Intervention 2006 das Feedback etwas wirksamer beurteilen als die Teilnehmer der Intervention 2005; obwohl dieser Unterschied nicht statistisch signifikant wird, deutet das Ergebnis darauf hin, dass die Optimierung des Feedbacks zumindest aus Perspektive der Teilnehmer erfolgreich war.

3.9   Ergebnisse für das subjektive Kompetenzempfinden

3.9.1   Vorbereitende Analysen

Die Analyse der Gruppenunterschiede zum Zeitpunkt des Prätests ergab einen statistisch signifikanten Effekt für den Faktor Treatment ($F(1,77)=7.3$, $p<.01$). Die untersuchten Gruppen unterschieden sich demnach zum Zeitpunkt des Prätests auf der Ebene der Trait-Selbstbeurteilung statistisch signifikant hinsichtlich der wahrgenommenen Beratungsleistung; diese Unterschiede wurden bei den folgenden Analysen konvarianzanalytisch kontrolliert.

3.9.2   Varianzanalytische Auswertung (Prä-Post)

Für die wahrgenommene Beratungsleistung ergaben sich auf der Ebene der Trait-Selbstbeurteilung und der State-Selbstbeurteilung statistisch signifikante Haupteffekte für die Zeit. Die Teilnehmer der optimierten Intervention 2006 schätzten ihre Beratungsleistung zum Zeitpunkt des Posttests statistisch signifikant höher ein als zum Zeitpunkt des Prätests (Trait-Selbstbeurteilung: $F(1,30)=10.2$, $p<.01$, $\eta^2=.25$; State-Selbstbeurteilung: $F(1,26)=4.1$, $p^{77}<.05$, $\eta^2=.14$). Für die Interaktion von Zeit x Treatment ergab sich ein statistisch signifikanter Effekt auf der Ebene der Trait-Selbstbeurteilung ($F(1,71)=6.7$, $p<.05$, $\eta^2=.81$). Die deskriptiven Kennwerte sind in Tabelle 91 dargestellt.

Tabelle 91:   Deskriptive Kennwerte für die wahrgenommene Beratungsleistung in Studie 3

Skala	Messzeitpunkt	Treatment	N	M	SD
Wahrgenommene Beratungsleistung (Trait)	Prätest	EG 2005	47	3.9	.93
		EG 2006	31	3.4	.52
		Gesamt	78	3.7	.82
	Posttest	EG 2005	47	4.8	.64
		EG 2006	31	3.8	.40
		Gesamt	78	4.4	.73
Wahrgenommene Beratungsleistung (State)	Prätest	EG 2005	36	4.2	.68
		EG 2006	27	4.3	.76
		Gesamt	63	4.2	.71
	Posttest	EG 2005	36	4.8	.78
		EG 2006	27	4.6	.74
		Gesamt	63	4.7	.76

Entgegen den Erwartungen konnte bei den Teilnehmern der Intervention 2006 ein geringerer Zuwachs an wahrgenommener Beratungsleistung auf der Ebene der Trait-Selbstbeurteilung beobachtet werden als bei den Teilnehmern der Intervention 2005; es wurden keine hypothesenkonformen Effekte gefunden.

3.10   Ergebnisse für die Selbstwirksamkeit in Bezug auf Elterngespräche

3.10.1   Vorbereitende Analysen

Die Analyse der Gruppenunterschiede zum ersten Erhebungszeitpunkt ergab einen statistisch signifikanten Effekt für den Faktor Treatment auf der Ebene der Trait-Selbstbeurteilung ($F(1,77)=7.6$, $p<.01$). Die untersuchten Gruppen unterschieden

---

77 Testung einseitig.

sich demnach zum Zeitpunkt des Prätests auf der Ebene der Trait-Selbstbeurteilung statistisch signifikant hinsichtlich der wahrgenommenen Beratungsleistung. Dieser Unterschied wurde in den weiteren Analysen kovarianzanalytisch kontrolliert.

3.10.2 Varianzanalytische Auswertung (Prä-Post)

Die Mittelwerte und Standardabweichungen der Selbstwirksamkeit auf der Ebene der Trait-Selbstbeurteilung und der State-Selbstbeurteilung finden sich im Tabellenhang zu Studie 3. Die Analysen ergaben entgegen den Erwartungen keinen Haupteffekt für den Faktor Zeit auf der Ebene der Trait-Selbstbeurteilung. Es konnte keine statistisch signifikante Zunahme der Selbstwirksamkeit in Bezug auf Beratungsgespräche für die Teilnehmer der optimierten Intervention gefunden werden. Auf der Ebene der State-Selbstbeurteilung zeigte sich im Prä-Post-Vergleich erwartungsgemäß eine statistisch signifikante Zunahme der beratungsbezognen Selbstwirksamkeit (F(1,26)=14.8, p<.001, η^2=.36). Für die Interaktion von Zeit x Treatment wurden keine statistisch signifikanten Effekte gefunden (Trait-Selbstbeurteilung: F(1,73)=0.1, p=.80; State-Selbstbeurteilung: F(1,61)=1.2, p=.27). Entgegen den Erwartungen unterschieden sich Teilnehmer der Intervention 2005 und Teilnehmer der Intervention 2006 nicht im Hinblick auf den Zuwachs an Selbstwirksamkeit in Bezug auf Elterngespräche.

3.11   Zufriedenheit mit dem Beratungsgespräch

Mittels einfaktorieller, univariater Varianzanalysen mit Messwiederholung wurden statistisch signifikante Unterschiede für den Zuwachs an Zufriedenheit mit dem Beratungsgespräch über den Interventionszeitraum zwischen Teilnehmern der Intervention 2005 und Teilnehmern der Intervention 2006 untersucht. Die deskriptiven Kennwerte finden sich in Tabelle 92.

Tabelle 92: Deskriptive Kennwerte der Zufriedenheit mit dem Beratungsgespräch

AV	Messzeitpunkt	Treatment	N	M	SD
Zufriedenheit mit dem Beratungsgespräch State-Selbstbeurteilung	Prätest	EG 2005	36	4.5	.66
		EG 2006	27	4.3	.75
		Gesamt	63	4.4	.70
	Posttest	EG 2005	36	4.9	.75
		EG 2006	27	4.6	.58
		Gesamt	63	4.7	.69

Die Analysen ergaben erwartungsgemäß einen statistisch signifikanten Haupteffekt für den Faktor Zeit[78] (F(1,26)=4.2, p[79]<.05, η^2=.14). Bei Teilnehmern der Interven-

---

78 Nur für Intervention 2006.
79 Testung einseitig.

tion 2006 konnte ein statistisch signifikantes Ansteigen der Zufriedenheit mit dem Beratungsgespräch von Prä- zu Posttest beobachtet werden (F(1,61)= 0.01, p=.74). Für die Interaktion von Zeit x Treatment wurde kein statistisch signifikanter Effekt gefunden. Entgegen den Erwartungen wird im Vergleich zur Intervention 2005 durch die Optimierungen bei den Teilnehmern der Intervention 2006 kein stärkerer Zuwachs an Zufriedenheit mit dem Beratungsgespräch erzielt.

3.12   Kompetenz des Beraters aus der Perspektive des Ratsuchenden

In Studie 3 wurden zusätzlich Einschätzungen des Ratsuchenden zur Kompetenz des Beraters und zum Beratungserfolg erfasst. Mittels univariater Varianzanalysen mit Messwiederholung wurde überprüft, ob sich statistisch signifikante Veränderungen über den Interventionszeitraum ergeben. Allerdings konnte für keine der Skalen ein statistisch signifikanter Zuwachs über die Zeit gefunden werden. Aus der Perspektive des Ratsuchenden wurde kein Kompetenzzuwachs beim Berater festgestellt (F(1,26)=0.01, p=.92, η^2=.00), und auch für den Beratungserfolg zeigte sich kein statistisch signifikantes Ansteigen über den Interventionszeitraum (F(1,26)=1.5, p=.23, η^2=.05). Die Ergebnisse der Gespräche sind zum Zeitpunkt des Posttests aus der Perspektive des Ratsuchenden genauso zufriedenstellend wie zum Zeitpunkt des Prätests, es kommt nicht zu einem Anstieg des Beratungserfolgs.

4   Zusammenhangsanalysen

Die durchgeführten Zusammenhangsanalysen dienten dazu, die in Studie 1 gefundenen Zusammenhänge mit replizieren sowie die Zusammenhänge für die ergänzend in die Datenerhebung aufgenommenen Persönlichkeitseigenschaften (Big Five, Soziale Kompetenz, Hilfsbereitschaft, siehe Kapitel K.4.1.1) zu untersuchen.

4.1   Zusammenhangsanalysen für die Gesamtskala Beratungskompetenz, Personenvariablen, berufsbezogene Einstellungen und Leistungsmaße auf Trait-Ebene

In Studie 3 konnten viele der in Studie 1 gefundenen Zusammenhänge repliziert werden (siehe Tabelle 93). Insbesondere für die Gesamtskala Beratungskompetenz konnten alle erwarteten Effekte gefunden werden. Weiterhin zeigte sich in Studie 3 ein statistisch signifikant negativer Zusammenhang zwischen wahrgenommener Beratungsleistung und Burnout; Personen mit höherer Beratungsleistung empfanden weniger Burnout durch ihre Arbeit. Nicht repliziert wurden die positiven Zusammenhänge zwischen der Auffassung der Lehrerrolle und der Informiertheit zum Thema Beratung sowie zwischen der Informiertheit zum Thema Beratung und der

Motivation zu guter Beratung. Der negative Zusammenhang zwischen den Dienstjahren und der Motivation zu guter Beratung wurde nicht gefunden; stattdessen
zeigte sich ein statistisch signifikanter, positiver Zusammenhang. Die positiven Zusammenhänge zwischen wahrgenommener Beratungsleistung und Informiertheit
zum Thema Beratung bzw. Änderungsmotivation konnten ebenfalls nicht repliziert
werden. Auch die in Studie 1 beobachteten Zusammenhänge zwischen der Motivation zu guter Beratung und der Änderungsmotivation (positiv) bzw. dem Burnout
(negativ) wurden in Studie 3 nicht gefunden.

*Tabelle 93: Korrelationen (r) der Gesamtskala Beratungskompetenz mit Perso-
nenvariablen, berufsbezogenen Einstellungen und Leistungsmaßen auf
Trait-Ebene in Studie 3*

Zusammenhang (r)		Effekt Studie 1	Korrelation (r) Studie 3	Effekt repliziert
Gesamtskala Beratungskompetenz	Wahrgenommene Beratungsleistung	+	.40 **	ja
	Auffassung der Lehrer-rolle	+	.58 ***	ja
	Informiertheit	+	.44 **	ja
	Motivation zu guter Beratung	+	.42 **	ja
	Selbstwirksamkeit	+	.73 ***	ja
	Burnout	-	-.30 *	ja
Berufserfahrung	Motivation zu guter Beratung	-	.40 *	nein
	Burnout	-	.16	ja
Wahrgenommene Beratungsleistung	Auffassung der Lehrer-rolle	+	.28 *	ja
	Informiertheit	+	-.02	nein
	Motivation zu guter Beratung	+	.41 **	ja
	Selbstwirksamkeit	+	.55 ***	ja
	Änderungsmotivation	+	-.06	nein
	Burnout	n.s.	-.42 **	nein
Auffassung der Lehrerrolle	Informiertheit	+	.14	nein
	Motivation zu guter Beratung	+	.64 ***	ja
	Selbstwirksamkeit	+	.64 ***	ja
Informiertheit zum Thema Beratung	Motivation zu guter Beratung	+	.13	nein
	Selbstwirksamkeit	+	.15	nein
Motivation zu guter Be-ratung	Selbstwirksamkeit	+	.68 ***	ja
	Änderungsmotivation	+	.15	nein
	Burnout	-	-.16	nein
Selbstwirksamkeit	Burnout	-	-.42 **	ja

Anmerkung: N=41; Messzeitpunkt: Prätest; +: signifikant positiver Effekt, -: signifikant negativer Effekt,
n.s.=kein statistisch signifikanter Effekt; Testung: einseitig; #p<.10; *p<.05; **p<.01; *** p<.001.

4.1.1 Zusammenhangsanalysen für die Gesamtskala Beratungskompetenz und Persönlichkeitseigenschaften

Die Ergebnisse der Überprüfung der Zusammenhänge zwischen den erhobenen Persönlichkeitseigenschaften und der Beratungskompetenz (Trait-Selbstbeurteilung, Gesamtskala, univariat), der wahrgenommenen Beratungsleistung, der Selbstwirksamkeit in Bezug auf Elterngespräche, der Änderungsmotivation und dem Burnoutempfinden sind in Tabelle 94 dargestellt.

Tabelle 94: Korrelationen (r) der Gesamtskala Beratungskompetenz mit Persönlichkeitseigenschaften des Beraters in Studie 3

Zusammenhang (r)	Gesamt-skala Beratungs-kompetenz	Wahrge-nommene Beratungs-leistung	Selbst-wirk-samkeit	Änderungs-motivation	Burnout
Hilfsbereitschaft	.10	.12	.29	.08	-.17
Soziale Kompetenz	.52 **	.19	.48 **	-.10	-.48 **
Extraversion	.36 *	.14	.57 **	.23	-.51 **
Neurotizismus	-.45 **	.09	-.24	.05	.44 *
Offenheit	.28	.04	.34	-.23	-.31

Anmerkung: N=31; Messzeitpunkt: Prätest; Testung: einseitig; #p<.10; *p<.05; **p<.01; *** p<.001.

Es zeigten sich statistisch signifikante Effekte beim Zusammenhang zwischen der Persönlichkeitseigenschaft *Extraversion* und der Beratungskompetenz (positiver Zusammenhang), der beratungsbezogenen Selbstwirksamkeit (positiver Zusammenhang) und dem Burnoutempfinden (negativer Zusammenhang). Für die Persönlichkeitseigenschaft *Soziale Kompetenz* wurden statistisch signifikante Korrelationen mit der Beratungskompetenz (positiver Zusammenhang), der beratungsbezogenen Selbstwirksamkeit (positiver Zusammenhang) und dem Burnoutempfinden (negativer Zusammenhang) gefunden. Für die Persönlichkeitseigenschaft *Neurotizismus* wurden ein negativer Zusammenhang mit der Beratungskompetenz und ein positiver Zusammenhang mit dem Burnoutempfinden gefunden.

4.2 Zusammenhangsanalysen für die Gesamtskala Beratungskompetenz, Personenvariablen und Leistungsmaße auf State-Ebene

Die auf der Ebene der Erfassung der Beratungskompetenz in einer aktuellen Gesprächssituation (State-Selbstbeurteilung) in Studie 1 beobachteten Zusammenhänge zwischen der Gesamtskala Beratungskompetenz, der wahrgenommenen Beratungsleistung, der beratungsbezogenen Selbstwirksamkeit und der Zufriedenheit mit dem Gespräch konnten in Studie 3 vollständig repliziert werden (siehe Tabelle 95).

Tabelle 95:   *Korrelationen (r) der Gesamtskala Beratungskompetenz mit Perso-*
               nenvariablen und Leistungsmaßen auf State-Ebene in Studie 3

Zusammenhang (r)		Effekt Studie 1	Korrelation (r) Studie 3	Effekt repliziert
Gesamtskala Beratungskompetenz	Wahrgenommene Beratungsleistung	+	.68 ***	ja
	Selbstwirksamkeit	+	.43 **	ja
	Zufriedenheit mit dem Gespräch	+	.62 ***	ja
Wahrgenommene Beratungsleistung	Selbstwirksamkeit	+	.43 **	ja
	Zufriedenheit mit dem Gespräch	+	64 ***	ja
Selbstwirksamkeit	Zufriedenheit	+	.23 #	ja

Anmerkung: N=33 Messzeitpunkt: Prätest; Testung: einseitig; #p<.10; *p<.05; **p<.01; *** p<.001.

4.3   Zusammenhangsanalysen für die Veränderungen von Prätest zu Post-test für die Gesamtskala Beratungskompetenz und die Leistungsmaße

4.3.1   Zusammenhangsanalysen für die Veränderungen auf Trait-Ebene

In Studie 3 konnten einige der in Studie 1 gefundenen Zusammenhänge der Zu-wächse der Beratungskompetenz, der wahrgenommenen Beratungsleistung, der be-ratungsbezogenen Selbstwirksamkeit sowie dem wahrgenommenen Kompetenzzu-wachs teilweise repliziert werden (siehe Tabelle 96).

Tabelle 96:   *Korrelationen (r) der Prä-Post-Differenzen für die Gesamtskala Bera-*
               tungskompetenz und die Leistungsmaße auf Trait-Ebene in Studie 3

Zusammenhang (r)		Effekt Studie 1	Korrelation (r) Studie 3	Effekt repliziert
Differenz Posttest-Prätest Gesamskala Beratungskompetenz Gesamtskala	Differenz Posttest-Prätest wahrg. Beratungsleistung	+	.32 *	ja
	Differenz Posttest-Prätest Selbstwirksamkeit	+	1.00 ***	ja
	Wahrgenommener Kompetenzzuwachs	+	.05	nein
Differenz Posttest-Prätest wahrgenommene Beratungsleistung	Differenz Posttest-Prätest Selbstwirksamkeit	+	.48 **	ja
	Wahrgenommener Kompetenzzuwachs	+	-.26	nein
Differenz Posttest-Prätest Selbstwirksamkeit	Wahrgenommener Kompetenzzuwachs	+	-.09	nein

Anmerkung: N=32; Messzeitpunkt: Prätest; Testung: einseitig; #p<.10; *p<.05; **p<.01; *** p<.001.

Erwartungsgemäß zeigten sich statistisch signifikante, positive Zusammenhänge zwischen dem Zuwachs an Beratungskompetenz (Gesamtskala, univariat) und dem Zuwachs an wahrgenommener Beratungsleistung, dem Zuwachs an Selbstwirksamkeit in Elterngesprächen sowie zwischen dem Zuwachs an subjektiver Beratungsleitung und dem Zuwachs an beratungsbezogener Selbstwirksamkeit.

Zusätzlich wurden die Zusammenhänge der Veränderungen auf der Gesamtskala Beratungskompetenz sowie den Leistungsmaßen und den Persönlichkeitseigenschaften des Beraters untersucht. Es wurden keine statistisch signifikanten Zusammenhänge zwischen den erhobenen Persönlichkeitseigenschaften und dem Zugewinn an Beratungskompetenz (Gesamtskala, univariat), wahrgenommener Beratungsleistung und Selbstwirksamkeit in Bezug auf Elterngespräche gefunden.

4.3.2   Zusammenhangsanalysen für die Veränderungen auf State-Ebene

Auf der Ebene der State-Selbstbeurteilung konnten einige der in Studie 1 gefundenen Zusammenhänge zwischen dem Zuwachs an Beratungskompetenz (Gesamtmaß, univariat), wahrgenommener Beratungsleistung, beratungsbezogener Selbstwirksamkeit und Zufriedenheit mit dem Beratungsgespräch repliziert werden. Die Ergebnisse der Analysen zeigt Tabelle 97.

Tabelle 97:   Korrelationen (r) der Prä-Post-Differenzen für die Gesamtskala Beratungskompetenz und die Leistungsmaße auf State-Ebene in Studie 3

Zusammenhang (r)		Effekt Studie 1	Korrelation (r) Studie 3	Effekt repliziert
Differenz Posttest-Prätest Beratungskompetenz (Gesamtskala)	Differenz Posttest-Prätest wahrg. Beratungsleistung	+	.43 **	ja
	Differenz Posttest-Prätest Selbstwirksamkeit	+	.16	nein
	Differenz Posttest-Prätest Zufriedenheit	+	.72 ***	ja
Differenz Posttest-Prätest wahrgenommene Beratungsleistung	Differenz Posttest-Prätest Selbstwirksamkeit	+	.29	nein
	Differenz Posttest-Prätest Zufriedenheit	+	.57 **	ja
Differenz Posttest-Prätest Selbstwirksamkeit	Differenz Posttest-Prätest Zufriedenheit	+	.12	nein

Anmerkung: N=27; Messzeitpunkt: Prätest; += signifikant positiver Effekt, Testung: einseitig; #p<.10; *p<.05; **p<.01; *** p<.001.

Erwartungsgemäß wurden statistisch signifikante, positive Zusammenhänge zwischen dem Zuwachs an Beratungskompetenz, dem Zuwachs an wahrgenommener Beratungsleistung und dem Zuwachs an Zufriedenheit mit dem Beratungsgespräch beobachtet. Hypothesenkonform zeigte sich auch ein Zusammenhang zwischen dem Zuwachs an wahrgenommener Beratungsleistung und dem Zuwachs an Zufriedenheit mit dem Beratungsgespräch.

5   Evaluation des Trainings

Nach jeder Trainingseinheit erfolgte wie in Studie 1 die Evaluation der Sitzung. Die Teilnehmer beurteilten ihre Zufriedenheit mit der Einheit und das Engagement des Trainerteams jeweils auf einer sechsstufigen Skala von *(1) sehr gut* bis *(6) ungenügend*. Tabelle 98 zeigt die Beurteilungen der Trainingseinheiten durch die Teilnehmer.

Tabelle 98: Mittelwerte (SD) der Bewertung des Trainings durch die Lehrer in Studie 3

Skala	Termin								Gesamt	
	1		2		3		4			
	M	SD	M	SD	M	SD	M	SD	M	SD
Sitzungs-zufriedenheit	2.4	(1.21)	2.1	(.67)	2.8	(1.17)	1.9	(.99)	2.4	(.45)
Engagement des Trainers	1.4	(.50)	1.7	(.46)	2.7	(.52)	1.7	(.95)	1.9	(.38)

Anmerkung: N=21.

Die Teilnehmer beurteilten insbesondere den zweiten und vierten Trainingstermin positiv. Die Rollenspiele wurden von den Teilnehmern hinsichtlich der Alltagsnähe, der Rollenumsetzung und der Möglichkeit, Berufserfahrung einzubringen, beurteilt. Als Antwortformat war eine sechsstufige Skala von *(1) trifft überhaupt nicht zu* bis *(6) trifft voll und ganz zu* vorgegeben; die Beurteilung erfolgte sowohl aus der Beraterperspektive als auch aus der Elternperspektive. Die Ergebnisse für das erste und das vierte Rollenspiel sind in Tabelle 99 dargestellt.

Tabelle 99: Mittelwerte (SD) der Bewertung der Rollenspiele durch die Lehrer in Studie 3

Perspektive	Skala	Rollenspiel			
		1		4	
		M	SD	M	SD
Berater	Wahrgenommene Alltagsnähe der Situation	4.6	(.84)	4.4	(.97)
	Umsetzung der Rolle	4.8	(.76)	4.9	(.61)
	Einbringen von Berufserfahrung	4.4	(.97)	4.9	(.66)
Ratsuchender	Wahrgenommene Alltagsnähe der Situation	4.8	(.97)	4.9	(.80)
	Umsetzung der Rolle	3.8	(1.14)	4.4	(.97)

Anmerkung: N=27.

Die Teilnehmer beurteilten die Rollenspiele sowohl aus der Beraterperspektive als auch aus der Ratsuchendenperspektive als alltagsnah: Die Umsetzung der Ratsuchendenrolle fällt den Teilnehmern etwas schwerer als die Umsetzung der Lehrerrolle. In der Beraterrolle konnten die Teilnehmer Berufserfahrung einbringen. Die

Beurteilungen sind über die beiden zur Kompetenzdiagnostik herangezognen Rollenspielsituationen weitgehend stabil, somit sind die Rollenspielsituationen vergleichbar.

6   Weiterführende Analysen

6.1   Dimensionsprüfung für den Fragebogen zur Beratung im Berufsalltag

Die Dimensionsprüfung für den Fragebogen zur Beratung im Berufsalltag erfolgte mittels einer konfirmatorischen Faktorenanalyse. Da die Konzeption des Fragebogens in Anlehnung an die in Vorstudie 2 ermittelten fünf Kompetenzfacetten erfolgt war, wurde das in Abbildung 35 dargestellte Faktorenmodell zu Grunde gelegt.

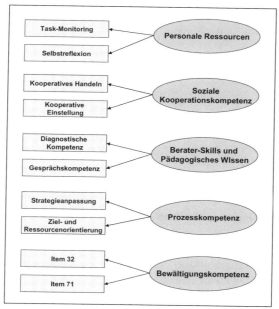

Abbildung 35: Faktorenmodell für die konfirmatorische Faktorenanalyse

Für die Kompetenzfacetten *Personale Ressourcen, Soziale Kooperationskompetenz, Berater-Skills und Pädagogisches Wissen* sowie *Prozesskompetenz* gingen jeweils die entsprechenden Subskalen ein. Für die *Bewältigungskompetenz* wurden Items einbezogen, da diese Kompetenzfacette im Fragebogen nur durch eine Subskala abgebildet wurde. Es wurden keine Korrelationen zwischen den Kompetenzfacetten angenommen.

Datenbasis für die Analysen waren die Datensätze der Selbstbeurteilung auf Trait-Ebene aus Studie 1 und Studie 3; insgesamt konnten 130 Datensätze für die Analysen berücksichtigt werden. Das Mindestkriterium für die Durchführung einer konfirmatorischen Faktorenanalyse liegt nach Bryant und Yarnold (2006) bei einem Verhältnis fünf bis zehn Datensätzen je beobachtetem Indikator. Bei 130 Datensätzen und 10 beobachteten Indikatoren liegt das Verhältnis von Daten und Indikatoren bei 13.0 somit ist das Mindestkriterium für die Anwendung erfüllt. Da es sich um eine gepoolte Stichprobe handelt, wurde vor den Berechnungen eine z-Standardisierung vorgenommen (vgl. Bryant & Yarlond, 2006).

Es wurden zwei Modelle geprüft: Das in Abbildung 35 dargestellte Fünf-Faktoren-Modell sowie ein einfaktorielles Modell. Für die Analysen wurde der erste Pfad auf 1.0 gesetzt, weiterhin wurde festgelegt, dass jedes Item nur auf einem Faktor laden durfte. Die Fit Indices für die Modelle sind in Tabelle 100 dargestellt.

Tabelle 100: Fit Indices der konfirmatorischen Faktorenanalyse

Modell	χ^2	df	CFI	AIC	BIC	RMSEA	SRMR
5-Faktoren	28.93	25	.992	3226.90	3218.04	.035	.035
1-Faktor	52.34*	35	.966	3230.32	3224.41	.062	.050

Anmerkung: χ^2=Chi-Quadrat-Modell-Test; df=Freiheitsgrade; CFI=Comparative Fit Index; RMSEA=Root Mean Square of Approximation; SRMR=Standardized Root Mean Square Residual; #p<.10; *p<.05; **p<.01; *** p<.001.

Die Prüfung der Modelle führte für die fünffaktorielle Lösung zu einem nicht statistisch signifikanten Ergebnis für den Chi-Quadrat-Modell-Test, für die einfaktorielle Lösung wurde für diesen Test ein statistisch signifikantes Ergebnis gefunden. Dies deutet darauf hin, dass die fünffaktorielle Lösung eine bessere Passung aufweist als die einfaktorielle Lösung. Allerdings ist der Chi-Quadrat-Modell-Test sehr anfällig gegenüber Effekten der Stichprobengröße und Verletzungen der Voraussetzungen (vgl. Tabachnick & Fidell, 2007). Ein häufig verwendeter Indikator für den Modell-Fit in kleinen Stichproben ist der Comparative Fit Index (CFI: Bentler, 1988). CFI-Werte >.95 zeigen einen guten Modell-Fit an, beide Modelle erfüllen dieses Kriterium. Der Vergleich der Informationsindikatoren AIC und BIC zeigt für das einfaktorielle Modell etwas höhere Werte, dies weist auf eine etwas schlechtere Passung dieses Modells hin. Die fünffaktorielle Lösung wäre demnach zu bevorzugen. Die standardisierten Koeffizienten für die fünffaktorielle Lösung sind in Abbildung 36 dargestellt.

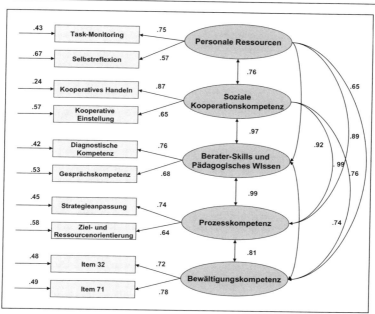

Abbildung 36: Fünffaktorenmodell der Beratungskompetenz

Bei Betrachtung der Zusammenhänge zwischen den latenten Kompetenzfacetten zeigen sich hohe Korrelationen. Insbesondere die Kompetenzfacetten *Berater-Skills und Pädagogisches Wissen* sowie *Prozesskompetenz* weisen sehr hohe Zusammenhänge mit den anderen Facetten auf.

6.2   Modellierung von Beratungskompetenz und Beratungsleistung

Basierend auf den Ergebnissen der Vorstudie 2 und den im Theorieteil ausgeführten Erkenntnissen zur Beratungskompetenz von Lehrern wurde ein Modell für den Zusammenhang von Berufserfahrung, Auffassung der Lehrerrolle (Rollenverständnis), Burnoutempfinden, Informiertheit zum Thema Beratung, Beratungsmotivation, wahrgenommener Selbstwirksamkeit in Bezug auf Elterngespräche, Beratungskompetenz und Beratungsleistung entwickelt. Das Modell wurde im Rahmen einer Strukturgleichungsmodellierung geprüft, das Modell und die statistisch signifikanten Koeffizienten sind in Abbildung 37 dargestellt. Pfade, die entgegen den Erwartungen nicht statistisch signifikant wurden, sind durch gepunktete Linien gekennzeichnet.

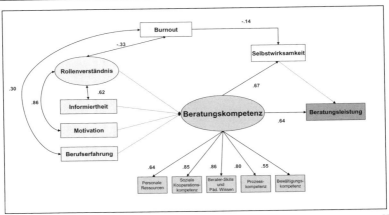

Abbildung 37: Modellierung von Beratungskompetenz und Beratungsleistung[80]

Es zeigte sich, dass die Beratungskompetenz durch die fünf Kompetenzfacetten ab-gebildet werden kann, wobei insbesondere die Facetten *Soziale Kooperationskom-petenz, Berater-Skills und Pädagogisches Wissen* sowie *Prozesskompetenz* hohe Pfadkoeffizienten aufweisen. Weiterhin zeigte sich, dass die Beratungskompetenz ein statistisch signifikanter Prädiktor für die Selbstwirksamkeit in Bezug auf El-terngespräche und die wahrgenommene Beratungsleistung ist. Entgegen den Erwar-tungen konnte die wahrgenommene Beratungsleistung nicht durch die Selbstwirk-samkeit in Bezug auf Elterngespräche vorhergesagt werden.

Die in Vorstudie 1 gefundenen Effekte für die Vorhersage der Beratungskompetenz durch das Rollenverständnis, die Informiertheit zum Thema Beratung und die Mo-tivation zu Beratung konnten nicht repliziert werden. Diese Skalen trugen nicht sta-tistisch signifikant zur Vorhersage der Beratungskompetenz bei. Auch die Berufs-erfahrung leistete keinen statistisch signifikanten Beitrag zur Vorhersage der Bera-tungskompetenz.

Statistisch signifikante positive Korrelationen wurden zwischen dem Rollenver-ständnis (Auffassung der Lehrerrolle) und der Informiertheit zum Thema Beratung sowie der Motivation zu Beratung gefunden. Eine negative, statistisch signifikante Korrelation bestand zwischen dem Rollenverständnis (Auffassung der Lehrerrolle) und dem wahrgenommenen Burnout. Für das Burnoutempfinden wurden außerdem eine statistisch signifikante, positive Korrelation mit der Berufserfahrung und ein statistisch signifikanter, negativer Zusammenhang mit der Selbstwirksamkeit in Bezug auf Elterngespräche gefunden.

---

80 χ^2=92.00, df=53, p<.001; CFI=.94; RMSEA=.07; SRMR=.05.

7   Zusammenfassung der Ergebnisse

7.1   Multimethodale Korrelationsanalysen

Die Ergebnisse der multimethodalen Zusammenhangsanalysen aus Studie 1 konnten in Studie 3 weitgehend repliziert werden. Sowohl auf der Ebene der univariaten Gesamtskala Beratungskompetenz als auch auf der Ebene der einzelnen Kompetenzfacetten zeigten sich die erwarteten Monotrait-Heteromethod-Korrelationen. Auf der Ebene der Kompetenzfacetten ließen sich bei den multimethodalen Analysen insbesondere statistisch signifikante Zusammenhänge zwischen der Trait-Selbstbeurteilung, der State-Selbstbeurteilung und der nicht-teilnehmenden Beobachtung feststellen.

Bei den Analysen zur Kriteriumsvalidität der Gesamtskala Beratungskompetenz konnten die erwarteten Zusammenhänge mit den Kriterienvariablen für die Selbstbeurteilungen (Trait-Ebene, State-Ebene) weitgehend bestätigt werden. Weiterhin konnten in Studie 3 statistisch signifikante Zusammenhänge mit den zur Validierung herangezogenen Kriterien für die teilnehmende und die nicht-teilnehmende Beobachtung gefunden werden; für die Arbeitsprobe zeigten sich die in Studie 1 gefundenen Zusammenhänge nicht. Die zusätzlich aufgenommene Kriteriumsvariable *Beratungserfolg* wies statistisch signifikante Zusammenhänge mit allen Kompetenzmaßen auf. Für die Skala *Beratungserfolg aus Perspektive des Ratsuchenden* zeigten sich keine Zusammenhänge mit den Kompetenzmaßen.

Die Instrumente (Ausnahme: Arbeitsprobe) wiesen demnach auch nach der Optimierung konvergente und kriteriumsbezogene Validität auf.

7.2   Längsschnittliche Analysen

Die Interventionsgruppe 2005 und die Interventionsgruppe 2006 unterschieden sich bereits zum Zeitpunkt der ersten Datenerhebung hinsichtlich des Rollenverständnisses (Auffassung der Lehrerrolle), der Selbstwirksamkeit in Bezug auf Elterngespräche und der wahrgenommenen Beratungsleistung. Diese Unterschiede wurden bei den Prä-Post-Vergleichen zwischen den Interventionsbedingungen kontrolliert (Berechnung von Kovarianzanalysen).

Die Analysen für den Haupteffekt Zeit in der Interventionsbedingung2006 zeigten, dass sowohl für die Kompetenzmaße (multivariates und univariates Gesamtmaß, Kompetenzfacetten) als auch für die Selbstwirksamkeit in Bezug auf Elterngespräche, die wahrgenommene Beratungsleistung und die Zufriedenheit mit dem Beratungsgespräch statistisch signifikante Zuwächse über den Interventionszeitraum beobachtet werden konnten. Wie in Studie 1 zeigte sich ein statistisch signifikanter

Zuwachs an beratungsbezogenem Wissen durch die Teilnahme an der Fortbildung. Die Intervention 2006 erwies sich demnach an sich als wirksam.

Die Moderatoreffekte für das Alter, die Änderungsmotivation und die Beratungskompetenz vor der Intervention konnten in Studie 3 teilweise repliziert werden. Für die ergänzend aufgenommenen Persönlichkeitseigenschaften (Big Five, Hilfsbereitschaft, Soziale Kompetenz) wurden keine moderierenden Effekte für den Kompetenzzuwachses gefunden.

Die Vergleiche zu den Effekten der Intervention 2005 zeigten bei Kontrolle des Rollenverständnisses (Auffassung der Lehrerrolle), der Selbstwirksamkeit in Bezug auf Elterngespräche sowie der wahrgenommenen Beratungsleistung, dass die Optimierung der Intervention nicht zu einer nachweislichen Steigerung der Effektivität geführt hatte. Es wurden keine hypothesenkonformen Interaktionen von Zeit x Treatment gefunden. Auf der Ebene der Gesamtmaße Beratungskompetenz (multivariat, univariat) und den Kompetenzfacetten Berater-Skills und Pädagogisches Wissen sowie Prozesskompetenz erwies sich die Intervention 2005 sogar als effektiver. Die Vergleiche bezüglich der Wirksamkeitsbeurteilung der Interventionsinstrumente zeigten, dass die Teilnehmer der Intervention 2006 die Unterstützung der Selbstreflexion als weniger bedeutsam für den Kompetenzerwerb einschätzten als die Teilnehmer der Intervention 2005. Die Optimierung der Interventionen führte demnach nicht zu einer Erhöhung der Wirksamkeit der Intervention 2006 im Vergleich zur Intervention 2005.

7.3   Zusammenhangsanalysen

Die in Studie 1 gefundenen Zusammenhänge der Gesamtskala Beratungskompetenz und der leistungsbezogenen Variablen (wahrgenommene Beratungsleistung, Selbstwirksamkeit) bzw. der Einstellungen (Informiertheit zum Thema Beratung, Auffassung der Lehrerrolle, Beratungsmotivation) und dem Burnoutempfinden auf der Ebene der Trait-Selbstbeurteilung konnten repliziert werden. Die Zusammenhänge zwischen den leistungsbezogenen Variablen und den Einstellungsskalen konnten dagegen nur teilweise repliziert werden. Dies galt insbesondere für die Skalen Informiertheit zum Thema Beratung, Änderungsmotivation und Burnoutempfinden. Auf der Ebene der State-Selbstbeurteilung konnten alle erwarteten Zusammenhänge zwischen der Gesamtskala Beratungskompetenz, der wahrgenommenen Beratungsleistung, der Selbstwirksamkeit in Bezug auf Elterngespärche und der Zufriedenheit mit dem Gespräch repliziert werden.

Für die Zusammenhänge der Veränderungen von Prätest zu Posttest konnten die erwarteten Zusammenhänge teilweise beobachtet werden. Auf der Ebene der Trait-

Selbstbeurteilung wurden die erwarteten Zusammenhänge für die Skala *Wahrgenommener Kompetenzzuwachs* nicht gefunden, auf State-Ebene wies die Skala *Selbstwirksamkeit in Bezug auf Elterngespräche* nicht alle erwarteten Zusammenhänge auf. Für die zusätzlich aufgenommenen Persönlichkeitseigenschaften (Big Five, Hilfsbereitschaft, Soziale Kompetenz) konnten hypothesenkonform statistisch signifikante, positive Korrelationen zwischen der Gesamtskala Beratungskompetenz und der *Extraversion* sowie der *Sozialen Kompetenz* beobachtet werden. Für die Skala *Neurotizismus* zeigte sich wie erwartet ein statistisch signifikanter, negativer Zusammenhang mit der univariaten Gesamtskala Beratungskompetenz.

7.4   Evaluation des Trainings

Die Evaluation des Trainings zeigte, dass die Teilnehmer sowohl die Trainingseinheiten als auch das Engagement des Trainerteams als gut beurteilten. Die Rollenspiele wurden von den Teilnehmern als alltagsnah eingeschätzt; in der Beraterrolle konnte Berufserfahrung in die Rollenspielsituation eingebracht werden. Das Einnehmen der Ratsuchendenrolle (Elternrolle) fiel den Teilnehmern etwas schwerer als das Einnehmen der Beraterrolle.

7.5   Weiterführende Analysen

Die *konfirmatorischen Faktorenanalysen* weisen darauf hin, dass die Beratungskompetenz ein mehrdimensionales Konstrukt ist; die fünffaktorielle Lösung führte im Vergleich zu einer einfaktoriellen Lösung zu einem besseren Modell-Fit. Allerdings lassen die hohen Interkorrelationen zwischen den Kompetenzfacetten vermuten, dass eine fünffaktorielle Lösung überdifferenziert ist. In zukünftigen Studien sollten zwei- bzw. dreifaktorielle Lösungen untersucht werden.

Die *Modellierung der Beratungskompetenz* mittels strukturanalytischer Verfahren zeigte, dass die Beratungskompetenz durch die Kompetenzfacetten vorhergesagt werden kann. Dabei leisten insbesondere die Kompetenzfacetten *Soziale Kooperationskompetenz, Berater-Skills und Pädagogisches Wissen* sowie *Prozesskompetenz* hohe Beiträge. Die Beratungskompetenz konnte als Prädiktor für die wahrgenommene Beratungsleistung und die Selbstwirksamkeit in Bezug auf Elterngespräche bestätigt werden. Entgegen den Erwartungen trugen das *Rollenverständnis*, die *Informiertheit zum Thema Beratung*, die *Motivation zu Beratung* und die *Berufserfahrung* nicht zur Vorhersage der Beratungskompetenz bei. Für den *wahrgenommen Burnout* wurden erwartungsgemäß ein negativer Zusammenhang mit dem Rollenverständnis und ein positiver Zusammenhang mit der Berufserfahrung gefunden. Der *wahrgenommene Burnout* erwies sich zudem als Prädiktor für die Selbstwirksamkeit in Bezug auf Elterngespräche (negativer Zusammenhang).

M   Diskussion und Ausblick

Bei der Diskussion der Befunde wird auf die in Kapitel C ausgeführten, zentralen Fragestellungen der Arbeit Bezug genommen. Die Diskussion der Instrumente wird auf zentrale Aspekte beschränkt, eine ausführliche Diskussion erfolgte bereits in den entsprechenden Methodenteilen.

Die Beratung von Schülern und Eltern durch den Lehrer gewinnt zunehmend an Bedeutung. Ursächlich sind dabei neben einem allgemeinen gesellschaftlichen Wandel auch die vergleichenenden Bildungsstudien (TIMSS, PISA) und die Bildungsstandards anzuführen. In einer Vorstudie wurde der Beratungsbedarf von Eltern hinsichtlich der Unterstützung ihres Kindes beim Lernen und der Aus- und Fortbildungsbedarf von Lehrern festgestellt. Die Ergebnisse stimmen mit Resultaten von Exeler und Wild (2003), Krumm (1996) und Wild (2003) überein. Eltern sind sich unsicher, wie sie ihr Kind beim Lernen unterstützen können und sie wünschen sich in einem hohen Maße, von Lehrern zum Thema Lernunterstützung beraten zu werden. Lehrer fühlen sich durch ihre Ausbildung nicht gut auf die Elternberatung vorbereitet und wünschen sich entsprechende Fortbildungsangebote. Insbesondere im Hinblick auf den Rollenwandel des Lehrerberufs hin zum *Lehrer als Lernbegleiter* erscheint es zentral, Beratungskompetenz auch in theoretische Modelle der Handlungskompetenz von Lehrern und in die Aus- und Fortbildung von Lehrern zu integrieren. Bezogen auf die theoretische Verankerung von Beratungskompetenz als wichtige Handlungskompetenz von Lehrern sind hier bereits erste Schritte erfolgt – so führen etwa Baumert und Kunter (2006) Beratungswissen explizit in ihrer Konzeption der professionellen Handlungskompetenzen von Lehrern als Kompetenzbereich an. Bezogen auf die Aus- und Fortbildung von Lehrern im Bereich der Schüler- und Elternberatung hingegen wird von vielen Seiten auf notwendige Optimierungen hingewiesen (z.B. Freyaldenhoven, 2005; Landesinstitut für Schule und Weiterbildung des Landes Nordrhein-Westfalen, 2001).

Die erste zentrale Fragestellung und damit Ausgangspunkt der Arbeit war die empirische Entwicklung einer Definition des Konstrukts *Beratungskompetenz von Lehrern*. Bezugnehmend auf die einschlägige Literatur zu Beratung (z.B. Boettcher, 2004; Pallasch & Kölln, 2004; Sanders, 1999) und zu Rahmenmodellen der Selbstregulation (Schmitz & Wiese, 2006; Zimmerman, 2000) wurde im Rahmen einer Vorstudie mittels faktorenanalytischer Verfahren eine fünfdimensionale Definition der Beratungskompetenz von Lehrern erarbeitet. Die fünf Kompetenzfacetten konnten in die Kompetenzklassifikationen von Bromme (1997) sowie Schwarzer und Buchwald (2006) eingeordnet werden. Bromme führt in seiner Typologie des professionellen Wissens von Lehrern die folgenden fünf Bereiche an: Fachliches Wissen, curriculares Wissen, Wissen über die Philosophie des Schulfachs, pädagogisches Wissen und fachspezifisches pädagogisches Wissen. Schwarzer und Buchwald benennen in ihrem Übersichtsartikel sechs Aspekte der Beratungskompetenz (Fachwissen, Personale Ressourcen, Soziale Kompetenz, Berater-Skills, Bewältigungskompetenz, Prozesskompetenz), die auf theoretischen Überlegungen basieren, aber noch nicht empirisch überprüft wurden. In Anlehnung an Schwarzer und Buchwald (2006) sowie Bromme (1997) wurden die Facetten wie folgt benannt: *Personale Ressourcen, Soziale Kooperationskompetenz, Berater-Skills und Pädagogisches Wissen, Prozesskompetenz* und *Bewältigungskompetenz*. Die Beratungskompetenz wurde hier als domänenspezifische Kompetenz verstanden (vgl. Strasser & Gruber, 2003) und demzufolge in Bezug auf die Beratung von Eltern über Möglichkeiten der Lernförderung definiert. Dies ist eine konzeptionelle Einschränkung, die jedoch im Hinblick auf die Messbarkeit der Kompetenz notwendig ist (vgl. Erpenbeck & von Rosenstiel, 2007; Hartig & Klieme, 2006). Für die Entwicklung der Instrumente und des Trainingskonzepts hat sich die Aufteilung in Kompetenzdimensionen als ausgesprochen hilfreich erwiesen.

In den durchgeführten Studien mit Lehrern und Studierenden konnten die fünf Kompetenzfacetten nur teilweise repliziert werden. Die angenommene Faktorenstruktur konnte in keiner der Faktorenanalysen gefunden werden. Allerdings wies die fünffaktorielle Lösung bei der durchgeführten konfirmatorischen Faktorenanalyse einen besseren Modell-Fit auf als eine einfaktorielle Lösung. Dieser Befund spricht dafür, dass dem Konstrukt Beratungskompetenz von Lehrern eine mehrdimensionale Struktur zu Grunde liegt. Die Interkorrelationen der Faktoren legen eine zwei- oder dreidimensionale Struktur nahe, dies gilt es in weiteren Studien zu prüfen.

Die zweite übergeordnete Fragestellung zielte auf die Entwicklung und Erprobung eines multimethodalen Ansatzes zur Messung der Beratungskompetenz von Lehrern (vgl. etwa Eid & Diener, 2006; McLeod, 2003). Multimethodale Messansätze basieren auf dem Multitrait-Multimethod-Ansatz von Campbell und Fiske: Verschiedene Instrumente werden eingesetzt, um das Konstrukt zu messen. Dies bietet den erheblichen Vorteil, dass spezifische Methodeneffekte erfasst werden können und somit die Messung des Konstruktes verbessert wird. Basierend auf den fünf Kompetenzfacetten wurden - diesem Ansatz folgend - fünf Instrumente entwickelt, um die Beratungskompetenz zu messen *(Selbstbeurteilung auf Trait-Ebene, Selbstbeurteilung auf State-Ebene, Arbeitsproben, teilnehmende Beobachung und nichtteilnehmende Beobachtung).* Der multimethodale Messansatz wurde in Studie 1 erstmals mit einer Lehrerstichprobe erprobt. Die Instrumente erwiesen sich als reliabel, die Inter-Rater-Übereinstimmungen waren ausgesprochen hoch. Allerdings zeigte sich – konform mit Befunden anderer Studien – nicht immer eine Übereinstimmung von Selbstbeurteilung und Fremdbeurteilung (z.B. Fernández-Ballesteros, 2004).

Geringe Übereinstimmungen ergaben sich insbesondere bei Kompetenzfacetten, die internale Prozesse umfassen und für Beobachter kaum bzw. nur sehr schwer wahrnehmbar sind (z.b. *Personale Ressourcen* und *Bewältigungskompetenz*). Hingegen konnten für gut beobachtbare Facetten wie *Berater-Skills und Pädagogisches Wissen* in allen drei Studien Übereinstimmungen zwischen Selbstbeurteilung und Fremdbeurteilung gefunden werden. Diese Befunde sollten bei der Weiterentwicklung der Instrumente beachtet werden.

Bei der Datenerhebung erwiesen sich insbesondere die Tonbandaufzeichnungen der Rollenspielsituationen als kritisch. In Studie 1 reagierten die Teilnehmer mit hoher Reaktanz auf die geplante Aufzeichnung der Beratungsgespräche, sie machten Bänder unkenntlich bzw. brachen die Aufzeichnungen ab. Dies führte dazu, dass ein beträchtlicher Anteil der Tonbänder nicht zugeordnet werden konnte. In Studie 3 konnte der Widerstand der Teilnehmer gegenüber den Tonbandaufzeichnungen reduziert werden, indem ihnen eine Kopie der Aufzeichnungen zur Verfügung gestellt wurde. In der Studierendenstichprobe konnten die simulierten Beratungsgespräche nicht zur Kompetenzmessung herangezogen werden. Die Studierenden hatten nach eigenen Angaben Schwierigkeiten, sich in die Rolle des ratsuchenden Elternteils zu versetzen. Oft wurden die Situationen nicht ernsthaft nachgestellt, es wurde viel gekichert und gelacht.

In einer Studie untersuchten Gallagher und Hargie (1989) die Validität von Rollenspielen im Rahmen der Diagnostik von Beraterkompetenzen. Dazu verglichen sie Beratungsgespräche aus Rollenspielen und aus realen Beratungssituationen im Hinblick auf die Einschätzung der Kompetenz des Beraters durch Experten, die sich die aufgezeichneten Gespräche angesehen hatten. Gallagher und Hargie (1989) konnten zeigen, dass Rollenspiele durchaus valide Instrumente sind, um Beratungskompetenz zu messen; ein zentrales Kriterium dafür ist allerdings die Realitätsnähe der Rollenspielsituation.

Insgesamt wurden die vorgegebenen Rollenspielsituationen von den teilnehmenden Lehrern als alltagsnah und realistisch beurteilt. Dieser Befund kann als Hinweis auf die Validität der Kompetenzmessung in Rollenspielsituationen bei berufserfahrenen Lehren eingeordnet werden. In zukünftigen Studien mit Studierenden bzw. Berufseinsteigern ist die Durchführung von Rollenspielen mit einem geschulten Ratsuchenden (Trainer) ausdrücklich zu empfehlen, wobei hier die Instruktion ausgeweitet sowie Ziele und Hintergrund der Übung genau erläutert werden sollten. Bei

Studien mit berufserfahrenen Lehrern kann an der Durchführung der Rollenspiele in Teilnehmergruppen festgehalten werden.

Die Optimierung der Instrumente von Studie 1 zu Studie 3 war – zusammenfassend betrachtet – erfolgreich. Für den Einsatz bei der Evaluation des Trainingsprogramms erwies sich die Reduzierung der Fremdbeobachtungsinstrumente auf gut beobachtbare Facetten (*Soziale Kooperationskompetenz, Berater-Skills und Pädagogisches Wissen, Prozesskompetenz*) als positiv. Die Bearbeitungszeit wurde reduziert und die Beobachter kamen nicht in die unangenehme Situation, über etwas mutmaßen zu müssen, das sie nicht beobachten konnten.

Im Hinblick auf die Kompetenzfacette *Bewältigungskompetenz* muss jedoch festgehalten werden, dass eine Beobachtung nur auf der Ebene der Trait-Selbstbeurteilung erfolgen konnte. Weder die Rollenspiele noch die Arbeitsproben erforderten Bewältigungskompetenz von den Teilnehmern, sodass diese Komponente nicht gezeigt werden musste und folglich nicht verlässlich diagnostiziert werden konnte.

Für zukünftige Überarbeitungen der Szenarien ist verstärkt darauf zu achten, dass alle Facetten erforderlich sind. Dabei bietet es sich an, auf die bewährte Vorgehensweise der Erarbeitung und Validierung der Szenarien mit bzw. durch Experten aus pädagogischen Handlungsfeldern (hier vor allem Lehrer) zurückzugreifen. Weiterführend können im Rahmen dieser Zusammenarbeit weitere Kompetenzindikatoren identifiziert und in die Instrumente integriert werden. Dabei kann die Fremdbeurteilung in einer Beratungssituation sowohl durch einen Beobachter als auch durch den Ratsuchenden direkt erfolgen. Im Rahmen von Rollenspielsituationen zeigte sich kein maßgeblicher Beurteilungsfehler, wenn der Beobachter Ratsuchender war. Für beide Beobachtervarianten konnten vergleichbare korrelative Zusammenhänge mit der Selbstbeurteilung gefunden werden. Bei einer Umsetzung in der Beratungspraxis könnten jedoch aufgrund der reellen Betroffenheit der Eltern durchaus Beurteilungsfehler auftreten; dies wäre in folgenden Studien zu prüfen.

Die dritte zentrale Fragestellung thematisierte die Wirksamkeit von Instruktionselementen zur Förderung von Beratungskompetenz (vgl. Strasser & Gruber, 2003). Im Rahmen von Interventionsstudien wurden die Effekte von Interventionskonzepten auf den Kompetenzerwerb von (angehenden) Lehrern untersucht. In Studie 1 lag der Fokus auf der Ermittlung zentraler Instruktionsbedingungen für die Schulung von Beratungskompetenz. Zusätzlich zum Effekt der Fortbildung wurde die Wirkung einer Unterstützung der Selbstreflexion durch einen Selbstreflexionsleitfaden sowie einer Rückmeldung über die Kompetenzentwicklung untersucht (vgl. Strasser & Gruber, 2003; Thiel, 2002). Dabei wurde angenommen, dass eine Unterstützung der Selbstreflexion und die Rückmeldung der Kompetenzentwicklung einen positiven Einfluss auf die Effektivität des Trainings haben und diese sogar noch steigern. Gührs und Nowak (2006) beschreiben die Selbstreflexion als Ausgangspunkt für Veränderungen des Beraterhandelns, und Thiel (2003) weist darauf hin, dass prozessorientierte Leitfäden die Selbstorganisation und die Ressourcen der Teilnehmer in Beratungssituationen erhöhen. Im Hinblick auf die Rückmeldung der Kompetenzentwicklung finden sich bei McLeod (2003) sowie Strasser und Gruber (2003) Hinweise darauf, dass eine entsprechende Rückmeldung den Kompetenzerwerb positiv beeinflusst.

Es zeigte sich, dass die teilnehmenden Lehrer hinsichtlich aller Kompetenzfacetten und im Bereich des beratungsbezogenen Wissens von den Interventionen profitieren. Entgegen den Erwartungen verstärkten die zusätzlichen Interventionen (Unterstützung der Selbstreflexion, Feedback) den Kompetenzerwerb jedoch nicht maßgeblich; die stärksten Effekte gingen von dem Training selbst aus. Im Hinblick auf die Unterstützung der Selbstreflexion könnte dies unter anderem darin begründet liegen, dass diese Komponente zwar in das Training integriert war, aber nur zehn Minuten an zusätzlicher Zeit für dieses Instruktionselement eingeplant wurden. Die Ergebnisse deuten auch darauf hin, dass die ausschließliche Bearbeitung eines Selbstreflexionsleitfadens – anders als z.B. in Studien zum Einsatz von Lerntagebüchern beobachtet (z.B. Perels, Schmitz & Bruder, 2003) – nicht ausreicht, um die Selbstreflexion der Teilnehmer anzuregen. In weiteren Studien sollte die Selbstreflexionsunterstützung intensiviert werden, etwa durch die Einbindung von intensiveren Selbstreflexionsübungen und Analysen des eigenen Verhaltens (z.B Hatton & Smith, 1995). Zusätzlich sollte die im Training vorgesehene Zeit für die Selbstreflexion erhöht werden.

Bezüglich der Feedbackintervention können analoge Schlussfolgerungen gezogen werden. Scheinbar führt das Aufarbeiten der Selbsteinschätzung nicht zu einem hinreichenden Informationsgewinn, um eine Verhaltensänderung herbeizuführen bzw. zu unterstützen. Kluger und DeNisi (1996) weisen in ihrem Überblicksartikel darauf hin, dass eine wichtige Komponente für die Wirksamkeit eines Feedbacks im Vergleich von Selbsteinschätzung und Fremdeinschätzung liegt. Aus einer Diskrepanz der Einschätzungen können dann Veränderungsimpulse entstehen (vgl. Stangel-Meseke et al., 2005). Nach ihrer Argumentation wäre die Feedbackintervention in Studie 1 nur bedingt als veränderungseinleitendes Feedback zu bezeichnen, da keine Informationen über Fremdbeurteilungen zur Verfügung gestellt wurden. Ein veränderungswirksamer Vergleich von Selbst- und Fremdeinschätzung wurde demnach durch das Feedback nicht unterstützt. Dies stimmt auch mit den Rückmeldungen der Teilnehmer überein, die sich von dem Feedback mehr erhofft hatten als ein Aufarbeiten ihrer Selbsteinschätzungen. Sie äußerten explizit den Wunsch nach Informationen zur Fremdeinschätzung durch Kollegen und Trainer sowie nach einem Vergleich der Beratungskompetenz im Teilnehmerkreis (Rangliste).

In Studie 3 wurde deshalb neben der Selbsteinschätzung auch die Fremdbeurteilung in das Feedback integriert. Die Auseinandersetzung mit der Diskrepanz der Einschätzungen und die Identifikation mit dem Feedback wurden durch das aktive Einbinden der Teilnehmer in die Erstellung der Rückmeldung (Einkleben der Selbst- und Fremdbeurteilung ins Portfolioheft) erhöht. Allerdings führte dies nicht zu stärkeren Effekten. Die Feedbackintervention sollte für weitere Studien überarbeitet werden. Ein Wunsch der Teilnehmer war es, Feedback von einem Experten bzw. dem Trainerteam zu erhalten; dies könnte bei zukünfitgen Studien aufgenommen werden. Zusätzlich sollte das Feedback intensiver in die Fortbildung integriert werden, z.B. indem es von den Trainern aufgegriffen und besprochen wird oder den Teilnehmern mehr Zeit eingeräumt wird, sich im Rahmen des Trainings mit dem Feedback zu befassen.

Insgesamt zeigte sich beim Vergleich der Interventionen von Studie 1 und Studie 3, dass keine bedeutsamen Unterschiede bei der Effektivität der Konzepte bestehen. Für die wenigen Skalen, für die statistisch signifikante Effekte auftreten, zeigt sich die Intervention der Studie 1 überlegen. Folglich führte die Optimierung der Intervention (Training, Feedback) nicht zu der erhofften Steigerung der Effektivität.

Die Moderatoranalysen zeigten, dass insbesondere Lehrer zwischen 31 und 40 Jahren, Lehrer, deren Unterrichtsfächer nicht im sprachlichen Bereich liegen, sowie Lehrer, die vor der Intervention über eine geringe Beratungskompetenz verfügen, von den Interventionen profitieren. Auch Lehrer, die eine höhere Änderungsmotivation aufweisen, profitieren stärker. Die Befunde für das Unterrichtsfach stimmen mit den Ergebnissen einer Studie von Wild (2003) überein, in der sich zeigte, dass Lehrer, die Sprachen unterrichten, häufiger Beratungsgespräche anbieten, was auf eine höhere Kompetenz schließen lässt. Die Ergebnisse für das Alter der Teilnehmer können vor dem Hintergrund des Lehrerkarrierezyklus nach Bruden (1990) und den Überlegungen von Barthelmess (2003) interpretiert werden. Nach dem Eintritt in den Beruf werden erste Erfahrungen gesammelt, die im Sinne einer Einführung in das Handlungsfeld einzuordnen sind. Sie können die vermittelten Inhalte auf ihren beruflichen Alltag beziehen und erkennen den Nutzen der Inhalte. Erst nach dieser Phase beginnt die Entwicklung von Kompetenzen. Die Umwandlung persönlicher und beruflicher Erfahrung ist notwendig, damit Beratungskompetenz entstehen kann. Lehrer zwischen 31 und 40 Jahren haben bereits einige Jahre Berufserfahrung gesammelt und treten in die Phase der Kompetenzentwicklung ein, und ältere Lehrer verfügen bereits über gefestigte Kompetenzmuster (vgl. Bruden, 1990), die sich nur schwer verändern lassen.

Vor diesem Hintergrund können auch die in Studie 2 gefundenen Effekte der Intervention in der studentischen Stichprobe betrachtet werden. Studierende verfügen über keine bzw. nur sehr wenig Berufserfahrung in pädagogischen Handlungsfeldern. Dies erschwert die Selbsteinschätzung und Selbstreflexion über entsprechendes Beratungshandeln maßgeblich. Auch der wichtige, direkte Transfer in den Berufsalltag kann höchstens im übertragenen Sinne (Beratungsgespräche mit Freunden) geschehen. Es fehlen die notwendigen Erfahrungshintergründe, um die gelernten Inhalte einordnen zu können. Die durchgeführten Rollenspiele können diese nicht ersetzen. Dies erklärt, warum bei den Teilnehmern der studentischen Stichprobe ausschließlich in den Bereichen *Personale Ressourcen* und *Beratungswissen* Kompetenzzuwächse beobachtet werden konnten. Die studentischen Teilnehmer lernen im Rahmen des Seminars, ihr Beratungsverhalten selbst besser zu beobachten, und sie lernen ihre eigenen Reaktionsweisen in Beratungssituationen (Rollenspiele, Übungen einzelner Gesprächstechniken) kennen. Diese Befunde weisen darauf hin, dass bereits im Rahmen der universitären Ausbildung (erste Ausbildungsphase) angehender Lehrer eine wichtige Grundlage für den weiteren Erwerb von Beratungskompetenz gelegt (vgl. Schmelzer, 2000; Thiel, 2003) und diesbezüglich Schritte in Richtung der Erfüllung der Standards für einen ausgebildeten Lehrer eingeleitet werden können (Terhart, 2002).

Insgesamt erwies sich das Trainingkonzept für die Zielgruppe der Lehrer mit Berufserfahrung als ausgesprochen wirksam. Durch eine vergleichsweise kurze Intervention (vier Termine je 210 Minuten) können bereits Effekte erzielt werden, die über zwölf Wochen stabil bleiben. Insbesondere der hohe *Übungsanteil* (Rollenspiele, Gesprächsübungen), die *Alltagsnähe der vermittelten Lern- und Unterstützungsstrategien* sowie deren Aufbereitung im *Leitfaden „Lernen lernen"* und der *Austausch mit Kollegen* wurden von den Teilnehmern positiv hervorgehoben.

Die vierte übergeordnete Fragestellung bezog sich auf den Zusammenhang zwischen Beratungskompetenz und Personenvariablen, berufsbezogenen Variablen, motivationalen Variablen sowie leistungsbezogenen Variablen. Bei den durchgeführten Analysen wies die Beratungskompetenzskala über alle drei Studien hinweg statistisch signifikante Zusammenhänge mit Personenvariablen, berufsbezogenen Einstellungen, motivationalen Variablen und leistungsbezogenen Variablen auf. Für die univariate Gesamtskala *Beratungskompetenz* konnten statistisch signifikante, positive Korrelationen mit dem beruflichen Rollenverständnis, der Informiertheit zum Thema Beratung, der wahrgenommenen Beratungsleistung und der Selbstwirksamkeit in Bezug auf Elterngespräche repliziert werden. Auch die negativen Beziehungen zwischen Beratungskompetenz und Burnoutempfinden bzw. der Selbstwirksamkeit in Bezug auf Elterngespräche und dem wahrgenommenen Burnout erwiesen sich über die Studien hinweg als stabil. Dass eine wahrgenommene, geringe Ausprägung beruflicher Schlüsselqualifikationen zu einem gesteigerten Belastungsempfinden führt, ist ein gesicherter Befund. Die Ergebnisse bezüglich des Zusammenhangs von Selbstwirksamkeit und Burnout stimmen mit den Ergebnissen einer Studie von Friedman (2003) überein: Er fand in einer Lehrerstudie ebenfalls einen negativen Zusammenhang zwischen Selbstwirksamkeit und Burnout.

Die strukturanalytische Untersuchung zeigte, dass die Beratungskompetenz zur Vorhersage der Beratungsleistung herangezogen werden kann. Entgegen den Erwartungen konnte die Beratungskompetenz nicht durch das Rollenverständnis, die Informiertheit zum Thema Beratung, die Motivation zu Beratung und die Berufserfahrung vorhergesagt werden. Mögliche Ursachen könnten sein, dass die Analysen auf einer gepoolten Stichprobe basieren und die Daten zu zwei Zeitpunkten erhoben wurden. Zudem ist davon auszugehen, dass es sich bei der Stichprobe um eine selektive Stichprobe von Teilnehmern handelt, die sich für das Thema „Beratungskompetenz" interessieren. Die Analysen sollten noch einmal mit einer größeren, möglichst randomisiert ausgewählten und nicht-gepoolten Stichprobe durchgeführt werden.

Einschränkend ist festzuhalten, dass die Ergebnisse mit Stichproben freiwilliger Teilnehmer gewonnen wurden. Sowohl die Lehrer als auch die Studierenden meldeten sich eigenständig für die Teilnahme an. Sicherlich wurden durch die Fortbildungsverpflichtung und die Scheinpflicht auch Personen angesprochen, deren Teilnahmemotivation auch andere Quellen als die Entwicklung der Beratungskompetenz hatte. Dennoch ist dies bei der Interpretation der Ergebnisse zu berücksichtigen. Anzumerken ist auch, dass die teilnehmenden Lehrer alle an Gymnasien unterrichteten. Die Fortbildungen waren explizit für diese Lehrergruppe ausgeschrieben, da die grundlegenden Studien zu Lern- und Unterstützungsstrategien im Rahmen des BIQUA-Projekts[81] in Darmstadt auf die Zielgruppe der Gymansialschüler fokussierte. Stichprobeneffekte im Sinne von Schularteffekten können deshalb nicht ausgeschlossen werden, eine Generalisierung der Ergebnisse auf Lehrer in anderen Schularten und dementsprechend mit anderem Ausbildungshintergrund kann nicht erfolgen. Da eine randomisierte Aufteilung der Teilnehmer auf die Treatmentbedingungen nicht möglich war, wurden im Rahmen der Analysen Gruppenunterschiede vor der Intervention überprüft und kovarianzanalytisch kontrolliert (vgl. Bortz & Döring, 2006). Einige Analysen konnten aufgrund geringer Zellenbesetzung durch Teilnehmer nicht durchgeführt werden, wodurch die Aussagekraft der Studien eingeschränkt wird.

---

81 BIQUA: Bildungsqualität von Schule, ein von der Deutschen Forschungsgemeinschaft von 2000 bis 2006 gefördertes Schwerpunktprogramm.

Dennoch konnten aus den Studien wichtige Erkenntnisse für die Beantwortung der vier zentralen Fragestellungen der Arbeit abgeleitet werden. Die empirische Kompetenzdefinition und die systematische Entwicklung eines ersten multimethodalen Messansatzes bieten eine Basis für differenzierte Kompetenzmodellierungen. Das Trainingskonzept zur Förderung der Beratungs-kompetenz von (angehenden) Lehrern erwies sich als effektiv und kann nach vorgenommenen Optimierungen in die Aus- und Fortbildungsangebote für (angehende) Lehrer integriert werden.

Zukünftige Studien zur Beratungskompetenz von Lehrern sollten neben der Weiterführung der Dimensionalitätsprüfung auch die Zusammenhänge zwischen den Kompetenzfacetten untersuchen (Frey & Balzer, 2005); dabei können kompensatorische und nicht-kompensatorische Modelle überprüft werden. Kompensatorischen Modellen liegt eine additive Verknüpfung der Kompetenzfacetten zu Grunde, d.h. niedrige Kompetenzwerte auf einer Facette können durch hohe Kompetenzwerte auf anderen Facetten ausgeglichen werden. In diesem Fall könnte eine niedrige Ausprägung im Bereich der Bewältigungs-kompetenz beispielsweise. durch eine hohe Ausprägung im Bereich der Prozesskompetenz ausgeglichen werden. In nicht-kompensatorischen Modellen sind die Kompetenzfacetten hingegen multiplikativ verknüpft, d.h. ein Ausgleich von sehr niedrigen Kompetenzwerten auf einer Facette durch hohe Kompetenz-werte auf anderen Facetten kann nicht erfolgen. Daraus folgt, dass Kompetenzen in allen Kompetenzbereichen erforderlich sind, um ein guter Berater zu sein. Im Hinblick auf die Beratungskompetenz könnte etwa die diagnostische Kompetenz des Beraters eine notwendige Voraussetzung für den Beratungserfolg sein.

Zusätzlich sollte die Entwicklung der Beratungskompetenz über die Berufslaufbahn hinweg untersucht werden (vgl. Burden, 1990), um die Aus- und Fortbildungsangebote entsprechend zu optimieren. Dabei kann auf Strasser und Gruber (2003) Bezug genommen werden, die darauf hinweisen, dass in unterschiedlichen Phasen des Kompetenzerwerbs unterschiedliche Komponenten von Beratungskompetenz thematisiert werden sollten. Dies deutet sich auch in den durchgeführten Studien mit Studierenden an: Es zeigte sich deutlich, dass Studierende nur begrenzt auf einzelne Kompetenzfacetten und das beratungsbezogene Wissen von der Intervention profitieren – Lehrer hingegen profitieren in allen Kompetenzbereichen. Um Interventionen effizienter und zielgruppengerechter zu gestalten, ist es von zentraler Bedeutung, Kenntnisse darüber zu haben, wie sich Beratungskompetenz entwickelt. Daraus resultiert letztlich, welche Kompetenzen zu welchem Zeitpunkt und in welcher Abfolge geschult werden sollten.

Im Hinblick auf die Weiterentwicklung der Instrumente sollten die Multitrait-Multimethod-Zusammenhänge mit Strukturgleichungsmodellen analysiert werden.

Hier bietet sich das von Eid, Lischetzke und Nussbeck (2006) vorgeschlagene Correlated-Trait/Correlated-Method (M-1) Model (CTC(M-1)) an. Bei diesem Modell handelt es sich um eine spezielle Variante des Correlated-Trait/Correlated-Method-Modells (CTCM), in der eine Messmethode weniger im Modell spezifiziert wird als in der Untersuchung eingesetzt wurden. Diese eine Messmethode wird dann als Standardmethode eingeführt und nicht modelliert, die anderen Messmethoden werden mit dieser Standardmethode verglichen. Die Auswahl der Standardmethode sollte nach theoretischen Überlegungen erfolgen.

Die Evaluation der Fortbildung sollte erweitert werden, um die Umsetzung der Inhalte im Berufsalltag zu erfassen. Bislang wurden die Effekte der Interventionen Bezug nehmend auf das Rahmenmodell der Trainingsevaluationsebenen von Galluzzo und Craig (1990) ausschließlich auf der Ebene der Trainingserfahrungen des Lehrers und der Handlungskompetenz des Lehrers systematisch untersucht, d.h. das Trainingsprogramm wurde evaluiert. Ziel war es aber auch, durch die Förderung der Beratungskompetenz der Lehrer auch die Zusammenarbeit mit den Eltern zu verbessern und letztlich auch die Lernkompetenz der Schüler zu steigern. Entsprechend sollten zukünftige Evaluationsansätze auch die Lernerfahrungen des Schülers und die Ergebnisse auf Schülerseite sowie die Berurteilungen von beratenen Eltern mit einbeziehen. Entsprechende Erkenntnisse wären der von Galuzzo und Craig (1990) aufgeführten Programm-Validierungsschleife zuzuordnen. Hier wird untersucht, inwieweit sich Handlungskompetenzen des Lehrers letztlich in Ergebnissen auf Schülerseite bzw. im Fall der Beratungskomptenz auch auf Elternseite abzeichnen.

Eine Ausweitung der Forschungsprojekte auf andere Schularten (z.B. Grundschule, Haupt- und Realschule, Berufsbildende Schule) und auf andere Beratungsthemen (z.B. umschriebene Entwicklungsstörungen wie Legasthenie, Dyskalkulie, ADHS) wäre wünschenswert. Vergleichende Studien könnten hier wichtige Erkenntnisse über die Domänenspezifität der Beratungskompetenz von Lehrern liefern und zur Ableitung von Implikationen für die Weiterentwicklung der Aus- und Fortbildungsangebote führen.

Die praktische Bedeutsamkeit der Themenstellung und die wenigen empirischen Studien zur Beratungskompetenz im schulischen Kontext unterstreichen die Relevanz weiterer, auf den Befunden der vorliegenden Arbeit aufbauender Forschungsprojekte zur Beratungskompetenz von Lehrern.

Tabellenanhang

1 Tabellen zu Studie 1

Deskriptive Kennwerte für die Kompetenzfacetten auf der Ebene des Beratungsverhaltens im Berufsalltag (Trait-Selbstbeurteilung) in Studie 1

Kompetenzfacette	Messzeitpunkt	Treatment	N	M	SD
Personale Ressourcen	Prätest	KG	12	4.1	.57
		T	18	3.7	.60
		TSR	17	4.0	.58
		TSRFB	12	4.0	.74
		Gesamt	59	3.9	.62
	Posttest	KG	12	4.1	.66
		T	18	4.5	.73
		TSR	17	4.8	.47
		TSRFB	12	4.4	.97
		Gesamt	59	4.5	.73
Soziale Kooperations-kompetenz	Prätest	KG	12	4.4	.67
		T	18	4.1	.65
		TSR	17	4.2	.81
		TSRFB	12	4.4	.57
		Gesamt	59	4.2	.68
	Posttest	KG	12	4.3	.84
		T	18	4.7	.67
		TSR	17	4.7	.62
		TSRFB	12	4.8	.74
		Gesamt	59	4.7	.71
Berater-Skills und Pädagogisches Wissen	Prätest	KG	12	4.6	.52
		T	18	4.6	.70
		TSR	17	4.6	.59
		TSRFB	12	4.3	.84
		Gesamt	59	4.5	.66
	Posttest	KG	12	4.5	.60
		T	18	4.7	.73
		TSR	17	4.8	.49
		TSRFB	12	4.4	.85
		Gesamt	59	4.6	.67
Prozesskompetenz	Prätest	KG	12	4.2	.95
		T	18	3.9	.69
		TSR	17	3.9	.65
		TSRFB	12	4.2	.85
		Gesamt	59	4.0	.76
	Posttest	KG	12	4.2	.76
		T	18	4.7	.69
		TSR	17	4.5	.68
		TSRFB	12	4.5	.67
		Gesamt	59	4.5	.70
Bewältigungskompetenz	Prätest	KG	12	4.5	.63
		T	18	4.0	.79
		TSR	17	3.8	.74
		TSRFB	12	4.3	.77
		Gesamt	59	4.1	.77
	Posttest	KG	12	4.4	.60
		T	18	4.3	.93
		TSR	17	4.7	.49
		TSRFB	12	5.0	.83
		Gesamt	59	4.6	.76

Anmerkung: KG=Kontrollgruppe; T=Training; TSR=Training und Unterstützung der Selbstreflexion; TSRFB=Training, Unterstützung der Selbstreflexion und Feedback.

Deskriptive Kennwerte für die Kompetenzfacetten auf der Ebene des Beratungsverhaltens in einem aktuellen Beratungsgespräch (State-Selbstbeurteilung) in Studie 1

Kompetenzfacette	Messzeitpunkt	Treatment	N	M	SD
Personale Ressourcen	Prätest	T	08	4.0	.77
		TSR	13	4.5	.72
		TSRFB	12	4.0	.95
		Gesamt	33	4.2	.84
	Posttest	T	8	5.0	.70
		TSR	13	4.5	.51
		TSRFB	12	4.9	.86
		Gesamt	33	4.8	.71
Soziale Kooperations-kompetenz	Prätest	T	08	4.7	.71
		TSR	13	4.6	.68
		TSRFB	12	4.9	.63
		Gesamt	33	4.7	.66
	Posttest	T	08	5.5	.31
		TSR	13	4.7	.41
		TSRFB	12	5.2	.90
		Gesamt	33	5.1	.69
Berater-Skills und Pädagogisches Wissen	Prätest	T	08	4.2	.72
		TSR	13	4.2	.49
		TSRFB	12	3.9	.80
		Gesamt	33	4.1	.67
	Posttest	T	08	5.1	.42
		TSR	13	4.7	.62
		TSRFB	12	5.1	.79
		Gesamt	33	4.9	.66
Prozesskompetenz	Prätest	T	08	4.4	1.19
		TSR	13	4.6	.87
		TSRFB	12	5.3	.75
		Gesamt	33	4.8	.96
	Posttest	T	08	5.9	.35
		TSR	13	4.8	.73
		TSRFB	12	5.7	.49
		Gesamt	33	5.4	.74
Bewältigungskompetenz	Prätest	T	08	5.1	.64
		TSR	13	5.0	.91
		TSRFB	12	5.0	.79
		Gesamt	33	5.0	.79
	Posttest	T	08	5.8	.71
		TSR	13	4.9	.99
		TSRFB	12	5.6	.67
		Gesamt	33	5.3	.89

Anmerkung: T=Training; TSR=Training und Unterstützung der Selbstreflexion; TSRFB=Training, Unterstützung der Selbstreflexion und Feedback.

Deskriptive Kennwerte für die Kompetenzfacetten auf der Ebene der Arbeitsproben in Studie 1

Kompetenzfacette	Messzeitpunkt	Treatment	N	M	SD
Personale Ressourcen	Prätest	KG	07	0.1	.38
		T	10	1.1	1.45
		TSR	12	1.2	1.19
		TSRFB	05	0.4	.89
		Gesamt	34	0.8	1.17
	Posttest	KG	07	0.7	.95
		T	10	0.5	1.08
		TSR	12	0.3	.65
		TSRFB	05	0.2	.45
		Gesamt	34	0.4	.82
Soziale Kooperations-kompetenz	Prätest	KG	07	0.8	.42
		T	10	1.0	.48
		TSR	12	1.1	.65
		TSRFB	05	0.5	.38
		Gesamt	34	0.9	.54
	Posttest	KG	07	1.1	.32
		T	10	0.8	.36
		TSR	12	1.2	.71
		TSRFB	05	0.7	.24
		Gesamt	34	1.0	.53
Berater-Skills und Pädagogisches Wissen	Prätest	KG	07	2.4	1.33
		T	10	1.6	.61
		TSR	12	1.9	1.01
		TSRFB	05	1.6	.55
		Gesamt	34	1.9	.95
	Posttest	KG	07	1.9	1.10
		T	10	2.5	1.01
		TSR	12	2.5	1.12
		TSRFB	05	1.8	.69
		Gesamt	34	2.3	1.04
Prozesskompetenz	Prätest	KG	07	1.7	1.11
		T	10	0.8	.91
		TSR	12	1.0	.95
		TSRFB	05	0.8	.84
		Gesamt	34	1.1	.98
	Posttest	KG	07	1.1	1.68
		T	10	1.0	.94
		TSR	12	1.7	1.23
		TSRFB	05	1.8	1.64
		Gesamt	34	1.4	1.30
Bewältigungskompetenz	Prätest	KG	07	0.9	.38
		T	10	0.2	.42
		TSR	12	0.7	.78
		TSRFB	05	0.6	.55
		Gesamt	34	0.6	.61
	Posttest	KG	07	0.7	.76
		T	10	0.9	1.29
		TSR	12	0.6	.67
		TSRFB	05	0.6	.55
		Gesamt	34	0.7	.87

Anmerkung: KG=Kontrollgruppe; T=Training; TSR=Training und Unterstützung der Selbstreflexion; TSRFB=Training, Unterstützung der Selbstreflexion und Feedback.

Deskriptive Kennwerte für die Kompetenzfacetten auf der Ebene der teilnehmenden Beobachtung in Studie 1

Kompetenzfacette	Messzeitpunkt	Treatment	N	M	SD
Personale Ressourcen	Prätest	T	12	4.3	1.23
		TSR	14	4.0	1.30
		TSRFB	13	4.2	1.59
		Gesamt	39	4.2	1.36
	Posttest	T	12	4.8	1.14
		TSR	14	4.3	1.00
		TSRFB	13	4.5	1.27
		Gesamt	39	4.5	1.12
Soziale Kooperations-kompetenz	Prätest	T	12	5.2	.75
		TSR	14	4.8	.67
		TSRFB	13	4.9	.98
		Gesamt	39	5.0	.81
	Posttest	T	12	5.6	.40
		TSR	14	4.9	.64
		TSRFB	13	4.9	.97
		Gesamt	39	5.1	.77
Berater-Skills und Pädagogisches Wissen	Prätest	T	12	4.8	.84
		TSR	14	4.3	.60
		TSRFB	13	4.8	.99
		Gesamt	39	4.6	.83
	Posttest	T	12	5.0	.86
		TSR	14	4.7	.77
		TSRFB	13	4.7	1.15
		Gesamt	39	4.8	.92
Prozesskompetenz	Prätest	T	12	5.8	.45
		TSR	14	4.6	1.00
		TSRFB	13	4.9	1.07
		Gesamt	39	5.1	1.00
	Posttest	T	12	5.8	.39
		TSR	14	5.1	.94
		TSRFB	13	5.4	1.12
		Gesamt	39	5.4	.91
Bewältigungskompetenz	Prätest	T	12	5.8	.39
		TSR	14	5.5	.76
		TSRFB	13	5.5	.97
		Gesamt	39	5.6	.75
	Posttest	T	12	5.8	.62
		TSR	14	5.4	.75
		TSRFB	13	5.8	.60
		Gesamt	39	5.6	.67

Anmerkung: T=Training; TSR=Training und Unterstützung der Selbstreflexion; TSRFB=Training, Unterstützung der Selbstreflexion und Feedback.

Deskriptive Kennwerte für die Kompetenzfacetten auf der Ebene der nicht-teilnehmenden Beobachtung in Studie 1

Kompetenzfacette	Messzeitpunkt	Treatment	N	M	SD
Personale Ressourcen	Prätest	T	04	1.0	2.00
		TSR	08	0.0	.00
		TSRFB	07	0.1	.38
		Gesamt	19	0.3	.93
	Posttest	T	04	1.0	1.41
		TSR	08	0.1	.35
		TSRFB	07	0.0	.00
		Gesamt	19	0.3	.73
Soziale Kooperationskompetenz	Prätest	T	04	2.1	.50
		TSR	08	0.3	.40
		TSRFB	07	0.9	.69
		Gesamt	19	0.9	.85
	Posttest	T	04	1.8	.50
		TSR	08	1.8	1.17
		TSRFB	07	0.8	.66
		Gesamt	19	1.4	.98
Berater-Skills und Pädagogisches Wissen	Prätest	T	04	2.8	.68
		TSR	08	1.0	.26
		TSRFB	07	1.1	.45
		Gesamt	19	1.4	.85
	Posttest	T	04	2.4	1.02
		TSR	08	2.1	.90
		TSRFB	07	1.3	.55
		Gesamt	19	1.8	.90
Prozesskompetenz	Prätest	T	04	3.6	1.32
		TSR	08	0.2	.37
		TSRFB	07	0.1	.19
		Gesamt	19	0.9	1.58
	Posttest	T	04	2.3	1.50
		TSR	08	0.2	.26
		TSRFB	07	0.1	.19
		Gesamt	19	0.6	1.10
Bewältigungskompetenz	Prätest	T	04	0.5	1.00
		TSR	08	0.0	.00
		TSRFB	07	0.1	.38
		Gesamt	19	0.2	.50
	Posttest	T	04	0.5	.58
		TSR	08	0.3	.71
		TSRFB	07	0.7	1.89
		Gesamt	19	0.5	1.22

Anmerkung: T=Training; TSR=Training und Unterstützung der Selbstreflexion; TSRFB=Training, Unterstützung der Selbstreflexion und Feedback.

Deskriptive Kennwerte für die univariate Gesamtskala Beratungskompetenz in Studie 1

Gesamtskala Beratungs-kompetenz (univariat)	Messzeitpunkt	Treatment	N	M	SD
Trait-Selbstbeurteilung	Prätest	KG	12	4.4	.48
		T	18	4.1	.49
		TSR	17	4.1	.53
		TSRFB	12	4.2	.51
		Gesamt	59	4.2	.51
	Posttest	KG	12	4.3	.57
		T	18	4.6	.61
		TSR	17	4.7	.45
		TSRFB	12	4.6	.67
		Gesamt	59	4.6	.58
State-Selbstbeurteilung	Prätest	T	09	4.6	.73
		TSR	14	4.6	.53
		TSRFB	13	4.7	.56
		Gesamt	36	4.6	.58
	Posttest	T	09	5.4	.27
		TSR	14	4.7	.45
		TSRFB	13	5.3	.57
		Gesamt	36	5.1	.54
Teilnehmende Beobachtung	Prätest	T	12	5.2	.50
		TSR	15	4.6	.49
		TSRFB	15	4.9	.75
		Gesamt	42	4.9	.63
	Posttest	T	12	5.4	.37
		TSR	15	4.9	.48
		TSRFB	15	5.2	.69
		Gesamt	42	5.1	.56
Nicht-teilnehmende Beobachtung	Prätest	T	04	2.0	.40
		TSR	08	0.3	.15
		TSRFB	07	0.5	.24
		Gesamt	19	0.7	.72
	Posttest	T	04	1.6	.75
		TSR	08	0.9	.37
		TSRFB	07	0.6	.42
		Gesamt	19	0.9	.59
Arbeitsprobe	Prätest	KG	07	1.2	.34
		T	10	0.9	.44
		TSR	12	1.2	.57
		TSRFB	05	0.8	.14
		Gesamt	34	1.0	.46
	Posttest	KG	07	1.1	.69
		T	10	1.1	.53
		TSR	12	1.3	.55
		TSRFB	05	1.0	.39
		Gesamt	34	1.2	.54

Anmerkung: KG=Kontrollgruppe; T=Training; TSR=Training und Unterstützung der Selbstreflexion; TSRFB=Training, Unterstützung der Selbstreflexion und Feedback.

2   Tabellen zu Studie 3

Deskriptive Kennwerte für die Kompetenzfacetten auf der Ebene der Trait-Selbstbeurteilung in Studie 3

Kompetenzfacette	Messzeitpunkt	Treatment	N	M	SD
Personale Ressourcen	Prätest	EG 2005	47	3.9	.63
		EG 2006	31	3.8	.54
		Gesamt	78	3.9	.60
	Posttest	EG 2005	47	4.6	.72
		EG 2006	31	4.3	.60
		Gesamt	78	4.5	.68
Soziale Kooperations-kompetenz	Prätest	EG 2005	47	4.2	.69
		EG 2006	31	4.3	.56
		Gesamt	78	4.2	.64
	Posttest	EG 2005	47	4.7	.66
		EG 2006	31	4.4	.59
		Gesamt	78	4.6	.64
Berater-Skills und Pädagogisches Wissen	Prätest	EG 2005	47	4.5	.70
		EG 2006	31	4.4	.51
		Gesamt	78	4.6	.63
	Posttest	EG 2005	47	4.7	.69
		EG 2006	31	4.6	.51
		Gesamt	78	4.6	.62
Prozesskompetenz	Prätest	EG 2005	47	4.0	.71
		EG 2006	31	3.9	.86
		Gesamt	78	4.0	.77
	Posttest	EG 2005	47	4.6	.67
		EG 2006	31	4.5	.77
		Gesamt	78	4.5	.71
Bewältigungskompetenz	Prätest	EG 2005	47	4.0	.77
		EG 2006	31	4.2	.63
		Gesamt	78	4.1	.72
	Posttest	EG 2005	47	4.6	.80
		EG 2006	31	4.3	.69
		Gesamt	78	4.5	.77

Anmerkung: EG 2005=Experimentalgruppe Studie 1; EG 2006=Experimentalgruppe Studie 3.

Deskriptive Kennwerte für die Kompetenzfacetten auf der Ebene der State-Selbstbeurteilung in Studie 3

Kompetenzfacette	Messzeitpunkt	Treatment	N	M	SD
Personale Ressourcen	Prätest	EG 2005	35	4.3	.87
		EG 2006	27	4.0	.75
		Gesamt	62	4.1	.83
	Posttest	EG 2005	35	4.8	.71
		EG 2006	27	4.4	.60
		Gesamt	62	4.6	.68
Soziale Kooperations-kompetenz	Prätest	EG 2005	35	4.8	.69
		EG 2006	27	4.3	.70
		Gesamt	62	4.6	.72
	Posttest	EG 2005	35	5.1	.67
		EG 2006	27	4.7	.62
		Gesamt	62	4.9	.67
Berater-Skills und Pädagogisches Wissen	Prätest	EG 2005	35	4.1	.65
		EG 2006	27	3.7	.59
		Gesamt	62	4.0	.65
	Posttest	EG 2005	35	4.9	.65
		EG 2006	27	4.2	.45
		Gesamt	62	4.6	.67
Prozesskompetenz	Prätest	EG 2005	35	4.8	.95
		EG 2006	27	4.4	.66
		Gesamt	62	4.6	.86
	Posttest	EG 2005	35	5.4	.73
		EG 2006	27	4.4	.39
		Gesamt	62	5.0	.77

Anmerkung: EG 2005=Experimentalgruppe Studie 1; EG 2006=Experimentalgruppe Studie 3.

Deskriptive Kennwerte für die Kompetenzfacetten auf der Ebene der Arbeitsproben in Studie 3

Kompetenzfacette	Messzeitpunkt	Treatment	N	M	SD
Personale Ressourcen	Prätest	EG 2005	27	1.0	1.24
		EG 2006	19	1.1	1.04
		Gesamt	46	1.0	1.15
	Posttest	EG 2005	27	0.4	.79
		EG 2006	19	0.5	.77
		Gesamt	46	0.4	.78
Soziale Kooperationskompetenz	Prätest	EG 2005	27	0.9	.87
		EG 2006	19	1.0	.50
		Gesamt	46	0.9	.84
	Posttest	EG 2005	27	1.0	.57
		EG 2006	19	1.1	.59
		Gesamt	46	1.0	.58
Berater-Skills und Pädagogisches Wissen	Prätest	EG 2005	27	1.7	.80
		EG 2006	19	1.0	.68
		Gesamt	46	1.4	.84
	Posttest	EG 2005	27	2.4	1.02
		EG 2006	19	1.2	.55
		Gesamt	46	1.9	1.02
Prozesskompetenz	Prätest	EG 2005	27	0.9	.89
		EG 2006	19	0.8	.84
		Gesamt	46	0.9	.86
	Posttest	EG 2005	27	1.4	1.22
		EG 2006	19	1.0	.58
		Gesamt	46	1.3	1.02
Bewältigungskompetenz	Prätest	EG 2005	27	0.5	.64
		EG 2006	19	1.3	1.06
		Gesamt	46	08	.93
	Posttest	EG 2005	27	0.7	.91
		EG 2006	19	1.0	.85
		Gesamt	46	0.8	.89

Anmerkung: EG 2005=Experimentalgruppe Studie 1; EG 2006=Experimentalgruppe Studie 3.

Deskriptive Kennwerte für die Kompetenzfacetten auf der Ebene der teilnehmenden Beobachtung in Studie 3

Kompetenzfacette	Messzeitpunkt	Treatment	N	M	SD
Soziale Kooperations-kompetenz	Prätest	EG 2005	32	4.9	.82
		EG 2006	27	4.9	.92
		Gesamt	59	4.9	.82
	Posttest	EG 2005	32	5.1	.77
		EG 2006	27	4.8	.44
		Gesamt	59	5.0	.65
Berater-Skills und Pädagogisches Wissen	Prätest	EG 2005	32	4.6	.87
		EG 2006	27	4.3	.67
		Gesamt	59	4.5	.79
	Posttest	EG 2005	32	4.9	.83
		EG 2006	27	4.5	.52
		Gesamt	59	4.7	.73
Prozesskompetenz	Prätest	EG 2005	32	5.1	1.05
		EG 2006	27	4.8	.69
		Gesamt	59	4.9	.91
	Posttest	EG 2005	32	5.6	.76
		EG 2006	27	4.9	.56
		Gesamt	59	5.2	.73

Anmerkung: EG 2005=Experimentalgruppe Studie 1; EG 2006=Experimentalgruppe Studie 3.

Deskriptive Kennwerte für die Kompetenzfacetten auf der Ebene der nicht-teilnehmenden Beobachtung in Studie 3

Kompetenzfacette	Messzeitpunkt	Treatment	N	M	SD
Personale Ressourcen	Prätest	EG 2005	19	0.3	.93
		EG 2006	24	0.3	.43
		Gesamt	43	0.3	.69
	Posttest	EG 2005	19	0.3	.73
		EG 2006	24	0.5	.63
		Gesamt	43	0.4	.68
Soziale Kooperations-kompetenz	Prätest	EG 2005	19	0.9	.85
		EG 2006	24	0.9	.46
		Gesamt	43	0.9	.65
	Posttest	EG 2005	19	1.4	.98
		EG 2006	24	0.7	.34
		Gesamt	43	1.0	.79
Berater-Skills und Pädagogisches Wissen	Prätest	EG 2005	19	0.2	.50
		EG 2006	24	0.1	.24
		Gesamt	43	0.1	.38
	Posttest	EG 2005	19	1.8	.90
		EG 2006	24	1.4	.64
		Gesamt	43	1.6	.78
Prozesskompetenz	Prätest	EG 2005	19	1.4	.85
		EG 2006	24	1.4	.50
		Gesamt	43	1.4	.97
	Posttest	EG 2005	19	0.6	1.10
		EG 2006	24	1.5	.88
		Gesamt	43	1.1	1.07
Bewältigungskompetenz	Prätest	EG 2005	19	0.9	1.58
		EG 2006	24	1.2	.57
		Gesamt	43	1.1	1.12
	Posttest	EG 2005	19	0.5	1.22
		EG 2006	24	0.1	.31
		Gesamt	43	0.2	.86

Anmerkung: EG 2005=Experimentalgruppe Studie 1; EG 2006=Experimentalgruppe Studie 3.

Deskriptive Kennwerte für den subjektiven Kompetenzgewinn und die Zielerreichung in Studie 3

Skala	Treatment	N	M	SD
Kompetenzzuwachs: Allgemeine Beratungskompetenz	EG 2005	45	4.6	1.11
	EG 2006	24	4.7	.87
	Gesamt	69	4.7	1.03
Kompetenzzuwachs: Vorbereitung von Beratungsgesprächen	EG 2005	44	4.7	1.18
	EG 2006	24	4.6	.88
	Gesamt	68	4.7	1.07
Kompetenzzuwachs: Verhalten in Gesprächssituationen	EG 2005	45	4.7	1.16
	EG 2006	23	4.6	1.03
	Gesamt	68	4.7	1.11
Kompetenzzuwachs: Nachbereitung und Reflexion von Beratungsgesprächen	EG 2005	44	4.6	1.25
	EG 2006	24	4.5	1.02
	Gesamt	68	4.5	1.17
Kompetenzzuwachs: Verhalten in schwierigen Gesprächssituationen	EG 2005	43	4.5	.91
	EG 2006	24	4.6	.71
	Gesamt	67	4.5	.84
Persönliches Fortbildungsziel erreicht	EG 2005	42	4.8	.79
	EG 2006	23	4.8	1.03
	Gesamt	65	4.8	.88

Anmerkung: EG 2005=Experimentalgruppe Studie 1; EG 2006=Experimentalgruppe Studie 3.

Deskriptive Kennwerte für das Selbstwirksamkeitsempfinden in Bezug auf Elterngespräche in Studie 3

Skala	Messzeitpunkt	Treatment	N	M	SD
Selbstwirksamkeit Trait-Selbstbeurteilung	Prätest	EG 2005	47	4.3	.61
		EG 2006	31	4.7	.64
		Gesamt	78	4.5	.63
	Posttest	EG 2005	47	4.8	.62
		EG 2006	31	4.7	.54
		Gesamt	78	4.7	.58
Selbstwirksamkeit State-Selbstbeurteilung	Prätest	EG 2005	36	4.1	.93
		EG 2006	27	4.4	.59
		Gesamt	63	4.3	.81
	Posttest	EG 2005	36	4.8	.83
		EG 2006	27	4.9	.48
		Gesamt	63	4.8	.77

Anmerkung: EG 2005=Experimentalgruppe Studie 1; EG 2006=Experimentalgruppe Studie 3.

276

Abbildungsverzeichnis

Tabellenverzeichnis

Abkürzungsverzeichnis

AV	Abhängige Variable
df	Freiheitsgrade (degrees of freedom)
EG	Experimentalgruppe
FB	Feedback
G 1	Gruppe 1
G 2	Gruppe 2
G 3	Gruppe 3
G 4	Gruppe 4
KG	Kontrollgruppe
KI	Kompetenzfacette I: Personale Ressourcen
KII	Kompetenzfacette II: Soziale Kooperationskompetenz
KIII	Kompetenzfacette III: Berater-Skills und Pädagogisches Wissen
KIV	Kompetenzfacette IV: Prozesskompetenz
KV	Kompetenzfacette V: Bewältigungskompetenz
M	Mittelwert
N	Gesamtstichprobe
n	Teilstichprobe
n.b.	nicht berechenbar
n.s.	kein statistisch signifikanter Effekt
OA AP	Gesamtskala Beratungskompetenz Arbeitsprobe
OA FBNT	Gesamtskala Beratungskompetenz nicht-teilnehmende Beobachtung
OA FBT	Gesamtskala Beratungskompetenz teilnehmende Beobachtung
OA SBS	Gesamtskala Beratungskompetenz State-Selbstbeurteilung
OA SBT	Gesamtskala Beratungskompetenz Trait-Selbstbeurteilung
SD	Standardabweichung
SE	Standardfehler
T	Intervention: Nur Training
T1	Messzeitpunkt 1
T2	Messzeitpunkt 2
T3	Messzeitpunkt 3
T4	Messzeitpunkt 4
TSR	Intervention: Training und Unterstützung der Selbstreflexion
TSRFB	Intervention: Training und Unterstützung der Selbstreflexion und Feedback
UV	Unabhängige Variable

Literatur

Andresen, B. (2002). *HPI, Hamburger Persönlichkeitsinventar, Manual.* Göttingen: Hogrefe.

Arunkumar, R., Midgley, C., & Urdan, T. (1999). Perceiving High or Low Home-School Dissonance: Longitudinal Effects on Adolescent Emotional and Academic Well-Being. *Journal of Research on Adolescence, 9,* 441–466.

Bachmair, S., Faber, J., Henning, C., Kolb, R., & Willig, W. (1989). *Beraten will gelernt sein. Ein praktisches Lehrbuch für Anfänger und Fortgeschrittene.* Weinheim: Psychologie-Verlags-Union.

Bandura, A. (1986). *Social Foundations of Thought and Action.* EnglewoodCliffs, NJ: Prentice Hall.

Barthelmess, M. (2003). Von der Hybris zur Expertise. Was ist eigentlich Beratungskompetenz? *Familiendynamik, 28,* 454–466.

Basler, H. (1993). *Konfliktfeld Schule: Systemische Problembewältigung.* Wetzlar: Verlag GWAB.

Baumert, J., Klieme, E., Neubrand, M., Prenzel, M., Schiefele, U., Schneider, W., Tillmann, K.-J., & Weiß, M. (2000). *Fähigkeit zum selbstregulierten Lernen als fächerübergreifende Kompetenz.* Projekt OECD PISA Deutschland. Berlin: Max-Planck-Institut für Bildungsforschung. (http://www.mpib-berlin.mpg.de/pisa/CCCdt.pdf), 04.07.2004.

Baumert, J.,& Kunter, M. (2006). Stichwort: Professionelle Kompetenz von Lehrkräften. *Zeitschrift für Erziehungswissenschaft* 9, 469–520.

Beck, M. (1991). Beratung als multiprofessionelles und kooperatives Handeln. In M. Beck, G. Brückner, & H.-U. Thiel (Hrsg.), *Psychosoziale Beratung. KlientInnen – HelferInnen – Institutionen* (S. 37–42). Tübingen: dtvg-Verlag.

Bernitzke, F., & Schlegel, P. (2004). *Das Handbuch der Elternarbeit.* Troisdorf: Bildungsverlag EINS.

Birkenbihl, V.F. (2004). *Kommunikationstraining. Zwischenmenschliche Beziehungen erfolgreich gestalten* (25. Aufl.). Frankfurt am Main: mvg-Verlag.

Boettcher, W. (2004a). *Beraten lernen.* Bönen: Verlag für Schule und Weiterbildung.

Boettcher, W. (2004b). *Gesprächsführung.* Bönen: Verlag für Schule und Weiterbildung.

Bortz, J. (1999). *Statistik für Sozialwissenschaftler* (5. Aufl.). Berlin: Springer.

Bortz, J., & Döring, N. (2006). *Forschungsmethoden und Evaluation für Human- und Sozialwissenschaftler* (4. Aufl.). Heidelberg: Springer.

Brem-Gräser, L. (1993). *Handbuch der Beratung für helfende Berufe.* München: Reinhardt.

Bromme, R. (1997). Kompetenzen, Funktionen und unterrichtliches Handeln des Lehrers. In F. E. Weinert (Hrsg.), *Enzyklopädie der Psychologie. Serie I, Bd.3. Psychologie des Unterrichts und der Schule* (S. 177–212). Göttingen: Hogrefe.

Bronfenbrenner, U. & Morris, P.A. (1998). The Ecology of Developmental Processes. In W. Damon & R.M. Lerner (Eds.), *Handbook of Child Psychology* (5th ed., Vol. 1, pp. 993–1028). New York: Wiley.

Bruder, S. (2006). *Evaluation einer Lehrerfortbildung: Kompetenzdiagnostik durch Beobachtung und Überprüfung der Wirksamkeit von Beratungsgesprächen.* Unveröffentlichte Diplomarbeit, Technische Universität Darmstadt.

Bruder, S., Perels, F., & Schmitz, B. (2004). Selbstregulation und elterliche Hausaufgabenunterstützung. Die Evaluation eines Elterntrainings für Kinder der Sekundarstufe I. *Zeitschrift für Entwicklungspsychologie und Pädagogische Psychologie, 36,* 139–146.

Bryant, F.B., & Yarnold, P.R. (2006). Principal-Components Analyses and Exploratory and Confirmatory Factor Analyses. In L.G. Grimm & P.R. Yarnold (Eds.), *Reading and Understand-*

ing Multivariate Statistics (11th ed., pp. 99–137). Washington: American Psychological Association.

Burden, P.R. (1990). Teacher Development. In W.R. Houston, M. Haberman, & J. Sikula (Eds.), *Handbook of Research on Teacher Education* (pp. 311–327). New York: Macmillan.

Busch, K. (2000). *Erfolgreich Berater: Ein praxisorientierter Leitfaden für Beratungsgespräche in der Schule.* Hohengehren: Schneider-Verlag.

Campbell, D.T., & Fiske, D.W. (1959). Convergent and Discriminant Validation by the Multitrait-multimethod Matrix. *Psychological Bulletin, 56,* 81–105.

Chomsky, N. (1962). Explanatory Models in Linguistics. In E. Nagel, P. Supper, & A. Taski (Eds.), *Logic, Methodology and Philosophy of Science* (pp. 528–555). Stanford: Stanford University Press.

Chrispeels, J., & Coleman, P. (1996). Improving Schools Through Better Home-school Partnerships. *School Effectiveness and School Improvement, 7,* 291–296.

Comer, J.P. (1988). Education Poor Minority Children. *Scientific American, 259,* 42–48.

Connemann, R. (2005). Systematische Ansätze zur Beratung in der Schule. In N. Grewe (Hrsg.), *Praxishandbuch Beratung in der Schule. Grundlagen, Aufgaben und Fallbeispiele* (S. 42–52). München, Neuwied: Luchterhand.

Cooper, H., Lindsay, J.J., & Nye, B. (2000). Homework in the Home. How Student, Family and Parenting Style Differences Relate to the Homework Process. *Contemporary Educational Psychology, 25,* 464–487.

Corrigan, J.D. & Schmidt, L.D. (1983). Development and Validation of Revisions in the Counselor Rating Form. *Journal of Counselling Psychology, 30,* 64–75.

Creswell, J.W. (2005). *Educational Research: Planning, Conducting and Evaluating Quantitative and Qualitative Research* (2nd ed.). New Jersey: Rearson Education International.

De Shazer, S. (1990). *Wege der erfolgreichen Kurztherapie* (2. Aufl.). Stuttgart: Klett-Cotta

Diener, E., & Eid, M. (2006). The Finale: Take-Home Messages From the Editors. In M. Eid & E. Diener (Eds.), *Handbook of Multimethod Measurement in Psychology* (pp. 457–463). Washington, DC: American Psychological Association.

Dörner, D. (1993). *Die Logik des Mißlingens. Strategisches Denken in komplexen Situationen.* Reinbek bei Hamburg: Rowohlt-Taschenbuch.

Duden (1997). *Deutsches Universalwörterbuch.* Mannheim: Brockhaus.

Dusolt, H. (2001). *Elternarbeit. Ein Leitfaden für den Vor und Grundschulbereich.* Weinheim: Beltz.

Egan, G. (2001). *Helfen durch Gespräch. Ein Trainingsbuch für helfende Berufe* (3. Aufl.). Weinheim: Beltz-Taschenbuchverlag.

Eid, M., & Diener, E. (Eds.). (2006). *Handbook of Multimethod Measurement in Psychology.* Washington, DC: American Psychological Association.

Eid, M., Lischetzke, T., & Nussbeck, F. W. (2006). Structural Equation Models for Multitrait-Multimethod Data. In M. Eid & E. Diener (Eds.), *Handbook of Multimethod Measurement in Psychology* (pp. 283–300). Washington, DC: American Psychological Association.

Elbing, E. (2000). *Hochbegabte Kinder – Strategien für die. Elternberatung.* München: Reinhardt.

Epstein, J.L. (1991). Effects on Student Achievement of Teachers' Practices of Parent Involvement. *Advances in Reading/Language Research, 5,* 261–276.

Epstein, J.L. (1993). School and Family Connections: Theory, Research, and Implications for Integrating Sociologies of Education and Families. In D.G. Unger & M.B. Sussman (Eds.), *Families in Community Settings: Interdisciplinary Perspectives* (pp. 99–118). New York: Haworth Press.

Epstein, J.L., & Dauber, S.L. (1991). School Programs and Teacher Practices of Parent Involvement in Inner-city Elementary and Middle Schools. *The Elementary School Journal, 91,* 289–305.

Erpenbeck, J. (1997). Selbstgesteuertes, selbst organsiertes Lernen. In Arbeitsgemeinschaft Qualifikations-Entwiclkungs-Management (Hrsg.), *Kompetenzentwicklung '97: Berufliche Weiterbildung in der Transformation – Fakten und Visionen* (S. 309–316). Münster: Waxmann.

Erpenbeck, J., & Rosenstiel, L. von (2007). Einführung. In J. Erpenbeck & L. von Rosenstiel (Hrsg.), *Handbuch der Kompetenzmessung* (S. XVII–XLVI). Stuttgart: Schäffer-Poeschel.

Ertelt, B.-J., & Schulz, W.E. (2002). *Handbuch Beratungskompetenz: Mit Übungen zur Entwicklung von Beratungsfertigkeiten in Bildung und Beruf.* Leonberg: Rosenberger.

Exeler, J., & Wild, E. (2003). Die Rolle des Elternhauses für die Förderung selbstbestimmten Lernens. *Unterrichtswissenschaft, 31,* 6–22.

Fernández-Ballesteros, R. (2004). Self-report Questionnaires. In S.N. Haynes & E.M. Heiby (Eds..), *Comprehensive Handbook of Psychological Assessment* (Vol. 3, pp. 194–221). Hoboken, NJ.: Wiley.

Flammer, D., & Ihringer, A. (2007). *Evaluation einer Lehrerfortbildung in Beratung und Gesprächsführung auf State und Trait Level.* Unveröffentlichte Diplomarbeit, Technische Universität Darmstadt.

Franke, G. (2005). *Facetten der Kompetenzentwicklung.* Bielefeld: Bertelsmann.

Frey, A., & Balzer, L. (2005). Der Beurteilungsbogen smk: Ein Messverfahren für die Diagnose von sozialen und methodischen Fähigkeitskonzepten. In U. Renold (Hrsg.), *Kompetenzdiagnostik. Theorien und Methoden zur Erfassung und Bewertung von beruflichen Kompetenzen* (S. 31–56). Landau: Verlag Empirische Pädagogik.

Freyaldenhoven, I. (2005). *Schule in der Krise? Psychologische Beratung als Antwort! Theoretische und praktische Hinweise für eine gelingende Schulberatung – lösungsorientiert und individuell.* Stuttgart: ibidem-Verlag.

Friedman, I.A. (2003). Self-efficacy and Burnot in Teaching: the Importance of Interpersonalrelations Efficacy. *Social Psychology of Education, 6,* 191–215.

Friedrich, G. (2002). Gesprächsführung – Ausbildungsziel der Lehrerqualifikation. In G. Brünner, R. Fiehler & W. Kindt (Hrsg.), *Angewandte Diskursforschung, Band 2: Methoden und Anwendungsbereiche* (S. 126–147). Randolfzell: Verlag für Gesprächsforschung.

Fuchs, L.S., Fuchs, D., Prentice, K., Burch, M., Hamlett, C.L., Owen, R., et al. (2003). Enhancing Third-grade Students' Mathematical Problem Solving with Self-regulated Learning Strategies. *Journal of Educational Psychology, 95,* 306–315.

Gallagher, M.S., Hargie, O.D.W. (1989). An Investigation into the Validity of Role Play as a Procedure for Counsellor Skill Assessment. *British Journal of Guidance and Counselling, 17,* 155–165.

Galluzuo, G.R. & Craig, J.R. (1990). Evaluation of Preservice Teacher Education Programs. In W.R. Houston, M. Haberman, & J. Sikula (Eds.), *Handbook of Research on Teacher Education* (pp. 599–616). New York: Macmillan.

Gaude, P. (1989). *Beobachten, Beurteilen und Beraten von Schülern: Schulpsychologische Hilfen für Lehrer.* Frankfurt am Main: Diesterweg.

Grewe, N. (2005a). Der Einsatz von Beratungslehrkräften und Entwicklungstendenzen in der schulischen Beratung. In N. Grewe (Hrsg.), *Praxishandbuch Beratung in der Schule. Grundlagen, Aufgaben und Fallbeispiele* (S. 5–12). München, Neuwied: Luchterhand.

Grewe, N. (2005b). Gesprächsführung und Leitlinien der Beratung. In N. Grewe (Hrsg.), *Praxishandbuch Beratung in der Schule. Grundlagen, Aufgaben und Fallbeispiele* (S. 13–34). München: Luchterhand.

Gührs, M., & Nowak, C. (2006). *Ein Leitfaden für Beratung, Unterricht und Mitarbeiterführung mit Konzepten der Transaktionsanalyse* (6. Aufl.). Meezen: Limmer.

Hackney, H., & Cormier, L.S. (1998). *Beratungsstrategien, Beratungsziele*. München: Reinhardt.

Hamman, D., Berthelot, J., Saia, J., & Crowley, E. (2000). Teachers' Coaching of Learning and Its Relation to Students' Strategic Learning. *Journal of Educational Psychology, 92,* 342–348.

Hartig, J., & Klieme, E. (2006). Kompetenz und Kompetenzdiagnostik. In K. Schweizer (Hrsg.), *Leistung und Leistungsdiagnostik* (S. 127–143). Heidelberg: Springer.

Hatton, N., & Smith, D. (1995). Reflection in Teacher Education: Towards Definition and Implementation. *Teaching and Teacher Education, 11,* 33–49.

Helmke, A. (2003). *Unterrichtsqualität. Erfassen, Bewerten, Verbessern*. Seelze: Kallmeyer.

Hennig, C. (1989). Die Rolle des Beraters und die Funktion von Beratung. In S. Bachmair, J. Faber, C. Hennig, R. Kolb & W. Willig (Hrsg.), *Beraten will gelernt sein,* (4. Aufl., S. 119–143). Weinheim: Psychologie-Verlags-Union.

Hennig, C., & Ehinger, W. (2003). *Das Elterngespräch in der Schule. Von der Konfrontation zur Kooperation (2. überarb. Aufl.)*. Donauwörth: Auer.

Hennig, C., & Keller, G. (2000). *Lehrer lösen Schulprobleme* (3. Aufl.). Donauwörth: Auer.

Hertel, S. (2007). So unterstütze ich meine Schüler beim Lernen lernen – Ein Training für Lehrerinnen und Lehrer im Grundschulzweig. In M. Landmann & B. Schmitz (Hrsg.), *Selbstregulation erfolgreich fördern* (S. 184–205). Stuttgart: Kohlhammer.

Hertel, S., Pickl, C., & Schmitz, B. (2008). Lehrertrainings. In W. Schneider & M. Hasselhorn (Hrsg.), *Handbuch der Psychologie. Band Pädagogische Psychologie* (S. 233–244). Göttingen: Hogrefe.

Hitzinger, H. (1987). *Soziale Kompetenz des Lehrers in der Elternarbeit. Analyse und Bewertung eines problemorientierten gruppendynamischen Lehrertrainings zur Vermittlung sozialer Kompetenz in der Lehrerfortbildung*. Frankfurt: Haag & Herchen.

Hofer, M., Wild, E., & Pikowsky, B. (1996). *Pädagogisch-Psychologische Berufsfelder. Beratung zwischen Therapie und Praxis*. Bern: Huber.

Honal, W.H., & Schlegel, H. (2002). Axiome der Schulberatung – Wissenschaftliche Vorgaben für die Beratung in der Schule. In W.H. Honal (Hrsg.), *Handbuch der Schulberatung* (Teil 4.1, S. 1–4). Landsberg: mvg-Verlag.

Hopf, V. (1982). Der Lehrer als Berater – Beratungslehrer? *Gruppendynamik, 13,* 129–142.

Hornstein, W. (1966). Beratung in der Erziehung und Aufgaben der Erziehungswissenschaft. *Zeitschrift für Pädagogik, 22,* 673–697.

Hubrig, C., & Herrmann, P. (2005). *Lösungen in der Schule. Systemisches Denken in Unterricht, Beratung und Schulenetwicklung*. Heidelberg: Carl-Auer-Systeme.

Huschke-Rhein, R. (1998). *Systemische Erziehungswissenschaft. Pädagogik als Beratungswissenschaft*. Weinheim: Beltz.

Kauffeld, S. (2005). Fachliche und überfachliche Weiterbildung: Welche Investitionen zahlen sich für die berufliche Handlungskompetenz aus? In U. Renold (Hrsg.), *Kompetenzdiagnostik. Theorien und Methoden zur Erfassung und Bewertung von beruflichen Kompetenzen* (S. 57–75). Landau: Empirische Pädagogik.

Keck, R.W. (2001). Eltern und Lehrer als Erziehungspartner in der Schule. In R.W. Keck & S. Kirk (Hrsg.), *Erziehungspartnerschaft zwischen Elternhaus und Schule. Analysen, Erfahrungen, Perspektiven* (S. 1–18). Baltmannsweiler: Schneider.

Kluger, A. N., & DeNisi, A. (1996). The Effects of Feedback Interventions on Perormance: A Historical Review, a Meta-Analysis, and a Preliminary Feedback Intervention Theory, *Psychological Bulletin, 119,* 254–284.

Kohl, G.K., Weissberg, R.P., Reynolds, A.J., & Kasprow, W.J. (1994). *Teacher Perceptions of Parent Involvement in Urban Elementary Schools: Sociodemographic and School Adjustment Correlates.* Paper presented at the annual meeting of the American Psychological Association, Los Angeles, CA.

Kolb, R. (1989). Gesprächsführung. In S. Bachmair, J. Faber, C. Hening, R. Kolb, & W. Willig (Hrsg.), *Beraten will gelernt sein* (S. 16–84). Weinheim: Psychologie-Verlags-Union.

Korotitsch, W.J. & Nelson-Gray, R.O. (1999). An Overview of Self-monitoring Research in Assessment and Treatment. *Psychological Assessment, 11,* 415–425.

Korte, J. (2004). *Mit den Eltern an einem Strang ziehen. Mehr Schulerfolg durch gezielte Elternarbeit.* Donauwörth: Auer.

Körner, S. C. (2002). *Das Phänomen Burnout am Arbeitsplatz Schule.* Dissertation, Erziehungswissenschaftliche Fakultät der Universität Erfurt.

Krause, C. (2003). Pädagogische Beratung: Was ist, was soll, was kann Beratung? In C. Krause, B. Fittkau, R. Fuhr & H.-U. Thiel (Hrsg.), *Pädagogische Beratung* (S. 15–31). Paderborn: Schöningh.

Krumm, V. (1996). Über die Vernachlässigung der Eltern durch die Erziehungswissenschaft. Plädoyer für eine veränderte Rolle der Lehrer bei der Erziehung der Kinder. In A. Leschinsky (Hrsg.), *Die Institutionalisierung von Lehren und Lernen. Beiträge zu einer Theorie der Schule* (S. 119–137).Weinheim: Beltz.

Kubinger, K. D., & Jäger, R. S. (2003). *Schlüsselbegriffe der Psychologischen Diagnostik.* Weinheim: Beltz/Psycholgie-Verlags-Union.

Landesinstitut für Schule und Weiterbildung des Landes Nordrhein-Westfalen. (1998). *Fachgutachten: Beratung in der Schule und im Schulsystem. Ergebnisse einer Überprüfung und Anregungen zur weiteren Entwicklung* (3. Aufl.). Bönen: Verlag für Schule und Weiterbildung.

Landesinstitut für Schule und Weiterbildung des Landes Nordrhein-Westfalen. (2001). *Beratungstätigkeit von Lehrerinnen und Lehrern in der Schule. Handreichung zum Erlass.* Bönen: Verlag für Schule und Weiterbildung.

Landmann, M., & Schmitz, B. (Hrsg.). (2007). *Selbstregulation erfolgreich fördern.* Stuttgart: Kohlhammer.

Lang-von Wins, T. (2003). Die Kompetenzhaltigkeit von Methoden moderner psychologischer Diagnostik-, Personalauswahl- und Arbeitsanalyseverfahren sowie aktueller Management-Diagnostik-Ansätze. In J. Erpenbeck & L. von Rosenstiel (Hrsg.), *Handbuch Kompetenzmessung* (S. 585–618). Stuttgart: Schäffer-Poeschel.

Lengua, L. & McMahon, R.J. (2000). Parent Involvement in School Conceptualizing Multiple Dimensions and Their Relations with Family and Demographic Risk Factors. *Journal of School Psychology, 38,* 501–523.

Lexikon der Psychologie, Band 2: F-L. (2001). Heidelberg: Spektrum-Verlag.

Linden, J. D., Stone, S. C., & Shertzer, B. (1965). Development and Evaluation of an Inventory for Rating Counselling. *Personnel and Guidance Journal, 44,* 267–276.

Lischetzke, T., Eid, M., Wittig, F., & Trierweiler, L. (2001). Die Wahrnehmung eigener und fremder Gefühle. *Diagnostica, 47,* 167–177.

Manz, P.H., Fantuzzo, J.W., & Power, T.J. (2004). Multidimensional Assessment of Family Involvement among Urban Elementary Students. *Journal of School Psychology, 42,* 461–475.

McLeod, J. (1992). What Do We Know about How Best to Assess Counsellor Competence? *Counselling Psychology Quarterly, 5,* 359–372.

McLeod, J. (2003). *An Introduction to Counselling* (3rd ed.). Berkshire: Open University Press.

288   Literatur

Melzer, W. (1987). *Familie und Schule als Lebenswelt. Zur Innovation der Schule durch Eltern-partizipation.* München: Deutsches Jugendinstitut.

Miethner, S., Schmidt, M. & Schmitz, B. (2008). *Mein Kind lernt Lernen. Ein Praxisbuch für Eltern.* Stuttgart: Klett-Cotta.

Moely, B.E., Hart, S.S., Leal, L., Santulli, K.A., Rao, N., Johnson, T., et al. (1992). The Teacher's Role in Facilitating Memory and Study Strategy Development in the Elementary School Classroom. *Child Development, 63,* 653–672.

Naugle, K. A., & Hall, D. H. (1999). Evaluation of Counselor Performance: Review and Recommendations. *Psychology, 36,* 17–23.

Nestmann, F. (1997). Beratung als Ressourcenförderung. In F. Nestmann (Hrsg.), *Beratung – Bausteine für eine interdisziplinäre Wissenschaft und Praxis, Forum für Verhaltestherapie und psychosoziale Praxis* (3. Aufl., S. 15–38). Tübingen: dgtv-Verlag.

Nestmann, F. (2002). *Beratung als Ressourcenförderung.* Weinheim: Juventa-Verlag.

Ollendick, T.H., Alvarez, H.K., & Greene, R.W. (2004). Behavioral Assessment: History of Underlying Concepts and Methods. In S.N. Haynes, E.M. Heiby, & M. Hersen (Eds.), *Comprehensive Handbook of Psychological Assessment. (Vol. 3: Behavioral Assessment, 19 – 34).* Hoboken: Wiley.

Oswald, H., Baker, D.P., & Stevenson, D.L. (1988). School Charter and Parental Management in West Germany. *Sociology of Education, 61,* 255–265.

Otto, B. (2008). *SELVES: Schüler-, Eltern- und Lehrertrainings zur Vermittlung effektiver Selbstregulation.* Berlin: Logos.

Pallasch, W., & Kölln, D. (2002). *Pädagogisches Gesprächstraining. Lern- und Trainingsprogramm zur Vermittlung pädagogisch-therapeutischer Gesprächs- und Beratungskompetenz.* Weinheim: Juventa-Verlag.

Palmowski, W. (1995). *Der Anstoß des Steines.* Dortmund: Borgmann.

Pauly, C. (2006). *Entwicklung und Evaluation eines Selbstreflexionsinstruments in Kombination mit einer Feedbackintervention zur Förderung der Beratungskompetenz von Lehrern.* Unveröffentlichte Diplomarbeit, Technische Universität Darmstadt.

Perels, F., Schmitz, B., & Bruder R. (2003). Trainingsprogramm zur Förderung der Selbstregulationskompetenz von Schülern der achten Gymnasialklasse. *Unterrichtswissenschaft, 31,* 23–37.

Pickl, C. (2004). *Selbstregulation und Transfer.* Weinheim: Beltz.

Prior, M. (2004). *MiniMax-Interventionen. 15 minimale Interventionen mit maximaler Wirkung* (5. Aufl.). Heidelberg: Carl-Auer-Systeme.

Rammstedt, B., & John, O.P. (2005). Kurzversion des Big Five Inventory (BFI-K). *Diagnostica, 51,* 195–206.

Rechtien, W. (2004). *Beratung. Theorien, Modelle und Methoden* (2. Aufl.). München: Profil.

Reynolds, A.J. (1992). Compring Measures of Parent Involvement and Their Effects on Academic Achivement. *Early Childhood Research Quarterly, 7,* 441–462.

Rogers, C. (1972). *Die nicht-direktive Beratung.* München: Kindler.

Sander, K. (1999). *Personenzentrierte Beratung. Ein Arbeitsbuch für Ausbildung und Praxis.* Weinheim: Beltz.

Schneewind, K.A., & Graf, J. (1998). *Der 16-Persönlichkeits-Faktoren-Test. Revidierte Fassung.* Bern: Huber.

Schlippe, A. von, & Schweitzer, J. (2003). *Lehrbuch der systemischen Therapie und Beratung* (9. Aufl.). Göttingen: Vandenhoeck & Ruprecht.

Schmelzer, D. (2000). „Hilfe zur Selbsthilfe": Der Selbstmanagement-Ansatz als Rahmenkonzept für Beratung und Therapie. *Beratung Aktuell, 4,* 1–20.

Schmitt, M. (2006). Conceptual, Theoretical, and Historical Foundations of Multimethod Assessment. In M. Eid & E. Diener (Eds.), *Handbook of Multimethod Measurement in Psychology* (pp. 9–26). Washington, DC: American Psychological Association.

Schmitz, B. (2001). Self-Monitoring zur Unterstützung des Transfers bei einer Schulung in Selbstregulation für Studierende. Eine prozessanalytische Untersuchung. *Zeitschrift für Pädagogische Psychologie, 15,* 181–197.

Schmitz, B., & Wiese, B. S. (2006). New Perspectives for the Evaluation of Training Sessions in Self-regulated Learning: Time-series Analyses of Diary Data. *Contemporary Educational Psychology, 31,* 64–96.

Schmitz, B., & Schmidt, M. (2007). Einführung in die Selbstregulation. In M. Landmann & B. Schmitz (Hrsg.), *Selbstregulation erfolgreich fördern* (S. 9–16). Stuttgart: Kohlhammer.

Schulz von Thun, F. (2002). *Miteinader reden 1 – Störungen und Klärungen* (36. Aufl.). Reinbek: Rowohlt.

Schwarzer, C. (1997). Beratung in der Schule. In E. Weinert (Hrsg.), *Enzyklopädie der Psychologie. Serie I, Bd.3. Psychologie des Unterrichts und der Schule* (S. 771–784). Göttingen: Hogrefe.

Schwarzer, C., & Buchwald, P. (2001). Beratung. In A. Krapp & B. Weidenmann (Hrsg.), *Pädagogische Psychologie.* (4. Aufl., S. 565–600). Weinheim: Beltz.

Schwarzer, C., & Buchwald, P. (2006). Beratung in Familie, Schule und Beruf. In A. Krapp & B. Weidenmann (Hrsg.), *Pädagogische Psychologie* (5. Aufl., S. 575–612). Weinheim: Beltz.

Scofield, M.E. & Yoxtheimer, L.L. (1983). Psychometric Issues in the Assessment of Clinical Comeptencies. *Journal of Counseling Psychology, 30,* 413–420.

Sickendiek, U., Engel, F., & Nestmann, F. (2002). *Beratung. Eine Einführung in sozialpädagogische und psychosoziale Beratungsansätze.* Weinheim: Juventa-Verlag.

Sickinger, G. (1999). Vom Erstkontakt zum Arbeitskontakt. In M. Vogt-Hillmann & W. Burr (Hrsg.), *Kinderleichte Lösungen. Lösungsorientierte Kreative Kindertherapie* (S. 189–200). Dortmund: Borgmann.

Silberman, M. (1998). *Active Training: A Handbook of Techniques, Designs, Case Examples and Tipps* (2nd ed.). New York: Macmillan.

Stangel-Meseke, M., Akli, H., & Schnelle, J. (2005). Lernförderliches Feedback im modifizierten Lernpotenzial-Assessment Center. *Zeitschrift für Personalpsychologie, 4,* 187–194.

Steel Shernoff, E., & Kratochwill, T.R. (2004). The Application of Behavioral Assessment Methodologies in Educational Settings. In S.N. Haynes & E.M. Heiby (Eds.), *Comprehensive Handbook of Psychological Assessment* (Vol. 3, pp. 365–385). Hoboken, NJ.: Wiley.

Steinebach, C. (2006). *Handbuch Psychologische Beratung.* Stuttgart: Klett-Cotta.

Stöber, J. (1999). Die Soziale-Erwünschtheits-Skala-17 (SES-17): Entwicklung und erste Befunde zu Reliabilität und Validität. *Diagnostica, 45,* 173-177.

Strasser, J., & Gruber, H. (2003). Kompetenzerwerb in der Beratung: Eine kritische Analyse des Forschungsstands. *Psychologie in Erziehung und Unterricht, 50,* 381–399.

Tabachnick, B.G., & Fidell, L.S. (2007). *Using Multivariate Statistics* (5th ed.). Boston: Pearson.

Tausch, R. (1997). Gesprächspsychotherapie und Stressverminderung. *Gesprächspsychotherapie und Personenzentrierte Beratung, 4,* 238–245.

Terhart, E. (2002). *Standards für die Lehrerbildung. Eine Expertise für die Kultusministerkonferenz.* Münster: Westfälische Wilhelms-Universität Münster, Institut für Schulpädagogik und Allgemeine Didaktik.

Thiel, H.-U. (2003). Phasen des Beratungsprozesses. In C. Krause, B. Fittkau, R. Fuhr & H.-U. Thiel (Hrsg.), *Pädagogische Beratung* (S. 73–84). Paderborn: Schöningh.

Vaac, N.A., & Loesch, L.C. (1994). *A Professional Orientation to Counseling*. Muncil: Accelerate Development.

Vogt-Hillmann, M., & Burr, W. (Hrsg.). (2006). *Kinderleichte Lösungen. Lösungsorientierte Kreative Kindertherapie* (5. Aufl.). Dortmund: Borgmann.

Voigt, E. (2003). Beratung in der Schule. Perspektive der Schulpsychologie. In H.-U. Thiel (Hrsg.), *Pädagogische Beratung* (S. 153–171). Paderborn: Schöningh.

Watzlawik, P., Beavin, J. H., & Jackson, D. D. (1969). *Menschliche Kommunikation. Formen, Störungen, Paradoxien*. Bern: Huber.

Webber, J., Scheuermann, B., McCall, C., & Coleman, M. (1993). Research on Self-monitoring as a Behavior Management Technique in Special Education Classrooms: A Descriptive Review. *Remedial and Special Education, 14*, 38–56.

Weinert, F.E. (2001). Concept of competence: A Conceptual Clarification. In D.S. Rychen & L.H. Salganik (Eds.), *Defining and selecting key competencies* (pp. 45–65). Seattle: Hogrefe & Huber.

Weisbach, C.-R. (2003). *Professionelle Gesprächsführung. Ein praxisnahes Lese- und Übungsbuch* (6. Aufl.). München: Deutscher Taschenbuch-Verlag.

Wild, E. (2003). Einbeziehung des Elternhauses durch Lehrer: Art, Ausmaß und Bedingungen der Elternpartizipation aus der Sicht von Gymnasiallehrern. *Zeitschrift für Pädagogik, 49*, 513–533.

Wild, E. & Remy, K. (2002). Affektive und motivationale Folgen der Lernhilfen und lernbezogenen Einstellungen von Eltern. *Unterrichtswissenschaft, 30*, 27–51.

Wöhler, H. (1990). Öffentliche Familienberatung in der Lehrerfort- und -ausbildung. In H.J. Tymister (Hrsg.), *Individualpsychologisch-pädagogische Beratung* (S. 27–47). München: Reinhardt.

Wollert, A. (1997). Intergenerative Kompetenzbilanz. In Arbeitsgemeinschaft Quem (Hrsg.), *Kompetenzentwicklung '97. Berufliche Weiterbildung in der Transformation – Fakten und Visionen* (S. 317–362). Münster: Waxmann.

Wolters, U. (2004). *Lösungsorientierte Kurzberatung* (2. Aufl.). Leonberg: Rosenberger.

Zimmerman, B.J. (1989). Models of Self-regulated Learning and Academic Achievement. In B.J. Zimmerman & D.H. Schunk (Eds.), *Self-regulated Learning and Achievement. Theory, Research and Practice* (pp. 1–25), New York: Springer.

Zimmerman, B.J. (2000). Attaining Self-regulation: A Social Cognitive Perspective. In M. Boekraerts, P.R. Pintrich, & M. Zeider (Eds.), *Handbook of Self-regulation* (pp. 13–39). San Diego, CA: Academic Press.

Zimmermann, M. & Schäfer, K. (2006). *Dokumentierung der Beratungssituation an Gymnasien und Implikation für eine Fortbildungsveranstaltung zur Beratungskompetenz*. Unveröffentlichte Diplomarbeit, Technische Universität Darmstadt.

Pädagogische Psychologie und Entwicklungspsychologie

HERAUSGEGEBEN
VON DETLEF H. ROST

BAND 42

Lilian Streblow
**BEZUGSRAHMEN UND
SELBSTKONZEPTGENESE**
2004, 146 S., 25,50 €, ISBN 978-3-8309-1353-2

BAND 43

Oliver Böhm-Kasper
**SCHULISCHE BELASTUNG
UND BEANSPRUCHUNG**
Eine Untersuchung von Schülern und Lehrern
am Gymnasium
2004, 284 S., 25,50 €, ISBN 978-3-8309-1383-4

BAND 44

Margarete Imhof
ZUHÖREN UND INSTRUKTION
Empirische Ansätze zu psychologischen
Aspekten auditiver Informationsverarbeitung
2004, 206 S., 25,50 €, ISBN 978-3-8309-1423-7

BAND 45

Petra Wagner
**HÄUSLICHE ARBEITSZEIT
FÜR DIE SCHULE**
Eine Typenanalyse
2005, 175 S., 25,50 €, ISBN 978-3-8309-1435-0

BAND 46

Britta Kohler
**REZEPTION INTERNATIONALER
SCHULLEISTUNGSSTUDIEN**
Wie gehen Lehrkräfte, Eltern und die
Schulaufsicht mit Ergebnissen schulischer
Evaluationsstudien um?
2005, 377 S., 25,50 €, ISBN 978-3-8309-1466-2

BAND 47

Cornelia S. Große
LERNEN MIT MULTIPLEN LÖSUNGSWEGEN
2005, 200 S., 25,50 €, ISBN 978-3-8309-1467-9

BAND 48

Anne Levin
LERNEN DURCH FRAGEN
Wirkung von strukturierenden Hilfen auf
das Generieren von Studierendenfragen
als begleitende Lernstrategie
2005, 228 S., 25,50 €, ISBN 978-3-8309-1473-0

BAND 49

Britta Pohlmann
**KONSEQUENZEN DIMENSIONALER
VERGLEICHE**
2005, 188 S., 25,50 €, ISBN 978-3-8309-1441-9

BAND 50

Christiane Pruisken
**INTERESSEN UND HOBBYS
HOCHBEGABTER
GRUNDSCHULKINDER**
Formeln statt Fußball?
2005, 248 S., 25,50 €, ISBN 978-3-8309-1472-3

BAND 51

Mareike Kunter
**MULTIPLE ZIELE
IM MATHEMATIKUNTERRICHT**
2005, 296 S., 25,50 €, ISBN 978-3-8309-1559-1

BAND 52

Dietmar Grube
**ENTWICKLUNG DES RECHNENS
IM GRUNDSCHULALTER**
Basale Fertigkeiten, Wissensabruf und
Arbeitsgedächtniseinflüsse
2005, 188 S., 25,50 €, ISBN 978-3-8309-1572-0

BAND 53

Oliver Lüdtke
**PERSÖNLICHE ZIELE
JUNGER ERWACHSENER**
2006, 298 S., 25,50 €, ISBN 978-3-8309-1610-9

BAND 54

Thiemo Müller-Kalthoff
**VORWISSEN UND NAVIGATIONSHILFEN
BEIM HYPERTEXTLERNEN**
2006, 182 S., 25,50 €, ISBN 978-3-8309-1583-6

BAND 55

Jörn R. Sparfeldt
**BERUFSINTERESSEN HOCHBEGABTER
JUGENDLICHER**
2006, 282 S., 25,50 €, ISBN 978-3-8309-1672-7

BAND 56

Susanne Narciss
INFORMATIVES TUTORIELLES FEEDBACK
Entwicklungs- und Evaluationsprinzipien
auf der Basis instruktions
psychologischer Erkenntnisse
2006, 304 S., 25,50 €, ISBN 978-3-8309-1641-3

BAND 57

Andrea Lenzner
WOMEN IN MATHEMATICS
A Cross-Cultural Comparison
2006, 216 S., 25,50 €, ISBN 978-3-8309-1642-0

BAND 58

Silvio Herzog
**BEANSPRUCHUNG UND BEWÄLTIGUNG
IM LEHRERBERUF**
Eine salutogenetische und biografische
Untersuchung im Kontext unterschiedlicher -
Karriereverläufe
2007, 448 S., 29,90 €, ISBN 978-3-8309-1770-0

BAND 59

Andrea Heiß
**DESORIENTIERUNG BEIM LERNEN
MIT HYPERMEDIEN**
Förderung struktureller und konzeptioneller
Orientierung
2007, 256 S., 25,50 €, ISBN 978-3-8309-1826-4

BAND 60

Ulrike-Marie Krause
FEEDBACK UND KOOPERATIVES LERNEN
2007, 230 S., 25,50 €, ISBN 978-3-8309-1806-6

BAND 61

Maria Bannert
**METAKOGNITION BEIM LERNEN MIT
HYPERMEDIEN**
Erfassung, Beschreibung und Vermittlung
wirksamer metakognitiver Strategien und
Regulationsaktivitäten
2007, 300 S., br., 25,50 €, ISBN 978-3-8309-1872-1

BAND 62

Uwe Heim-Dreger
**IMPLIZITE ANGSTDIAGNOSTIK BEI
GRUNDSCHULKINDERN**
2007, 192 S., br., 25,50 €, ISBN 978-3-8309-1886-8

BAND 63

Erwin Beck, Matthias Baer, Titus Guldimann,
Sonja Bischoff, Christian Brühwiler, Peter
Müller, Ruth Niedermann, Marion Rogalla,
Franziska Vogt
ADAPTIVE LEHRKOMPETENZ
Analyse und Struktur, Veränderung und Wirkung
handlungssteuenden Lehrerwissens
2008, 214 S., br., 25,50 €, ISBN 978-3-8309-1936-0

BAND 64

Nele McElvany
**FÖRDERUNG VON LESEKOMPETENZ
IM KONTEXT DER FAMILIE**
2008, 298 S., br., 25,50 €, ISBN 978-3-8309-1899-8

BAND 65

Katrin Rakoczy
**MOTIVATIONSUNTERSTÜTZUNG IM
MATHEMATIKUNTERRICHT**
Unterricht aus der Perspektive von Lernenden
und Beobachtern
2008, 240 S., br., 25,50 €, ISBN 978-3-8309-1897-4

BAND 66

Katrin Lohrmann
LANGEWEILE IM UNTERRICHT
2008, 236 S., br., 25,50 €, ISBN 978-3-8309-1896-7

BAND 67

Tobias Ringeisen
EMOTIONS AND COPING DURING EXAMS
A dissection of cultural variability by means of
the tripartite self-construal model
2008, 300 p., pb., 25,50 €, ISBN 978-3-8309-1898-1

BAND 68

Isabelle Hugener
**INSZENIERUNGSMUSTER IM UNTERRICHT
UND LERNQUALITÄT**
Sichtstrukturen schweizerischen und deutschen
Mathematikunterrichts in ihrer Beziehung zu
Schülerwahrnehmung und Lernleistung –
eine Videostudie
2008, 262 S., br., 25,50 €, ISBN 978-3-8309-2023-6

BAND 69

Zoe Daniels
**ENTWICKLUNG SCHULISCHER
INTERESSEN IM JUGENDALTER**
2008, 426 S., br., 25,50 €, ISBN 978-3-8309-2022-9

BAND 70

Michel Knigge
**HAUPTSCHÜLER ALS
BILDUNGSVERLIERER?**
Eine Studie zu Stigma und selbstbezogenem
Wissen bei einer gesellschaftlichen
Problemgruppe
2009, 276 S., br., 25,50 €, ISBN 978-3-8309-2089-2

BAND 71

Günter Ratschinski
SELBSTKONZEPT UND BERUFSWAHL
Eine Überprüfung der Berufswahltheorie von
Gottfredson an Sekundarschülern
2009, 235 S., br., 25,50 €, ISBN 978-3-8309-2101-1

BAND 72

Detlef H. Rost
**HOCHBEGABTE UND HOCHLEISTENDE
JUGENDLICHE**
Befunde aus dem Marburger
Hochbegabtenprojekt
2009, 2. erweiterte Auflage, 508 S., br., 25,50 €,
ISBN 978-3-8309-1997-1

BAND 73

Anja Zwingenberger
**WIRKSAMKEIT MULTIMEDIALER
LERNMATERIALIEN**
Kritische Bestandsaufnahme und Metaanalyse
empirischer Evaluationsstudien
2009, 218 S., br., 25,50 €, ISBN 978-3-8309-2147-9

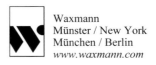
Waxmann
Münster / New York
München / Berlin
www.waxmann.com